Spaß am Kochen
Freude beim Essen

BLV Verlagsgesellschaft München Wien Zürich

Spaß am Kochen

Freude beim Essen

Das neue Bild-Kochbuch mit über 500 Rezepten farbig abgebildet

Veronika Müller
Mechthild Piepenbrock
C.P. Fischer

Zu diesem Buch

Bevor Sie diese Zeilen lesen, haben Sie sicher schon einen Blick in das Buch geworfen. Ist Ihnen dabei das Wasser im Munde zusammengelaufen? Dann sollten Sie unbedingt jetzt weiterlesen. Denn für Sie wurde dieses Buch geschrieben. Für Menschen mit Freude beim Essen und Spaß am Kochen. Schließlich ist die Freude am Essen eine der wichtigsten Voraussetzungen für den Spaß am Kochen. Ganz gleich, ob Sie Anfänger sind oder schon Küchenerfahrung mitbringen – dieses Buch bietet den Neulingen ebenso wie den Erfahrenen eine Fülle von neuen Rezepten und wertvollen Tips. Gerichte der sogenannten

klassischen Küche, völlige Neuschöpfungen und die gute, alte Hausmannskost sind gleichermaßen vertreten. Sie finden einfache Gerichte für jeden Tag und auch ausgefallenere Delikatessen für besondere Gelegenheiten. Alle diese Rezepte sind (jeweils für 4 Personen) nach der klassischen Speisenfolge geordnet, so daß Sie mühelos aus den einzelnen Kapiteln Ihr spezielles Menü zusammenstellen können. Jedes Rezept gibt außerdem die Nährwerte an (nicht nur Joule und Kalorien, sondern auch die Eiweiß-, Fett- und Kohlenhydratmengen) – es ist also kinderleicht, sich mit Hilfe dieses Buchs ausgewogen zu ernähren und dabei die eigenen Geschmacksvorlieben und das jeweilige Marktan-

gebot zu berücksichtigen. Im Sonderteil am Schluß des Buches haben wir für Sie festliche, schnelle und kalorienarme Menüs zusammengestellt, und auch ein kleines Mitternachtsmenü ist dabei. Alle diese Kombinationen sollen Ihnen Anregungen geben für weitere Menüzusammenstellungen. Schließlich können Sie mit Hilfe dieses Buches ein ganzes Jahr lang täglich etwas Neues auf den Tisch bringen, ohne sich zu wiederholen. Lassen Sie sich dabei von den großartigen Fotos inspirieren, denn dieses Buch ist ein echtes Bildkochbuch – jedes Rezept

hat seine optische Ergänzung! Es ist zuerst einmal ein Augenschmaus, aus dem dann in der Küche ohne viel Mühe ein Gaumenschmaus wird. Die Rezepte

Inhalt

sind auf rationelles Arbeiten ausgerichtet und so abgefaßt, daß auch der Kochneuling danach erfolgreich arbeiten kann. Spaß am Kochen für Alltag und Feste – das ist unser Wunsch für Sie und für dieses Buch. Wir – das sind zwei Autorinnen und ein Fotograf, die mit viel Zeit und viel Liebe dieses Buch für Sie erstellt haben. Das ist aber auch der Verlag, der uns mit

ebensoviel Begeisterung diese Arbeit ermöglichte, und das sind nicht zuletzt ein versierter Koch, der alle Rezepte gründlich getestet, und eine Stylistin, die alles in eine liebevolle Einheit gebracht hat. Ihnen allen danken wir an dieser Stelle sehr herzlich. Ihnen, unsern Lesern, wünschen wir recht viel Spaß am Kochen und Freude beim Essen.

Veronika Müller
Mechthild Piepenbrock
C. P. Fischer

Hinweis zum Gebrauch des Buches

Die Rezepte gelten, wenn nicht anders angegeben, für 4 Personen. Die Nährwertdaten wurden für 1 Person berechnet; geringfügige Abweichungen von diesen Durchschnittswerten ergeben sich durch die zwangsläufig wechselnde Qualität der Ware.

Abkürzungen

EL	=	gestrichener Eßlöffel	dl	=	Deziliter
TL	=	gestrichener Teelöffel	cl	=	Zentiliter
Msp.	=	Messerspitze	kg	=	Kilogramm
l	=	Liter	g	=	Gramm
E	=	Eiweiß	kJ	=	kilo-Joule
F	=	Fett	kcal	=	kilo-Kalorie
K	=	Kohlenhydrate	1 kJ	≈	4,2 kcal

Vorspeisen

Unentbehrlich bei jedem festlichen Menü – appetitanregend und eine Freude für das Auge

Froschschenkel in Riesling

16 Paar tiefgekühlte Froschschenkel
2 Knoblauchzehen
4 EL Zitronensaft
6 Schalotten, 50 g Butter
Salz, frisch gemahlener weißer Pfeffer
250 g frische Champignons
1 l Wasser
3 EL Essig
¼ l Riesling
100 g Crème fraîche (keine saure Sahne)
1 Bund glatte Petersilie
E 45 F 25 K 5 kJ 1885 kcal 450

Die Froschschenkel auftauen lassen. Die geschälten Knoblauchzehen durch die Presse drücken und mit dem Zitronensaft mischen. Über die Froschschenkel gießen und diese zugedeckt bei öfterem Wenden 30 Minuten durchziehen lassen. In der Zwischenzeit die Schalotten schälen, fein hacken und in der heißen Butter goldgelb dünsten. In eine ovale feuerfeste Form geben und mit Salz und Pfeffer würzen. Die geputzten, wenn nötig gewaschenen Champignons in dünne Scheiben schneiden. Das Wasser mit dem Essig aufkochen und die Champignons darin 2 Minuten blanchieren. Abtropfen lassen. Die Froschschenkel mit Haushaltspapier abtupfen, so daß kein Knoblauch mehr an ihnen haftet. Die Froschschenkel auf das Zwiebelbett legen und mit etwas Pfeffer würzen. Die Champignons darüber verteilen und mit dem Riesling übergießen. Leicht salzen, die Form mit Alufolie schließen und in den auf 240 Grad (Gasherd Stufe 5) vorgeheizten Backofen stellen. Nach 5 Minuten die Crème fraîche über die Froschschenkel gießen und alles wieder mit Folie bedeckt noch 10 Minuten dünsten. Die Petersilie abspülen, trockenschwenken und fein hacken. Die Froschschenkel in der Form mit Petersilie bestreut servieren.
Dazu fertig gekaufte Fleurons reichen. Als Getränk sollten Sie denselben Riesling wählen, den Sie auch für das Gericht verwendet haben.

Tip

Wer's besonders würzig schätzt, sollte die vorbereiteten Champignons in heißer Butter andünsten, statt sie zu blanchieren; dadurch entwickeln sie noch mehr Aroma. Und wer gerade keine frischen Pilze zur Hand hat, kann sie durch gefriergetrocknete bestens ersetzen. Diese sollten nur vorher kurze Zeit (nach Glas- oder Packungsvorschrift) quellen. Dazu empfiehlt es sich, den (im Rezept angegebenen) Riesling zu verwenden.

Kalbsbries auf Artischockenböden

2 Kalbsbrieschen von je etwa 250 g
1 l Fleischbrühe aus Würfeln
1 Rezept Béarner Sauce
8 Artischockenböden aus der Dose
30 g Butter
½ Bund glatte Petersilie
4 Estragonzweige
E 25 F 40 K 10 kJ 2280 kcal 545

Die Kalbsbrieschen 2 bis 3 Stunden in kaltes Wasser legen, bis kein Blut mehr austritt. Dabei das Wasser häufig erneuern. Die abgetropften Brieschen in eine Schüssel legen und mit kochendem Wasser begießen. 5 Minuten ziehen lassen, dann abtropfen. Sämtliche Häute, Äderchen und alle knorpeligen Stellen entfernen. Zum Auskühlen mit einem Küchenbrett beschweren, dadurch ziehen die Brieschen sich beim Garen nicht zusammen.
Die Fleischbrühe zum Kochen bringen und die Brieschen hineingeben. 10 Minuten mehr ziehen als kochen lassen, abtropfen und abkühlen lassen. (Die Brühe eventuell für eine Suppe oder einen Eintopf verwenden.) In der Zwischenzeit die Béarner Sauce zubereiten und die Artischockenböden in ihrem Sud erwärmen. Die Brieschen in acht Scheiben schneiden und in der heißen Butter braun anbraten. Die abgetropften Artischockenböden auf eine vorgewärmte Platte setzen, jeweils etwas Béarner Sauce hineingeben und eine Briesscheibe darauflegen. Mit der übrigen Sauce überziehen. Die abgespülte, trockengeschwenkte Petersilie und die abgespülten, von den Stielen gezupften Estragonblätter hacken. Die Brieschen damit bestreuen.
Dazu frisches Stangenweißbrot oder kleine Brötchen servieren.

Tip

Statt mit Petersilie und Estragon kann man die Brieschen auch mit etwas Keta-Kaviar (Lachskaviar) garnieren. Und statt Weißbrot kann man pro Person eine im Ofen gebackene Kartoffel dazu reichen.

Hinweis Noch um eine Klasse besser schmeckt dieses festliche Gericht, wenn Sie anstelle der Artischockenböden aus der Dose frische verwenden. Allerdings müssen Sie dann etwas mehr Arbeit und »Abfall« in Kauf nehmen: Befreien Sie die frischen Artischocken von allen Blättern und heben Sie das Heu aus dem Inneren mit einem scharfkantigen Löffel heraus. Schälen Sie die Boden-Unterseiten gründlich, bis keine groben Fasern (in ihnen stecken die Bitterstoffe) mehr enthalten sind. Alle Schnittkanten sofort mit Zitronensaft bestreichen und die Böden in gut gesalzenem Zitronenwasser – je nach Sorte und Größe etwa 6 bis 10 Minuten kochen. Abtropfen und wie angegeben, weiterverarbeiten.

Variante
Nach diesem Rezept können Sie auch Hirn zubereiten. Es wird wie das Brieschen vorbereitet. Wichtig ist hier ebenfalls die gründliche Vorbereitung: Befreien Sie das Hirn (oder Bries) in jedem Fall vor dem Wässern gründlich von allen Adern und Blutresten und wässern Sie es danach sehr gründlich. Das Wasser muß dabei so lange erneuert werden, bis es klar bleibt. Erst danach wird blanchiert. Häuten Sie es sofort danach, denn so lange es heiß ist, geht es am besten. Man kann es höchstens ganz kurz unter kaltem Wasser abschrecken, jedoch sollte es beim Häuten niemals völlig erkaltet sein.

Gefüllte Avocados

2 große, reife Avocados (je 300 g)
2 EL Zitronensaft
1 kleine Dose Palmenherzen (von 400 g, Palmito)
4 feste, aber reife Tomaten
2 hartgekochte Eier
1 kleine Zwiebel
½ Bund glatte Petersilie
2 EL grüner Pfeffer aus dem Glas
2 EL trockener Weißwein
1 EL Pfefferflüssigkeit
1 EL Zitronenessig
4 EL Öl (Mandel- oder Nußöl)
1 Knoblauchzehe
1 Prise Salz, 1 Prise Zucker
4 Stengel Zitronenmelisse
E 10 F 40 K 15 kJ 1715 kcal 410

Die Avocados längs halbieren und die Kerne vorsichtig herauslösen. Die Schnittflächen mit Zitronensaft beträufeln, damit sie sich nicht dunkel färben.
Die Palmenherzen abtropfen lassen und in 1 cm dicke Scheiben schneiden. Die Tomaten (nach Wunsch häuten) vierteln, entkernen und von den Stengelansätzen befreien, dann würfeln. Die geschälten Eier ebenfalls würfeln. Die geschälte Zwiebel und die abgespülte, trockengeschwenkte Petersilie hacken. Alles mischen und in die Avocadohälften füllen. Mit je ½ EL Pfefferkörner bestreuen. Aus Weißwein, Pfefferflüssigkeit, Zitronenessig und Öl eine Marinade rühren. Die geschälte Knoblauchzehe durch die Presse drücken und hineingeben. Die Marinade mit Salz und Zucker abschmekken und über die Füllung geben.

Melonen-Schinken-Cocktail

1 Honigmelone (600 g)
4 cl trockener Sherry (Fino)
100 g Parmaschinken
frisch gemahlener schwarzer Pfeffer
1 Kopfsalat
¼ l Sahne
1 EL Zitronensaft
1 EL Himbeergeist
geschroteter Pfeffer
E 6 F 8 K 20 kJ 1340 kcal 320

Die Honigmelone halbieren, die Kerne und das weiche Fleisch herausschaben. Das feste Fruchtfleisch mit einem Kartoffelausstecher oder einem Teelöffel als Kugeln aus den Hälften lösen. In eine Schüssel geben und mit dem Sherry übergossen 2 bis 3 Stunden zugedeckt in den Kühlschrank stellen.
Den in hauchdünne Scheiben geschnittenen Parmaschinken leicht zerpflücken und mit den etwas abgetropften Melonenkugeln mischen (den Saft beim Abtropfen auffangen, er wird später noch gebraucht). Schwarzen Pfeffer drüberstreuen und nur sehr locker unterheben.
Den Kopfsalat zerpflücken. Die Blätter waschen, trockenschwenken und fein nudelig schneiden. Damit vier Glasschalen auskleiden. Darauf die Melonen und den Schinken geben. Die Sahne steif schlagen, dann mit dem aufgefangenen Melonensaft, Zitronensaft und Himbeergeist verrühren und über den Cocktail gießen. Mit Pfeffer bestreuen. Den Melonen-Schinken-Cocktail gleich servieren oder (aber nur kurz) kühl stellen.

Oliven in Speck

4 EL kaltgepreßtes Olivenöl
je 1/4 TL getrockneter Rosmarin und Basilikum
16 spanische, paprikagefüllte Oliven
200 g durchwachsener Speck in hauchdünnen Scheiben
frisch gemahlener schwarzer Pfeffer
E 5 F 40 K 1 kJ 1650 kcal 395

Das Öl mit den getrockneten Kräutern verrühren und zugedeckt etwa 15 Minuten durchziehen lassen. Die Oliven abtropfen lassen und abwechselnd mit den leicht zusammengelegten Speckscheiben auf vier Spießchen verteilen. Rundherum mit dem gewürzten Öl bestreichen und auf oder unter dem vorgeheizten Grill (je nach Grilltemperatur und Abstand zur Glut, bzw. zu den Heizstäben) 10 bis 15 Minuten garen. Dabei die Spießchen sehr häufig drehen, damit sie rundherum garen können und der Speck schön knusprig wird. Wenn nötig, können sie zwischendurch hin und wieder mit etwas Öl bestrichen werden. Die Spießchen auf vorgewärmten Tellern anrichten und mit der Pfeffermühle ein paar Mal darüber mahlen.
Dazu schmeckt frisches Stangenweißbrot oder würziges Knoblauchbrot ganz besonders gut.

Sherry-Pflaumen mit Käse

250 g entsteinte Backpflaumen
gut 1/8 l trockener Sherry (Fino)
200 g Käse am Stück (Gouda, Edamer oder Butterkäse)
3 EL Öl
frisch gemahlener schwarzer Pfeffer
E 15 F 20 K 45 kJ 1800 kcal 430

Die Backpflaumen kurz unter heißem Wasser waschen, dann in Haushaltspapier sehr gut abtrocknen. Mit dem Sherry übergießen und zugedeckt quellen lassen, bis der Sherry aufgesogen ist. Indessen den Käse in etwa pflaumenkerngroße Stücke schneiden. Je eine Backpflaume mit einem Käsestückchen füllen und nebeneinander etwa 5 Pflaumen auf Spieße stecken. Rundherum mit etwas Öl bepinseln und die Spießchen unter oder auf dem vorgeheizten Grill garen, bis der Käse Fäden zieht oder beginnt zu schmelzen. Die Spieße mit etwas Pfeffer bestreuen und noch sehr heiß servieren.
Sherry-Pflaumen mit Käse reicht man »solo« oder mit etwas Brot als Vorspeise oder als kleines Zwischengericht. Sie können aber auch als Beilage zu gegrilltem Fleisch oder zu Innereien serviert werden.

Hinweis Sehr saftige Pflaumen nehmen oft nicht den ganzen Sherry auf. Gießen Sie dann den Rest über die fertig gegrillten Spieße.

Tip

Ersetzen Sie die Backpflaumen zur Abwechslung einmal durch entkernte Datteln (frische oder getrocknete, die dann ebenfalls in Sherry gequollen sind) oder verwenden Sie statt Sherry einmal einen trockenen weißen Portwein.

Überglänzte Medaillons

Rindermedaillons

4 Rindermedaillons von je 80 g
frisch gemahlener schwarzer Pfeffer
2 EL Öl, Salz
1 frische Kiwifrucht
4 frische Minzzweiglein
4 Kaiserkirschen aus dem Glas
oder 4 frische Kirschen
E 15 F 10 K 5 kJ 775 kcal 185

Die Medaillons mit Fleischfaden (gibt's beim Fleischer) oder Rouladengarn rund binden. Mit Pfeffer bestreuen und dünn mit etwas Öl einstreichen. Pfeffer und Öl gut ins Fleisch einmassieren. Das restliche Öl in der Pfanne erhitzen und die Medaillons auf jeder Seite 1½ bis 2 Minuten braten. Nach dem Umdrehen die Oberseite leicht salzen, nach dem Braten die andere Seite ebenfalls salzen. Die Medaillons auf einem Rost abkühlen lassen, dann die Fäden entfernen und die Fleischstücke auf ein Blech setzen, erst dann garnieren: Die geschälte Kiwifrucht in 8 dünne Scheiben schneiden. Je 2 auf ein Fleischstück legen. Dazu je einen abgespülten, trockengeschwenkten Minzzweig und zwei abgetropfte, halbierte (und entsteinte) Kirschen. Die abgekühlten Medaillons mit dem Gelee überglänzen (siehe rechts).

Schweinemedaillons

4 Schweinemedaillons von je 50 g
weißer Pfeffer
Paprika rosenscharf, Salz
2 EL Öl
8 blaue und 8 grüne Weinbeeren
4 Walnußkernhälften
E 10 F 10 K 10 kJ 920 kcal 220

Die Schweinemedaillons mit Fleischgarn rund binden. Mit Pfeffer und Paprika leicht einreiben. Das Öl in einer Pfanne erhitzen und die Medaillons auf jeder Seite knapp 2 Minuten braten. Dann rundherum salzen und auf einem Rost abkühlen lassen. Die Fäden entfernen und die Fleischstücke auf ein Blech setzen. Für die Garnierung die gewaschenen, abgetrockneten Weinbeeren halbieren und entkernen. Die Walnußkerne in die Mitte der Fleischstücke legen und die Weinbeeren sternförmig darum anordnen. Die abgekühlten Medaillons überglänzen (siehe rechts).

Kalbsmedaillons

4 Kalbsmedaillons von je 50 g
frisch gemahlener schwarzer Pfeffer
2 EL Öl, Salz
4 dünne Scheiben getrüffelte Leberpastete oder Kalbsleberwurst
4 kleine Kressesträußchen
E 15 F 15 K 1 kJ 440 kcal 105

Die Kalbsmedaillons mit Fleischgarn rund binden. Mit Pfeffer bestreuen und mit etwas Öl einstreichen. Pfeffer und Öl leicht in das Fleisch einmassieren. Das restliche Öl in der Pfanne erhitzen und die Medaillons auf jeder Seite 1½ bis 2 Minuten braten. Nach dem Umdrehen die Oberseite leicht salzen. Nach dem Braten auch die andere Seite salzen. Die Medaillons auf einem Rost abkühlen lassen. Dann die Fäden entfernen und die Fleischstücke auf ein Blech setzen. Mit je einer Scheibe Pastete oder Leberwurst belegen und mit einem Kressesträußchen garnieren. Die abgekühlten Medaillons dann sofort überglänzen (siehe rechts).

Reh- oder Hirschmedaillons

4 Reh- oder Hirschmedaillons
von je 50 g
4 Wacholderbeeren
2 Pfefferkörner
2 EL Öl, ¼ TL Salz
1 saftige Birne
4 TL roh gerührte Preiselbeeren aus dem Glas
2 TL Mandelstifte
E 15 F 10 K 10 kJ 840 kcal 200

Die Reh- oder Hirschmedaillons mit Fleischgarn rund binden. Die Wacholderbeeren und Pfefferkörner im Mörser ganz fein zerreiben. Die Medaillons damit einreiben. Das Öl in einer Pfanne erhitzen und die Medaillons darin auf jeder Seite 2 Minuten braten, rundherum salzen und zum Abkühlen auf einen Rost legen. Die abgekühlten Fleischstücke von den Fäden befreien, auf ein Blech setzen und garnieren: Die gewaschene, abgetrocknete Birne vierteln und das Kerngehäuse herausschneiden. Die Birnenviertel quer in dünne Scheiben schneiden und fächerartig auf das Fleisch legen. Je 1 TL Preiselbeeren als Streifen darüber geben. Mit Mandelstiften bestreuen. Die Medaillons sofort überglänzen (siehe unten).

Weingelee zum Überglänzen

(die Menge ist für alle Medaillons berechnet)
½ l trockener Weißwein
¼ l trockener, heller Sherry (Fino)
Instant Fleischbrühe
Worcestershiresauce
9 Blatt weiße Gelatine

Wein und Sherry leicht erwärmen, nur soweit, daß sich die Instant Fleischbrühe darin lösen kann.
Mit Fleischbrühe und Worcestershiresauce nach Belieben würzen. Die Gelatine in kaltem Wasser 10 Minuten einweichen, dann tropfnaß in einen Topf geben, etwas von der Wein-Sherry-Mischung dazugeben. Bei milder Hitze auflösen und in die übrige Wein-Sherry-Mischung rühren (am besten dabei durch ein Sieb gießen). Die Schüssel mit dieser Mischung in Eiswasser stellen. Unter häufigem Umrühren so lange abkühlen lassen, bis die Masse gerade anfängt zu gelieren. Dann die Medaillons damit übergießen. Dabei das herunterfließende Gelee immer wieder rasch vom Blech aufnehmen und wieder auf die Medaillons geben. Sobald das Gelee fest ist, die Fleischstücke anrichten. Bis zum Servieren mit Klarsichtfolie überzogen kalt stellen.

Hinweis Das Gelee hält das Fleisch lange frisch. Darum kann man diese Vorspeisen schon am Vortag zubereiten. Sie sollten dann allerdings in einem kühlen Keller oder im Kühlschrank stehen.

Zwiebeltorte

Für 6 Personen
250 g Mehl
125 g Butter
½ TL Salz
4 EL Eiswasser
1 EL Essig
Mehl zum Ausrollen
150 g durchwachsener Speck
750 g Zwiebeln
40 g Butter
Salz, frisch gemahlener, schwarzer Pfeffer, Kümmel
1 Becher dicke saure Sahne (20%ig) oder Créme fraîche (200 g)
3 Eier, geriebene Muskatnuß
E 10 K 55 F 40 kJ 3015 kcal 720

Das Mehl auf die Arbeitsfläche geben und in die Mitte eine Mulde drücken. Die gut gekühlte Butter in Flocken auf den Rand setzen. Salz, Eiswasser und Essig in die Mulde geben. Alles rasch von außen nach innen mit kühlen Händen zu einem geschmeidigen Teig kneten. Den Teig zugedeckt 30 Minuten im Kühlschrank ruhen lassen, dann auf der bemehlten Arbeitsfläche rund ausrollen und eine Springform von 26 cm Durchmesser damit auskleiden, dabei einen 3 cm hohen Rand formen. Den fein gewürfelten Speck in einer großen Pfanne auslassen. Die geschälten Zwiebeln fein würfeln und zusammen mit der Butter zu dem Speck geben. Die Zwiebeln unter häufigem Wenden glasig braten. Etwas abkühlen lassen und mit Salz, Pfeffer und Kümmel würzen.
Den Teigboden mit einer Gabel mehrmals einstechen, dann die Speck-Zwiebel-Mischung darauf geben. Saure Sahne oder Créme fraîche mit den Eiern verquirlen und mit etwas Salz und geriebener Muskatnuß abschmecken. Über die Zwiebelmasse gießen. Die Torte auf die mittlere Schiene in den auf 200 Grad (Gasherd Stufe 3) vorgeheizten Herd schieben und 40 bis 45 Minuten backen. Noch heiß aus der Form lösen und servieren.
Dazu schmeckt junger Wein oder ein kräftiger Weißwein wie Riesling, Edelzwicker, Gewürztraminer und Bocksbeutel.

Variationen für den Belag

Champignon-Schinken: Auf den Teig 750 g in dünne Scheiben geschnittene, mit 2 Zwiebeln in Butter gedünstete Champignons geben, die mit 150 g gekochtem Schinken in Würfeln und 1 Bund gehackter Petersilie vermischt wurden. Abschmecken mit frisch gemahlenem schwarzen Pfeffer und Salz. Für den Guß werden 3 Eier mit ⅛ l Sahne, 1 Bund Schnittlauch und Paprika edelsüß verquirlt.

Lauch-Käse: Den Teigboden mit hauchdünn gehobelten Käsescheiben belegen. Darüber 250 g Schinkenspeck, gewürfelt und knusprig gebraten. Darüber 750 g gedünstete Lauchstücke. Mit schwarzem Pfeffer würzen. Der Guß ist der gleiche wie bei der Zwiebeltorte.

Blumenkohl-Torte: 1 kg vorgekochte Blumenkohlröschen und 200 g Kasseler Würfel auf den Teig geben und mit einer Mischung aus 3 Eiern, 2 Eigelb, ¼ l Sahne und 125 g geriebenem Käse übergießen.

Ajwar

Serbischer Paprikasalat

750 g rote Paprikaschoten
2 bis 3 Knoblauchzehen
1 kräftige Prise Salz
schwarzer Pfeffer aus der Mühle
Essig oder Zitronensaft
etwa 1/8 l Olivenöl
feingeschnittenes Zwiebelgrün
E 2 F 30 K 10 kJ 1480 kcal 335

Die Paprikaschoten in dem auf 250 Grad (Gasherd Stufe 5) vorgeheizten Backofen solange rösten, bis die Haut ganz schrumplig ist. Einige Minuten unter einem feuchten Tuch ruhen lassen, dann häuten. Die abgekühlten Paprikaschoten entkernen und sehr fein hacken (nicht pürieren). Mit dem zerdrückten Knoblauch mischen und nach Belieben mit Salz, Pfeffer, Essig oder Zitronensaft abschmecken. Dann soviel Olivenöl unterrühren, wie der Salat aufnimmt. Den Salat über Nacht kühlstellen und mit Zwiebelgrün bestreut servieren.
Dazu Fladenbrot und frischen Schafskäse servieren.

Taramosalat

Griechischer »Kaviar«

250 g frischer Rogen von Karpfen oder Forellen
2 TL Salz
1 altbackenes Brötchen
1/4 l Olivenöl
Saft von 2 Zitronen oder Limonen
1 Knoblauchzehe
1 Zwiebel
8 schwarze Oliven
E 10 F 70 K 10 kJ 3015 kcal 720

Den abgespülten Rogen von allen Hautrestchen befreien, mit Salz bestreut über Nacht zugedeckt kühl stellen. Abspülen, abtropfen lassen und mit einer Gabel zerdrücken. Das in kaltem Wasser eingeweichte Brötchen gut ausdrücken und alles mit dem Handrührgerät oder dem Mixstab pürieren, nach und nach Olivenöl und Zitronen- oder Limonensaft dazugeben. Knoblauchzehe und Zwiebel fein reiben und unter die Masse ziehen. Mit Oliven garniert servieren. Dazu frisches Stangenweißbrot reichen.

Baklaschannaja Ikra

Auberginensalat nach Balkanart

750 g Auberginen, Salz
1/4 l Olivenöl
4 bis 6 Knoblauchzehen
weißer Pfeffer, Zitronensaft
2 EL nicht zu fein gehackte glatte Petersilie
E 3 F 60 K 10 kJ 2780 kcal 640

Auberginen entstielen und mit einer Gabel mehrfach einstechen. Im auf 250 Grad (Gasherd Stufe 5) vorgeheizten Backofen rösten, bis die Haut schrumplig ist. Unter einem feuchten Tuch ruhen lassen, bis sich die Haut leicht abziehen läßt. Das Fruchtfleisch in einem Tuch so stark wie möglich ausdrücken, dann ganz fein hacken. Mit Salz verrühren, Öl tropfenweise wie zu einer Mayonnaise in das Fruchtfleisch rühren. Die geschälten, durch die Presse gedrückten Knoblauchzehen dazugeben. Mit Pfeffer, Zitronensaft und eventuell etwas Salz abschmecken und mit der Petersilie vermischt auftragen.
Dazu frisches Brot reichen.

Gefüllte Blätterteigpasteten

Pasteten

1 Paket tiefgekühlter Blätterteig (300 g)
Mehl zum Ausrollen
1 Eigelb zum Bestreichen
E 5 F 25 K 20 kJ 1400 kcal 335

Den Blätterteig nach Vorschrift auftauen lassen, dann auf der bemehlten Arbeitsfläche etwa 5 mm dick ausrollen. Aus dem Teig 8 Scheiben von etwa 8 cm Durchmesser ausstechen. Bei 4 Scheiben die Mitte in einem Durchmesser von 4 cm ausstechen. Dadurch ergeben sich 4 Ringe und 4 Deckel. Die großen Scheiben an den Rändern mit etwas kaltem Wasser bestreichen und die Ringe daraufsetzen. Das Eigelb verquirlen, Ringe und Deckel damit bestreichen, ohne daß die Schnittflächen vom Eigelb verklebt werden.
Ein Backblech mit kaltem Wasser abspülen, die Scheiben mit den Ringen und die Deckel darauf setzen. Im auf 200 Grad (Gasherd Stufe 3) vorgeheizten Backofen etwa 15 Minuten backen. Die Pasteten möglichst noch warm füllen.

Avocado-Erbsen-Creme

1 Paket Tiefkühlerbsen (300 g)
1 große, reife Avocado
3 EL Zitronensaft
1 Becher Créme fraîche
1 Bund Dill
Salz, weißer Pfeffer
50 g roter Lachskaviar (Ketakaviar)
1 Zitrone
E 10 F 30 K 15 kJ 1465 kcal 350

Die Tiefkühlerbsen nach Packungsaufschrift garen, abkühlen und im Mixer ganz fein pürieren. Die Avocado längs halbieren, den Kern herauslösen und das Fleisch aus der Schale heben. Das Fleisch sofort mit einer Gabel zerdrücken und schnell durch ein Sieb streichen (nicht im Mixer pürieren), dann gleich mit etwas Zitronensaft verrühren, damit es nicht dunkel wird. Erbsenpüree, Avocadocreme und Créme fraîche mit dem Handrührgerät zu einer dicken Creme verrühren. Den abgespülten, trockengeschwenkten und fein geschnittenen Dill dazugeben. Mit Salz, Pfeffer und dem restlichen Zitronensaft abschmecken. Diese Creme in die warmen Pasteten füllen, jeweils mit einem Klecks Lachskaviar garnieren und mit Zitronenschnitzen servieren. Die grünliche Creme mit der roten Lachskaviar- und der gelben Zitronengarnierung zu den goldbraunen Pasteten sieht sehr appetitlich aus.

Nierenragout

1 Kalbsniere von 200 g
1 Bund Suppengrün
40 g Butter
je 1/8 l Fleischbrühe und Weißwein
1 Becher Sahne (200 g)
2 TL scharfer Senf
2 gegarte Hühnerbrüstchen
Salz, weißer Pfeffer
2 EL Pistazienkerne
2 EL Röstzwiebeln (Fertigprodukt)
E 25 F 35 K 5 kJ 2050 kcal 490

Die Niere längs halbieren und 60 Minuten wässern, dabei das Wasser häufig wechseln. Die abgetropften Nieren mit Haushaltspapier abtrocknen, von Fett und Sehnen befreien und in dünne Scheiben schneiden. Das geputzte, abgespülte Suppengrün in feinste Würfel schneiden.
Die Butter erhitzen und die Nierenscheiben darin portionsweise 1 bis 2 Minuten braten. Jeweils herausnehmen und beiseite stellen. In dem Bratfett das Suppengrün anrösten, mit Fleischbrühe und Wein aufgießen und alles etwa 5 Minuten kochen lassen, damit sich die Flüssigkeit reduziert. Durch ein Sieb streichen, mit Sahne verrühren und aufkochen.
Jetzt erst den Senf hineinrühren. Das Hühnerfleisch von den Knochen lösen und würfeln oder in Streifen schneiden. Mit den Nierenscheiben in die Sauce geben und 3–4 Minuten ziehen, nicht kochen lassen. Mit Salz und Pfeffer abschmecken und die Pistazien hineingeben. Das Ragout in die warmen Pasteten füllen, mit Röstzwiebeln bestreuen und die Deckel auflegen.

Kalbfleischragout

1/2 Zwiebel
1 Bund Suppengrün
1 TL Salz
2 frische Salbeiblätter
4 Pfefferkörner
1 Lorbeerblatt
1 l Wasser
375 g Kalbfleisch
125 g frische Champignons
40 g Butter
1 kleine Dose Spargelspitzen
20 g Mehl
je 1/8 l Weißwein und Sahne
125 g Lachsschinken ohne Fettrand oder 125 g Pökelzunge
weißer Pfeffer
geriebene Muskatnuß
2 Tomaten
1 ungespritzte Zitrone
E 25 F 30 K 5 kJ 1715 kcal 410

Die geschälte, nochmal halbierte Zwiebel mit dem geputzten, gewaschenen Suppengrün, Salz, Salbeiblättern, Pfefferkörnern und Lorbeerblatt in das Wasser geben und aufkochen. Kalbfleisch hineingeben und zugedeckt 45 Minuten kochen. In der Zwischenzeit die Champignons putzen, eventuell waschen und in dünne Scheiben schneiden. In 20 g Butter so lange dünsten, bis keine Flüssigkeit mehr vorhanden ist. Die Spargelspitzen in ihrem Sud erwärmen. Das Fleisch abtropfen lassen und in etwa 2 cm große Würfel schneiden. Die Brühe durchsieben und 1/4 l abmessen (die übrige Brühe für eine feine Suppe verwenden). Die restliche Butter in einem Topf erhitzen, das Mehl darin kurz anschwitzen lassen, mit Brühe ablöschen und 5 Minuten kochen lassen. Den Wein und die Sahne dazugeben und alles einmal kurz aufkochen.
Den Lachsschinken oder die Pökelzunge in feine Streifen schneiden und dabei alle Fettränder entfernen. Das Ragout mit Salz, Pfeffer und Muskatnuß abschmecken und in die warmen Pasteten füllen. Die gewaschenen Tomaten und die abgebürstete Zitrone in Viertel bzw. in Achtel schneiden und die auf vorgewärmten Tellern angerichteten Pasteten damit garnieren.

Gebeizte Forellen

2 frische, küchenfertige Forellen von je etwa 350 g
1 TL weiße Pfefferkörner
1 TL Zucker, 1 TL Salz
2 Bund Dill, 1 Kopfsalat
E 20 F 2 K 5 kJ 500 kcal 120

Die innen und außen gründlich gewaschenen Forellen mit Haushaltspapier abtrocknen. Schwanz- und Rückenflossen abschneiden, dann mit einem scharfen Schnitt unmittelbar hinter den Kiemen die Köpfe abtrennen.
Die Forellen an der Bauch- und Rükkenseite mit der Küchenschere ganz aufschneiden, entgräten und sehr sorgfältig filetieren.
Die Pfefferkörner mit Zucker und Salz zusammen im Mörser zerstoßen. Den Dill abspülen, trockenschwenken und fein hacken.
Eine flache Platte mit einem mehr als doppelt so großen Stück Pergamentpapier belegen, darauf zwei Forellenfilets. Die beiden anderen Forellenfilets auf die Arbeitsfläche legen. Alle vier gleichmäßig mit der Pfeffer-Zukker-Salz-Mischung und dem Dill bestreuen. Je zwei Filets zusammenklappen. Das Pergamentpapier drüberklappen und gut zusammenfalten. Die Filets mit einem Küchenbrett beschweren und 12 Stunden im Kühlschrank durchziehen lassen. Erst zum Servieren herausnehmen.
Eine Platte mit gewaschenen, trokkengeschleuderten Salatblättern auslegen. Die Filets auf ein Brett legen und mit einem sehr scharfen Messer das Fleisch in hauchdünne Scheiben schräg zur Haut ablösen (wie Lachsscheiben). Die Scheiben auf den Salatblättern anrichten.
Zu den Forellen Meerrettichsahne und Senfsauce reichen.

Meerrettichsahne

¼ l Sahne
1–2 EL frisch geriebener Meerrettich (ersatzweise 2–3 EL aus dem Glas)
1 TL Zucker
2 EL Zitronensaft
1 Prise Salz
E 2 F 20 K 5 kJ 835 kcal 200

Die Sahne steif schlagen und den Meerrettich unterziehen. Mit Zucker, Zitronensaft und Salz abschmecken. Man kann die Sahne kurz im Gefrierfach anfrieren lassen, dann mit Alufolie zur Rolle formen und unmittelbar vor dem Servieren in Scheiben aufschneiden. Die Forellenscheiben damit belegen und die Sahne kurz antauen lassen.

Senfsauce

1 Eigelb
3 TL scharfer Senf
¼ l Öl (Mandel- oder Weizenkeimöl)
1 TL Zucker
2 EL Essig
½ Bund Dill
E 1 F 65 K 3 kJ 2530 kcal 605

Das Eigelb mit dem Senf verrühren. Dann das Öl tropfenweise mit dem Schneebesen einrühren, so daß eine mayonnaiseähnliche Sauce entsteht. Mit Zucker und Essig abschmecken. Den abgespülten Dill fein schneiden und in die Sauce geben.

Gefüllter Bleichsellerie

1 Staude Bleichsellerie
100 g Butter
150 g Roquefort oder Gorgonzola
100 ml Crème fraîche oder dicke saure Sahne
1 rote Paprikaschote
1 kleine Zwiebel
1 Bund Petersilie
Salz, frisch gemahlener weißer Pfeffer
8 paprikagefüllte spanische Oliven
E 10 F 40 K 10 kJ 1905 kcal 455

Den Bleichsellerie in einzelne Stangen zerteilen, waschen und abtrocknen. Zum Füllen nur die weit geöffneten Stengelteile verwenden (Blätter und übrige Stengelteile für Salate oder zum Dippen verwenden).
Für die Füllung die Butter schaumig rühren, den Roquefort oder Gorgonzola durch ein Sieb streichen und mit Crème fraîche oder saurer Sahne zur Butter geben. Alles zu einer dicklichen Creme verrühren. Die geputzte, gewaschene Paprikaschote und die geschälte Zwiebel sehr fein würfeln. Die Petersilie abspülen, trockenschwenken und fein hacken. Alles unter die Creme mischen und mit Salz und Pfeffer abschmecken. In einen Spritzbeutel mit großer Sterntülle geben und in die Bleichselleriestangen spritzen. Mit abgetropften, in Scheiben geschnittenen Oliven garnieren. Dazu passen Toast oder kleine Cocktailbrötchen und trockener Sherry (Fino).

Hinweis Paprika, Zwiebel und Petersilie müssen fast musig sein, so daß man die Masse spritzen kann.

Champignonsalat

400 g große, geschlossene Champignonköpfe
Saft einer Zitrone
8 Artischockenherzen aus der Dose
1 Kopfsalat
je ½ Bund Petersilie und Kerbel
1 Schalotte oder kleine Zwiebel
125 g Lachsschinken in Scheiben
2 EL Essig, 1 EL Weißwein
5 EL Olivenöl
Salz, schwarzer Pfeffer
1 Prise Zucker
½ Kästchen Kresse
E 15 F 15 K 15 kJ 1110 kcal 265

Die Champignons putzen, kurz waschen und sofort mit Zitronensaft beträufeln, damit sie weiß bleiben. Die abgetropften Artischockenherzen in Scheiben schneiden und den Kopfsalat zerpflücken. Nur die großen Blätter verwenden (die übrigen für einen Salat aufheben), schnell waschen und trockenschwenken. Petersilie und Kerbel abspülen, trockenschwenken und fein hacken. Die geschälte Schalotte oder Zwiebel fein würfeln. Die Salatblätter auf einer tiefen Platte anrichten. Die abgetropften Pilze in Scheiben schneiden und mit den Artischockenherzen und Schinkenscheiben auf dem Salat garnieren. Essig mit Wein und Öl verrühren, mit Salz, Pfeffer und Zucker abschmecken und mit den Kräutern und Zwiebelwürfeln mischen. Über den Salat gießen und mit Kresseblättchen garnieren.
Beigaben wie »Gefüllter Bleichsellerie«.

Krabbencocktail

300 g Nordseekrabben oder Shrimps (Grönlandkrabben)
3 EL Zitronensaft
200 g frische Champignons
2 Orangen
1 Eigelb, 1/2 TL Senf, Salz
1/8 l Öl
4 EL Orangensaft
abgeriebene Schale einer halben unbehandelten Zitrone
1/8 l Sahne
2 EL grüner Pfeffer
4 kleine Minzezweige
E 20 F 45 K 5 kJ 1990 kcal 475

Die Krabben mit etwas Zitronensaft beträufelt ziehen lassen. (Tiefgekühlte mit dem Saft beträufelt auftauen.) Die geputzten und eventuell gewaschenen Champignons in hauchdünne Scheiben schneiden und mit dem restlichen Zitronensaft beträufeln, sonst werden sie leicht braun. Die sorgfältig geschälten Orangen in dünne Scheiben schneiden und dabei entkernen. Die Scheiben vierteln. Krabben, Champignons und Orangenscheiben mischen und in vier Gläser verteilen. Das Eigelb mit Senf und einer Prise Salz verrühren, dann tropfenweise mit dem Öl zur Mayonnaise aufschlagen. Mit Orangensaft und Zitronenschale mischen, evtl. mit etwas Salz nachwürzen. Die Sahne steif schlagen und zusammen mit dem leicht zerdrückten oder gehackten grünen Pfeffer unter die Mayonnaise ziehen. Über den Cocktail gießen, aber nicht untermischen. Das geschieht erst am Tisch. Die abgespülten Minzezweige als Garnierung anlegen.
Als Beilage sollten Sie dazu kleine Cocktailbrötchen, Toast oder Stangenweißbrot servieren.

Tip

Eine besonders aparte Geschmacksveränderung bekommt man, wenn man einen Teil des Öls durch Mandel- oder Walnußöl ersetzt. Jedoch sollten die Mengen immer sehr gering gehalten werden, denn diese Öle sind sehr geschmacksintensiv.

Fischsalat mit Kräutern

600 g Rotbarsch- oder Kabeljaufilet
4 EL Zitronensaft, Salz
1/8 l Wasser
1/8 l trockener Weißwein
1 Lorbeerblatt
1/2 Zwiebel
4 Stengel glatte Petersilie
3 Pfefferkörner
4 Sardellenfilets
1 Bund Frühlingszwiebeln
250 g Tomaten
2 bis 3 Stangen Bleichsellerie
je 1/2 Bund Dill, Schnittlauch, Kerbel und Petersilie
1 Eigelb
1 TL Senf
6 EL Sahne
Cayennepfeffer
1 Kopfsalat
E 35 F 20 K 10 kJ 1715 kcal 410

Das Fischfilet kurz abspülen, dann mit Haushaltspapier trockentupfen. Mit Zitronensaft beträufeln und leicht mit Salz bestreuen. 10 Minuten stehen lassen. In der Zwischenzeit Wasser und Wein mit Lorbeerblatt, der geschälten Zwiebel, der abgespülten Petersilie und den Pfefferkörnern aufkochen. Den Sud leicht salzen und die Fischfilets hineingeben. Im geschlossenen Topf in 10 Minuten garziehen lassen; der Sud darf dabei keinesfalls kochen. Die Fischstücke mit einem Schaumlöffel herausnehmen und abkühlen lassen. Indessen den Sud bei starker Hitze um die Hälfte einkochen. Die Sardellenfilets etwa 10 Minuten wässern, dann abtropfen lassen und längs halbieren.
Die Frühlingszwiebeln putzen, abspülen und gut abtropfen lassen. Das Grün in dünne Ringe, die Knolle in ganz feine Scheiben schneiden. Die gehäuteten, von ihren Stengelansätzen befreiten Tomaten achteln, entkernen und fein würfeln. Die gewaschenen, abgetropften Selleriestangen in dünne Scheiben schneiden. Den abgekühlten Fisch in Würfel teilen und zu den übrigen Salatzutaten geben.
Die Kräuter abspülen, trockenschwenken und fein hacken, bzw. schneiden. Auch zum Salat geben.
Das Eigelb mit dem Senf verrühren, dann nach und nach den durch ein Sieb gegossenen, erkalteten Fischsud hineinrühren. Die Sahne dazugeben und diese Marinade mit Cayennepfeffer und evtl. noch etwas Salz abschmecken. Über den Salat gießen und diesen vorsichtig mischen. 15 Minuten ziehen lassen, dann, wenn nötig, nachwürzen.
In der Zwischenzeit den Kopfsalat zerpflücken, waschen und trockenschleudern oder -schwenken. Die Salatblätter fein nudelig schneiden. Den Fischsalat auf vier Tellern oder in vier Schalen anrichten und mit dem Salat umkränzen. Je 2 Sardellenhälften über Kreuz auf den Salat legen.
Den Fischsalat mit Kräutern können Sie sowohl mit möglichst warmem französischen Weißbrot als auch mit kräftigem Schwarzbrot servieren. Als Getränk ist ein trockener Weißwein in jedem Fall richtig. Aber Bierliebhaber können auch ein kühles Helles dazu trinken.

Tip

Anstelle von Kopfsalat kann man für den Fischsalat mit Kräutern auch fein geschnittenen Endivien- oder Eisbergsalat verwenden. Und auch zarter Chicorée oder würziger Feldsalat passen sehr gut dazu. Beim Feldsalat sollte man jedoch darauf achten, daß man nur sehr kleine Blättchen verwendet, die sehr gut gewaschen sein müssen; Sandreste verderben jeden Genuß!

Hinweis Dieses Rezept kann als Grundlage für vielerlei Variationen gelten: In hauchdünne Streifen geschnittene Paprikaschoten passen ebenso gut dazu wie in feine Schnitze geteilte, mit Zitronensaft bestrichene Äpfel. Und auch in kleine Filets geteilte, entkernte Orangen und/oder Zitronen, bzw. Grapefruits geben eine erfrischende Note. Ferner harmonieren in dünne Scheiben geschnittene grüne oder schwarze Oliven bestens mit dem Kräuter-Fisch-Aroma. Und wer cremige Saucen liebt, gibt etwas Sahne, Crème fraîche oder Joghurt hinein.

Delikater Auftakt oder auch sättigender Mittelpunkt der Mahlzeit:

Suppen

Badische Schneckensuppe

24 Schnecken aus der Dose
50 g durchwachsener Speck
30 g Butter
1 kleine Zwiebel
2 Knoblauchzehen
7/8 l Fleischbrühe (selbstgekocht)
1/8 l trockener Weißwein
1 1/2 Bund glatte Petersilie
6 Stengel Dill
1 Eigelb
1/4 l Sahne
1 Glas (2cl) Cognac oder Weinbrand
Salz, frisch gemahlener schwarzer Pfeffer
E 20 F 40 K 5 kJ 2135 kcal 510

Die Schnecken abtropfen lassen, dabei die Flüssigkeit auffangen. Die Schnecken grob hacken. Den Speck sehr fein würfeln und in der Butter anbraten. Die geschälte, fein gehackte Zwiebel und die geschälten, durch die Presse gedrückten Knoblauchzehen zufügen und goldgelb anbraten. Dann erst die Schnecken dazugeben und unter ständigem Rühren 2 Minuten dünsten. Mit Fleischbrühe und Wein auffüllen und alles zugedeckt bei milder Hitze 30 Minuten mehr ziehen als kochen lassen. In der Zwischenzeit die Kräuter abspülen und trockenschwenken. Die Petersilie grob hacken, dann etwa 4 TL beiseitestellen. Die restliche Petersilie fein hacken. Den Dill fein schneiden. Das Eigelb mit etwas Suppe verquirlen und in die nicht mehr kochende Suppe rühren (dazu den Topf am besten vom Herd nehmen). Die Suppe sollte danach niemals mehr kochen, sonst flockt das Ei aus und bildet kleine »Stippen«. Die Sahne steif schlagen und gut die Hälfte unter die Suppe ziehen. Die Schneckensuppe mit Cognac, Salz und Pfeffer pikant abschmecken. In vier Suppentassen verteilen und die restliche Sahne jeweils als Häubchen darauf verteilen. Die Suppen in den auf 260 Grad (Gasherd Stufe 6) vorgeheizten Backofen stellen und 3 Minuten überbacken. Mit der zurückbehaltenen Petersilie bestreuen und sofort servieren.
Dazu Blätterteigstangen oder geröstetes Stangenweißbrot servieren.

Variation
Die Sahnehäubchen der Badischen Schneckensuppe kann man auch unter dem Grill überflämmen. Dazu müssen die Grillstäbe sehr gut vorgeheizt und die Suppenportionen in feuerfeste Tassen (oder Teller) gegeben werden. Da man bei den enorm hohen Grilltemperaturen generell nur sehr kurze Garzeiten benötigt, muß auch hier auf die Sekunde genau gearbeitet werden. Die Suppen sofort nach dem »Überflämmen« servieren.

Miesmuschelsuppe

1500 g Miesmuscheln (mit Schale gewogen)
1 Bund Suppengrün
1 Zwiebel
2 Knoblauchzehen
40 g Butter
1/4 l trockener Weißwein
1 Lorbeerblatt
6 Pfefferkörner
4 Wacholderbeeren
4 Stangen Bleichsellerie
2 dünne Lauchstangen
250 g Tomaten
Wasser
Instant Hühnerbrühe
frisch gemahlener schwarzer Pfeffer
1/2 Glas (1cl) Anisschnaps
je 1/2 Bund glatte Petersilie und Dill
E 10 F 10 K 15 kJ 1065 kcal 255

Die Muscheln einzeln unter fließendem Wasser abbürsten. Offene Muscheln, die sich bei Berührung nicht sofort schließen, wegwerfen, ebenso zerbrochene Muscheln – sie sind verdorben. Die Byssusfäden (dunkle an den Schalen befindliche Fäden) abreißen oder mit einem flachen Messer entfernen. Das geputzte, gewaschene Suppengrün, die geschälte Zwiebel und die geschälten Knoblauchzehen hacken und in heißer Butter in einem sehr großen Topf anrösten. Mit Weißwein aufgießen. Lorbeerblatt, Pfefferkörner und Wacholderbeeren hineingeben. Den Sud aufkochen und die Muscheln hineingeben. Zugedeckt bei starker Hitze kochen, bis sich die Muscheln öffnen. Das dauert (je nach Hitze und Art des Topfes) knapp 10 Minuten. Muscheln, die sich bis jetzt nicht geöffnet haben, müssen ebenfalls weggeworfen werden. Auch sie sind verdorben. Alle geöffneten Muscheln in ein Sieb schütten, den Sud auffangen und das Muschelfleisch aus den Schalen lösen. Den Bleichsellerie putzen, dabei die kleinen zarten Blättchen aufheben. Die Stangen waschen und in dünne Scheiben schneiden. Den Lauch ebenfalls putzen, waschen und nach dem Abtropfen in dünne Ringe schneiden. Die Tomaten mit kochendem Wasser übergießen, häuten, vierteln und die Stengelansätze entfernen. Die Tomatenviertel entkernen und würfeln.
Den Muschelsud mit Wasser auf 1 l auffüllen und mit Instant Hühnerbrühe abschmecken. Das Gemüse darin 10 Minuten kochen. Die Muscheln hineingeben und erhitzen, aber die Suppe nicht mehr kochen lassen. Mit Anisschnaps und Pfeffer abschmekken. Petersilie und Dill abspülen, trockenschwenken und hacken bzw. fein schneiden. Die Suppe in eine vorgewärmte Terrine füllen und mit den Kräutern bestreuen.
Dazu Knoblauchbrot getoastet.

Knoblauchbrot
Stangenweißbrotscheiben im Toaster hell rösten, abkühlen lassen und auf beiden Seiten reichlich mit Knoblauch einreiben. Dann in heißer Butter goldgelb rösten. Heiß servieren. Oder auch ein französisches Stangenweißbrot mehrfach (im Abstand von etwa 1 cm) tief ein-, aber nicht durchschneiden. Weiche Butter mit zerdrücktem Knoblauch, Salz und etwas Zitronensaft verrühren und dick in die Einschnitte streichen. Das Brot wieder zusammendrücken und auf Alufolie in den vorgeheizten Ofen legen und solange überbacken, bis die Butter völlig eingezogen und das Brot schön knusprig ist. Ebenfalls sehr heiß servieren.

Hinweis Notfalls kann man diese Suppe auch mit konservierten Muscheln zubereiten. Sie brauchen dann etwa 300 g naturell eingelegtes Muschelfleisch und in jedem Fall etwas Fischfond – damit's nach Meer schmeckt!

Erbsencremesuppe

1,5 kg frische oder 600 g tiefgekühlte Erbsen
½ l Hühner- oder Kalbsbrühe
⅛ l trockener Weißwein
Salz, weißer Pfeffer, 1 Prise Zucker
¼ l Sahne
50 g Räucherlachs
½ Handvoll Kerbelblätter
E 20 F 15 K 25 kJ 1360 kcal 325

Frische Erbsen palen, waschen und abtropfen lassen, tiefgekühlte unaufgetaut verwenden. Die Erbsen in der kochenden Brühe 15 bis 20 Minuten garen. Nach etwa 5 Minuten eine halbe Tasse Erbsen herausnehmen. Die übrigen Erbsen passieren, mit der Kochbrühe und dem Wein erneut aufkochen. Mit Salz, Pfeffer und Zucker würzen, die Hälfte der Sahne einrühren und bei starker Hitze cremig einkochen lassen, dann die übrigen Erbsen darin wieder erhitzen. Restliche Sahne steif schlagen und neben dem Herd locker unterziehen. Mit in feine Streifen geschnittenem Lachs und dem Kerbel bestreuen.

Tomatencremesuppe

1 große Dose geschälte Tomaten
2 Zwiebeln, 1 Knoblauchzehe
2 EL Öl
½ l heiße Fleischbrühe
⅛ l kräftiger Rotwein
Salz, frisch gemahlener schwarzer Pfeffer, 1 Prise Zucker
je 1 Prise zerriebener Thymian und Oregano
⅛ l Sahne oder Crème fraîche
60 g durchwachsener Speck
1 Bund Basilikum
E 5 F 30 K 15 kJ 1505 kcal 360

Die Tomaten sehr fein zerdrücken. Zwiebeln und Knoblauch schälen und fein hacken. Die Hälfte davon im heißen Öl glasig braten. Tomaten mit der Dosenflüssigkeit, Brühe, Wein und Gewürzen zufügen und in etwa 20 Minuten musig kochen. Durch ein Sieb streichen und mit Sahne oder Crème fraîche gemischt cremig einkochen. Fein gewürfelten Speck auslassen, restliche Zwiebeln und Knoblauch darin goldbraun braten. Mit dem Basilikum auf die Suppe streuen.

Blumenkohlsuppe

1 mittelgroßer Blumenkohl
3 große, mehlig kochende Kartoffeln
½ l heiße Fleischbrühe
¼ l heiße Milch
Salz, geriebene Muskatnuß
⅛ l Sahne, 20 g Butter
½ Bund Petersilie
E 10 F 20 K 25 kJ 1380 kcal 330

Blumenkohl putzen, waschen und in Röschen teilen, den Strunk schälen und grob zerkleinern. Kartoffeln schälen und würfeln. Alles mit der Fleischbrühe aufsetzen und in etwa 25 Minuten fast zerkochen lassen. Nach etwa 8 Minuten ein paar kleine Blumenkohlröschen herausnehmen. Blumenkohl und Kartoffeln danach durch ein Sieb pürieren, mit der Kochflüssigkeit und der Milch wieder erhitzen und mit Salz und Muskat würzen. Die Sahne einrühren und bei starker Hitze cremig einkochen lassen. Neben dem Herd die Butter in kleinen Flöckchen einschlagen und die Suppe mit den übrigen Blumenkohlröschen und Petersilie bestreuen.

Klare Hühnerbrühe

1 küchenfertiges Suppenhuhn von etwa 1800 g
2 ½ l Wasser, Salz
1 große Zwiebel
1 Lorbeerblatt
nach Belieben 2 bis 3 Nelken
1 Bund Suppengrün
3 bis 5 Pfefferkörner
2 Eiweiß
E 5 F 15 K 3 kJ 1570 kcal 375

Die Innereien aus dem Huhn herausnehmen. Das Huhn innen und außen abspülen. Mit dem kalten Wasser in einem großen Topf aufsetzen und langsam zum Kochen bringen. Dabei immer wieder abschäumen. Erst wenn das Wasser kocht, mit Salz würzen. Die Hitze reduzieren und das Huhn in der nur leise simmernden Flüssigkeit gut 2 Stunden garen. Die Zwiebel halbieren und die Schnittflächen auf einer sauberen Herdplatte dunkelbraun rösten. Zusammen mit dem Lorbeerblatt, den Nelken, dem geputzten Suppengrün und den Pfefferkörnern dazugeben und alles noch 60 Minuten weiter sieden lassen. Das Huhn herausheben (das Fleisch entweder als Suppeneinlage oder anderweitig verwenden). Die Brühe durch ein Sieb gießen. Dann klären. Dazu die abgekühlte Brühe mit 2 verquirlten Eiweiß mischen und unter kräftigem Schlagen bis zum Kochen erhitzen. Dann noch einige Minuten durchkochen lassen. Der sich dabei bildende Schaum wird abgehoben. Ein Haarsieb mit einem Mulltuch oder zwei Milchfiltern auslegen. Die Brühe langsam hindurchgießen, dabei wird sie zu einem Teil auch entfettet. Soll die Brühe noch stärker entfettet werden, läßt man sie etwas abkühlen und hebt das sich oben absetzende Fett ab.

Hühnerbrühe auf fernöstliche Art

2 El getrocknete chinesische Pilze und 1 Handvoll Glasnudeln getrennt in kaltem Wasser etwa 30 Minuten quellen lassen, 1 l Hühnerbrühe zum Kochen bringen und 1 kleine, in Ringe geschnittene Stange Lauch (oder 4 kleine Frühlingszwiebeln), 1 in dünne Scheiben geschnittene Stange Bleichsellerie und 1 kleine, in Ringe geschnittene Zwiebel darin 3 Minuten kochen lassen. Die abgetropften Pilze und Glasnudeln dazugeben. Sobald die Brühe wieder kocht, 150 g in feine Streifen geschnittene Bambussprossen und 80 g gewaschene Sojabohnenkeimlinge dazugeben. Noch 2 Minuten kochen lassen. Die Suppe mit Sojasauce, Sambal Oelek, Ingwerpulver und etwas Reiswein oder trockenem Sherry abschmecken. Mit Petersilie und Dill bestreut servieren. Zitronenviertel dazu reichen, so daß jeder seine Suppe beliebig nachwürzen kann.
E 7 F 15 K 10 kJ 1760 kcal 420

Hühnerbrühe mit Gemüseeinlage

Die Röschen eines kleinen Blumenkohls, 300 g Spargelspitzen oder Spargelstangen getrennt voneinander in Salzwasser nur eben gar kochen. 1 l Hühnerbrühe erhitzen. Das abgetropfte Gemüse, etwa 6 EL gekochten Reis und das Fleisch der Hühnerbrüstchen hineingeben. Mit gehackter Petersilie bestreuen.
E 10 F 15 K 15 kJ 1885 kcal 450

Spinatsuppe

750 g Blattspinat, Salz
1 Zwiebel
1–2 Knoblauchzehen
4 EL Olivenöl
3/8 l heiße Fleischbrühe
3/8 l Sahne
Salz, frisch gemahlener schwarzer Pfeffer, geriebene Muskatnuß
30 g Pinienkerne
E 10 F 45 K 10 kJ 525 kcal 125

Spinat verlesen, gründlich waschen und abtropfen lassen. In sprudelnd kochendem gesalzenen Wasser 3 Minuten blanchieren, unter kaltem Wasser abschrecken und sehr gut trockendrücken. Fein hacken oder durch den Fleischwolf drehen. Zwiebel und Knoblauch schälen und sehr fein hakken. In 3 EL Öl glasig, aber nicht braun braten, den Spinat zufügen, kurz mitschmoren lassen, dann mit Fleischbrühe und 1/4 l Sahne aufgießen. Bei starker Hitze cremig einkochen lassen, mit Salz, Pfeffer und Muskat abschmecken und neben dem Herd die restliche steif geschlagene Sahne unterheben. Während die Suppe einkocht, die Pinien im übrigen Öl goldbraun rösten. Über die fertige Suppe streuen und nach Möglichkeit sofort servieren.

Tip

Wenn es einmal sehr schnell gehen soll, kann man natürlich auch tiefgefrorenen Spinat verwenden. Handelt es sich dabei um Rahmspinat, sollten Sie die Sahne beim Kochen weglassen und nur zum Schluß etwas steifgeschlagene Sahne unterheben.

Kerbelsuppe

150 g Kerbel
1 kleine Stange Lauch
50 g Butter
300 g mehlig kochende Kartoffeln
1/2 l heiße Fleischbrühe
1/8 l heiße Milch
4 EL Crème fraîche oder Sahne
Salz, frisch gemahlener weißer Pfeffer
E 5 F 20 K 20 kJ 1215 kcal 290

Den Kerbel verlesen, gründlich waschen und sehr gut trockenschwenken. Lauch putzen, waschen und in feine Ringe schneiden. Ebenfalls gut abtropfen lassen. 40 g Butter in einem Topf erhitzen, Kerbel und Lauch darin glasig braten, aber keine Farbe nehmen lassen. Die geschälten, gewürfelten Kartoffeln zufügen, mit Brühe begießen und etwa 20 Minuten kochen lassen. Durch ein Sieb passieren, mit der Milch und Sahne erneut zum Kochen bringen und mit Salz und Pfeffer würzen. Cremig einkochen lassen und die restliche Butter neben dem Herd in kleinen Flöckchen unterschlagen. Sofort servieren, sonst bekommt die Suppe eine Haut.

Hinweis Wer einmal keine mehlig kochenden Kartoffeln zur Hand hat, kann die Kerbelsuppe auch mit von der Industrie vorgefertigten Kartoffelpüree-Flocken binden. Dazu wird die Kräuter-Lauch-Mischung nur kurze Zeit mit der Brühe gekocht, passiert und mit Sahne und Milch fertiggestellt. Die Püreemenge wird ganz nach Wunsch eingestreut.

Klare Ochsenschwanzsuppe

600 g Ochsenschwanz in Stücken
2 Bund Suppengrün, 1 Zwiebel
40 g Rindermark
500 g Rinderknochen
1 Tomate, 1 TL Tomatenmark
1 Lorbeerblatt, 2 Thymianzweige
8 Pfefferkörner
5 Wacholderbeeren, Salz
1/8 l trockener Sherry (Fino)
Worcestershiresauce
E 30 F 30 K 5 kJ 1800 kcal 430

Ochsenschwanzstücke abspülen und abtrocknen. Suppengrün putzen, waschen und grob zerkleinern, die geschälte Zwiebel vierteln. Rindermark in dünne Scheiben schneiden und in einem Topf auslassen. Ochsenschwanz, Suppengrün, Zwiebeln und Knochen darin kräftig anrösten. Mit 1 1/4 l Wasser aufgießen. Die gewaschene, geviertelte Tomate mit Tomatenmark und Gewürzen hineingeben und salzen. Zugedeckt etwa 2 Stunden leise kochen lassen, die Ochsenschwanzstücke herausnehmen und die Brühe durch ein Sieb gießen. Anschließend entfetten. Das Fleisch von den Knochen lösen und in vier Suppentassen verteilen. Die Brühe bis kurz vorm Kochen erhitzen, mit Sherry und Worcestershiresauce abschmecken und auf das Fleisch geben.

Wild-Consommé

500 g Wildabfälle
250 g Rindermarkknochen
250 g Wildfleisch
2 Bund Suppengrün, 1 Zwiebel
100 g durchwachsener Speck
2 EL Olivenöl
5 Wacholderbeeren
5 Pfefferkörner
1 TL getrockneter Salbei
1/4 l Rotwein
2 l Wasser, Salz
200 g Klärfleisch (durch die grobe Scheibe des Fleischwolfs gedrehtes Schabefleisch vom Rind)
1 Eiweiß
1 Möhre, 1/2 Stange Lauch
1/4 Sellerieknolle
1 Glas (2 cl) Madeira
E 20 F 45 K 10 kJ 2530 kcal 605

Wildabfälle und Knochen abspülen und abtropfen lassen. Das abgespülte Wildfleisch grob würfeln. Suppengrün putzen, auch würfeln. Die geschälte Zwiebel hacken. Den Speck würfeln und im heißen Olivenöl braun rösten. Alle vorbereiteten Zutaten hineingeben und kräftig braun rösten. Die zerstoßenen Wacholderbeeren und Pfefferkörner mit dem Salbei zufügen, mit Rotwein und 1/4 l Wasser ablöschen und einkochen lassen. Das restliche Wasser angießen, den Topf schließen und die Consommé 2 Stunden sanft köcheln lassen. Danach durch ein Sieb gießen, erkalten lassen und entfetten. Das Klärfleisch mit dem Eiweiß vermischen und in einen Topf geben. Die durchgesiebte Brühe zugießen und langsam erhitzen, bis Fleisch und Eiweiß nach oben steigen. Nun die Brühe erneut durch ein Haarsieb gießen. Möhren, Lauch und Sellerie (alles geputzt und gesäubert) in ganz feine Streifchen (Julienne) schneiden. In wenig Brühe knapp 10 Minuten kochen, dann in die Consommé geben. Mit Madeira abschmecken und heiß servieren.

Zwiebelsuppe, Pariser Art

400 g Zwiebeln
60 g Butter
2 EL Mehl
1 l klare Fleischbrühe (selbstgekocht oder aus Würfeln)
¹/₄ l trockener Weißwein
Salz, frisch gemahlener schwarzer Pfeffer
8 dünne Scheiben Stangenweißbrot (etwa 80 g)
1 Glas (2 cl) Cognac oder Weinbrand
100 g geriebener Emmentaler Käse
E 15 F 20 K 30 kJ 2345 kcal 560

Die Zwiebeln schälen und hacken. 50 g Butter in einem Topf erhitzen und die Zwiebeln darin hellbraun anbraten. Das Mehl darüber streuen und mitrösten, bis es auch etwas Farbe genommen hat. Dann die Fleischbrühe angießen und alles zugedeckt 20 Minuten leise köcheln lassen. Jetzt erst den Wein in die Suppe geben und diese mit Salz und reichlich Pfeffer würzen. Die restliche Butter erhitzen und die Brotscheiben darin auf beiden Seiten goldbraun rösten. Den angewärmten Weinbrand in einer Kelle anzünden und brennend über das Brot gießen. Ausbrennen lassen. Die Suppe in vier feuerfeste Suppentassen füllen, mit den Brotscheiben belegen und mit Emmentaler Käse bestreuen. Die Suppe in dem auf 260 Grad (Gasherd Stufe 6) vorgeheizten Backofen 5 Minuten überbacken, dann sofort servieren.

Variationen für die Grundsuppe
Statt 2 Brotscheiben pro Person 3 verwenden und insgesamt 150 g geriebenen Käse. Die gerösteten Brotscheiben mit Käse bestreut übereinander in die Suppentassen legen und mit der kochenden Suppe auffüllen.

Die Hälfte der Fleischbrühe durch Milch, den Wein durch Sahne oder saure Sahne ersetzen. Dann keinen Käse und keine Brotscheiben dazugeben. Toastbrot als Beilage dazu reichen. Die Suppe eventuell noch mit etwas Cayennepfeffer würzen.

Die Suppe mit einer Mischung aus 2 Eigelb, 1 Glas Cognac oder Weinbrand und ¹/₈ l Sahne legieren, mit gerösteten Weißbrotwürfeln und gehackter Petersilie bestreuen.

Die Zwiebeln statt in Würfel in dünne Ringe schneiden. Kein Mehl dazugeben, sondern 50 g Graupen mitkochen lassen. Vor dem Servieren mit geriebenem Emmentaler oder Parmesan bestreuen.

Die in Ringe geschnittenen Zwiebeln in der heißen Butter anrösten, mit etwas Mehl bestäuben und mit der heißen Fleischbrühe ablöschen. Mit Salz und Pfeffer würzen und mit Weißwein und Sahne verfeinern. Zum Schluß mit Eigelb legieren und mit kleinen, in Butter goldbraun gerösteten Brotwürfelchen bestreuen. Mit reichlich Schnittlauch und Petersilie servieren.

Zusammen mit den Zwiebeln ein bis zwei fein gehackte oder auch durch die Presse gedrückte Knoblauchzehen in der heißen Butter anschmoren oder – wenn's weniger anrüchig sein soll – Knoblauchsalz verwenden.

Andalusische Gazpacho

Für 8 Personen
1000 g reife Tomaten
200 g altbackenes Weißbrot
1 grüne Paprikaschote
1 kleine Zwiebel
2 Knoblauchzehen
1/8 l kalt gepreßtes Olivenöl
1/16 l Rotweinessig
1/4 l entfettete Hühnerbrühe
1/2 TL Salz

Für die Beilagen:
4 Scheiben Toastbrot
40 g Butter
1/2 Salatgurke
6 Schalotten
250 g Tomaten
1 grüne Paprikaschote
2 hartgekochte Eier
20 paprikagefüllte grüne Oliven
E 10 F 20 K 30 kJ 2115 kcal 505

Die Tomaten mit kochendem Wasser überbrühen, häuten, achteln und von den Stengelansätzen befreien. Das Weißbrot 10 Minuten in reichlich Wasser einweichen. Die halbierte Paprikaschote putzen, waschen und in Streifen oder Stücke schneiden. Zwiebel und Knoblauchzehen schälen, die Zwiebel achteln. Das Weißbrot gut ausdrücken. Die Hälfte der so zubereiteten Zutaten mit der Hälfte des Öls, des Essigs und der Hühnerbrühe in den Mixer geben und in wenigen Sekunden zu einer glatten Masse verarbeiten. Dann die zweite Hälfte ebenso zubereiten. Die Suppe mit Salz abschmecken, in das Serviergefäß füllen und zugedeckt einige Stunden in den Kühlschrank stellen.
In der Zwischenzeit das Toastbrot ganz fein würfeln. Die Butter in einer Pfanne erhitzen und die Brotwürfel darin goldgelb rösten. Die ungeschälte Salatgurke längs in 5 mm dicke Streifen schneiden, dann quer ebenfalls und fein würfeln. Die geschälten Schalotten ganz fein hacken. Die abgezogenen Tomaten vierteln, entkernen, von den Stengelansätzen befreien und ebenfalls würfeln. Die halbierte Paprikaschote putzen, waschen, abtropfen lassen und fein würfeln.
Die geschälten Eier hacken, die abgetropften Oliven in dünne Scheiben schneiden. Alle Beilagen getrennt in kleine Schälchen geben. Unmittelbar vor dem Servieren die Suppe noch einmal kräftig durchrühren und einige große Eiswürfel hineingeben. Die Beilagen um die Suppe herum anrichten. Jeder nimmt sich davon nach Geschmack.
Wer's noch »knofliger« mag, sollte die Weißbrotwürfelchen mit Knoblauch zubereiten. Dazu wird kalt gepreßtes Olivenöl in einer Pfanne erhitzt und das Brot rundherum goldgelb gebraten. Anschließend streut man darüber fein gehackten oder zerdrückten Knoblauch (die Menge kann zwischen 1 Zehe und einem ganzen Teelöffel schwanken). Diese Mischung nur noch sekundenlang erhitzen, sonst wird der Knoblauch bitter.

Tip

Es ist zwar nicht klassisch, schmeckt aber köstlich, wenn Sie kurz vor dem Servieren einen kräftigen Schuß Sangrita pikante untermischen.

Kalte Suppen

Kalte Avocadosuppe

500 g vollreife Avocado
Saft einer Zitrone
4 EL trockener Weißwein
1/8 l saure Sahne
1/4 l kalte entfettete Hühnerbrühe
1 bis 2 EL Nußöl
Salz, weißer Pfeffer aus der Mühle
1 Spritzer Worcestersauce
1 Msp abgeriebene Zitronenschale
1/4 l Sahne
2 Zweige Zitronenmelisse
E 5 F 50 K 10 kJ 2175 kcal 520

Die Avocados halbieren, entsteinen und aus drei Hälften das Fruchtfleisch herausheben. Die restliche Avocadohälfte sofort mit Zitronensaft bestreichen, damit die Schnittfläche nicht braun wird. Das ausgelöste Fruchtfleisch fein zerdrücken und durch ein Sieb streichen. Sofort mit dem restlichen Zitronensaft, dem Weißwein und der sauren Sahne verschlagen. Unter weiterem Rühren die Hühnerbrühe und tropfenweise das Nußöl zufügen. Mit Salz, Pfeffer, Worcestersauce und Zitronenschale würzen und zugedeckt etwa 30 Minuten im Kühlschrank erkalten lassen. Nochmal durchrühren, nachwürzen und die steif geschlagene Sahne unterziehen. In Tassen oder Tellern anrichten. Die übrige Avocadohälfte in Scheiben schneiden, zusammen mit den abgespülten, trockengeschwenkten Zitronenmelisseblättchen unmittelbar vor dem Servieren auf der Suppe anrichten.

Tip

Avocados haben leider die unangenehme Eigenschaft, sehr schnell zu oxidieren, das heißt, braun zu werden. Und jeder Koch und jede Hausfrau hat ein eigenes Patentrezept dagegen. Aber versuchen Sie doch einmal folgendes: Verwenden Sie zum Durchpassieren nur ein Plastiksieb, kein Metall, mischen Sie sofort den Zitronensaft darunter und legen Sie während der Kühlzeit die Avocadokerne in die Suppe. Kenner schwören darauf, daß es helfen soll!

Variationen
Bestreuen Sie diese Suppe unmittelbar vor dem Servieren mit frischen Krabben, die Sie kurzzeitig mit etwas Zitronensaft und Worcestersauce mariniert haben. Wollen Sie dabei tiefgekühlte Krabben verwenden, lassen Sie sie mit Zitronensaft und Worcestersauce beträufelt unter mehrfachem Wenden auftauen.

Hacken Sie geröstete, gesalzene Erdnüsse etwas kleiner und streuen Sie sie auf die angerichtete Avocadosuppe, bevor Sie diese zu Tisch bringen.

Kalte Lauchcremesuppe

2 große Stangen Lauch
2 Zwiebeln
50 g Butter
250 g Kartoffeln
1/2 l Hühnerbrühe (frisch oder aus Instant-Produkten)
1/4 l Milch
3/8 l Sahne
Salz
weißer Pfeffer aus der Mühle
1 Spritzer Tabascosauce
1 Bund Schnittlauch
E 10 F 45 K 35 kJ 2510 kcal 600

Lauch von grünen Blattspitzen und Wurzelansätzen befreien, unter kaltem Wasser gründlich waschen und nach dem Abtropfen in feine Ringe schneiden. Zwiebeln schälen und würfeln. Beides in der heißen Butter unter Rühren glasig dünsten, ohne Farbe nehmen zu lassen. Die geschälten Kartoffeln waschen, fein würfeln und zusammen mit der heißen Hühnerbrühe zufügen. Aufkochen und dann bei mittlerer Hitze etwa 30 Minuten leise köcheln lassen. Etwas abkühlen lassen, dann in einem Mixer pürieren. Mit Milch und 1/4 l Sahne unter leichtem Schlagen noch einmal erhitzen, aber nicht kochen lassen. Dann vom Herd nehmen, mit Salz, Pfeffer und Tabascosoße abschmekken, völlig abkühlen. Anschließend mindestens 30 Minuten in den Kühlschrank stellen.
Kurz vor dem Servieren die Suppe nachwürzen. Die restliche Sahne steif schlagen und locker unter die Suppe ziehen. Mit dem in feine Röllchen geschnittenen Schnittlauch bestreut servieren.
Als Beilage können Sie dazu kleine, möglichst aufgebackene und mit gesalzener Butter bestrichene Graubrotecken, Salzstangen oder auch Kartoffelchips reichen.

Tip

Es kann ja mal passieren, daß man nur wenig Zeit hat, die gewünschte Suppe abkühlen zu lassen. Gießen Sie sie dann in jedem Fall zu allererst aus dem heißen Topf in eine Glas- oder Metallschüssel und stellen Sie diese in kaltes Wasser, das Sie mehrfach erneuern sollten. Und wenn's noch schneller gehen soll, füllen Sie reichlich Eiswürfel in einen Plastikbeutel, verschließen Sie ihn gut und hängen Sie ihn in die Suppe. Vergessen Sie niemals, ihn vor dem Servieren zu entfernen, denn er ist zwar sehr zweckmäßig, aber keineswegs schön oder sonderlich appetitlich.

Variationen
Wer Knoblauch liebt, sollte zusammen mit den Zwiebeln ein bis zwei gehackte oder zerdrückte Knoblauchzehen mitdünsten oder die Suppe zum Schluß mit Knoblauchsalz oder flüssigem Knoblauchextrakt abschmecken.

Wenn's etwas säuerlich sein soll, kann die Suppe mit etwas trockenem Weißwein oder ein paar Tropfen Zitronensaft abgeschmeckt oder ein Teil der Sahne durch Magerjoghurt ersetzt werden.

Sie können auch winzige Tomatenwürfelchen oder gekochte, in kleine Stückchen geschnittene grüne Bohnen und/oder gehacktes Eigelb auf die fertige Suppe geben. Das bringt Farbe und Aroma.

Auch Röstzwiebeln oder in Knoblauchöl geröstete Weißbrotwürfel passen gut zu dieser Suppe. Jedoch dürfen sie erst unmittelbar vor dem Servieren darüber gestreut werden.

Kalte Suppen

Geeiste Kalbfleischcreme

500 g Kalbsbrust
250 g Kalbsknochen
1 geteilter Kalbsfuß
1 Bund Suppengrün
2 l Wasser, Salz
1 Eiweiß
1 Schuß trockener Weißwein
weißer Pfeffer aus der Mühle
Cayennepfeffer
3 Fleischtomaten
1/8 l Sahne
2 hartgekochte Eigelb
2 Stengel frischer Estragon
oder Zitronenmelisse
E 40 F 20 K 15 kJ 1900 kcal 455

Das Kalbfleisch mit den abgespülten Knochen und Kalbsfußstücken, sowie dem geputzten, grob gewürfelten Suppengrün in dem kalten Wasser aufsetzen und langsam zum Kochen bringen. Dabei gelegentlich abschäumen. Sobald das Wasser kocht, Salz zufügen. Die Brühe mindestens 2 Stunden bei kleiner Hitze sieden lassen. Durch ein Sieb gießen und etwas abkühlen lassen. Das wenig verschlagene Eiweiß hineingeben und die Brühe erneut aufkochen. Zum Klären durch ein sauberes Tuch gießen. Mit Wein, Salz, Pfeffer und einem Hauch Cayennepfeffer kräftig abschmecken (beim Erkalten wird die Würzintensität etwas herabgesetzt) und abkühlen lassen, wobei die Brühe geliert. Die Tomaten häuten, entkernen und fein hacken oder im Mixer pürieren. Zusammen mit der halbfest geschlagenen Sahne unter die eiskalte Brühe ziehen. Mit sehr fein gehacktem oder durch ein Haarsieb gedrücktem Eigelb und ein paar Estragon- oder Melisseblättchen garnieren.

Kalte Joghurt-Kräutersuppe

1 Salatgurke, Salz
1 bis 2 Knoblauchzehen
je 1 Bund Dill und Petersilie
2 Zweige frische Minze
40 g feingehackte oder gemahlene Walnüsse
Schale einer viertel unbehandelten Zitrone
3/4 l Joghurt
1 bis 2 TL Weißwein- oder Sherryessig
2 EL Oliven- oder Sonnenblumenöl
weißer Pfeffer aus der Mühle
E 10 F 20 K 10 kJ 1045 kcal 250

Die Gurke schälen, längs halbieren und entkernen. Grob raffeln oder in winzige Streifchen schneiden und mit Salz bestreut 10 Minuten ziehen lassen. Knoblauch zerdrücken, Kräuter fein hacken. Die Gurken in einem Sieb kurz abspülen, abtropfen lassen und auf Haushaltspapier gründlich trocknen. Mit Knoblauch, Kräutern, den Nüssen und der Zitronenschale unter den Joghurt rühren. Essig und Öl tropfenweise einschlagen. Die Suppe mit Salz und Pfeffer abschmecken und 1 bis 2 Stunden zugedeckt in den Kühlschrank stellen. Nochmal nachwürzen und servieren.

Hinweis Unmittelbar vor dem Servieren kann man in die Suppe ein paar zerstoßene Eiswürfel geben, und wer mag, garniert sie mit ein paar entkernten schwarzen Oliven.

Kalte Hühner-Consommé

1 Suppenhuhn von 1000 g
2 l Wasser
1 Bund Suppengrün
1 Zwiebel
1 Eiweiß
Salz
1 Spritzer trockener Weißwein
weißer Pfeffer aus der Mühle
1 rote Paprikaschote
100 g frischgepalte oder tiefgekühlte Erbsen
1 große Fleischtomate
1 Bund Petersilie
E 25 F 5 K 15 kJ 1025 kcal 245

Den Beutel mit den Innereien aus dem Huhn entfernen. Dieses dann innen und außen gründlich unter kaltem Wasser waschen und dabei alle Blutreste völlig entfernen. Abtropfen lassen und im kalten Wasser bei schwacher Hitze im offenen Topf zum Kochen bringen. Dabei häufig abschäumen. Sobald die Flüssigkeit sprudelnd kocht, die Hitzezufuhr drosseln und die Brühe etwa 90 Minuten leise simmern lassen. Indessen das Suppengrün putzen und grob zerkleinern. Die ungeschälte Zwiebel quer halbieren und auf der heißen, gesäuberten Kochplatte (oder in einer trockenen gußeisernen Pfanne) bräunen. Zusammen mit dem Suppengrün in die Brühe geben und alles noch 30 Minuten leise köcheln lassen. Das Huhn dann herausnehmen und anderweitig verwenden. Die Brühe durch ein feines Sieb gießen und leicht abkühlen lassen. Dabei soweit wie möglich entfetten. Sobald die Brühe nur noch lauwarm ist, ein Eiweiß im Topf verschlagen, die Brühe unter Rühren hineingießen und bei weiterem Schlagen zum Kochen bringen. Wenige Minuten sprudelnd kochen lassen. Den groben Schaum abnehmen und die Brühe anschließend durch ein feines Tuch oder einen Filter gießen. Mit Salz, Weißwein und etwas weißem Pfeffer pikant abschmecken und abkühlen lassen. Dabei geliert die Suppe ein wenig. 30 Minuten in den Kühlschrank stellen. Die Paprikaschote putzen, waschen und in nur 5 mm große Würfel schneiden. In sprudelnd kochendem, gesalzenen Wasser 2 Minuten blanchieren, unter kaltem Wasser abschrecken und abtropfen lassen. Die Erbsen (tiefgekühlte vorher nicht auftauen) je nach Zartheit 8 bis 12 Minuten im kochendem Salzwasser garen, ebenfalls abschrecken und abtropfen lassen. Die Tomate mit kochendem Wasser überbrühen, häuten, entkernen und auch knapp 5 mm groß würfeln. Die Petersilie fein hakken. Die Suppe kräftig durchschlagen, nochmal abschmecken und mit den Paprika- und Tomatenwürfelchen, sowie den Erbsen und der Petersilie mischen. Erneut kurz kühlen, dann sofort servieren.

Hinweis Wer diese Suppe etwas pikanter wünscht, kann sie zusätzlich mit ein paar Tropfen Worcestersauce oder Zitronensaft würzen. Auch frische Kräuter wie Estragon und Zitronenmelisse oder auch etwas Pfefferminze (nur sparsam verwenden) geben eine feine frischwürzige Note. Noch etwas mehr Bindung bekommt die Consommé, wenn man einen zerkleinerten Kalbsknochen mitkocht.

Kalte Suppen

Holunderbeersuppe mit Eischnee und Apfel

1000 g vollreife Holunderbeeren
2 Äpfel
1/8 l trockener Weißwein
140 g Zucker
1 l Wasser
Schale einer unbehandelten Zitrone
2 Nelken
1/4 Zimtstange
30 g Speisestärke
1 Eiweiß, 1 Prise Salz
E 8 F 2 K 70 kJ 1425 kcal 340

Die Holunderdolden in kaltem Wasser gründlich waschen und abtropfen lassen. Die Äpfel schälen, entkernen und in feine Schnitzchen teilen. Den Wein mit 100 g Zucker aufkochen, die Apfelstückchen darin in 5 Minuten garen, aber nicht zu weich dünsten. Mit einem Schaumlöffel herausnehmen, abtropfen, abkühlen lassen und zugedeckt beiseite stellen. 1 l kaltes Wasser in den Kochsud gießen. Die Zitrone dünn abschälen und die Schale zusammen mit den Nelken und der Zimtstange in den Kochsud geben. Die abgetropften Holunderbeeren mit einer Gabel von den Stielen streifen und ebenfalls zufügen. Aufkochen und dann bei sehr schwacher Hitze etwa 15 Minuten köcheln lassen. Dann die Suppe durch ein Sieb abgießen und die Flüssigkeit in einem Topf auffangen. Aus dem Sieb Zimtstange, Nelken und die Zitronenschale herausnehmen und die Beeren vorsichtig durch das Sieb in den Topf ausdrücken. Alles aufkochen lassen. Die Speisestärke mit wenig kaltem Wasser verquirlen und unter Rühren in die kochende Flüssigkeit gießen, einmal aufwallen lassen. Das Eiweiß mit Salz mischen und zu ganz steifem Schnee schlagen. Mit zwei Teelöffeln kleine Klößchen abstechen und auf die heiße Suppe gleiten lassen. Den Topf schließen und die Klößchen neben dem Feuer 15 Minuten ziehen lassen. Anschließend die Suppe abkühlen lassen und dann bis zum Servieren in den Kühlschrank stellen. Zum Anrichten die Apfelstückchen auf Teller verteilen und die Suppe mit den Eiweißflocken darauf schöpfen.

Hinweis Noch einfacher lassen sich die »Eischnee-Flocken« herstellen, wenn man das schnittfest geschlagene Eiweiß in einer gleichmäßigen Schicht auf der heißen Suppe verteilt und – wie im Rezept angegeben – im geschlossenen Topf stocken läßt. Anschließend durchsticht man diese »Decke« mehrfach mit einem Löffel und erhält ebenfalls Klößchen. Diese sind zwar nicht ganz so gleichmäßig wie nach der ersten Arbeitsanleitung, dafür aber ohne viel Arbeit hergestellt.

Variationen
Servieren Sie die Holunderbeersuppe mit Apfel mal mit Grießklößchen statt mit Eischnee. Kochen Sie dazu 1/2 l Milch mit einer Prise Salz, 1-2 EL Zucker, 1 Päckchen Vanillezucker und 20 g Butter auf. Streuen Sie nun 70 g Grieß unter ständigem Rühren hinein und lassen Sie diese Masse (unter weiterem Rühren) leise kochen, bis sich der Grieß kloßartig vom Topf löst. Nehmen Sie nun den Topf vom Herd und rühren Sie sofort ein Ei hinein, lassen Sie alles etwa 5 Minuten abkühlen und arbeiten Sie dann ein zweites darunter. Nun muß der Teig etwa 15 Minuten ruhen. Stechen Sie anschließend mit einem, immer wieder in kaltes Wasser getauchten, Löffel kleine Klößchen ab und lassen Sie sie in siedendem Wasser garziehen, nicht aber sprudelnd kochen. Zum Schluß die Klößchen nur noch gut abgetropft abkühlen lassen, wobei sie nicht übereinander liegen dürfen und auf der kalten Suppe anrichten.

Sie können die Holunderbeersuppe auch heiß servieren. Dazu passen Eischnee oder Grießklößchen.

Tip

Braten Sie die abgekühlten Grießklößchen zur Abwechslung einmal in Butter goldbraun, lassen Sie sie gut abfetten, verteilen Sie sie dann auf der kalten Suppe und streuen Sie noch etwas Zimt-Zucker darüber!

Milchsuppe mit gemischten Früchten

250 g frische Früchte wie Mirabellen, Reineclauden, Stachelbeeren, Kirschen, Pfirsiche, Birnen, Äpfel, Erdbeeren, Himbeeren, Brombeeren, Blaubeeren, rote und schwarze Johannisbeeren
100 bis 150 g Zucker
4 Blatt weiße Gelatine
1/2 l Milch
1 Becher fettarmer Joghurt (175 g)
1 Päckchen Vanillezucker
1 Prise Salz
1 Becher Sahne (100 g)
E 10 F 15 K 45 kJ 1525 kcal 365

Die gewaschenen je nach Sorte verlesenen oder kleingeschnittenen Früchte mit 50 g Zucker bestreuen und Saft ziehen lassen. Die Gelatine zusammengerollt in kaltem Wasser einweichen und 10 Minuten quellen lassen. Milch mit Joghurt, Zucker, Vanillezucker und Salz leicht schaumig schlagen, bis sich Zucker und Salz gelöst haben. Die ausgedrückte Gelatine mit wenig heißem Wasser auflösen, etwas abkühlen lassen und unter kräftigem Schlagen mit der Milch vermischen. Im Kühlschrank erkalten und leicht gelieren lassen, dabei häufig durchschlagen (mit einem Schneebesen oder dem Handrührgerät), damit die Kaltschale lokker und schaumig wird. Kurz vor dem Servieren die Sahne steif schlagen und unterziehen. Die Kaltschale noch einmal abschmecken und mit den vorbereiteten Früchten bestreut eiskalt servieren.

Hinweis Die Zuckermenge kann bei diesem Rezept relativ stark variieren. Sie richtet sich nach Reife und Zukkergehalt der ausgewählten Früchte. Die Nährwertangaben sind bei diesem Rezept auf 100 g Zucker berechnet, müßten also evtl. höher angelegt werden. Diese Milchsuppe kann zusätzlich mit Schokoladenstreuseln, kleinen Makronen, Zimtzucker oder wenig Instant-Kakao bestreut werden. Auch mit ein paar Tropfen Likör, Cognac oder Rum läßt sie sich verfeinern – wie auch mit in Alkohol gequollenen Rosinen.

Kalte Suppen

Apfel-Kaltschale

750 g säuerliche Äpfel
1/2 Zitrone
1 Stückchen Ingwerwurzel (2 cm)
120 g Zucker, 1/2 l Weißwein
1/4 l Wasser, 1 EL Speisestärke
2 Glas (4 cl) Calvados
2 Eiweiß
30 g kleine Makrönchen
E 3 F 3 K 55 kJ 1110 kcal 265

Äpfel schälen, entkernen und in kleine Schnitze teilen. Sofort mit dem Zitronensaft mischen. Ingwer schälen, mit den Äpfeln, 80 g Zucker, 1/4 l Wein und dem Wasser aufkochen. Ein paar Stücke herausnehmen, die anderen musig kochen. Durch ein Sieb pürieren und mit dem restlichen Wein erneut aufkochen. Mit angerührter Stärke binden, vom Herd nehmen und den Calvados mit den Apfelstückchen untermischen. Eiweiß mit restlichem Zucker schnittfest schlagen. Auf die heiße Suppe geben, den Topf schließen bis zum Servieren kalt stellen. Gut umrühren, mit Makronen bestreuen.

Buttermilch-Kaltschale

3/4 l Buttermilch
150 g Crème fraîche
60 g Zucker
Saft und Schale einer halben Zitrone
1–2 TL gemahlener Zimt
4 Zwiebäcke (oder 2 Scheiben Weißbrot und 20 g Butter)
E 10 F 15 K 30 kJ 1255 kcal 300

Buttermilch mit Crème fraîche, 40 g Zucker sowie Zitronensaft und -schale leicht schaumig schlagen. Restlichen Zucker mit Zimt mischen und mit den zerbröckelten Zwiebäken über die Kaltschale streuen. Wer die Suppe mit Weißbrotwürfeln bestreuen möchte, sollte die entrindeten Scheiben fein würfeln und in der heißen Butter goldgelb braten.

Obst-Kaltschale

1 Apfel, 2 Pfirsiche
3 Aprikosen
150 g Kirschen
je 1/2 l Wasser und trockener Weißwein
100 g Zucker
1/2 Zimtstange
je 100 g Johannis- und Stachelbeeren
30 g Speisestärke
125 g Erdbeeren, Himbeeren und Brombeeren, gemischt
E 4 F 2 K 90 kJ 1675 kcal 400

Den Apfel schälen, Pfirsiche und Aprikosen häuten, alle Früchte zusammen mit den gewaschenen Kirschen entkernen, bzw. entsteinen. Apfel, Pfirsiche und Aprikosen in Schnitze teilen. Wasser mit Wein, Zucker und Zimt aufkochen, die Früchte darin bei mittlerer Hitze (je nach Reifegrad) 5–10 Minuten sieden lassen. Indessen Johannis- und Stachelbeeren von Stielen und Blütenansätzen befreien, waschen und dann für 3–5 Minuten in den Topf geben. Alle Früchte herausheben und abtropfen lassen. Speisestärke mit wenig kaltem Wasser verquirlen und die Flüssigkeit damit binden. Erdbeeren, Himbeeren und Brombeeren putzen, waschen und gut abtropfen lassen. Alle Früchte in die Suppe geben. Bis zum Servieren kalt stellen.

Melonen-Kaltschale

1/8 l trockener Weißwein
100 g Zucker
1/2 Zimtstange
2 Nelken
1 große Honigmelone von 1000 g
1/4 Wassermelone von etwa 600 g
3 Blatt weiße Gelatine
1 kräftiger Spritzer Angostura bitter
1 Glas (2 cl) Maraschinolikör,
40 g Kokosraspeln
E 5 F 3 K 52 kJ 1160 kcal 275

Weißwein mit Zucker, der Zimtstange und den Nelken bei schwacher Hitze erwärmen, bis sich der Zucker gelöst hat – aber keinesfalls kochen lassen. Vom Herd nehmen und abkühlen lassen. Dann die Zimtstange und die Nelken entfernen. In der Zwischenzeit die Kerne und das weiche Fruchtfleisch aus den halbierten Melonen herausschaben. Jeweils ein Drittel des Fruchtfleisches mit einem Kartoffelbohrer in Kugeln ausstechen. Das übrige Fruchtfleisch ausschaben und fein pürieren oder durch ein Sieb streichen. Den Wein und die eingeweichte, ausgedrückte und mit wenig heißem Wasser aufgelöste Gelatine (leicht erkaltet) in das Püree schlagen. Die Melonenkugeln hineingeben und die Suppe mit Angostura und Maraschino kräftig abschmekken. Für mindestens 60 Minuten in den Kühlschrank stellen und dabei häufig durchschlagen, damit sie sich nicht absetzt. Kurz vor dem Servieren die Kokosraspeln in einer trockenen Pfanne unter Rühren goldbraun rösten, kurz erkalten lassen und über die fertige Suppe streuen. Sofort – solange die Kokosraspeln noch ganz knusprig sind – servieren.

Schokoladen-Kaltschale

3/4 l Milch
25 g Speisestärke
15 g Kakao
1 Eigelb, 1 Prise Salz
50 g Zucker
50 g geriebene Zartbitterschokolade
1 Eiweiß, 1/8 l Sahne
1 Päckchen Vanillezucker
E 5 F 25 K 40 kJ 1735 kcal 415

Von der Milch eine kleine Menge abnehmen und mit Speisestärke, Kakao und Eigelb verquirlen. Die restliche Milch mit Salz und Zucker aufkochen. Die Stärkemischung unter Rühren hineingießen und unter weiterem Rühren aufkochen lassen. Die gebrochene Schokolade zufügen und darin schmelzen lassen. Den Topf vom Herd nehmen und das steif geschlagene Eiweiß unter kräftigem Schlagen untermischen, es darf dabei nicht ausflocken. Die Suppe abkühlen lassen und dabei hin und wieder umrühren, damit sich keine Haut bildet. Auf vier Tellern oder in einer Terrine anrichten und die mit Vanillezucker steif geschlagene Sahne in einem großen Tupfer in die Mitte setzen. Nur einmal umrühren, damit sich weiße Schlieren zeigen. Sofort servieren.

Hinweis Die Suppe kann mit einem Schuß Rum, Cognac, Birnengeist, Kirschwasser oder Orangenlikör verfeinert werden. Und wenn's fruchtig werden soll, fügt man kurz vor dem Servieren ein paar Orangen-, Birnen- oder Pfirsichstückchen bei.

Suppe als Hauptgericht

Kartoffelsuppe mit Champignons

150 g frische Champignons
1 TL Zitronensaft
125 g durchwachsener Speck
2 Zwiebeln
2 Koblauchzehen
250 g Lauch
1000 g Kartoffeln
2 l Fleischbrühe (selbstgekocht oder Instant)
Salz, frisch gemahlener schwarzer Pfeffer
1 Bund glatte Petersilie
2 Eigelb
¼ l dicke saure Sahne (20 %ig) oder Crème fraîche
E 35 F 45 K 50 kJ 2825 kcal 675

Die Chamignons putzen, wenn nötig waschen und gut abtropfen lassen. Dann in dünne Scheiben schneiden und einige zum Garnieren zurückbehalten, diese mit dem Zitronensaft beträufeln (oder in mit Zitronensaft gemischtes Wasser legen), damit sie nicht braun werden.
Den Speck sehr fein würfeln und in einem großen Topf auslassen. Die geschälten, feingewürfelten Zwiebeln darin glasig werden lassen. Die Champignons und die geschälten, durch die Presse gedrückten Knoblauchzehen dazugeben und etwa 5 Minuten dünsten. Den Lauch putzen, waschen, abtropfen lassen und in dünne Ringe schneiden. Die Kartoffeln schälen, waschen und würfeln. Zu den Champignons geben und mit Fleischbrühe auffüllen. Die Suppe bei schwacher Hitze zugedeckt 20 Minuten sanft köcheln lassen. Dann mit Salz und Pfeffer abschmecken. Die abgespülte, trockengeschwenkte Petersilie hacken und die Hälfte davon in die Suppe rühren. Eigelb und saure Sahne oder Crème fraîche verquirlen und die Suppe damit legieren. Noch einmal kurz erhitzen, aber nicht kochen lassen, sonst gibt's Eiweißflöckchen. Die Suppe in eine vorgewärmte Terrine füllen, mit der restlichen Petersilie bestreuen und mit den Champignons garnieren.

Hinweis Noch feiner wird die Suppe durch Pfifferlinge statt Champignons.

Berliner Kartoffelsuppe

500 g Suppenknochen
1 Markknochen, 2 l Wasser, Salz
500 g Rindfleisch zum Kochen
750 g Kartoffeln
je 200 g Möhren und Sellerie
2 Stangen Lauch
1 Petersilienwurzel
2 Stengel Blattsellerie
frisch gemahlener schwarzer Pfeffer
1 Prise geriebene Muskatnuß
1 TL gerebelter Majoran
100 g durchwachsener Speck
2 Zwiebeln
1 Bund glatte Petersilie
E 30 F 55 K 40 kJ 2290 kcal 715

Alle Knochen gut abspülen, um mögliche Knochenreste zu entfernen. Mit dem kalten Wasser zum Kochen bringen und salzen. Das Rindfleisch hineingeben und zugedeckt etwa 60 Minuten kochen lassen. Zwischendurch ein- bis zweimal abschäumen. Die gewaschenen Kartoffeln schälen und in etwa 2 cm große Würfel schneiden. Die Möhren schälen und in Scheiben hobeln. Den Lauch putzen, waschen und in Ringe teilen. Die geschabte Petersilienwurzel grob hacken. Sellerieblätter gründlich waschen und ebenfalls grob hacken oder in feine Streifen schneiden. Alles in die Brühe geben und weitere 25 bis 30 Minuten sanft köcheln lassen. Sämtliche Knochen entfernen. Das Fleisch in Scheiben schneiden. Die Suppe mit Pfeffer, Muskat und Majoran abschmecken. Den Speck fein würfeln und in einer Pfanne auslassen. Darin die geschälten, gehackten Zwiebeln goldgelb braten. Die abgespülte, trockengeschwenkte Petersilie grob hacken. Mit der Speck-Zwiebel-Mischung über die Suppe streuen.

Kartoffel-Käse-Suppe

500 g Kartoffeln
1 Bund Suppengrün
2 Zwiebeln
2 Knoblauchzehen
1 l Fleischbrühe (selbstgekocht oder Instant)
150 g Käse: Emmentaler oder alter Gouda
je ¼ l Milch und Sahne
Salz, frisch gemahlener schwarzer Pfeffer
geriebene Muskatnuß, 1 Eigelb
1 Bund Schnittlauch
1 Bund Petersilie
E 20 F 35 K 30 kJ 2300 kcal 550

Die Kartoffeln schälen, gut waschen und in Würfel schneiden. Das geputzte und gewaschene Suppengrün und die geschälten Zwiebeln hacken. Die geschälten Knoblauchzehen durch die Presse drücken. Alles in die kochende Fleischbrühe geben und zugedeckt etwa 30 Minuten kochen lassen. Die Suppe etwas abkühlen lassen, dann im Mixer oder mit dem Mixstab pürieren. Den Käse fein reiben. Milch und Sahne erhitzen und den Käse unter Rühren darin schmelzen lassen, aber nicht aufkochen. In die Suppe rühren und mit Salz, Pfeffer und Muskatnuß abschmecken. Bis kurz vorm Kochen erhitzen. Das Eigelb mit etwas Suppe verquirlen und die Suppe damit legieren. Danach nur noch leicht erhitzen, nicht kochen lassen. Petersilie und Schnittlauch abspülen und trockenschwenken. Petersilie hacken, Schnittlauch fein schneiden. Die Suppe damit bestreuen.

Tip

Wer weder einen Mixer noch einen Mixstab besitzt, kann diese Suppe trotzdem zubereiten. In diesem Fall wird die Kartoffelmasse zuerst mit dem Kartoffelstampfer (notfalls auch mit einer Suppenkelle gegen die Topfwände) zerdrückt, anschließend sollte man sie in jedem Fall durch ein Sieb pürieren, erst dann ist sie sahnig und glatt genug. Und wenn's einmal ganz schnell gehen muß, kann man nach diesem Rezept auch ganz ausgezeichnet eine Kartoffelsuppe aus dem Päckchen oder aber Kartoffelpüree (ebenfalls von der Industrie vorgefertigtes und dann mit der doppelten Flüssigkeitsmenge zubereitet) zu einem kräftigen Süppchen aufmöbeln. Zu allen drei Suppen Roggenbrötchen oder frisches Landbrot mit kräftiger Kruste servieren.

Eintopfgerichte

Herzhafte Harmonie, von allem, was wächst und gedeiht

Cassoulet

Französischer Bohnentopf

Für 6 Personen
350 g weiße Bohnen
1 l Wasser
1 Bund Suppengrün
1 EL getrocknete Suppenkräuter
4 Knoblauchzehen
2 geräucherte Speckschwarten
200 g durchwachsenen Räucherspeck
400 g Schweinehalsgrat
2 Zwiebeln
4 Möhren
50 g Gänseschmalz
500 g Fleischtomaten
2 Bund glatte Petersilie
200 g luftgetrocknete Schweinswurst mit Knoblauch
1/8 l französischer Rotwein
Salz, weißer Pfeffer
E 30 F 60 K 40 kJ 3850 kcal 920

Die Bohnen über Nacht in 1 l Wasser einweichen. Am nächsten Tag mit dem geputzten, gewaschenen und fein gehackten Suppengrün, den Suppenkräutern, zwei geschälten, gehackten Knoblauchzehen und den Schwarten zum Kochen bringen und zugedeckt 60 Minuten sanft köcheln lassen. Speck und Fleisch in mundgerechte Würfel schneiden, geschälte Zwiebeln und Knoblauchzehen hacken und geschabte Möhren in Scheiben schneiden. Alle vorbereiteten Zutaten im heißen Schmalz braten. Die gehäuteten, gewürfelten Tomaten und 1 Bund gehackte Petersilie dazugeben. Alles 20 Minuten bei milder Hitze schmoren. Die Wurst in Scheiben schneiden. Mit dem Rotwein und Bohnen (ohne Schwarten) zufügen und weitere 20 Minuten köcheln lassen. Übrige Petersilie hacken, über das abgeschmeckte Gericht streuen.

Chili con carne

Mexikanischer Hackfleischtopf

350 g rote oder schwarze Bohnen
3/4 l Wasser
4 Zwiebeln
2 Knoblauchzehen
2 Bund Suppengrün
4 EL Olivenöl
500 g gemischtes Hackfleisch
1 EL Paprika rosenscharf
2 rote oder grüne Chilischoten
750 g Fleischtomaten
1 EL Fleischbrühe (Instant)
1 TL gerebelter Thymian
3 Lorbeerblätter
Chilipulver oder Cayennepfeffer, Salz
E 65 F 15 K 60 kJ 2635 kcal 630

Die Bohnen in 3/4 l Wasser über Nacht einweichen. Am nächsten Tag mit dem Einweichwasser 20 Minuten vorgaren. Zwiebeln und Knoblauchzehen schälen, Suppengrün putzen und alles fein hacken. Alles in dem heißen Olivenöl goldgelb anbraten. Hackfleisch darin Farbe nehmen lassen und mit Paprika bestäuben. Die gewaschenen, entkernten und ganz fein geschnittenen Chilischoten und die abgezogenen gehackten Tomaten zugeben. Bohnen mit dem Kochwasser untermischen. Mit Fleischbrühe, Thymian und Lorbeer würzen und 35 Minuten sanft köcheln lassen. Mit Chilipulver oder Cayennepfeffer und Salz abschmecken.
Dazu reicht man frisches Stangenweißbrot oder deftiges Bauernbrot.

Linsentopf nach französischer Art

375 g Linsen
1 l Wasser
2 bis 3 Speck- oder Schinkenschwarten (eventuell auch ein Schinkenknochen)
350 g geräucherter Bauchspeck
2 Knoblauchzehen
1 Zwiebel
1/4 l Rotwein
2 Bund Suppengrün
Salz, frisch gemahlener schwarzer Pfeffer
E 30 F 30 K 60 kJ 3120 kcal 745

Die Linsen mit dem Wasser zum Kochen bringen und 20 Minuten vorkochen, dann die abgespülten Schwarten und den Knochen hineingeben und alles weitere 20 Minuten kochen lassen. Jetzt den Speck im Stück, die geschälten, durch die Presse gedrückten Knochlauchzehen, die geschälte, gehackte Zwiebel und den Rotwein dazugeben. Nach weiteren 20 Minuten Kochzeit das geputzte, gewaschene und fein gewürfelte Suppengrün zufügen, weitere 20 Minuten kochen. Dann den Speck in Scheiben schneiden, die Suppe mit Salz und Pfeffer abschmecken. Die Schwarten und den Knochen entfernen. Den Linsentopf in einer vorgewärmten Terrine anrichten und sehr heiß servieren.

Erbsentopf mit Pökelfleisch

500 g grüne oder gelbe Erbsen
1 l Wasser
3 Zwiebeln
4 Nelken
1 Lorbeerblatt
500 g gepökeltes leicht geräuchertes Schweinefleisch
30 g Schweineschmalz
2 Möhren
1/2 Knolle Sellerie
1 Stange Lauch
Salz
getrockneter Thymian und Majoran
1 Bund Petersilie
E 55 F 40 K 85 kJ 4040 kcal 965

Die Erbsen in dem Wasser über Nacht einweichen. Am nächsten Tag mit einer geschälten Zwiebel, die mit den Nelken und dem Lorbeerblatt gespickt wurde, zum Kochen bringen und bei nicht zu starker Hitze sieden lassen. Das Fleisch kurz abspülen und abtrocknen. Das Schweineschmalz in einem großen Topf erhitzen, das Fleisch darin rundherum anbraten. Die restlichen Zwiebeln schälen, hakken und dazugeben. Goldbraun anbraten. Die Erbsen nach 30 Minuten Kochzeit mit Kochwasser dazugeben und alles weitere 45 Minuten garen. Möhren und Sellerie schälen, abspülen und würfeln. 30 Minuten vor Ende der Garzeit zu den Erbsen geben. Lauch putzen, waschen und in Ringe schneiden. Er kommt 15 Minuten später in den Topf. Die Erbsen mit Salz, Thymian und Majoran würzen und die abgespülte, trockengeschwenkte Petersilie fein hacken. Das Fleisch aus dem Eintopf nehmen, in vier Scheiben schneiden. Die Erbsen mit der Petersilie bestreuen und mit dem Fleisch belegen.
Dazu serviert man Salzkartoffeln.

Minestrone di verdura

Italienische Gemüsesuppe

Für 6 Personen
125 g frischer Bauchspeck
2 Stengel Bleichsellerie
3 Möhren
4 kleine Kartoffeln
2 kleine Zucchini
2 Frühlingszwiebeln
¼ Kopf Wirsingkohl oder Weißkohl
250 g feste Fleischtomaten
300 g frische weiße Bohnenkerne oder gepalte dicke Bohnen
500 g Erbsenschoten
200 g junge grüne Bohnen
1 Fenchelknolle
2 Knoblauchzehen
1 Bund Petersilie
4 Stengel Basilikum
2 Stengel Salbei
4 EL Olivenöl
2 l Fleischbrühe (selbstgekocht oder Instant),
Salz
150 g Hörnchennudeln
Parmesankäse zum Bestreuen
E 15 F 30 K 50 kJ 2280 kcal 545

Den Bauchspeck fein würfeln. Die geputzten, gewaschenen Selleriestangen und die geschälten Möhren in dünne Scheiben schneiden. Die gewaschenen, geschälten Kartoffeln und die unter kaltem Wasser abgebürsteten Zucchini in Würfel schneiden. Das Grün der Frühlingszwiebeln abschneiden, waschen und in Ringe schneiden. Die Zwiebeln schälen und nicht zu fein hacken. Den gewaschenen, abgetropften Wirsing fein hobeln. Die Tomaten mit kochendem Wasser überbrühen, dann häuten, vierteln, entkernen und von den Stengelansätzen befreien. Das Fruchtfleisch würfeln. Die frischen Bohnenkerne kurz waschen. Die Erbsenschoten aufbrechen und die Erbsen auspalen. Die gewaschenen Bohnen von Stengel- und Blütenansätzen befreien, wenn nötig fädeln und einmal brechen. Die Fenchelknolle von den harten Teilen befreien, dann vierteln und quer zur Faser fein schneiden. Das Fenchelgrün waschen und hakken. Die geschälten Knoblauchzehen fein hacken. Petersilie abspülen, trokkenschwenken und hacken. Basilikum und Salbei abspülen und die Blättchen von den Stielen zupfen. Das Olivenöl erhitzen. Die Speckwürfel darin leicht anbraten. Dann die Zwiebeln, den Knoblauch und die Petersilie darin kurz andünsten. Das vorbereitete Gemüse, außer den grünen Bohnen, Erbsen und Tomaten, dazugeben, ganz kurz dünsten und mit der Fleischbrühe auffüllen. Eventuell nachsalzen. Zugedeckt 30 Minuten sanft köcheln lassen. Dann erst die Brechbohnen und die Tomaten dazugeben, nochmal 20 Minuten kochen lassen. Zum Schluß die Erbsen und die Nudeln in die Suppe geben und alles noch 15 Minuten kochen lassen.
Die Minestrone in eine Terrine füllen. Erst wenn die Suppe in die Teller gefüllt ist, nach Belieben mit Parmesan bestreuen.

Tip

Geben Sie mal zusätzlich eine Handvoll frische Pilze in den Minestrone, das macht ihn ganz besonders würzig. Besonders gut eignen sich dazu Pfifferlinge oder Steinpilze. Aber auch Maronen, Mischpilze oder Champignons eignen sich dazu.

Hinweis Minestrone werden in Italien grundsätzlich nur Gemüsesuppen genannt. Die Zutaten sind abhängig vom jeweiligen Jahresangebot. Minestrone di verdura ist also eine typische Frühjahrs- oder Sommersuppe. Je nach Region und Jahreszeit wechseln beim Minestrone (es heißt der Minestrone!) die Zutaten. In manchen Gegenden wird statt Bauchspeck geräucherter Speck mitgekocht oder roher Schinken oder ein Schinkenknochen. Es kann auch eine scharfe rote Pfefferschote (peperoncino) mit an die Suppe gegeben werden. Außerdem muß die Einlage nicht unbedingt aus Hörnchennudeln bestehen. Es können ebensogut Graupen, Reis oder sogar gebrochene Spaghetti sein. Es ist auch nicht notwendig, daß für den Minestrone frische Bohnenkerne oder junge Erbsen verwendet werden. Wenn die Jahreszeit diese Zutaten nicht erlaubt, nimmt man getrocknete Bohnen. (Diese dann über Nacht einweichen, die Suppe nur mit Wasser kochen und erst später mit Instant-Fleischbrühe abschmecken. Wird die Suppe nämlich mit Salz gekocht, werden die Hülsenfrüchte nicht weich.) Auch Erbsen oder Bohnen aus der Tiefkühltruhe eignen sich; ihre Garzeit entspricht etwa der von jungen Erbsen und Bohnen.

Variationen
Statt nur mit Parmesan kann man den Minestrone auch mit einer Parmesan-Kräutermischung bestreuen. Heben Sie dazu etwa je 1 EL gehacktes Basilikum und gehackte Petersilie zusammen mit ein bis zwei sehr fein gehackten oder zerdrückten Knoblauchzehen unter 4 bis 6 Eßlöffel geriebenen Parmesan und streuen Sie diese Mischung auf die sehr heiße Suppe. Untergemischt wird sie aber immer erst bei Tisch.

In Genua serviert man den Minestrone häufig mit »Pesto«, der würzigen Käse-Basilikumsauce. Hacken Sie dazu etwa 2 Handvoll frische Basilikumblätter ohne Stiele und geben Sie sie mit Salz, schwarzem Pfeffer, 2 bis 3 Knoblauchzehen (fein gehackt oder zerdrückt) und 2 Eßlöffel fein gehackten Pinien- oder Walnußkernen in einen Mörser. Zerstoßen Sie nun alles zu einer Paste und geben Sie nach und nach ½ bis 1 Tasse bestes grünes Olivenöl dazu. Mischen Sie zum Schluß noch 2 bis 3 Eßlöffel geriebenen Parmesan darunter und verteilen Sie den Pesto auf den angerichteten Minestrone.

Kochen Sie außer den im Rezept angegebenen Gemüsesorten mal gewürfelte Auberginen, Melonenkürbisse oder auch Feuerbohnen mit.

Tip

Kochen Sie gleich größere Mengen Minestrone und frieren Sie ihn portionsweise ein (selbstverständlich ohne den Käse), denn aufgewärmt schmeckt er besonders gut.

Pichelsteiner Topf

Für 8 Personen
100 g Ochsenmark
200 g Rindfleisch (Hochrippe oder Schulter)
je 200 g Schweine-, Hammel- und Kalbfleisch (jeweils Schulter)
je 200 g Knollensellerie, Zwiebeln, Möhren und Kartoffeln
400 g Wirsing
Salz, schwarzer Pfeffer aus der Mühle
geriebene Muskatnuß
gerebelter Majoran
½ l Fleischbrühe
3 EL gehackte Petersilie
E 20 F 30 K 15 kJ 1760 kcal 420

Das Ochsenmark mit Haushaltspapier abreiben, um eventuelle Knochenteile zu entfernen, in Scheiben schneiden und einen großen Topf damit auslegen. Das abgespülte, trockengetupfte Fleisch in etwa 3 cm große Würfel schneiden. Das geputzte, geschälte Gemüse in Scheiben oder Würfel schneiden, den geputzten Wirsing fein hobeln. Schichtweise Fleisch und Gemüse in den Topf geben und jede Schicht mit Salz, Pfeffer, Muskat und Majoran würzen. Die Fleischbrühe angießen und alles in dem geschlossenen Topf zum Kochen bringen. Bei schwacher Hitze etwa 90 Minuten leise sieden lassen. In eine Terrine füllen und mit gehackter Petersilie bestreut servieren.

Hinweis Pichelsteiner Topf kann zusätzlich mit Kümmel und/oder Liebstöckel gewürzt werden. Auch ein Lorbeerblatt paßt gut dazu.

Schnippelbohnen-Suppe

250 g Schinkenschwarten oder Schwarten vom geräucherten Schweinebauch
2 l Wasser
750 g Kartoffeln
750 g grüne Stangenbohnen
Salz, 3 Zweige Bohnenkraut
150 g durchwachsener Speck
3 große Zwiebeln
schwarzer Pfeffer aus der Mühle
1 kräftiger Schuß Essig
E 10 F 40 K 40 kJ 2430 kcal 580

Die abgespülten Schwarten in dem kalten Wasser aufkochen und bei schwacher Hitze etwa 2 Stunden leise sieden lassen. Dann herausnehmen und wegwerfen. Die geschälten Kartoffeln grob würfeln und in der Brühe weichkochen. In der Zwischenzeit die Stangenbohnen waschen und putzen und schräg in kleine längliche Scheibchen schneiden oder durch die Schnippelbohnenmaschine drehen. In sprudelnd kochendem Salzwasser 5 Minuten blanchieren, in einem Sieb kalt abschrecken und abtropfen lassen. Die gegarten Kartoffeln in der Brühe zerdrücken und die Bohnen mit Bohnenkraut zufügen. 15 Minuten köcheln lassen. In der Zwischenzeit den gewürfelten Speck auslassen, die geschälten, gehackten Zwiebeln darin goldgelb braten. Die Suppe mit Salz, Pfeffer und Essig pikant abschmecken, in eine Terrine füllen und mit der Speckmischung begießen.

Hinweis Wer Kalorien nicht zu scheuen braucht, kann zum Schluß etwas süße oder saure Sahne in die Schnippelbohnen-Suppe geben.

Spanischer Suppentopf

Olla Podrida

Für 6 Personen

150 g Kichererbsen (ersatzweise gelbe Erbsen)
4 EL kalt gepreßtes grünes Olivenöl (Olio vergine)
1 Schinkenknochen
3 Knoblauchzehen
1 Schweinsfuß von ca. 500 g
350 g Rinderbrust
250 g Lammschulter
1 ½ l Wasser
200 g Möhren
2 Stangen Lauch
1 Zwiebel
1 kleine Sellerieknolle (mit Blättern)
350 g Kartoffeln
6 kleine Tomaten
Salz
frisch gemahlener schwarzer Pfeffer
1 Lorbeerblatt
150 g Chorizo (spanische Knoblauchwurst), ersatzweise eine andere Knoblauchwurst
1 Bund glatte Petersilie
1 kleiner Salatkopf

E 35 F 50 K 35 kJ 3390 kcal 790

Die Kichererbsen über Nacht mit Wasser bedeckt einweichen. Am nächsten Tag das Olivenöl in einem großen Topf erhitzen und den abgespülten, abgetrockneten Schinkenknochen darin rundherum anbraten. Die geschälten Knoblauchzehen mitbraten, bis sie braun geworden sind, dann herausnehmen. Schweinsfuß, Rinderbrust und Lammschulter abspülen, in den Topf geben und mit Wasser aufgießen. Zugedeckt 60 Minuten kochen lassen, dabei hin und wieder abschäumen. Die Kichererbsen abgießen, unter fließendem kalten Wasser abspülen (das ist bei gelben Erbsen nicht nötig) und zum Fleisch geben. Weitere 30 Minuten kochen. In der Zwischenzeit die Möhren schälen, den Lauch putzen und waschen. Beides in Streifen schneiden. Die geschälte Zwiebel hacken. Von der Sellerieknolle die Blätter abschneiden und gründlich waschen, aber nicht zerteilen. Die Knolle schälen und ebenfalls in Streifen schneiden. Die geschälten Kartoffeln würfeln, die Tomaten abziehen, von den Stengelansätzen befreien und würfeln. Alles in den Topf geben. Mit Salz und Pfeffer würzen. Das Lorbeerblatt und die abgespülte Chorizo auch auf den Eintopf legen. Noch 25 bis 30 Minuten kochen lassen. Das Fleisch aus dem Topf nehmen. Den Schinkenknochen und die Sellerieblätter wegwerfen. Von dem Schweinsfuß die Haut entfernen, das Fleisch von den Knochen lösen und würfeln. Rind- und Lammfleisch und die Wurst in Scheiben schneiden und alles mit dem Schweinefleisch auf einer vorgewärmten Platte anrichten. Petersilie abspülen, trockenschwenken und hacken. Den Salat zerpflücken, waschen, abtropfen lassen und fein nudelig schneiden. Die Suppe einmal aufkochen, Petersilie und Salat hineingeben und 1 Minute ziehen lassen. Die Suppe eventuell mit Salz und Pfeffer nachwürzen. In einer Terrine gesondert reichen.

Hinweis Verwenden Sie für dieses Gericht möglichst Freiland-Kopfsalat. Er behält in der heißen Flüssigkeit noch etwas »Biß« und schmeckt aromatischer als Treibhausware.

Eintopfgerichte

Labskaus nach Bremer Art

750 g gepökeltes Rindfleisch
4 Zwiebeln, 1 Lorbeerblatt
3 Wacholderbeeren
6 Pfefferkörner
¾ l Wasser
1000 g Kartoffeln
Salz
¼ l heiße Milch
frisch gemahlener schwarzer Pfeffer
4 sauer eingelegte Heringe oder Rollmöpse (fertig gekauft)
200 g Rote Bete, sauer eingelegt
4 kleine Gewürzgurken
20 g Butter oder Margarine
4 Eier,
E 65 F 45 K 50 kJ 3890 kcal 930

Das abgespülte Rindfleisch mit den geschälten, geviertelten Zwiebeln und den Gewürzen in das kochende Wasser geben und zugedeckt in etwa 60 Minuten garen.
In der Zwischenzeit die gewaschenen, geschälten Kartoffeln als Salzkartoffeln kochen.
Das Fleisch aus der Brühe nehmen und abkühlen lassen. Die Brühe durch ein Sieb geben. Die Kartoffeln abgießen. Durch die Kartoffelpresse in die heiße Milch drücken. Mit soviel Brühe verrühren, daß ein nicht zu steifes Püree entsteht. Das Fleisch durch die grobe Scheibe des Fleischwolfs drehen und mit den Kartoffeln mischen. Wenn nötig, noch etwas Kochbrühe dazugeben. Das Labskaus mit Pfeffer pikant abschmecken, und in eine vorgewärmte Schüssel füllen.
Die abgetropften Heringe oder Rollmöpse, Rote Bete und Gewürzgurken auf einer Platte getrennt servieren.
Das Fett in einer Pfanne zerlassen. Die Eier hineinschlagen und als Spiegeleier braten. Das Eiweiß schwach salzen. Jede Portion Labskaus mit einem Spiegelei belegen und sofort danach zu Tisch bringen.
Ein kühles Helles und ein eiskalter Aquavit oder Korn sind in jedem Fall die richtige Begleitung für dieses deftige Seemannsgericht.

Hinweis Nach vielen Rezeptangaben müßten Rote Bete, Heringe und Gurken kleingewürfelt in das Labskaus hineingegeben werden. Aber das ist nicht jedermanns Sache, darum empfiehlt sich die hier vorgeschlagene Version. Außerdem schmeckt Labskaus besonders gut, wenn man es durchziehen läßt und es danach erneut aufwärmt. Wird die Rote Bete aber schon sofort untergemischt, kann es passieren, daß sie beim Aufwärmen leicht braun wird und damit die zarte Rosafärbung des Gerichtes überdeckt.

Tip

Wenn Sie nicht gerade im hohen Norden wohnen, kann es passieren, daß Ihr Fleischer kein gepökeltes Rindfleisch vorrätig hat. Sie sollten darum frühzeitig daran denken und es pökeln lassen. Auf Bestellung macht das sicherlich jeder Metzger, jedoch muß man notgedrungen ein paar Tage (manchmal bis zu einer Woche) darauf warten. Wer diese Geduld nicht aufbringen möchte, kann ersatzweise Corned beef verwenden – wie man es auch häufig in Hamburger Küchen macht. In diesem Fall lohnt es sich, vorher einen Schinkenknochen und/oder ein paar Schinkenschwarten auszukochen, um dann die Kartoffeln darin zu garen. Auf diese Weise wird das Pökelaroma ein wenig verstärkt.
Als zusätzliche Würze sind geriebener Meerrettich, Essig, winzige Apfelwürfelchen, Kapern, Perlzwiebeln oder rohe Zwiebeln (in kleinen Würfeln oder in dünnen Ringen) erlaubt, wenn auch nicht klassisch.

Variation
Zwar nicht klassisch, aber sehr schmackhaft ist die folgende, preiswerte Zubereitungsart: Ersetzen Sie das gepökelte Rindfleisch je zur Hälfte durch Hackfleisch und Corned beef. Braten Sie das Hackfleisch kräftig an, würzen Sie es und mischen Sie es zusammen mit dem sehr fein zerschnittenen Corned beef unter die Kartoffelmasse. Geben Sie zusätzlich ein bis zwei vorher gewässerte, entgrätete und in winzige Würfel geschnittene Salzheringe hinein.

Bohnen, Birnen und Speck

500 g mild geräucherter durchwachsener Speck
1 Zwiebel
¾ l Wasser
1000 g grüne Bohnen
750 g feste Kochbirnen
schwarzer Pfeffer, Salz
3 Stengel frisches Bohnenkraut
1 EL Instantmehl
1 Bund Petersilie
E 25 F 30 K 35 kJ 2218 kcal 525

Den Speck und die geschälte, fein gehackte Zwiebel in das sprudelnd kochende Wasser geben und zugedeckt 25 Minuten kochen lassen.
In der Zwischenzeit die gewaschenen Bohnen von Stengel- und Blütenansätzen befreien, wenn nötig fädeln und eventuell brechen. Die Birnen nur waschen und die Blütenansätze herausschneiden. Die Stengel nach Möglichkeit an den Birnen lassen.
Die Kochflüssigkeit mit Pfeffer und wenn nötig noch mit etwas Salz abschmecken. Die Bohnen hineingeben und das gewaschene Bohnenkraut darauf legen. Die Birnen auf die Bohnen verteilen. Alles zugedeckt in 25 bis 30 Minuten bei mittlerer Hitze garen. Die Bohnen mit den Birnen und dem Speck auf einer vorgewärmten Platte anrichten. Das Bohnenkraut dabei entfernen. Das Instantmehl mit etwas Wasser verrühren, die Kochflüssigkeit damit binden und über das Gericht gießen. Petersilie abspülen, trockenschwenken und hacken. Die Bohnen damit bestreuen und das Gericht sofort – noch sehr heiß – servieren.
Falls eine Beilage gewünscht wird, werden Salzkartoffeln serviert, und als Getränk paßt dazu ein Bier.

Tip

Wer sich das Mehl in den Bohnen sparen möchte, sollte die Temperatur auf die höchste Stufe einstellen, sobald Birnen und Speck aus dem Topf genommen werden. Lassen Sie nun die Flüssigkeit im offenen Topf einfach schnell verdampfen.

Wirsingeintopf italienische Art

Für 6 Personen
600 g nicht zu fetter ungeräucherter Schweinebauch
1/8 l trockener Weißwein
gut 1/8 l Fleischbrühe (Instant)
1 Wirsingkohl (ca. 1000 g)
500 g Möhren
3 Stengel Bleichsellerie
3 Stangen Lauch
2 Knoblauchzehen
Salz, frisch gemahlener schwarzer Pfeffer
50 g Rindermark
6 kleine Schweinskoteletts von je 100 g ohne Knochen
2 EL Olivenöl
3 Knoblauchwürstchen von je 100 g
E 25 F 65 K 20 kJ 3620 kcal 865

Den abgespülten, trockengetupften Schweinebauch in 6 Scheiben schneiden und in einem großen Topf auf beiden Seiten knusprig braun anbraten. Mit Weißwein und Fleischbrühe begießen und zugedeckt 20 Minuten sanft köcheln lassen.

In der Zwischenzeit den Wirsing vierteln, abspülen, abtropfen lassen und fein hobeln. Die geschälten, abgespülten Möhren in Scheiben, den geputzten, abgespülten Bleichsellerie in Würfel und den geputzten, gewaschenen Lauch in Ringe schneiden. Alles zu dem Schweinebauch geben. Die geschälten Knoblauchzehen durch die Presse drücken und auch daruntermischen. Mit Salz und Pfeffer gut würzen. Das Rindermark in dünne Scheiben schneiden und den Eintopf damit belegen. Zugedeckt bei nicht zu starker Hitze in 30 Minuten garen.
Die Koteletts mit Haushaltspapier abreiben, mit Salz und Pfeffer würzen und in dem heißen Olivenöl auf beiden Seiten je 5 Minuten braun braten. Die abgespülten Knoblauchwürstchen in dem Eintopf erhitzen. Würstchen und Schweinebauch aus dem Gemüse nehmen. Das Gemüse in einer vorgewärmten Terrine anrichten. Mit den Bauchscheiben, den Koteletts und den in Scheiben geschnittenen Würstchen garnieren. Dazu reichlich frische Petersilie servieren, mit denen jeder nach Belieben seine Portion bestreuen kann. Dazu passen Salzkartoffeln oder frisches Bauernbrot und ein frischer, leichter Rotwein oder auch Bier.

Hinweis Die Flüssigkeitsmenge ist für einen völlig schließenden Topf berechnet. Entweicht während des Garens zwischen Topfrand und Deckel aber Flüssigkeit, muß sie nach und nach aufgefüllt werden, sonst könnte dieser Eintopf leicht anbrennen.

Tip

In Italien kocht man diesen deftigen Eintopf auch häufig mit Schweinshaxen statt mit Bauchspeck. Auch sie werden rundherum stark angebraten und wie im Rezept angegeben weitergekocht. Allerdings muß die Garzeit entsprechend verlängert werden. Und wenn's noch würziger werden soll, bestreut man den fertigen Eintopf mit reichlich Zwiebelringen, die zusammen mit etwas Knoblauch im Kotelettfett goldbraun geröstet wurden.

Sauerkrauttopf mit Kabeljau und Schillerlocken

500 g Kabeljaufilet
Saft einer Zitrone
¼ l Wasser, Salz
1 TL Pfefferkörner
½ TL Wacholderbeeren
1 Lorbeerblatt
2 bis 3 mittelgroße Zwiebeln
1 Knoblauchzehe
100 g Räucherspeck
2 EL Butter
500 g Sauerkraut
5 große Kartoffeln
¼ l heiße Fleischbrühe
(selbstgekocht oder aus Würfeln)
300 g Schillerlocken
weißer Pfeffer aus der Mühle
1 Prise Zucker
2 EL Crème fraîche oder saure Sahne
2 EL Schnittlauchröllchen
E 45 F 45 K 28 kJ 2950 kcal 705

Kabeljaufilet abspülen und mit Haushaltspapier trockentupfen. In ca. 2 cm große Würfel schneiden und mit Zitronensaft rundherum beträufeln. Wasser mit Salz, Pfefferkörnern, Wacholderbeeren und Lorbeerblatt zugedeckt 10 Minuten kochen lassen. Die Fischwürfel hineinlegen, den Topf sofort vom Herd nehmen und die Fischstücke neben dem Herd 5 Minuten ziehen lassen.

Tip

Schillerlocken sind leider oft recht teuer. Wenn Sie den Sauerkrauttopf etwas preiswerter zubereiten wollen, können Sie bedenkenlos anstelle von Schillerlocken beliebige andere Räucherfische – möglichst aus dem Sonderangebot – verwenden. Recht häufig sind dort geräucherter Heilbutt oder Goldbarsch zu finden. In jedem Fall sollten diese Fische aber sehr gründlich entgrätet werden, bevor man sie unter den Eintopf mischt.

Zwiebeln und Knoblauch schälen. Zwiebeln hacken, Knoblauch zerdrücken. Den Räucherspeck ebenfalls in feine Würfel schneiden und in einem breiten Topf unter ständigem Wenden auslassen. Die Butter dazugeben und die Zwiebelwürfel darin goldgelb braten. Während der letzten Sekunden den Knoblauch zufügen. Das zerpflückte Sauerkraut darauf verteilen und kurz mitschmoren lassen. Die Fischstücke aus dem Sud heben, diesen durchsieben und zum Sauerkraut gießen. Vier Kartoffeln schälen und fein würfeln. Zusammen mit der Fleischbrühe in den Topf geben und zugedeckt ca. 30 Minuten leise köcheln lassen.
Danach die restliche Kartoffel schälen und in den Eintopf reiben (dadurch wird die Masse leicht gebunden). Kräftig aufkochen lassen, die Kabeljaustücke und die in Ringe geschnittenen Schillerlocken hineingeben und bei schwacher Hitze gut 5 Minuten durchziehen, aber nicht mehr kochen lassen.
Mit Salz, Pfeffer und einer Prise Zukker abschmecken, in eine Terrine füllen, Crème fraîche oder saure Sahne in die Mitte verteilen und mit Schnittlauchröllchen bestreuen.
Dazu kräftiges Bauernbrot, ein kühles Pils und ein eiskalter Klarer.

Grünkohl mit Fleisch und Wurst

2000 g frischer Grünkohl
Salz
40 g Gänse- oder Schweineschmalz
2 Zwiebeln
½ l heiße Fleischbrühe
schwarzer Pfeffer aus der Mühle
gemahlene Nelken
200 g durchwachsener Räucherspeck
4 kleine Kasseler Koteletts von je 80 bis 100 g
4 Kochwürstchen (Mettwürstchen oder Debreziner)
1 bis 2 EL Haferflocken
750 g kleine Kartoffeln
50 g Butter
3 EL Zucker
E 50 F 95 K 65 kJ 5670 kcal 1355

Den Grünkohl in kaltem Wasser gründlich waschen, abtropfen lassen und die Blätter von den Strünken streifen. In sprudelnd kochendem Salzwasser 5 Minuten blanchieren, unter kaltem Wasser abschrecken, abtropfen lassen und grob hacken. Schmalz in einem großen Topf erhitzen, die gewürfelten Zwiebeln darin glasig braten und den Kohl kurz mitschmoren lassen. Mit Brühe aufgießen, würzen und bei mittlerer Hitze etwa 90 Minuten sanft köcheln lassen. Nach 30 Minuten den Speck mitsamt den Koteletts zufügen und nach weiteren 30 Minuten die Würstchen auflegen. Das Fleisch und die Würstchen auf einer Platte warmstellen. Die Haferflocken in den Kohl einrühren und 10 Minuten bei ganz milder Hitze quellen lassen, dabei hin und wieder umrühren, damit der Kohl nicht anbrennt. Etwa 1 Stunde vor dem Servieren die gewaschenen Kartoffeln in Salzwasser nicht zu weich kochen, abschrecken, pellen und leicht abkühlen. Butter in einer breiten Pfanne erhitzen und die Kartoffeln darin anrösten. Mit Zucker bestreuen und unter ständigem Rütteln der Pfanne den Zucker schmelzen lassen, so daß die Kartoffeln rundherum von einer Karamelschicht überzogen werden. Den Kohl mit Fleisch, Wurst und Kartoffeln zusammen anrichten und noch dampfendheiß zu Tisch bringen.

Hinweis Rund um Bremen und Oldenburg gehört Pinkelwurst (eine leicht geräucherte fette Grützwurst im Naturdarm) zum Grünkohl. Die Wurst wird erst bei Tisch geöffnet und man streut die Grütze über den Kohl oder mischt sie unter. Typisch für die Braunschweiger Gegend ist die Brägenwurst aus Schweinefleisch und -bauch, sowie einem Zusatz von Hirn. Beide Wurstsorten sind aber außerhalb der jeweiligen Landschaft nur schwer zu bekommen. Im Braunschweigerischen werden übrigens noch Winterbirnen mit in den Kohl gekocht. Grünkohl ist eine schwere, deftige Angelegenheit, darum sollte man vor- und nachher einen kalten Schnaps servieren.

Tip

Wer den köstlichen Gegensatz von süßen Kartoffeln zu deftigem Kohl nicht liebt, sollte die Kartoffeln mit etwa der halben Menge an Zwiebeln in Schmalz goldbraun braten.

Irish Stew

1000 g Kartoffeln
750 g Zwiebeln
1000 g mageres Lammfleisch (Rücken)
Salz, frisch gemahlener schwarzer Pfeffer
getrockneter Thymian
Wasser zum Auffüllen
E 25 F 55 K 35 kJ 3265 kcal 780

Die geschälten, gewaschenen Kartoffeln und die geschälten Zwiebeln in etwa 3 mm dicke Scheiben, das abgespülte Lammfleisch in etwa 2 cm große Würfel schneiden. Eine große feuerfeste Form mit der Hälfte der Kartoffelscheiben belegen und diese mit etwas Salz bestreuen. Darüber die Hälfte der Zwiebelscheiben, die schwach gepfeffert werden. Dann das Lammfleisch hineingeben, mit Salz, Pfeffer und Thymian würzen. Die restlichen Zwiebelscheiben auf das Fleisch schichten und pfeffern. Darüber die restlichen Kartoffelscheiben, die wieder leicht gesalzen werden. Soviel Wasser angießen, daß die erste Kartoffelschicht gerade bedeckt ist. Zugedeckt aufkochen lassen. Dann bei milder Hitze das Gericht 1 1/2 Stunden sanft köcheln lassen. Ab und zu einige EL kochendes Wasser nachgießen, damit das Gericht nicht anbrennt. Nach Belieben noch mit gehackter Petersilie bestreuen.

Polnischer Jägertopf Bigos

Für 6 Personen
20 g getrocknete Pfifferlinge
125 g durchwachsener Speck
250 g mageres Schweinefleisch
250 g Rindfleisch (Bug oder Nuß)
250 g mageres Lammfleisch
4 Zwiebeln
1/2 Wirsing (etwa 500 g)
500 g Sauerkraut
250 g reife Tomaten
2 Knoblauchzehen, Salz
1 EL Paprika rosenscharf
je 1 TL Kümmel und Majoran
4 Lorbeerblätter
1/4 l Fleischbrühe (Instant)
200 g polnische Räucherwürstchen
E 30 F 55 K 10 kJ 2970 kcal 710

Die getrockneten Pilze mit reichlich Wasser 2 Stunden lang quellen lassen. Den Speck fein würfeln und in einer großen feuerfesten Form auslassen. Das abgespülte, mit Haushaltspapier trockengetupfte Fleisch in mundgerechte Würfel schneiden. Die geschälten Zwiebeln fein hacken. Alles in dem Speckfett kräftig anbraten. Den Wirsing fein hobeln, das Sauerkraut mit zwei Gabeln zerpflücken. Die Tomaten blanchieren, häuten und würfeln. Die geschälten Knoblauchzehen mit Salz zerdrücken. Alles zu dem Fleisch geben, auch die abgetropften Pfifferlinge. Gut mischen und mit Salz, Paprika, Kümmel, Majoran und Lorbeer würzen. Die Fleischbrühe angießen und die in Scheiben geschnittenen Würstchen ebenfalls über dem Eintopf verteilen. Die Form geschlossen in den auf 200 Grad (Gasherd Stufe 3) vorgeheizten Backofen stellen und das Gericht 90 Minuten schmoren lassen. Dieses Eintopfgericht eignet sich auch gut für die Gästebewirtung. Servieren Sie davor einen knackigen Salat und danach ein luftiges Dessert.

Zwischengerichte

*Bei aufwendigen,
festlichen Menüs bereiten sie –
in kleinen
Mengen gereicht –
den Gaumen
auf den
großen Hauptgang vor*

Fritierte Tintenfische

2 Pakete tiefgekühlte Tintenfische von je 500 g
Saft einer halben Zitrone
ein paar Spritzer Worcestersoße
1 Prise Cayennepfeffer
4 EL Mehl
Olivenöl zum Fritieren
Salz
2 Zitronen, ½ Bund Petersilie
E 25 F 20 K 8 kJ 1380 kcal 330

Die Tintenfische auftauen lassen, kurz unter kaltem Wasser abspülen und sehr gut mit Haushaltspapier trocknen. Mit Zitronensaft, Worcestersoße und Cayennepfeffer würzen und mit reichlich Mehl bestäuben.

Tip

Servieren Sie die Tintenfische in jedem Fall sehr heiß, denn durch Abkühlen oder längeres Stehen werden sie leicht ein wenig zäh und verlieren dabei viel von ihrem Aroma.

Überflüssiges Mehl wieder abschütteln. Das Olivenöl in der Friteuse auf 170 Grad erhitzen und die Tintenfische darin portionsweise goldgelb ausbacken. Mit einem Schaumlöffel herausnehmen, auf einer dicken Lage Haushaltspapier abfetten lassen und solange warm stellen, bis alle Tintenfische gebacken sind. Dann auf vier Tellern anrichten. Mit Zitronenvierteln und Petersiliensträußchen (möglicherweise auch fritiert, wie im Rezept »Fritierter Camembert« auf Seite 73) garnieren.
Dazu Ailloli (Rezept Seite 172) oder Remoulade (Rezept Seite 172) und frisch geröstetes oder aufgebackenes Weißbrot reichen.

Hinweis Tiefgekühlte Tintenfische sind zwar normalerweise sehr gut geputzt, doch kann es trotzdem hin und wieder vorkommen, daß noch Reste von Knorpeln und spelzenartigen Bändern enthalten sind. Sie müssen unbedingt nach dem Auftauen herausgezogen werden, denn sie sind hart und ungenießbar.

Krabben in Knoblauchöl

500 g tiefgekühlte, geschälte Krabben
Wasser
Salz
2 bis 4 Knoblauchzehen
4 EL kaltgepreßtes grünes Olivenöl (Olio vergine)
½ Glas (5 cl) kräftiger, trockener Weißwein
geschrotener schwarzer Pfeffer
1 Prise Cayennepfeffer
2 EL gehackte Petersilie
E 25 F 12 K – kJ 1005 kcal 240

Die unaufgetauten Krabben in sprudelnd kochendes, gesalzenes Wasser geben. Das Wasser einmal wieder aufkochen lassen, die nun aufgetauten Krabben auf ein Sieb schütten und sehr gut abtropfen lassen. Dann auf einer dicken Lage Haushaltspapier völlig trocknen. Die geschälten Knoblauchzehen ganz fein hacken oder durch die Presse drücken. Das Öl in einer schweren Pfanne erhitzen, die Krabben unter ständigem Wenden in 3 bis 4 Minuten goldbraun braten. Nach zwei Minuten den Knoblauch dazugeben. Die Krabben mit dem Wein ablöschen und bei starker Hitze die Flüssigkeit schnell einkochen lassen. Die Krabben vom Herd nehmen. Mit Pfeffer, Cayennepfeffer und eventuell mit etwas Salz würzen. Mit Petersilie bestreuen und sofort servieren. Dazu schmeckt frisches Weißbrot oder eine kleine Portion körnig gekochter Reis.

Variationen
Anstelle von trockenem Weißwein kann man für die Krabben in Knoblauchöl auch einen trockenen Sherry (Fino) oder einen trockenen weißen Portwein verwenden.

Um die Krabben noch stärker zu aromatisieren, können Sie sie in einer Beize auftauen lassen, statt sie in kochendes Wasser zu geben. Verwenden Sie dazu den oben angegebenen Wein mitsamt den Gewürzen und verfahren Sie nach dem Auftauen weiter, wie oben angegeben. Zusätzlich können Sie sie noch mit etwas abgeriebener Zitronenschale würzen.

Garnelenspieße

500 g ungeschälte Riesengarnelen (Prawns)
Saft von zwei Zitronen
5 EL Öl
Salz
schwarzer Pfeffer aus der Mühle
1 Zwiebel
1 Knoblauchzehe
1 kleines Lorbeerblatt
je 2 Zweige Petersilie, Dill und Zitronenmelisse
nach Wunsch einige Senfkörner, Fenchel oder Dillsamen
Öl zum Bestreichen
2 Zitronen und einige Salatblätter zum Garnieren.
E 30 F 15 K 2 kJ 1235 kcal 295

Die Garnelen kurz unter kaltem Wasser abspülen und gut abtropfen lassen. Zitronensaft mit Öl, Salz und reichlich Pfeffer verrühren. Zwiebel und Knoblauch schälen, Zwiebel in Ringe schneiden, Knoblauch hacken oder durch die Presse drücken. Beides mit dem zerbröselten Lorbeerblatt, den gehackten Kräutern und nach Wunsch mit den übrigen Gewürzen in einer Schüssel mit der Zitronensaft-Öl-Mischung verrühren. Die Garnelen hineinlegen und zugedeckt 2 bis 3 Stunden im Kühlschrank durchziehen lassen. Danach sehr gründlich abtropfen lassen, auf vier größere oder acht kleinere Spieße verteilen und dünn mit Öl bestrichen rundherum 5 bis 6 Minuten grillen. Die Spieße auf vier vorgewärmten Tellern anrichten. Rasch mit Zitronenvierteln und Salatblättern garnieren und servieren.
Dazu frisches Stangenweißbrot und Remoulade (Rezept Seite 172) sowie einen trockenen Weißwein reichen.

Tip

Noch feiner wird das Gericht, wenn Sie den Garnelendarm nicht erst bei Tisch, sondern schon vorher entfernen. Halbieren Sie die Tiere dazu der Länge nach, er zieht sich wie ein schwarzer Faden am Rücken entlang und läßt sich gut abheben.

Tatar

Für 1 Person
150 g Beefsteakhack (Schabefleisch, Tatar)
1 EL ganz fein gehackte Zwiebel
1 TL fein gehackte Kapern oder Essiggemüse
1 TL Öl
Worcestersauce, Paprika edelsüß
Salz, frisch gemahlener schwarzer Pfeffer
1 Zwiebelring
1 Eigelb
E 35 F 25 K 1 kJ 1670 kcal 340

Das Fleisch mit Zwiebeln, Kapern oder Essiggemüse und Öl gründlich vermischen und mit Worcestersauce, Paprika, Salz und Pfeffer abschmekken. Anrichten und in die Mitte eine kleine Mulde drücken, den Zwiebelring drumherum legen und in die Mitte das Eigelb geben. Das Ei muß dazu sehr sorgfältig getrennt werden, Eiweißreste gehören nicht hinein. Dazu gibt es Vollkornbrot oder Bauernbrot mit Butter. Als Getränk paßt ein Bier am besten.

Vogelnest

Für 1 Person
150 g Beefsteakhack, Salz
frisch gemahlener schwarzer Pfeffer
1 EL Aquavit
6 eingelegte Sardellenfilets
4 EL Rote Bete-Scheiben (Glas)
1 EL ganz fein gehackte Zwiebeln
1 EL fein gehackte Kapern
1 EL gehackte Petersilie
1 Eigelb
E 35 F 15 K 10 kJ 1455 kcal 345

Das Beefsteakhack mit Salz, Pfeffer und Aquavit vermischen. Die gründlich gewässerten und trockengetupften Sardellenfilets fein hacken. Die abgetropften Rote Bete fein würfeln. Alle vorbereiteten Zutaten anrichten, das Eigelb in die Mitte gleiten lassen. Dazu Vollkornbrot und Butter, Bier und eiskalten Aquavit reichen.

Hinweis Zusätzlich kann das Vogelnest mit sehr fein gewürfelten Gewürzgurken oder Cornichons und/ oder Tomatenpaprika angerichtet werden.

Tatar von Geflügelleber

Für 1 Person
150 g frische Hühner- oder Gänseleber (keine Tiefkühlware verwenden)
15 g Butter
1 TL fein gehackte Zwiebel, 1/2 Apfel
1 EL Calvados oder Apfelschnaps
Salz, gerebelter Thymian und Majoran
E 35 F 10 K 1 kJ 1115 kcal 270

Die Leber von Haut und Sehnen befreien und durch den Wolf drehen oder ganz fein hacken. Die Butter nicht zu stark erhitzen und die Leber mit der Zwiebel darin unter Rühren etwa 2 Minuten braten. Dann abkühlen lassen. Den Apfel fein würfeln und mit Calvados oder Apfelschnaps unter das Fleisch mischen. Mit Salz, Thymian und Majoran abschmecken. Dazu frisch geröstetes Toastbrot reichen.

Hinweis Garen Sie die Zwiebeln in der Butter etwas vor, falls Sie nicht ganz fein gewürfelt sind und fügen Sie erst dann die Leber zu.

Carpaccio

400 g gut abgehangenes Roastbeef oder Rinderfilet
Saft einer halben Zitrone
Salz, schwarzer Pfeffer aus der Mühle
1 TL scharfer Senf
8 EL kaltgepreßtes Olivenöl
1 Knoblauchzehe, 1 TL Kapern
½ Bund Petersilie
E 21 F 20 K – kJ 1270 kcal 300

Das Fleisch völlig von Fett, Sehnen und Häuten befreien, fest in Alufolie wickeln und für 3 Stunden ins Gefrierfach legen. Zitronensaft mit Salz, Pfeffer und Senf verrühren. Tropfenweise das Öl hineinschlagen, bis eine schaumige Soße entstanden ist. Den geschälten Knoblauch durch die Presse drücken und zusammen mit den sehr fein gehackten Kapern und der ebenfalls sehr fein gehackten Petersilie untermischen. Das Fleisch mit einem elektrischen Allesschneider papierdünn aufschneiden und dachziegelartig auf vier Tellern anrichten. Reichlich Pfeffer darübermahlen und die Soße getrennt dazu reichen.

Hinweis Auch eine gute Mayonnaise schmeckt ausgezeichnet dazu. Meistens serviert man Carpaccio mit beiden Saucen. Die oben angegebene Sauce kann zusätzlich mit Basilikum, Oregano, Anchovis und/oder einem Kräuter-, bzw. Weinessig abgeschmeckt werden.

Marinierter Fisch

2 kleine, frisch geschlachtete Forellen von je 300 g
Saft von zwei Zitronen
2 EL Öl
Salz
weißer Pfeffer aus der Mühle
1 kleine Zwiebel oder Schalotte
1 EL grüner Pfeffer
1 vollreife Tomate
½ Bund Schnittlauch
E 15 F 5 K 2 kJ 495 kcal 120

Die Forellen schon beim Einkauf häuten und filetieren lassen. Dann alle Gräten entfernen und die Filets nun schräg zur Faser in hauchdünne Scheiben schneiden. Fächerartig auf einem großen Teller anrichten und mit durchgesiebtem Zitronensaft und Öl beträufeln. Mit Salz und Pfeffer bestreuen und den Fisch etwa 30 Minuten an einem kühlen Ort mit Folie bedeckt marinieren lassen. Dadurch »gart« das Eiweiß. Indessen die Zwiebel oder Schalotte schälen und in hauchdünne Scheiben schneiden. Die gehäuteten, entkernten und von den Stengelansätzen befreiten Tomaten ganz fein hacken. Den Schnittlauch in winzige Ringe schneiden. Alles mischen, aber dann erst unmittelbar vor dem Servieren über den Fisch streuen.
Zu diesem Gericht reicht man frisches Weißbrot oder Toast und leicht gesalzene Butter. Als Getränk ist ein trockener Weißwein richtig, aber auch ein helles Bier paßt gut dazu.

Variation
Statt Forelle kann man auch andere grätenarme Fische verwenden, wie Lachs, Seezunge, Seeteufel, Barsch oder Kabeljau. Wichtig ist, daß der Fisch ganz frisch ist (keine Tiefkühlware!).

Seezungenröllchen mit Weißweinsauce

8 Seezungenfilets von je 80 g
Saft einer Zitrone
1/4 l trockener Weißwein
Salz, 1 Lorbeerblatt
4 Pfefferkörner
1/2 Zwiebel
8 große Champignonköpfe
8 kleine Champignonköpfe
Essigwasser
1/2 Bund Petersilie
100 g frische Nordseekrabben
1 Eigelb
125 g Butter
1 TL Tomatenpüree
Cayennepfeffer
E 35 F 30 K 2 kJ 1800 kcal 430

Die Seezungenfilets mit Haushaltspapier abtupfen und mit etwas Zitronensaft beträufelt 10 Minuten ziehen lassen.
Den Weißwein mit etwas Salz, dem Lorbeerblatt, den Pfefferkörnern und der halben Zwiebel zugedeckt etwa 10 Minuten kochen lassen. Dann vom Herd nehmen, die Seezungenfilets hineinlegen und wieder auf den Herd stellen. Bei stark reduzierter Hitze 10 Minuten ziehen, nicht kochen lassen. Die Champignons putzen, kurz unter kaltem Wasser abspülen und abtropfen lassen. Reichlich Essigwasser mit der nicht zerkleinerten, nur abgespülten Petersilie in einem Topf aufkochen lassen, die Champignons darin 2 Minuten pochieren und wieder herausnehmen. Die Pilze gut abtropfen lassen und auf einer vorgewärmten Platte anrichten.
Die Seezungenfilets mit einem Schaumlöffel aus dem Sud heben, vorsichtig zusammenrollen und auf die großen Champignonköpfe setzen. Mit den Krabben füllen und mit je einem kleinen Champignonkopf bedecken. Übriggebliebene Krabben drumherum anrichten. Mit Alufolie überdeckt warm stellen.
Den Fischsud durch ein Sieb gießen und bei starker Hitze um etwa die Hälfte reduzieren. Das Eigelb in einer Schüssel mit einem Teelöffel Zitronensaft verrühren, dann in ein lauwarmes Wasserbad stellen und nach und nach den Fischsud hineinschlagen. Flöckchenweise die Butter einarbeiten, so daß eine cremige Sauce entsteht. Aus dem Wasserbad nehmen, mit dem Tomatenpüree mischen und mit Salz und Cayennepfeffer abschmecken. Die Sauce über die Seezungenröllchen gießen und das Gericht nun sofort servieren.
Dazu frisch getoastetes Weißbrot oder warme Brötchen reichen. Als Getränk ist derselbe Weißwein zu empfehlen, in dem auch der Fisch gegart wurde.

Tip

Geben Sie zur Abwechslung mal ein paar sehr fein gehackte Kräuter in die Sauce. Besonders gut eignen sich dazu Zitronenmelisse und Basilikum, doch auch Petersilie schmeckt sehr gut dazu. Alle Kräuter sollten erst unmittelbar vor dem Anrichten ganz vorsichtig untergezogen werden.

Schollenfilets in Sherrydampf

Für dieses Gericht benötigt man einen Fischkochtopf mit Dampfeinsatz. Man kann aber auch ein hochstellbares Fritiersieb verwenden, vorausgesetzt, es paßt in einen Kochtopf und steht so hoch, daß es die Flüssigkeit nicht berührt. Ist beides nicht vorhanden, nimmt man einen tiefen Teller, der ebenfalls in den Kochtopf passen muß, und stellt ihn auf einer kleinen feuerfesten Schüssel oder Tasse in den Topf.

8 Schollenfilets von je 80 bis 100 g
Saft einer halben Zitrone
Salz
1 kleine Zwiebel
1 Bund glatte Petersilie
1 Estragonzweig
1 Möhre
2 Tomaten
1/4 l trockener Sherry (Fino)
E 35 F 2 K 5 kJ 750 kcal 180

Die Schollenfilets mit Haushaltspapier abtupfen und mit Zitronensaft beträufeln. Leicht salzen und mit Pergamentpapier bedeckt 30 Minuten in den Kühlschrank stellen.
Die Zwiebel schälen und in hauchdünne Ringe schneiden. Das Kochgeschirr (Dämpfeinsatz, Korb oder Teller) damit auslegen. Die abgespülte, trockengeschwenkte Petersilie hakken und die Hälfte davon mit den vom Stiel gezupften Extragonblättchen auf den Zwiebeln verteilen. Die geschälte Möhre in ganz feine Streifen, die abgezogenen und entkernten Tomaten in ganz kleine Würfelchen schneiden. Beides ebenfalls in das Kochgeschirr geben. Die Schollenfilets nochmal rundherum abtupfen und sternförmig auf dem Gemüse anrichten. Mit etwas Sherry beträufeln und mit der restlichen Petersilie bestreuen. Den Sherry in dem Topf bis kurz vorm Kochen erhitzen, das Kochgeschirr vorsichtig hineinstellen und den Fisch in etwa 5 Minuten in aufsteigendem Dampf garen.
Wurden die Filets auf einem Teller gegart, werden sie auch darauf serviert. Ansonsten vorsichtig auf eine vorgewärmte Platte heben und mit Gemüse und Kräutern umlegen.
Frisches Weißbrot oder kleine Brötchen schmecken dazu am besten. Als Getränk sollten Sie natürlich auch einen trockenen Sherry (Fino) anbieten. Doch ein kräftiger, trockener Weißwein ist ebenfalls erlaubt.

Hinweis Man kann zu diesen Filets eine klare Buttersauce (Rezept auf Seite 167) reichen oder man kocht den Sud stark ein und mischt ihn mit 1/8 l ebenfalls etwa um die Hälfte eingekochter süßer Sahne.

Tip

Nach demselben Rezept kann man auch Rot- oder Seezungenfilets zubereiten, und auch mit sehr zarten, dünn geschnittenen Barschfilets schmeckt es hervorragend. Wenn Sie den Sherry-Geschmack noch »unverfälschter« genießen möchten, verzichten Sie einfach auf die Möhre und Tomaten. Sollten Sie einmal keinen Estragon bekommen, können Sie ihn bedenkenlos durch Schnittlauch ersetzen.

Ragout fin

Für 8 Personen
1 Kalbszunge von 350 g
2 Bund Suppengrün
1 Zwiebel, 1 Lorbeerblatt
4 Nelken, 6 Pfefferkörner
3 Wacholderbeeren
1½ l Wasser, Salz
300 g mageres Kalbfleisch
2 Hühnerbrüstchen (etwa 400 g)
1 Kalbsbries von 250 g
50 g Butter, 50 g Mehl
⅛ l trockener Weißwein
1 Eigelb
10 cl dicke saure Sahne (20%ig)
oder Crème fraîche
100 g Champignons aus der Dose
Zitronensaft
1 Prise Zucker, weißer Pfeffer
E 30 F 15 K 10 kJ 1250 kcal 300

Die Kalbszunge unter fließendem kalten Wasser abspülen, Fett und Knorpel abschneiden. Das gewaschene Suppengrün putzen und grob zerschneiden. Die geschälte Zwiebel mit dem Lorbeerblatt und den Nelken spicken. Beides mit Zunge und den übrigen Gewürzen in das Wasser geben und dieses salzen. Zugedeckt aufkochen, dann bei schwächerer Hitze leise sieden lassen. Das kurz abgespülte Kalbfleisch nach 15 Minuten dazugeben. Nach weiteren 15 Minuten die gehäuteten Hühnerbrüstchen hineingeben. Alles zusammen noch 30 Minuten kochen lassen. In der Zwischenzeit das Kalbsbries solange unter fließendem kalten Wasser waschen, bis kein Blut mehr austritt. Gut abtropfen lassen. Zu den übrigen Zutaten geben und alles nur noch leise sieden (nicht kochen) lassen. Zunge, Kalb- und Hühnerfleisch und das Bries aus der Brühe nehmen. Die Brühe durch ein Sieb gießen und ¾ l abmessen (die restliche Brühe für ein anderes Gericht verwenden).
Zunge und Bries sehr sorgfältig häuten und ebenso wie beide Fleischsorten etwa 1 cm groß würfeln.
Butter erhitzen und das Mehl darin unter Rühren hell anschwitzen. Langsam mit der heißen Kalbsbrühe auffüllen und 8 Minuten kochen lassen. Den Weißwein dazugeben. Das Eigelb mit saurer Sahne oder Crème fraîche verrühren und die Soße damit legieren. Die abgetropften Champignons und das gewürfelte Fleisch hineingeben und alles vorsichtig erhitzen, aber nicht aufkochen lassen. Das Ragout mit Zitronensaft, Zucker, Pfeffer und Salz abschmecken.

Ragout fin kann man auf verschiedene Weise servieren:
1. Mit Butterkartoffeln: Zu kleinen Kugeln ausgestochene Kartoffeln werden gekocht, in Butter geschwenkt, mit Petersilie gemischt.
2. In Blätterteigpasteten: Diese gibt es fertig zu kaufen beim Bäcker, vakuumverpackt oder tiefgekühlt.
3. In Muscheln: Das Ragout wird in die Muschelschalen gefüllt, mit einer Mischung aus Semmelbröseln und geriebenem Käse bestreut und einigen Butterflöckchen kurz unter den heißen Grill geschoben.
4. Als Omelettfüllung: Dazu pro Person aus zwei bis drei Eiern ein Omelett braten, dieses zur Hälfte auf einen Teller gleiten lassen, mit Ragout füllen und die zweite Hälfte drüber klappen.

Crêpes mit pikanter Füllung

Crêpes (vom französischen crêper = kräuseln) sind hauchdünne, kaum frühstückstellergroße Pfannkuchen, die als Zwischengericht pikant, als Dessert süß gefüllt werden. Crêpes sollten grundsätzlich nur mit Butter und nur in einer für sie bestimmten kleinen Pfanne gebacken werden. Es gibt aber auch spezielle Crêpes-Backgeräte, die elektrisch beheizt werden. Die fertigen Crêpes werden entweder zu Vierteln zusammengefaltet und dann mit einer delikaten Sauce übergossen oder mit Füllung bestrichen und dann zusammengerollt oder auch wieder zusammengefaltet.

Einfacher Grundteig
125 g Mehl
2 Eier
¼ l Milch
1 Prise Salz

Feiner Grundteig
125 g Mehl, ⅛ l Milch
⅛ l Sahne, 2 Eigelb
1 Ei, 1 Prise Salz

Die jeweiligen Zutaten zu einem glatten Teig verarbeiten und in wenig Butter zu hauchdünnen Pfannkuchen ausbacken. Backzeit pro Seite etwa 2 Minuten. Die Crêpes müssen auch am Rand elastisch sein, damit man sie mühelos aufrollen kann.

Crêpes mit Kaviarfüllung

1 Rezept feiner Grundteig
1 Becher Crème fraîche (20 cl)
100 g eiskalter deutscher Kaviar
20 g blättrige Mandeln
1 EL Zitronensaft
E 15 F 45 K 30 kJ 2510 kcal 600

Die Crêpes nach Grundrezept zubereiten und warm halten, bis alle gebacken sind. Crème fraîche schaumig rühren, mit Kaviar, Mandeln und Zitronensaft mischen. Jeweils ein Crêpe damit bestreichen und ein zweites darauflegen.

Hinweis Besonders köstlich, aber leider auch etwas teurer wird die Füllung durch Lachsforellenkaviar.

Crêpes mit Pökelzunge

1 Rezept einfacher Grundteig
50 g Champignons aus der Dose
1 Schalotte oder kleine Zwiebel
10 g Butter
125 g Pökelzunge
1 Glas (2 cl) Madeira
½ Bund Petersilie
Salz, frisch gemahlener weißer Pfeffer
E 15 F 20 K 30 kJ 1550 kcal 370

Die Crêpes nach Grundrezept backen und warm stellen, bis alle fertig sind. Die abgetropften Champignons grob, die geschälte Zwiebel fein hacken. Beides in der Butter dünsten, bis die Pilze keine Flüssigkeit mehr abgeben. Die in feine Streifen geschnittene Zunge mit dem Madeira und der gehackten Petersilie untermischen und mit Salz und Pfeffer würzen. Die Crêpes zu Vierteln zusammenklappen, jeweils fächerförmig auf vier vorgewärmten Tellern anrichten und mit der Zungen-Mischung bedecken. Oder auch die Crêpes einzeln mit der Füllung bedecken und zu Hälften oder Vierteln zusammenlegen.

Forellen-Mousse

300 g Forellenfilet (von 2 frischen, kleinen Forellen)
¼ l Sahne
2 Eigelb, 2 Eiweiß
Salz, weißer Pfeffer aus der Mühle
1 EL gehackte Petersilie
1 EL gemahlene Mandeln
Butter zum Einfetten
1 eingelegte Trüffel (etwa 25 g)
Trüffelflüssigkeit
15 g Butter
½ Rezept Sauce Hollandaise (Rezept Seite 168)
E 20 F 75 K 3 kJ 2910 kcal 695

Die sorgfältig entgräteten Forellenfilets im Mörser zerstoßen oder im Mixer verrühren. Mit Sahne und Eigelb verrühren. Eiweiß zu steifem Schnee schlagen und gründlich unterziehen. Mit Salz und Pfeffer abschmecken, mit Petersilie und der Hälfte der Mandeln mischen. Eine Charlottenform mit Butter ausstreichen und mit etwa drei Viertel der Mischung füllen. Die Form darf nur so groß sein, daß sie auf dem Dämpfsieb in einen länglichen Bräter paßt. In den Bräter so viel kochendes Wasser gießen, daß es bis an den Formboden reicht. Die Form zudecken und in den auf 180 Grad (Gasherd Stufe 2) vorgeheizten Backofen stellen. Die Mousse 40–45 Minuten garen. Die Mousse muß in der Mitte trocken, aber schön locker sein.
In der Zwischenzeit die Trüffel abtropfen lassen, die Flüssigkeit auffangen. Die Trüffel fein hacken und in der heißen Butter einige Minuten dünsten. Die Butter abgießen und die Trüffel zusammen mit den restlichen Mandeln und der Trüffelflüssigkeit unter die inzwischen zubereitete Sauce Hollandaise mischen.
Die Mousse auf eine ovale Platte stürzen und mit der Sauce übergießen.
Dazu frisch geröstete Weißbrotscheiben oder Blätterteiggebäck servieren.

Hinweis Nach demselben Rezept kann man auch eine Mousse aus Hecht, Zander oder Seefischen zubereiten. Sie müssen immer gut entgrätet sein.

Schinken-Mousse

300 g milder gekochter Schinken ohne Fettrand
1 Schalotte oder kleine Zwiebel
50 g Lachsschinken
4 Blatt weiße Gelatine
⅛ l trockener Portwein oder Sherry
¼ l Sahne
Salz, weißer Pfeffer aus der Mühle
4 frische Champignonköpfe
1 TL Zitronensaft
1 feste Tomate
4 Stengel glatte Petersilie
E 35 F 35 K 2 kJ 1860 kcal 445

Den gekochten Schinken und die geschälte Schalotte oder Zwiebel würfeln, dann im Mixer pürieren. Den Lachsschinken ohne Fettrand in feine Streifen schneiden. Die Gelatine 10 Minuten in kaltem Wasser einweichen, ausdrücken und in dem schwach erwärmten Portwein oder Sherry unter Rühren auflösen. Dann durch ein Sieb an die mit Lachsschinken vermischte Schinkenmasse geben. Gut durchrühren. Die Masse im Kühlschrank halbfest werden lassen. Die Sahne steif schlagen und unter die Schinkenmasse ziehen. Mit Salz und Pfeffer abschmecken.
Die geputzten, gewaschenen Champignons in etwa 4 mm dicke Scheiben schneiden und 5 Minuten in dem Zitronensaft marinieren. Die gehäutete Tomate in Achtel schneiden. Von der Petersilie die Blättchen abzupfen. Eine Kastenform mit Pergamentpapier auskleiden. Champignonscheiben, Tomatenachtel und Petersilie in beliebigem Muster auf den Boden legen, die Schinkenschaummasse darüber gießen und glattstreichen. Mit Folie bedeckt 3 Stunden im Kühlschrank fest werden lassen. Die Form kurz in heißes Wasser tauchen und die Schinken-Mousse auf eine ovale Platte stürzen. Mit einem kurz in heißes Wasser getauchten Messer in etwa 2 cm dicke Scheiben schneiden. Dazu Vollkornbrot oder frisches Toastbrot und Butter servieren.

Hinweis Auf die gleiche Weise läßt sich auch eine Hühner-Mousse aus gekochten oder gebratenen Hühnerbrüstchen bereiten.

Gemüse-Mousse

400 g geputztes Gemüse wie Broccoli, Wirsing, Rosenkohl, Spargel, Spinat oder Kopfsalat
⅛ l kräftige Hühnerbrühe
4 Blatt weiße Gelatine
Salz, Cayennepfeffer
geriebene Muskatnuß
20 cl Crème fraîche
10 g Mehl
20 g Butter
½ Schalotte
10 cl trockener Weißwein
10 cl Sahne
⅛ l Spargelwasser (aus der Dose)
1 TL Tomatenpüree
12 Spargelspitzen aus der Dose
100 g frische Nordseekrabben oder Scampi
E 10 F 20 K 10 kJ 1150 kcal 275

Das entsprechend vorbereitete Gemüse in der Hühnerbrühe etwa 30 Minuten kochen, bis es ganz weich ist (bei Spinat und Salat sind die Kochzeiten kürzer). Die Gelatine 10 Minuten in kaltem Wasser einweichen. Das Gemüse etwas abkühlen lassen, dann zusammen mit der Brühe im Mixer pürieren. Die ausgedrückte Gelatine in dem noch warmen Gemüse auflösen. Diese Masse mit Salz, Cayennepfeffer und Muskatnuß abschmecken und mit der Crème fraîche vermischen. Vier kleine Tortelett- oder Flan-(Dessert-)förmchen mit kaltem Wasser ausspülen und die Mousse gleichmäßig darin verteilen. Mit Folie abgedeckt 2 Stunden in den Kühlschrank stellen. Für die Sauce das Mehl in der eben schäumenden Butter anschwitzen, bis es eine satte gelbe Farbe hat. Dann erst die geriebene Schalotte dazugeben. Mit Weißwein langsam auffüllen und einmal aufkochen lassen. Sahne und Spargelwasser hineinrühren und die Sauce 5 Minuten kochen lassen. Mit Tomatenpüree, Salz und Pfeffer abschmekken. Die abgetropften Spargelspitzen und die Krabben oder Scampi in der Sauce erwärmen.
Die Förmchen kurz in heißes Wasser tauchen und die Mousse auf vier Teller stürzen. Mit je 3 Spargelspitzen belegen. Mit der Sauce umgießen. Dazu: Frisches Holzofenbrot.

Kalbsbries in Muscheln

2 Kalbsbries
500 g frischer Blattspinat
Salz
1 Zwiebel
1 Knoblauchzehe
60 g Butter
weißer Pfeffer aus der Mühle
geriebene Muskatnuß
1 Eigelb
3 EL Sahne
2 EL geriebener Parmesan
3 EL geriebener Emmentaler oder Gruyère Käse
E 53 F 30 K 5 kJ 2220 kcal 530

Bries wie in Rezept »Kalbsbries auf Artischockenböden« (Seite 9) beschrieben, vorbereiten. Blattspinat verlesen, waschen und in sprudelnd kochendem, gesalzenen Wasser 4 Minuten blanchieren, kalt abschrecken und sehr gut abtropfen lassen. Zwiebel und Knoblauch schälen und fein hacken. Beides in der halben Buttermenge glasig dünsten, ohne Farbe nehmen zu lassen. Den Spinat zufügen, mit Salz, Pfeffer und Muskat würzen und etwa 8 Minuten dünsten lassen. 4 Muschelförmchen einfetten, den Spinat darin verteilen und mit den Briesscheiben belegen. Eigelb mit Sahne und Parmesan verquirlen und über die Briesscheiben verteilen. Mit Emmentaler oder Gruyère bestreuen und die restliche Butter in Flöckchen darauf verteilen. Im vorgeheizten Ofen oder unter dem Grill kurz überbacken, bis der Käse Farbe bekommt und knusprig wird.

Hinweis Hat man keine Muschelschalen zur Hand, kann man die Kalbsbrieschen auch in kleinen Ragout fin-Förmchen überbacken.

Hirn auf Toast

2 Kalbshirne von je 300 g
1 l Salzwasser
1 Lorbeerblatt
2 Gewürznelken
1 Zwiebel
4 Petersilienstengel
4 Scheiben Toastbrot
30 g Butter
2 EL saure Sahne
2 EL Crème fraîche
2 EL gemischte gehackte Kräuter
2 Eier, 4 EL geriebener Käse
Salz, weißer Pfeffer
Paprika edelsüß
E 26 F 33 K 70 kJ 2100 kcal 505

Die Kalbshirne etwa 3 Stunden lang in kaltem Wasser wässern, bis das Wasser, das etwa alle 30 Minuten gewechselt werden muß, ganz klar ist. Das Salzwasser mit den Gewürzen, der geschälten, geviertelten Zwiebel und der Petersilie in einen Topf geben. Die Hirne einlegen und alles einmal aufkochen. Dann vom Herd nehmen und die Hirne in der Brühe 20 Minuten ziehen lassen. Abschrekken, gut abtropfen lassen, häuten und in Scheiben schneiden. Die gerösteten, mit etwas Butter bestrichenen Toastbrotscheiben mit den Hirnscheiben belegen. Die übrigen Zutaten mit dem Schneebesen gründlich verschlagen, abschmecken und darüber gießen. Im auf 220 Grad (Gasherd Stufe 4) vorgeheizten Backofen goldbraun überbacken.

Lachsschnitzel auf Spinatpüree

1000 g frischer Blattspinat, möglichst Freilandware
Salz
60 g Butter
1/8 l Sahne
weißer Pfeffer aus der Mühle
1 Spritzer Zitronensaft
geriebene Muskatnuß
4 schräg zur Hauptgräte geschnittene Lachsschnitzel von je 200 g
2 EL Zitronensaft
weißer Pfeffer aus der Mühle
4 EL Öl
2 EL Butter
E 45 F 65 K 15 kJ 3315 kcal 790

Den verlesenen Spinat in sprudelnd kochendem, gesalzenen Wasser 5 Minuten blanchieren, in Eiswasser abschrecken und sehr gut abtropfen lassen, bzw. ausdrücken. Anschließend im Mixer oder mit dem Mixstab fein pürieren. Man kann ihn auch zweimal durch den Fleischwolf (feine Scheibe) drehen. Mit 30 g Butter in einem Topf kurz dünsten lassen. Die Sahne dazugeben und unter Rühren cremig einkochen lassen. Das Püree mit Salz, Pfeffer, Zitronensaft und nach Wunsch einer Spur Muskatnuß abschmecken. Den Topf vom Herd nehmen und die restliche Butter flöckchenweise in das Püree schlagen. Im heißen Wasserbad warmhalten. Die Lachsscheiben mit Zitronensaft beträufeln und – während das Püree bereitet wird – säuern. Dann auf beiden Seiten leicht salzen und pfeffern, Öl und Butter in einer großen Pfanne erhitzen. Die Lachsschnitzel darin auf jeder Seite nur gut eine Minute braten. Dann herausnehmen, auf Haushaltspapier abfetten und portionsweise auf vier vorgewärmten Tellern anrichten; mit dem Spinatpüree umgossen sofort servieren.

Tip

Verwenden Sie zum Abschrecken des Spinats unbedingt eiskaltes Wasser, dem Sie möglichst noch ein paar Eiswürfel zusetzen sollten. Dadurch bekommt der heiße Spinat einen »Kälteschock«, durch den er seine leuchtend grüne Farbe behält. Ist das Wasser nicht kalt genug, kann es passieren, daß er grau-bräunlich und weniger appetitlich aussieht.

Hinweis Garen Sie die Lachsschnitzel nicht zu lange, sonst werden sie trocken und verlieren an Aroma.

Variationen

Lachsschnitzel mit Spargelpüree: Bruchspargel in sehr feine Stücke schneiden, in Hühnerbrühe garen und im Mixer fein pürieren. Durch ein Sieb streichen, um evtl. Fasern zu entfernen. Mit der Kochbrühe und Sahne cremig einkochen, mit Salz, Zucker, weißem Pfeffer und Muskat abschmecken und etwas Butter hineinschlagen.

Lachsschnitzel mit Erbsenpüree: Anstelle von Spargel können Sie frische oder tiefgekühlte Erbsen verwenden und zum Schluß etwas gehackten Kerbel oder Petersilie untermischen.

Kalbsnieren in Senf-Sahne-Sauce

500 g Kalbsnieren
1 Bund Suppengrün
30 g Butterschmalz
1/8 l Fleischbrühe
1/8 l trockener Weißwein
20 g Butter
250 g kleine, feste Champignons
1/2 Zitrone (Saft)
2 kleine Zwiebeln
1 EL Cognac oder Weinbrand
20 cl Crème fraîche
1 EL scharfer Senf
Salz
weißer Pfeffer aus der Mühle
E 20 F 35 K 10 kJ 2050 kcal 490

Die Nieren halbieren, Fett, Röhren, Hautreste und Sehnen entfernen. Danach 30 Minuten wässern, dabei das Wasser einige Male erneuern. In der Zwischenzeit das Suppengrün putzen, waschen und grob hacken. In 15 g Butterschmalz anrösten, mit Fleischbrühe und Weißwein ablöschen und alles im offenen Topf so lange kochen lassen, bis die Flüssigkeit um die Hälfte reduziert ist. Dann durch ein Sieb streichen und beiseite stellen.
Die Champignons putzen, kurz waschen, sehr gut abtropfen lassen und in dünne Scheiben schneiden. Sofort mit Zitronensaft mischen.
Die mit Haushaltspapier trockengetupften Nieren in etwa 2 mm dicke Scheiben schneiden. Portionsweise in dem restlichen Butterschmalz und der Butter bei starker Hitze unter ständigem Rühren 1 bis 2 Minuten braten. Jede Portion sofort herausnehmen und in einem Sieb (Suppenteller drunterstellen) abtropfen lassen. Die geschälten, fein gehackten Zwiebeln in dem Bratfett hellgelb anbraten. Die Champignons mit Haushaltspapier gründlich trockentupfen, zu den Zwiebeln geben und unter Rühren so lange braten, bis alle Flüssigkeit verdampft ist. Den Fond mit dem Cognac oder Weinbrand ablöschen. Crème fraîche, Senf und die Weinsauce hineinrühren, aufkochen lassen. Die Nieren hineingeben, mit Salz und Pfeffer abschmecken und drei Minuten darin ziehen, nicht kochen, lassen, sonst werden die Nieren hart. Dazu reicht man Stangenweißbrot oder zu kleinen Förmchen gepreßten Reis, mit etwas Petersilie bestreut.

Tip

Dieses Gericht kann man auch mit Schweinenieren zubereiten. Diese sollten dann aber etwa 1 Stunde gewässert und je nach Dicke 2 bis 4 Minuten gebraten werden.

Kalbsbries in Weinsauce

400 g Kalbsbries
Salzwasser
1 Zwiebel
1 Möhre
1 Stange Bleichsellerie (ersatzweise 1 kleine Scheibe Knollensellerie)
1 Kräuterstrauß (ersatzweise 3 Stengel glatte Petersilie, 1 Stengel Dill, 1 Stengel Estragon, 1 Stengel Thymian)
50 g Butter
1/4 l trockener Weißwein (Riesling)
1/4 l Fleischbrühe (am besten selbstgekochte Kalbsbrühe)
Salz
weißer Pfeffer aus der Mühle
1/4 l Sahne
1 Prise geriebene Muskatnuß
E 20 F 35 K 5 kJ 1945 kcal 465

Kalbsbries unter kaltem Wasser von Adern und Blutgerinnseln säubern und 2 bis 3 Stunden lang in mehrfach gewechseltem Wasser wässern. Dann in dem kalten Salzwasser, das gut dreifingerhoch über dem Bries stehen sollte, aufsetzen und zum Kochen bringen. Nach dem Aufkochen noch etwa 3 Minuten neben dem Herd ziehen lassen. Das Bries unter fließendem kalten Wasser abschrecken und von Haut, Ader- und Knorpelresten befreien. Das Bries danach zwischen zwei Brettchen legen. Das obere Brett kräftig beschweren und das Bries so gut 2 Stunden auspressen. (Diese Vorbehandlung ist notwendig, damit das Bries bei der Zubereitung fest bleibt und nicht zerfällt).
Die geschälte Zwiebel sehr fein würfeln, die geputzte Möhre und den ebenfalls vorbereiteten Sellerie in dünne Streifen schneiden. Zusammen mit dem abgespülten und trockengeschwenkten Kräuterstrauß in der Butter bei milder Hitze andünsten, aber keine Farbe nehmen lassen. Das in etwa 50 g schwere Scheiben geschnittene Bries darauflegen. Nach etwa 1 Minute wenden, Wein und Fleischbrühe angießen, mit Salz und Pfeffer würzen und bis kurz vorm Kochen erhitzen. Briesscheiben in etwa 10 Minuten garziehen lassen. Danach herausnehmen und zugedeckt warm stellen. Den Fond durch ein Sieb streichen, Sahne und Muskat einrühren. Unter weiterem Rühren einkochen lassen, bis die Sauce dick und cremig ist. Die Briesscheiben sekundenlang darin erwärmen und nach Wunsch mit Dill garnieren. Nun blitzschnell servieren – Bries schmeckt frisch am besten. Durch Wartezeiten verliert es seine samtige Zartheit und schmeckt langweilig. Frisches, warmes Stangenweißbrot paßt besonders gut dazu.

Variationen
Das so zubereitete Bries kann auf vielerlei Art verfeinert werden:

Mit der Sahne zusammen 150 g frische Champignons in die Sauce geben.

In die fertige Sauce außer Champignons noch Krabben, Scampi oder gekochte Krebsschwänze geben.

Zusätzlich noch 150 g in Butter geschwenkte Zucker- oder ganz feine Tiefkühlerbsen zufügen.

Eine in hauchdünne Scheiben geschnittene Trüffel auf die Sauce streuen.

Ganz fein gehackte Steinpilze oder Pfifferlinge in Butter braten, bis keine Flüssigkeit mehr vorhanden ist, dann mit der Briessauce mischen.

Die Kalbsbriesscheibchen mit oder ohne Panade in reichlich Butter bei ganz milder Hitze sautieren, also mehr dünsten als braten.

Die Sauce getrennt zubereiten und mit den oben genannten Zutaten mischen. Ebenfalls getrennt servieren.

Fasan mit Morchel-Sahne

20 g getrocknete Morcheln
1 küchenfertiger junger Fasan von etwa 900 g
Salz, frisch gemahlener weißer Pfeffer
1 große Scheibe frischer fetter Speck
100 g Butter
2 Schalotten
½ TL Zitronensaft
1 Glas (2 cl) Cognac oder Weinbrand
100 g Sahne, ½ Bund Petersilie
E 45 F 30 K 3 kJ 1990 kcal 475

Die Morcheln (am besten sind die aus der Schweiz und Frankreich) etwa 2 Stunden in lauwarmem Wasser quellen lassen. Dann einzeln unter kaltem Wasser abspülen, um die letzten Sandreste aus der schrumpeligen Oberfläche herauszuwaschen. Größere Pilze halbieren oder vierteln, bzw. grob hacken.
Den Fasan innen und außen abspülen und gut trocknen. Innen mit Salz und Pfeffer einreiben und die Speckscheibe um die zarten Bruststücke wickeln. Mit Rouladengarn umbinden und rundherum salzen und pfeffern. Den Fasan seitlich auf den Bratenrost legen, eine Kasserolle darunterstellen und 80 g flüssige Butter darüber verteilen. Bratenrost mit der Kasserolle in den 220 Grad heißen Ofen schieben und den Fasan darin je nach Größe 25 bis 30 Minuten braten. Dabei häufig mit dem Bratfond begießen, damit das Fleisch nicht trokken wird. Etwa 5 Minuten vor Ende der Garzeit die Speckscheibe entfernen und die Brustseiten leicht bräunen. In dieser Zeit noch häufiger begießen, denn dieses Fleisch ist sehr mager und könnte sonst leicht etwas trocken geraten.
Den Fasan in Alufolie im abgeschalteten Ofen oder im Ofeneingang etwa 10 Minuten ruhen lassen, damit sich die Fleischsäfte im Inneren verteilen können. Die Kasserolle auf den Herd stellen und das Fett erneut erhitzen. Indessen die Schalotten schälen und sehr fein würfeln. Im Fett glasig braten, die vorbereiteten Morcheln zufügen und nach kurzem Schmoren mit Zitronensaft und Cognac ablöschen. Die Flüssigkeit entfetten, die Sahne einrühren und die Pilze zugedeckt (je nach Größe) 6–8 Minuten schmoren. Den Deckel abnehmen und die Sauce cremig einkochen lassen. Zwei Drittel der Petersilie hacken, in die Sauce geben, vom Herd nehmen und die restliche Butter in Flöckchen unterschlagen.
Vom Fasan zuerst die Schenkel, dann die Flügel ablösen und zum Schluß die Bruststücke von den Knochen heben. Alle Teile auf einer vorgewärmten Platte anrichten und mit der Morchel-Sahne umgießen. Mit der restlichen Petersilie garnieren.
Blanchierte und in Butter gedünstete Lauchstücke, die zum Schluß mit ein paar Tropfen Sherry- oder Himbeeressig und etwas Nußöl abgerundet werden sowie winzige Rösti schmekken ganz hervorragend zu diesem Gericht. Aber auch junger, in breite Streifen geschnittener und ebenfalls in Butter gegarter und mit Muskat gewürzter Wirsing harmoniert gut.

Hinweis Die Morchel-Sahne schmeckt auch köstlich zu Bries. Ein Foto dazu finden Sie auf den Seiten 56/57.

Fritierter Camembert

4 Camemberthälften von je 62,5 g
2 EL Mehl
1 Ei, 1 EL Sahne
3 EL Semmelbrösel
2 Bund krause Petersilie
Fett zum Ausbacken
6 EL Preiselbeerkompott
E 30 F 80 K 5 kJ 2910 kcal 700

Die Camemberthälften sehr leicht und vorsichtig mit einem Messer abschaben, ohne jedoch die Rinde zu entfernen. Jedes Stück zuerst in Mehl, dann in mit Sahne verquirltem Ei und zum Schluß in Semmelbröseln wenden. Die Panade leicht andrükken. Die Petersilie unter kaltem Wasser abspülen und sehr gut trocknen (sonst spritzt sie beim Fritieren). Das Fritierfett auf 160 bis 170 Grad (je nach Fettart) erhitzen, die Käsestücke hineingleiten lassen und goldbraun ausbraten. Je nach Größe dauert das 5 bis 7 Minuten. Den Käse herausheben, auf Haushaltspapier kurz abfetten lassen. In der Zwischenzeit die Petersilie für wenige Sekunden in das Fett geben und kross werden lassen. Mit einem Schaumlöffel herausnehmen und ebenfalls abfetten. Den Käse auf vorgewärmten Tellern anrichten und mit der Petersilie garnieren. Das Preiselbeerkompott drumherum verteilen.

Hinweis Wer nicht extra die Friteuse anheizen möchte, kann die panierten Camembertstücke auch in reichlich Butter in der Pfanne braten. Ganz besonders würzig wird der Käse, wenn man ihn vor dem Panieren in edelsüßem Paprika wendet.

Fritierte Käse-Birnen

4 vollreife, aber noch feste Birnen
4 EL Birnengeist
50 g Roquefort oder Gorgonzola
1 EL gemahlene oder fein gehackte Hasel- oder Walnüsse
3 EL Mehl
1 Ei
4 EL Semmelbrösel
Fett zum Fritieren
E 10 F 35 K 25 kJ 1880 kcal 450

Die Birnen schälen (Stiele dabei nicht entfernen), der Länge nach halbieren, entkernen und dabei ein wenig aushöhlen. Alle Schnittflächen sofort dünn mit Birnengeist bestreichen. Den Käse mit einer Gabel zerdrücken und mit dem restlichen Birnengeist cremig rühren. Die Nüsse untermischen und diese Masse in die Birnenhälften füllen. Je zwei Hälften sorgfältig zusammendrücken und zuerst in Mehl, dann in verquirltem Ei und zum Schluß in Semmelbröseln wenden. Diese Panade gut andrücken. Das Fritierfett 160 bis 170 Grad (je nach Fettart) erhitzen. Die Birnen hineingeben (sie dürfen sich dabei nicht berühren) und in 5 bis 8 Minuten – je nach Größe – goldbraun und knusprig ausbacken. Auf einer dicken Lage Haushaltspapier kurz abfetten lassen, dann sofort servieren.
Käse-Birnen sind ein köstliches Zwischengericht, können aber auch sehr gut statt Käse als Dessert gereicht werden. Besonders gut schmecken sie, wenn man sie unmittelbar vor dem Servieren mit ein paar Tropfen Birnengeist überträufelt.

Zwischengerichte

Ausgebackenes Gemüse

Ausgebackenes Gemüse wird grundsätzlich mit einer Sauce zusammen serviert, zum Beispiel mit Sauce Tartar (siehe Seite 171) oder Remouladensoße (siehe Seite 172).
Als Zwischengericht rechnet man pro Person etwa 250 g Gemüse. Es wird je nach Sorte roh oder gekocht ausgebacken, wichtig ist nur, daß die Gemüsestücke nicht feucht sind, weil sie sonst den Teig verwässern.

Spargel Er wird geschält, in etwa 7 cm lange Stücke geschnitten und 10 Minuten in wenig Salzwasser, das mit etwas Butter und Zucker verfeinert wurde, gedünstet. Danach sehr gut abtropfen lassen.

Schwarzwurzeln Die geschälten Schwarzwurzeln sofort in Essig- oder Zitronenwasser legen, damit sie hell bleiben. In daumenlange Stücke schneiden. In wenig Salzwasser, das mit $^1/_2$ Glas Wein und 2 EL Essig vermischt wird, 10 Minuten dünsten. Auf Haushaltspapier trocknen.

Champignons Möglichst gleichgroße Champignons auswählen, damit sie gleichmäßig garen können. Die Pilze putzen und wenn nötig waschen.

Selleriescheiben Sellerieknollen schälen und in etwa 1 cm dicke Scheiben schneiden. Salzwasser mit Essig würzen, eine geschälte, geviertelte Zwiebel hineingeben. Die Selleriescheiben darin 10 Minuten kochen lassen, dann abtropfen lassen. Bevor sie in den Ausbackteig getaucht werden, in wenig Mehl wenden.

Bleichsellerie Den Sellerie putzen, waschen und mit Haushaltspapier abtrocknen. Die Stangen in fingerlange Stücke schneiden und sofort in Teig getaucht ausbacken.

Blumenkohlröschen Den Blumenkohl in Röschen teilen und diese 30 Minuten in Salzwasser legen. Nicht zu stark gesalzenes Wasser mit etwas Zitronensaft mischen, aufkochen, die Röschen darin 5 Minuten blanchieren und gut trocknen.

Broccoli Wie Blumenkohl die »Blüten« in Salzwasser legen, dann gründlich abtropfen lassen, aber ungekocht ausbacken. Die zarten Strünke schälen und in etwa 4 cm lange Stücke schneiden. Ebenfalls »roh« ausbacken.

Lauch Nur die geschlossenen Teile der Stangen verwenden. Den Lauch gründlich putzen und für 15 Minuten in kaltes Wasser legen. Dann in kochendem Salzwasser 3 Minuten blanchieren. Nach dem Herausnehmen gut abtropfen lassen.

Frühlingszwiebeln Die geschälten Frühlingszwiebeln ohne ihr Lauch je nach Größe im Ganzen oder halbiert ausbacken.

Rhabarber Den geschälten Rhabarber in etwa 5 cm lange Stücke schneiden. Wasser und Wein mischen ($^1/_2$ l Wasser, $^1/_8$ l Wein), aufkochen und den Rhabarber darin 2 Minuten blanchieren. Mit dem Schaumlöffel herausnehmen und gut abtrocknen.

Palmenherzen (Palmito) und **Artischockenböden** aus der Dose Gut abtropfen lassen oder – noch besser – trockentupfen. Weitere Vorbereitungen sind nicht nötig.

Ausbackteige

Bierteig
250 g Mehl
$^1/_4$ l helles Bier
2 Eigelb
75 g zerlassene Butter
1 Prise Salz
2 Eiweiß
E 10 F 20 K 50 kJ 3300 kcal 465

Mehl, Bier, Eigelb, Butter und Salz mit dem Handrührgerät zu einem glatten Teig verarbeiten und 15 Minuten quellen lassen. Dann erst das sehr steif geschlagene Eiweiß locker daruntermischen.

Weinteig
250 g Mehl
$^1/_4$ l trockener Weißwein
2 Eigelb
$^1/_8$ l Sahne
1 Prise Salz
2 Eiweiß
E 10 F 15 K 50 kJ 1810 kcal 435

Mehl, Wein, Eigelb, Sahne und Salz mit dem Handrührgerät zu einem glatten Teig verarbeiten. Ebenfalls ein paar Minuten ruhen lassen. Das Eiweiß zu steifem Schnee schlagen und erst unmittelbar vor der Zubereitung in den Teig mischen.

Milchteig
200 g Mehl
$^1/_4$ l Milch
$^1/_8$ l saure Sahne
1 Prise Zucker
1 Prise Salz
2 Eiweiß
E 10 F 5 K 40 kJ 1045 kcal 250

Mehl, Milch, saure Sahne, Zucker und Salz mit dem Handrührgerät zu einem glatten Teig verarbeiten und 15 Minuten quellen lassen. Das Eiweiß zu steifem Schnee schlagen und gründlich unter den Teig ziehen.

Das Ausbacken

Ausbackfett (nur reines Pflanzenöl ohne ausgeprägten Eigengeschmack oder Pflanzenfett einer Sorte verwenden) in dem Fritiertopf auf 160 bis 180 Grad erhitzen (wenn Sie keine Automatic-Friteuse oder kein Thermometer haben: Einen Holzlöffel in das Fett halten, bilden sich kleine Bläschen, hat das Fett die entsprechende Temperatur erreicht). Immer nur 4 bis 5 Gemüsestücke auf einmal durch den Teig ziehen und je nach Größe in 3 bis 6 Minuten rundherum knusperig braun backen. Sie sollen sich dabei nach Möglichkeit nicht berühren, denn sonst könnten sie sehr leicht zusammenbacken. Gut abtropfen lassen oder auf einer dicken Lage Haushaltspapier entfetten. Dann solange warm halten, bis alles Gemüse fertig ist.

Hinweis Alle oben angegebenen Teige eignen sich auch zum Ausbakken von Obst, Krustentieren oder Fischfilets.

Handkäs' mit Musik

1 Mainzer Handkäse
schwarzer Pfeffer aus der Mühle
8 EL Essig, Salz
4 EL Öl
3 Zwiebeln
dunkles Bauernbrot, Butter
E 30 F 2 K 3 kJ 795 kcal 190

Den Käse in 4 Scheiben schneiden und auf einem tiefen Teller anrichten. Reichlich Pfeffer darüber mahlen. Für die Marinade Essig mit reichlich Salz verrühren, bis sich das Salz aufgelöst hat. Dann mit Öl, den geschälten und gehackten Zwiebeln mischen. Über den Käse gießen. Dazu die mit Butter bestrichenen Brotscheiben reichen. Das passende Getränk ein »Äppelwoi«.

Hinweis Noch kräftiger schmeckt der Handkäs, wenn man ihn in dünnere Scheiben schneidet und mit der Zwiebel-Essigmischung übergossen ein paar Stunden durchziehen läßt. Dazu sollte man ihn mit Folie abdecken.

Eingelegter Käse

250 g weißer Schafs- oder Ziegenkäse
2 Zwiebeln
8 Knoblauchzehen
1 EL getrocknete Rosmarinnadeln
je 1 EL schwarze und weiße Pfefferkörner
2 Lorbeerblätter
kaltgepreßtes Olivenöl (Olio vergine) zum Auffüllen
E 10 F 85 K 5 kJ 3540 kcal 845

Den Käse in etwa 3 cm große Würfel schneiden und in ein heiß ausgespültes, abgetrocknetes Glas mit Schraubverschluß (oder mit Gummi und Klammer) schichten. Zwiebeln und Knoblauch schälen. Die Zwiebeln in nicht zu dünne Ringe schneiden, den Knoblauch ganz lassen. Beides mit den übrigen Gewürzen zum Käse geben und mit soviel Öl aufgießen, daß der Käse gut bedeckt ist. Gut verschlossen mindestens 4 Wochen kühl, jedoch möglichst nicht im Kühlschrank durchziehen lassen. Abgetropft mit Brot zu einem kräftigen Rotwein servieren.

Obatzter

250 g sehr reifer Camembert
75 g weiche Butter
1 kleine Zwiebel
1 EL gehackte Petersilie
2 EL Bier
Paprika edelsüß, Salz
weißer Pfeffer aus der Mühle
1/2 bis 1 EL Kümmel
E 10 F 30 K 5 kJ 1425 kcal 340

Den Käse mit einer Gabel ganz fein zerdrücken, dann mit der Butter verrühren. Die geschälte Zwiebel fein hacken oder besser reiben. Zusammen mit der Petersilie und dem Bier unter den Käse mischen. Mit Paprika, Salz, Pfeffer und Kümmel sehr würzig abschmecken.
Dazu ein kräftiges Bauernbrot und (am besten ein bayerisches) Bier servieren.

Hinweis Wer den Obatzten noch cremiger liebt, sollte die Rinde des Camemberts entfernen und zusätzlich etwas saure Sahne und/oder Crème fraîche daruntermischen.

Gemüse in Wein und Öl
Rotweinzwiebeln

750 g Schalotten oder kleine Zwiebeln
4 EL Öl
20 g Butter
1 TL Zucker, Salz
frisch gemahlener schwarzer Pfeffer
1/4 l Rotwein
1 Bund glatte Petersilie
1/8 l Crème fraîche
E 3 F 15 K 15 kJ 1085 kcal 260

Die geschälten Schalotten oder Zwiebeln in einer Mischung aus Öl und Butter rundherum goldbraun anbraten. Mit dem Zucker bestreuen und diesen bei häufigem Rühren karamelisieren lassen. Die Zwiebeln mit Salz und Pfeffer würzen. Den Rotwein angießen und die Zwiebeln zugedeckt 20 Minuten schmoren lassen.
Die abgespülte, trockengeschwenkte Petersilie grob hacken.
Die Zwiebeln in eine Schüssel füllen, mit einem Teil der Petersilie mischen. Crème fraîche als dicken Klecks in die Mitte geben und mit der restlichen Petersilie bestreuen.

Variation
Auf die gleiche Weise kann man Lauch schmoren, (dann beträgt die Garzeit aber nur etwa 10 Minuten) oder in dicke Scheiben geschnittene Zucchini, die zusätzlich mit etwas Knoblauch gewürzt werden (Garzeit ebenfalls 10 Minuten).

Tip

Scharfe Zwiebeln werden vor der Zubereitung geschält, zwei Stunden lang in kaltes Wasser gelegt.

Russische Champignons

750 g frische kleine Champignons
1/8 l Weinessig
1/8 l Weißwein
1/8 l Sonnenblumen- oder geschmacksneutrales Öl
2 Knoblauchzehen, 1 Lorbeerblatt
1/2 TL Salz
6 Pfefferkörner
3 Wacholderbeeren
E 5 F 30 K 5 kJ 1490 kcal 355

Die Champignons putzen, wenn nötig waschen und abtropfen lassen. Essig, Wein und Öl aufkochen. Die geschälten, mit einem Messer leicht zerdrückten Knoblauchzehen, Lorbeerblatt, Salz, Pfefferkörner, Wacholderbeeren und die Champignons hineingeben und alles einmal rasch aufkochen lassen. Dann die Hitze reduzieren und die Champignons 10 Minuten mehr ziehen als kochen lassen. Den Sud abkühlen und die Knoblauchzehen herausnehmen. Die Champignons mit dem Sud in ein verschließbares Gefäß füllen und mindestens eine Woche im Kühlschrank marinieren. Dann aus dem Sud nehmen und sofort servieren.
Dazu schmeckt heißer Knoblauchtoast besonders gut: Den Toast mit Knoblauchzehen einreiben und mit Butter bestreichen.

Variation
Auf die gleiche Weise kann man Pfifferlinge, Perlzwiebeln oder grüne Bohnen zubereiten. Die Bohnen brauchen jedoch eine Garzeit von 20 Minuten.

Italienischer Käsetoast

2 Eier
4 EL saure Sahne
Salz, weißer Pfeffer
8 Scheiben Toastbrot
300 g Mozzarella Käse
4 EL Olivenöl
20 g Butterschmalz
E 30 F 25 K 30 kJ 2050 kcal 490

Eier mit saurer Sahne, Salz und Pfeffer leicht schaumig schlagen. Die Brotscheiben darin quellen lassen. Den gründlich abgetropften Mozzarella in etwa 1 cm dicke Scheiben schneiden und 4 Brotscheiben damit belegen. Mit Brot bedecken und andrücken. Olivenöl und Butterschmalz stark erhitzen. Die Brotscheiben darin auf jeder Seite goldgelb braten. Heiß servieren.

Hinweis Noch würziger schmeckt dieser Toast, wenn man beim Braten ein paar geschälte, nur halbierte Knoblauchzehen in das Fett gibt. Sobald sie braun werden, muß man sie wieder herausnehmen.

Pfirsichtoast mit Käsecreme

4 Scheiben Toastbrot
20 g Butter
200 g Doppelrahmfrischkäse
100 g magerer gekochter Schinken
40 g gehackte Mandeln
4 EL Cognac oder Weinbrand
Salz, schwarzer Pfeffer aus der Mühle
4 bis 5 Pfirsichhälften aus der Dose
E 15 F 30 K 30 kJ 2220 kcal 530

Die Toastbrotscheiben auf beiden Seiten dünn mit Butter bestreichen und in einer beschichteten Pfanne goldbraun rösten. Käse mit fein gewürfeltem Schinken, Mandeln und Cognac oder Weinbrand verrühren. Mit Salz und Pfeffer würzen. Einen Teil davon auf die Scheiben streichen. Abgetropfte Pfirsichhälften in dünne Schnitze teilen, darauf anrichten und mit restlichem Käse bedecken und in dem auf 200 Grad (Gasherd Stufe 3) vorgeheizten Backofen etwa 8 Minuten überbacken.

Hinweis Statt Pfirsiche kann man auch einmal weiche Birnen nehmen.

Avocado-Krabben-Toast

4 Scheiben Toastbrot
20 g Butter
1 reife Avocado
1 EL Zitronensaft
200 g Nordseekrabben
schwarzer Pfeffer aus der Mühle
100 g geriebener Emmentaler Käse
4 EL Crème fraîche
1 Prise Paprika rosenscharf
E 20 F 35 K 20 kJ 2175 kcal 520

Toastbrotscheiben beidseitig buttern und in der Pfanne auf einer Seite goldbraun rösten. Die Avocado halbieren und den Kern herauslösen und das Fruchtfleisch in dünne Scheiben schneiden. Die ungerösteten Brotseiten damit belegen und mit Zitronensaft beträufeln. Darauf die Krabben verteilen und pfeffern. Käse mit Crème fraîche und Paprika verrühren, über die Toasts verteilen. In dem auf 220 Grad (Gasherd Stufe 4) vorgeheizten Backofen 7 bis 8 Minuten überbacken. Oder die Toast nur sekundenlang unter dem vorgeheizten Grill überkrusten.

Hausmachersülze

½ Schweinskopf
4 geputzte Schweinsfüße
250 g Kalbsknochen
4 große Zwiebeln
300 g Möhren
300 g Lauch
250 g Sellerieknolle
1 Petersilienwurzel
2 Bund gemischte Kräuter
1 Flasche trockener Weißwein
kaltes Wasser zum Auffüllen
1 TL Pfefferkörner
2 Lorbeerblätter
½ TL Senfkörner
Salz
erstklassiger Weinessig
schwarzer Pfeffer aus der Mühle
E 35 F 30 K 15 kJ 2030 kcal 485

Schweinskopf, -füße und Kalbsknochen schon vom Fleischer in Stücke schlagen lassen. Unter kaltem Wasser gründlich abwaschen, abtropfen lassen und in einen großen, schweren Topf geben. Jeweils die Hälfte von Zwiebeln, Möhren, Lauch, Sellerie, Petersilienwurzeln und Kräutern putzen, waschen, zerschneiden und in den Topf geben. Weißwein angießen und mit soviel Wasser auffüllen, bis alles eben bedeckt ist. Bei nur sehr langsamer Hitze im offenen Topf aufkochen lassen, hin und wieder abschäumen und erst danach die Gewürze hinzufügen. Alles im geschlossenen Topf mindestens 6 bis 8 Stunden weitergaren. Die Flüssigkeit soll dabei niemals stark kochen, sondern lediglich schwach sieden. Kurz vor Ende der Garzeit das restliche Gemüse putzen, waschen und in mundgerechte Stücke zerteilen, die Kräuter abspülen und in Blättchen zerpflükken oder hacken. Das Gemüse in sprudelnd kochendem, gesalzenen Wasser nicht zu weich werden lassen, herausnehmen und unter kaltem Wasser abschrecken. Abtropfen lassen. Fleisch und Gemüse aus dem Topf heben, das Gemüse mit den Kräutern wegwerfen, das Fleisch von den Knochen lösen und zerschneiden. Zusammen mit dem blanchierten Gemüse und den frischen Kräutern in einen großen Topf oder in mehrere Schalen verteilen. Die Kochflüssigkeit entfetten, mit Salz, Pfeffer und Essig pikant bis scharf abschmecken (beim Erkalten geht ein Teil der Würzkraft verloren) und über die Fleisch-Gemüsemischung gießen. An einem kühlen Platz erkalten und erstarren lassen. Zum Servieren in Portionsstücke teilen.
Zu diesem »Hausmannsgericht« passen Bratkartoffeln aber auch kräftiges Bauernbrot und gesalzene Butter und je nach Wunsch kann man auch eine Mayonnaisesauce (Rezepte siehe Seite 170) oder eine Remoulade (Rezept siehe Seite 172) dazu servieren.

Tip

Noch feiner wird die Sülze, wenn man etwas mageres Schweinefleisch, Rindfleisch, Herz, Nieren, Zunge (bei gepökelter Zunge etwas weniger stark salzen) etwa 2 Stunden lang mitgaren läßt. Zum Schluß kann man dann Fett und Schwarten entfernen und dafür das zerteilte Fleisch (bzw. die Innereien) in die Sülze geben.

Gebratenes und Gegrilltes

Die Vielfalt an Variationen reicht von der ganz feinen Küche bis zur rustikal deftigen

Große Braten

Rinderbraten in der Salzkruste

Für 6 Personen
1000 g Rinderlende (Roastbeef)
4 Eiweiß
1500 g grobes Salz
40 g Mehl
E 25 F 30 K – kJ 1590 kcal 380

Das Fleisch mit Haushaltspapier abtupfen und die Fettseite ein paarmal leicht einritzen, dabei die Fleischfasern aber nicht verletzen. Das Eiweiß mit dem Handrührgerät leicht schlagen, dann die Knethaken einsetzen und das Salz mitsamt dem Mehl zu einer trockenen Masse unterkneten. Die Fettpfanne des Backofens mit extrastarker Alufolie auslegen und etwas Salzmasse in der Länge und Breite des Fleischstücks darauf verteilen. Das Fleisch mit der Fettseite nach oben auf das Salz legen und mit der restlichen Salzmischung dicht umhüllen. Die Folie darüber sorgfältig zusammenklappen und das Fleisch im auf 250 Grad vorgeheizten Ofen (Gas Stufe 5 bis 6) 40 bis 50 Minuten garen. Den Braten nun mit der Folie auf einer sehr großen Platte anrichten, die Folie herunterdrücken oder abreißen. Erst bei Tisch (oder möglicherweise am Nebentisch, das Salz könnte beim Zerschlagen leicht streuen) die Salzkruste vorsichtig mit einem Hammer oder einem Fleischklopfer aufschlagen. Das Fleisch aus dem Salzbett herausheben, evtl. daran haftendes Salz abstreifen und das Fleisch ein paar Minuten ruhen lassen. Dann quer zur Faser aufschneiden.
Dazu schmecken Cumberland- oder Preiselbeersauce, Kroketten und zartes Bohnengemüse oder gebratene Pfifferlinge ganz ausgezeichnet.

Hinweis Dieser Braten scheint Unmögliches möglich zu machen – schließlich lernt man doch schon in der Schule, daß Salz Feuchtigkeit anzieht und somit jegliche Umgebung (in diesem Fall den Braten) austrocknet. Doch bei diesem Rezept bleibt das Fleisch außerordentlich saftig – weil hier mit »Trick« gearbeitet wird: Das Salz wird mit Flüssigkeit (Eiweiß) vermischt und saugt sie wie ein Schwamm auf. Aber genauso schnell hat das Fleisch eine Kruste gebildet, so daß keine Feuchtigkeit mehr austreten, das Fleisch also nicht mehr austrocknen kann. Die Salzmasse bäckt nun zu einem festen Schutzpanzer zusammen, der zwar das Fleisch aromatisiert, es aber auch gleichzeitig vor Überhitzung und Trockenwerden schützt. – Manche Köche lehnen das Mehl in der Salzkruste ab, und man kann tatsächlich darauf verzichten. Doch für »Neulinge in dieser Kunst« ist es meistens eine große Hilfe, weil die Salz-Eiweißmasse dadurch leichter bindet. Der Geschmack wird durch diesen Zusatz nicht auffallend beeinflußt. Wer jedoch bereit ist, für Aroma und »Drumherum« etwas mehr Geld auszugeben, der sollte in jedem Fall das graue, ungereinigte Meersalz (oder jodiertes Salz) wählen, denn dadurch wird das Fleisch ganz besonders apart aromatisiert. Die »Kruste« muß man außerdem nicht unbedingt nach dem Tranchieren wegwerfen – in einem Mörser fein zerstoßen, eignet sie sich später hervorragend als Bratenwürze, denn sie hat das unverkennbare Bratenaroma angenommen. Und wenn's noch kräftiger schmecken soll, schieben Sie ein paar kleine Knoblauchkeilchen zwischen die Fett- und Fleischschichten oder Sie mischen ein paar getrocknete Kräuter in das Salz.

Lammrücken auf provençalische Art

Für 8 Personen
1500 g Lammrücken
3 Knoblauchzehen
2 TL Salz
4 Wacholderbeeren
6 Pfefferkörner
3 Pimentkörner
1 TL Rosmarinnadeln
4 EL kalt gepreßtes Olivenöl
500 g Fleischtomaten
1/8 l Fleischbrühe
1/8 l Rotwein
E 30 F 80 K 3 kJ 3685 kcal 880

Den Lammrücken mit einem feuchten Tuch abreiben, um mögliche Knochenreste zu entfernen. Danach gut abtrocknen und das überflüssige Fett abschneiden. Die geschälten Knoblauchzehen mit Salz, Wacholderbeeren, Pfefferkörnern, Pimentkörnern und Rosmarinnadeln in einem Mörser zu einer Art Paste zerdrücken, eventuell etwas Olivenöl hineingeben, damit die Masse glatt wird. Den Lammrücken mit dieser Mischung sorgfältig einreiben. Das Öl in einem Bräter erhitzen und die abgeschnittenen Fettstücke darin auslassen. Die Grieben dann wieder entfernen. Den Lammrücken im heißen Fett rundherum etwa 10 Minuten kräftig anbraten. In der Zwischenzeit die Tomaten häuten, entkernen und das Fruchtfleisch fein hacken. Um den Braten verteilen. Fleischbrühe und Rotwein mischen und etwa die Hälfte davon angießen. Den Lammrücken in den auf 180 Grad (Gas Stufe 2) vorgeheizten Ofen schieben und 30 bis 40 Minuten garen. Dabei das Fleisch hin und wieder mit dem Bratfond begießen und nach und nach die restliche Fleischbrühe-Wein-Mischung zufügen. Das Fleisch im ausgeschalteten Ofen noch 5 Minuten ruhen lassen, damit sich die Fleischsäfte in den Fasern verteilen können. Den Fond durch ein Sieb gießen, möglichst ein wenig entfetten und getrennt zum Fleisch reichen.
Als Beilagen Ratatouille und frisches Stangenweißbrot oder Nudeln und Zucker- oder Perlerbsen.

Tip

Saucenfreunde können den Bratfond nach dem Entfetten zusätzlich mit etwas Wein vermischen und mit Crème fraîche oder Sahne verrühren und cremig einkochen lassen. Verwendet man Sahne, kann man zum Schluß etwas Butter in kleinen Flöckchen neben dem Herd einschlagen und die Sauce mit ein paar Tropfen Wein- oder Sherryessig abschmekken. Der Essig stabilisiert die Sauce (sie fällt nicht so leicht zusammen) und sorgt außerdem für eine frische Note. Besonders gut eignen sich Kräuter- oder Rotweinessig.

Wildschweinkeule auf Weinkraut mit Trauben

Für 6 Personen
1000 g Wildschweinkeule ohne Knochen
2 Zwiebeln
1 Knoblauchzehe
2 Möhren
1/4 Bund Petersilie
je 1 Stengel Selleriegrün, Thymian und Rosmarin
1 Lorbeerblatt
1 Stückchen unbehandelte Zitronenschale, etwa 2 cm lang
1/2 TL schwarze Pfefferkörner
4 Wacholderbeeren
6 Senfkörner
1/2 l trockener, kräftiger Rotwein
2 Glas (2 cl) Cognac oder bester Weinbrand
3 EL Rotweinessig
6 EL Öl
30 g Schweineschmalz
Salz, frisch gemahlener schwarzer Pfeffer
1/4 l heiße Fleischbrühe
1/4 l Sahne
3 bis 4 EL Sanddornmarmelade (Reformhaus)
10 g Butter
1 Spritzer Rotweinessig

Für das Weinkraut mit Trauben:
20 g Butter
1 kleine Zwiebel
1 EL Honig
500 g Sauerkraut
je 1/8 l heiße Fleischbrühe und trockener Weißwein
Salz, weißer Pfeffer aus der Mühle
250 g grüne und blaue Weintrauben
E 60 F 40 K 35 KJ 3180 kcal 760

Das Fleisch mit einem feuchten Tuch abreiben. Zwiebeln, Knoblauch und Möhren schälen. Zwiebeln und Möhren würfeln, den Knoblauch sehr fein hacken oder zerdrücken. Petersilie, Sellerie, Thymian und Rosmarin abspülen, trockenschwenken und zusammen mit dem vorbereiteten Gemüse, dem Fleisch, Lorbeerblatt, Zitronenschale, Pfefferkörnern, Wacholderbeeren und Senfkörnern in ein Glas- oder Steingutgefäß geben. Wein, Cognac und Essig darüber gießen, das Öl untermischen und das Fleisch darin zugedeckt unter mehrfachem Wenden 24 Stunden beizen. Das Fleisch dann herausnehmen und gut trockentupfen. Das Gemüse mit einem Schaumlöffel aus der Beize nehmen und beiseite stellen. Die Beize anschließend durch ein Sieb gießen. Schmalz in einem großen Bräter erhitzen und das Fleisch darin rundherum kräftig anbraten. Das Gemüse aus der Beize zufügen und ebenfalls Farbe nehmen lassen. Salzen und pfeffern und nach und nach die Fleischbrühe und einen Teil der Beize angießen. Unter mehrfachem Begießen etwa 60 Minuten bei schwacher Hitze zugedeckt schmoren lassen. Das Fleisch herausnehmen und neben dem Herd warm stellen. Den Bratfond mit etwas Beize loskochen, durch ein feines Sieb passieren und entfetten. Wieder erhitzen, Sahne und Sanddornmarmelade einrühren und die Sauce im offenen Topf bei starker Hitze cremig einkochen lassen. Unmittelbar vor dem Servieren neben dem Herd die Butter in kleinen Flöckchen einschlagen und die Sauce mit ein paar Tropfen Essig abschmecken. Das Fleisch quer zur Faser in Scheiben schneiden und auf dem Weinkraut anrichten. Die Sauce getrennt dazu reichen.
Während die Wildschweinkeule geschmort wird, das Weinkraut zubereiten. Dazu die Butter erhitzen und die fein gewürfelte Zwiebel darin goldgelb, nicht braun, werden lassen. Den Honig darin unter Rühren sekundenlang erhitzen und das zerpflückte Sauerkraut hineinmischen. (Der Honig darf nicht bräunlich werden, sonst könnte er bitter schmecken.) Fleischbrühe und Wein angießen und das Kraut mit Salz und Pfeffer würzen. Zugedeckt etwa 40 Minuten garen. (Sauerkraut aus der Dose hat eine kürzere Garzeit, darum bitte die Aufschrift beachten!) In der Zwischenzeit die Weintrauben waschen, abtropfen lassen und die Beeren von den Stielen zupfen. Die Häutchen abziehen, die Beeren halbieren und entkernen. Während der letzten Garminuten den Deckel vom Topf nehmen und die Flüssigkeit einkochen lassen. Das Kraut abschmecken und die Trauben ein paar Minuten darin erhitzen, jedoch nicht kochen, sonst zerfallen sie. Als Beilage schmecken Salzkartoffeln oder Kartoffelklöße aus rohen Kartoffeln ebenso gut wie Kartoffelkroketten oder kleine Rösti. Als Getränk sollten Sie denselben Rotwein servieren, den Sie auch für die Beize verwendet haben.

Hinweis Wenn Sie mal gerade keine Sanddornmarmelade im Hause haben, ersetzen Sie sie durch Brombeer-, Johannisbeer- oder Preiselbeermarmelade und schmecken Sie alles mit ein paar Tropfen Zitronensaft oder etwas mehr Essig als gewöhnlich ab. Doch auch ein geriebener säuerlicher Apfel oder etwas Quittenkompott oder Quittenmarmelade geben die nötige Würze und eine herbe Note.

Variation
Nach demselben Rezept können Sie auch anderes Wildfleisch, zum Beispiel Wildschweinrücken, Rehrücken oder -keule, Hirschkeule oder auch Kurzgebratenes vom Wild zubereiten. Dabei ist lediglich zu beachten, daß die kleineren Stücke – je nach Größe und Faserart – kürzere Zeit in der Beize liegen müssen. Das Rezept für die Beilagen und Saucen ist in jedem Fall dasselbe.

Tip

Scheuen Sie sich nicht, dieses köstliche Gericht zuzubereiten, auch wenn Sie nur drei oder vier Personen damit beköstigen können, denn aus den »Resten« läßt sich ein fabelhaftes neues Gericht zubereiten: Schneiden Sie möglichst gleichmäßige Scheiben aus dem Braten und füllen Sie sie mit einem Teil der gut abgetropften Sauerkraut-Trauben-Mischung. Rollen Sie die Scheiben wie Rouladen auf und umwickeln Sie sie mit je einer dünnen Speckscheibe. Braten Sie sie kurz an und begießen Sie sie mit der aufgefangenen Sauerkrautflüssigkeit, unter die Sie etwas Sahne rühren. Lassen Sie diese »Wildschwein-Rouladen« darin erhitzen und servieren Sie sie mit Kartoffelpüree.

Poularde mit Quarkfüllung

1 tiefgekühlte Poularde von 1200 g
2 Scheiben Roggen-Knäckebrot
150 g Magerquark
1 Eigelb
10 cl Crème fraîche
1 Schalotte oder kleine Zwiebel
je 2 EL gehackte Petersilie und fein geschnittener Dill
Salz, weißer Pfeffer aus der Mühle
2 Knoblauchzehen
50 g Butter
1/8 l Sahne
2 EL Tomatenpüree
1 TL Zitronensaft
1 Glas (2 cl) Cognac oder Weinbrand
E 60 F 50 K 10 kJ 3140 kcal 750

Die Poularde nach Vorschrift auftauen lassen, die Innereien entfernen und für ein anderes Gericht verwenden. Die Poularde innen und außen abspülen und mit Haushaltspapier trockenreiben. Das Knäckebrot in eine Plastiktüte geben und mit dem Nudelholz zu ganz feinen Bröseln zerdrücken. Den Quark in einem Tuch gut ausdrücken, dann im Mixer mit Knäckebröseln, Eigelb und Crème fraîche verrühren. Die ganz fein gehackte Schalotte oder Zwiebel und die Kräuter untermischen. Mit Salz und Pfeffer abschmecken und 10 Minuten ruhen lassen. In der Zwischenzeit die Poularde öffnen: Mit einem scharfen Messer entlang des Rückgrats die Haut einschneiden und das Fleisch vorsichtig von den Knochen lösen; es muß aber an der Haut bleiben. Die Füllung in die Öffnung geben und bis unter das Brustfleisch hinunterdrücken. Die Haut über dem Einschnitt zusammenziehen und mit ein paar Stichen zunähen. Die Knoblauchzehen schälen und durch die Presse drücken. Das so entstandene Mus mit Salz und Pfeffer zu einer Paste mischen und die Poularde damit einstreichen.

Ein großes Stück Alufolie mit einigen Butterflöckchen belegen, die Poularde daraufsetzen und mit den restlichen Butterflöckchen bedecken. Die Folie locker um die Poularde ziehen und an der Oberfläche gut zusammenfalzen. Etwa 40 Minuten im auf 220 Grad (Gas Stufe 4) vorgeheizten Ofen garen, dann die Folie oben öffnen und die Poularde etwa 5 Minuten bräunen lassen. Auf einer vorgewärmten Platte anrichten, den Bratfond abgießen, leicht entfetten und mit der Sahne verrühren. Bei starker Hitze im offenen Topf um etwa 1/3 einkochen lassen, dann mit Tomatenpüree, Zitronensaft und Cognac abschmecken. Die Poularde tranchieren und die Sauce getrennt dazu reichen.

Als Beilage Bandnudeln oder Spätzle und in Butter gedünsteter Spinat oder ein grüner Salat.

Tip

Die Quarkmasse eignet sich auch hervorragend als Füllung für Geflügelkeulen: Lösen Sie dazu den Knochen heraus oder lassen Sie ihn der Einfachheit halber lieber schon beim Händler auslösen und füllen Sie stattdessen die Quarkmischung hinein. Garen Sie wie angegeben in der Folie.

Gefüllter Puter

Ein ganzer Puter sollte grundsätzlich mit einer Füllung zubereitet werden, gleichgültig, ob man sie mitißt oder nicht. Sie gibt dem Puterfleisch seinen typischen Charakter. Vorschläge für Füllungen finden Sie unten. Die Art, wie der Puter gebraten wird, ist unabhängig von der Füllung.

Für 6 bis 8 Personen
1 junger Puter von etwa 4000 g
1/2 Zitrone
Salz, frisch gemahlener weißer Pfeffer
100 g fetter Speck in dünnen Scheiben
50 g Butter
E 100–75 F 80–60 K 2–1,5
kJ 4855–6195 kcal 1160–1480

Den Puter innen und außen gründlich abspülen und mit Haushaltspapier trocknen. Innen mit der Zitrone ausreiben. Innen und außen mit Salz und Pfeffer einreiben, dann füllen. Brust und Keulen mit Speckscheiben umwickeln und den Puter »dressieren«. Den Vogel in einen großen Bräter legen, mit der zerlassenen Butter begießen und im auf 180 Grad vorgeheizten Backofen etwa 120 Minuten braten. Dabei hin und wieder mit dem ausgetretenen Bratensaft begießen und manchmal mit etwas Wasser befeuchten. 10 Minuten vor Ende der Garzeit den Speck entfernen und den Puter zuerst mit Bratenfett, dann mit starkem Salzwasser bestreichen. Möglichst erst bei Tisch tranchieren oder ihn tranchiert wieder auf dem Knochengerüst anrichten. Den Bratfond abgießen, durchsieben und entfetten. Danach nochmal erhitzen und als Sauce zu dem Puter reichen. (Diesen Fond kann man aber auch mit saurer Sahne und Preiselbeerkompott oder Johannisbeergelee sowie etwas Sherry oder Cognac verfeinern.)
Als Beilage zum Puter eignen sich Kartoffelklöße oder Salzkartoffeln und Gemüse wie Rotkohl mit Maronen, Pfifferlinge, Rosenkohl, grüne Bohnen, in Butter geschwenkte Maiskörner, Broccoli, Sauerkraut mit Wein gekocht und mit Ananaswürfeln und Weintrauben gemischt.
Als Getränke passen Rotwein, Weißwein oder ein Rosé.

Füllung 1: 150 g Sultaninen in 1/8 l Portwein oder Sherry einlegen. Abtropfen lassen. 375 g Kalbsbratwurstbrät in etwas Butter braten. Die abgetropften Sultaninen gleichmäßig daruntermischen. Die fein gehackte Puterleber und 1 Ei dazugeben, alles nochmals gut mischen und mit Salz, Pfeffer und gerebeltem Thymian würzen.

Füllung 2: Magen, Herz und Leber des Puters verwenden: Von dem Magen zuerst die harte Haut entfernen. Dann alle Innereien in ganz feine Würfel schneiden und in 30 g Butter bei milder Hitze braten, bis sie eine leicht graue Farbe angenommen haben. 4 Scheiben Toastbrot in kleine Würfel teilen und in 20 g Butter goldgelb rösten. Zusammen mit 1 EL gehackter Petersilie und 1 TL gehackten Sellerieblättern sowie 2 gehackten Schalotten und 1 gehackten Knoblauchzehe unter die Innereien mischen. Mit Salz, schwarzem Pfeffer und geriebener Muskatnuß abschmecken. (1 verquirltes Ei macht diese Füllung noch leichter.)

Gefüllter Gänsebraten mit Gemüse

Für 8 Personen
1 küchenfertige Frühmastgans von etwa 4000 g
Salz, weißer Pfeffer aus der Mühle
Für die Füllung:
500 g säuerliche Äpfel
1 Zwiebel
100 g Semmelbrösel
100 g Sultaninen
20 g Butter
¼ l kochendes Wasser
2 EL getrockneter Salbei
E 60 F 115 K 25 kJ 6090 kcal 1455

Die Gans innen und außen spülen, das Fett entfernen (zum Auslassen aufheben) und die Gans trocknen. Innen mit Salz und Pfeffer einreiben. Für die Füllung die geschälten Äpfel vierteln und die Kerngehäuse herausschneiden. Die Apfelviertel in etwa 1 cm dicke Stücke schneiden. Mit der geschälten, fein gehackten Zwiebel, den Semmelbröseln und den unter heißem Wasser abgespülten, gründlich abgetropften Sultaninen mischen. Die Gans damit füllen, die Brustöffnung mit Rouladengarn zunähen. Den Vogel rundherum mit Salz einreiben und an mehreren Stellen mit einer Gabel einstechen, damit während des Bratens das Fett ablaufen kann. Vor allem unter Brust und Schenkeln einstechen. Die Brust mit der Butter einreiben.
Den Backofen auf 200 Grad (Gasherd Stufe 3) vorheizen. Das kochende Wasser in die Fettpfanne gießen, die Gans mit der Brust nach oben auf den Rost legen. Je kg etwa 35 bis 40 Minuten Bratzeit rechnen. Dabei zwischendurch hin und wieder mit dem ausgetretenen Bratfett begießen. 30 Minuten vor Ende der Bratzeit einmal wenden und 20 Minuten lang den Rücken bräunen. Die Gans dann wieder umdrehen, mit starkem Salzwasser bepinseln und in 10 Minuten knusprig braun werden lassen. Anschließend 10 Minuten ruhen lassen, dann tranchieren. Die einzelnen Stücke wieder in Form zusammenlegen und mit der aus dem Inneren genommenen Füllung umlegen. Dazu Kartoffelklöße und eine Gemüseplatte mit Maronen, Rosenkohl und Pfifferlingen servieren. Die Gans selbst kann mit gebratenen Äpfeln und Petersilie garniert werden.

Sauce für die Gans
¼ l kochendes Wasser in die Fettpfanne gießen, den Bratsatz damit lösen und die Sauce soweit wie möglich entfetten. In einen Topf gießen und den Salbei dazugeben. Innerhalb 5 Minuten kräftig einkochen lassen. Dann durch ein Sieb gießen und mit Salz und Pfeffer abschmecken. Nach Wunsch ein paar Tropfen Sahne einmischen und getrennt dazu reichen.

Maronen

500 g Maronen (Eßkastanien)
40 g Butter
⅛ l Fleischbrühe
1 EL Zucker
E 5 F 5 K 80 kJ 1550 kcal 395

Die Maronen über Kreuz einritzen und in 1 l kochendem Wasser 15 Minuten garen, bis sich die Schalenenden nach außen biegen. Die Maronen abgießen und schälen. Auch die pelzige Innenhaut entfernen. (Wer einen Heißluftherd besitzt, kann die aufgeschnittenen Maronen auf einem Blech zu der Gans in den Ofen schieben. So lange rösten, bis sich die Schalenspitzen nach außen biegen.) Maronen mit der Butter und dem Zucker in die kochende Brühe geben und im geschlossenen Topf 15 Minuten garen, dann im offenen Topf 5 Minuten weiterkochen, bis sie weich und von einer glänzenden Butter-Zuckerschicht überzogen sind.

Rosenkohl

500 g Rosenkohl
1 l Salzwasser
20 g Butter
geriebene Muskatnuß
schwarzer Pfeffer aus der Mühle
E 2 F 2 K 3 kJ 165 kcal 40

Den Rosenkohl putzen und die Stengelenden über Kreuz leicht einschneiden. In das kochende Salzwasser geben und zugedeckt 10 Minuten kochen lassen. In einem Sieb abschrekken, abtropfen lassen. Die Butter in dem Kochtopf schmelzen, den Kohl hineingeben, mit Muskat und Pfeffer würzen und gut durchschwenken.

Pfifferlinge

2 Schalotten, 20 g Butter
200 g Pfifferlinge aus der Dose
Salz, frisch gemahlener schwarzer Pfeffer
1 EL gehackte Petersilie
E 1 F 5 K 2 kJ 255 kcal 60

Die geschälten, gehackten Schalotten in der heißen Butter glasig braten. Die gründlich abgetropften Pfifferlinge darin unter Rühren braten, bis alle Flüssigkeit verdampft ist. Würzen und mit Petersilie bestreuen.

Variationen für die Füllung
500 g geschälte Kartoffeln in Salzwasser 10 Minuten kochen, abgießen und in Würfel schneiden. Mit 1 gehackten Zwiebel und 2 EL gehackter Petersilie mischen und mit Majoran und Salbei würzen.

4 Orangen in Stücke teilen und diese häuten. Mit 300 g in Achtel geschnittenen Äpfeln, 1 altbackenen, vorher eingeweichten und ausgedrückten Brötchen, 50 g vorbereiteten Sultaninen und 50 g gehackten Mandeln mischen.

Variationen für die Beilagen
Rotkohl mit Äpfeln gekocht und mit Zimt und Ingwer gewürzt.

Sauerkraut mit Wein oder Sekt gekocht, mit Ananasstücken oder Orangenstücken gemischt.

Weißkohl, in Schinkenspeck angedünstet, mit Riesling gekocht.

Hinweis Mit den gleichen Füllungen und Beilagen kann man auch Entenbraten zubereiten. Allerdings benötigt eine Ente von 1800 bis 2000 g Gewicht nur eine Bratzeit von 80 bis 90 Minuten.

Rehrücken mit Pfirsichhälften und Kastanienpüree

Für 6 Personen
1 Rehrücken von etwa 1500 g
frisch gemahlener schwarzer Pfeffer
2 EL Öl, 20 g Butterschmalz
1 kräftige Prise Salz
8 Pfirsiche
1 Glas (2 cl) Cognac oder Weinbrand
1/4 l Fleischbrühe
1/8 l Rotwein
300 g Eßkastanien mit Schale
20 g Butter
20 g Zucker
1/8 l Sahne
2 EL Madeira
1 EL Zitronensaft
E 65 F 35 K 65 kJ 3650 kcal 860

Den gehäuteten Rehrücken kurz unter kaltem Wasser abspülen, mit Haushaltspapier trockentupfen und mit Pfeffer einreiben. Öl und Butterschmalz in einem Bräter erhitzen und den Rehrücken darin rundherum bei starker Hitze anbraten. Vom Herd nehmen und salzen. 4 Pfirsiche mit kochendem Wasser überbrühen, häuten, halbieren, entsteinen und im Mixer pürieren. Cognac oder Weinbrand in einer Kelle erwärmen, anzünden und brennend über den Rehrücken gießen. Das Pfirsichpüree auf den Rehrücken streichen und diesen wieder auf den Herd stellen. 1/8 l Fleischbrühe nachgießen, den Rotwein zufügen und das Fleisch bei milder Hitze 30 bis 40 Minuten schmoren lassen.
In der Zwischenzeit das Kastanienpüree vorbereiten: Die Kastanien über Kreuz einschneiden, auf ein Backblech legen und im auf 200 Grad (Gas Stufe 3) vorgeheizten Ofen so lange rösten, bis sich die Schalen nach außen biegen; das dauert etwa 15 Minuten. Die Kastanien schälen, dabei auch die pelzige Innenhaut entfernen. Butter und Zucker in einem Topf unter Rühren erhitzen, bis sich der Zucker gelöst hat. Die Kastanien darin unter Rühren karamelisieren, die restliche Fleischbrühe angießen und die Kastanien bei milder Hitze in etwa 30 Minuten weichkochen. Leicht abkühlen lassen, dann im Mixer pürieren oder durch ein Sieb streichen. Die Sahne steif schlagen, mit Madeira und Zitronensaft unter das Kastanienpüree ziehen, mit Salz abschmecken und in einen Spritzbeutel füllen.
Die restlichen Pfirsiche ebenfalls mit kochendem Wasser überbrühen, häuten, vorsichtig halbieren und entsteinen. Den Rehrücken indessen aus dem Bräter nehmen und zugedeckt neben dem Herd warm stellen und ruhen lassen. Das Fleisch dann von den Knochen lösen und in Scheiben geschnitten wieder als Rücken zusammensetzen. Auf einer vorgewärmten Platte anrichten und mit den Pfirsichhälften umlegen. Diese mit Kastanienpüree füllen. Das restliche Püree mit dem Bratenfond verrühren und als Sauce getrennt zum Braten reichen.
Als Beilagen Kartoffelkroketten oder mit brauner Butter übergossene Bandnudeln. Dazu einen Salat aus fein geschnittenen Endivien in einer Marinade aus Mandel- oder Walnußöl und feinem Weinessig, mit gehackten Walnüssen bestreut.

Rinderfilet im Speckmantel

Für 6 Personen
1000 g gut abgehangenes Rinderfilet
1 Knoblauchzehe
1 TL Salz
1 TL schwarzer Pfeffer aus der Mühle oder grob zerstoßen
1 TL Paprika edelsüß
100 g fetter Speck
E 25 F 20 K 3 kJ 1270 kcal 340

Das Filet mit einem spitzen, scharfen Messer vorsichtig häuten, anschließend mit Haushaltspapier abreiben. Die geschälte Knoblauchzehe durch die Presse drücken und mit Salz, Pfeffer und Paprika zu einer dicken Paste verarbeiten. Das Fleisch damit rundherum einreiben und die Paste kräftig in das Fleisch einmassieren. Den Speck in hauchdünne Scheiben schneiden und mit Rouladengarn um das Filet wickeln. Das Fleisch auf dem Rost über der Fettpfanne in dem auf 240 Grad (Gas Stufe 5) vorgeheizten Backofen 30 bis 35 Minuten braten. (Die Bratzeit richtet sich nach der Dicke des Fleischstückes.) Bei dieser Garzeit ist das Fleisch innen noch rosa. Soll es mehr durch sein, gibt man noch 5 bis 10 Minuten Bratzeit zu. Das fertige Fleisch erst noch 5 Minuten ruhen lassen, dann das Rouladengarn entfernen. Das Filet mit dem Speckmantel aufschneiden und auf einer vorgewärmten Platte anrichten. Als Beilagen Kartoffelklöße oder Kroketten und Stachelbeer-Chutney.

Stachelbeer-Chutney

Für 6 Personen
500 g grüne Stachelbeeren
500 g mürbe Äpfel
3 Zwiebeln
1/4 l Weißweinessig
200 g Zucker
1/2 TL Zimt
1/2 TL Ingwerpulver
1 Msp. gemahlener Koriander
abgeriebene Schale einer halben unbehandelten Zitrone
2 Glas (4 cl) weißer Rum
E 2 F – K 80 kJ 1550 kcal 370

Die Stachelbeeren gründlich waschen und abtropfen lassen. Dann Blüten und Stengelansätze abschneiden. Die geschälten Äpfel achteln und in ganz dünne Scheiben schneiden. Die geschälten Zwiebeln fein hacken. Alles mit dem Weinessig, dem Zucker und den Gewürzen (bis auf die Zitronenschale) mischen und zugedeckt 1 bis 2 Stunden stehen lassen. Dann unter Rühren langsam aufkochen und solange kochen lassen, bis die Äpfel ganz musig, die Stachelbeeren weich aber in ihrer Form noch erkennbar sind. Das Chutney vom Herd nehmen, Zitronenschale und Rum unterrühren. Das Chutney in gründlich gesäuberte Gläser oder Flaschen füllen und gut verschlossen an einem kühlen Ort mindestens 14 Tage durchziehen lassen.

Hinweis Statt eines großen Rinderfilets kann man auch einzelne Steaks nach diesem Rezept zubereiten, denn das Stachelbeer-Chutney hält sich nach dem Öffnen noch etwa 1 Woche zugedeckt im Kühlschrank oder im kalten Keller.

Große Braten

Schweinshaxe

1 Hinterhaxe von etwa 1,4 kg
1 TL Fleischwürzmittel (Würzsalz)
½ TL Salz
schwarzer Pfeffer aus der Mühle
20 g Schweineschmalz
¼ l kochendes Wasser
1 Zwiebel
1 Lorbeerblatt
2 Nelken
4 Wacholderbeeren
⅛ l dunkles Bier (kein Malzbier)
1 EL Speisestärke
E 25 F 40 K 5 kJ 2325 kcal 555

Die Haxe schon vom Fleischer rautenförmig einschneiden lassen. Kurz abspülen und abtrocknen. Sodann mit Fleischwürzmittel, Salz und Pfeffer sehr gründlich einreiben. Schweineschmalz in einem großen Bräter erhitzen und die Haxe darin rundherum 15 Minuten anbraten. ⅛ l Wasser angießen. Die geschälte, geviertelte Zwiebel, Lorbeerblatt, Nelken und Wacholderbeeren dazugeben und die Haxe in dem auf 200 Grad (Gasherd Stufe 3) vorgeheizten Backofen 120 Minuten braten. Dabei nach und nach mit dem Bier bestreichen. Wenn nötig, etwas Wasser nachgießen. Die Haxe auf einer vorgewärmten Platte anrichten und warm stellen. Den Bratenfond mit dem restlichen Wasser und Bier loskochen und durch ein Sieb streichen. Auf ⅜ l auffüllen. Die in kaltem Wasser verquirlte Speisestärke hineinrühren, die Sauce einmal aufkochen lassen und getrennt zur Haxe reichen.
Als Beilagen Semmelknödel oder Kartoffelklöße und Sauerkraut oder Weißkohlsalat mit geröstetem Speck und Kümmel.

Hinweis Schweinshaxen lassen sich auch ähnlich wie Kalbshaxen zubereiten: Sie werden im gleichen Sud je nach Größe 45 bis 60 Minuten gekocht, dann gut abgetrocknet und mit einer Mischung aus Salz, zerdrückten Knoblauchzehen, Pfeffer, Thymian und Öl eingerieben und 20 bis 30 Minuten gegrillt. Dazu auf den Grillspieß stecken und rotieren lassen. Die so vorgegarten Haxen lassen sich auch über Holzkohlenglut grillen.

Kalbshaxe abgebräunt

2 l Salzwasser
1 Bund Suppengrün
1 Zwiebel
1 Lorbeerblatt
4 Nelken
5 Wacholderbeeren
10 Pfefferkörner
2 EL Essig
1 Kalbshaxe von etwa 1250 g
100 g Butter
je ⅛ l Weißwein und Wasser
1 TL Speisestärke
1 EL Tomatenpüree
2 EL saure Sahne
weißer Pfeffer aus der Mühle
1 Prise Zucker
E 40 F 25 K 5 kJ 1965 kcal 470

Das Salzwasser mit dem geputzten, grob zerkleinerten Suppengrün, der geschälten, mit Lorbeerblatt und Nelken gespickten Zwiebel, den Gewürzkörnern und dem Essig zum Kochen bringen. Die gut abgespülte Kalbshaxe hineingeben und zugedeckt 45 Minuten kochen lassen. Dann herausnehmen, gut abtropfen und etwas abkühlen lassen. Von der Haxe die leicht sehnige Außenhaut abziehen. 40 g Butter in einem Bräter erhitzen, die Haxe hineinlegen und die restliche Butter in Flöckchen darauf verteilen. Die Haxe in dem auf 220 Grad (Gasherd Stufe 4) vorgeheizten Backofen 50 bis 55 Minuten braten, dabei sehr häufig mit der Bratbutter übergießen. Das Fleisch dann vom Knochen lösen und auf einer vorgewärmten Platte mit einem Teil der Bratbutter übergossen anrichten. Den Bratfond mit Wein und Wasser loskochen, dann bei starker Hitze um etwa ⅓ reduzieren. Die mit kaltem Wasser angerührte Speisestärke hineingeben und die Sauce einmal aufkochen lassen. Tomatenpüree und Sahne hineinrühren und mit Salz, Pfeffer und Zucker abschmecken. Getrennt zum Fleisch reichen.
Als Beilagen eignen sich alle zarten Gemüse und frischen Salate mit Kartoffelpüree oder Bandnudeln.
Auch ein »luftiger« Kartoffelsalat mit viel Kräutern paßt gut dazu oder Kartoffelsalat gemischt mit gehobelter Gurke und reichlich Dill.

Schweinebraten mit Kruste

1 kg Schweinekeule mit Schwarte
Salz, schwarzer Pfeffer aus der Mühle
6 Nelken
2 Zwiebeln
1 Knoblauchzehe
1 Bund Suppengrün
1 Bund Petersilie
1 TL Beifuß
etwas Bier
1 EL Speisestärke
E 35 F 70 K 10 kJ 3580 kcal 855

In die Schwarte des Bratens schon vom Fleischer Rauten oder Vierecke schneiden lassen. Den Braten kurz abspülen, trockentupfen und mit Salz und Pfeffer einreiben. Die Nelken in die Kreuzungspunkte der Einschnitte stecken. Etwas Wasser in der Fettpfanne zum Kochen bringen, den Braten mit der Schwarte nach unten hineinlegen und 30 Minuten in dem auf 200 Grad (Gasherd Stufe 3) vorgeheizten Backofen das Fett etwas auskochen lassen. Den Braten dann mit der Schwarte nach oben auf den Rost legen und über die Fettpfanne schieben. Noch etwa 60 Minuten braten. 30 Minuten vor Ende der Garzeit die geschälten, halbierten Zwiebeln, die geschälte Knoblauchzehe, das geputzte, gewaschene und zerschnittene Suppengrün, die abgespülte, von den Stielen gezupfte Petersilie und den Beifuß in die Fettpfanne geben. Wenn nötig, hin und wieder etwas Wasser nachgießen. 5 Minuten vor Ende der Garzeit den Braten mit etwas Bier bestreichen, damit die Schwarte schön knusprig wird. Den Braten auf einer vorgewärmten Platte warm stellen. Den Bratfond mit ½ l Wasser loskochen und durch ein Sieb streichen. Aufkochen lassen und die mit kaltem Wasser verquirlte Speisestärke hineinrühren. Die Sauce noch einmal aufkochen lassen und getrennt zum Braten reichen.
Als Beilagen Kartoffelklöße oder Semmelknödel und Krautsalat oder Rotkohl mit Äpfeln.

Hinweis Wer keine Kalorien scheut (oder bei der nächsten Mahlzeit »Maß hält«), gibt saure Sahne in die Sauce.

Große Braten

Rheinischer Sauerbraten

1000 g Rindfleisch aus der Keule
2 Zwiebeln, 2 Lorbeerblätter
4 Gewürznelken
½ TL Senfkörner
8 Pfefferkörner
nach Wunsch 2 Pimentkörner und/ oder 2 Wacholderbeeren
¼ l guter Weinessig, ¼ l Wasser
50 g fetter Speck, 30 g Butter
Salz, schwarzer Pfeffer
¼ l Fleischbrühe
30 g Soßenlebkuchen oder »echter« Pfefferkuchen
50 g Rosinen
½ Becher Sahne (50 g)
1 Prise Zucker
E 45 F 55 kJ 2950 kcal 705

Das Fleisch in einen großen Steingut- oder Porzellantopf legen. Zwiebeln in Ringen mit Gewürzen um das Fleisch verteilen. Das Fleisch mit Essig und Wasser begießen und zugedeckt 3 Tage an einem kühlen Platz beizen. Dabei gelegentlich wenden. Das Fleisch danach sehr gut abtrocknen. Den Speck würfeln und in einem Bräter auslassen. Die Butter darin erhitzen und den Braten rundherum kräftig anbraten. Die Beize durchsieben und ein paar Eßlöffel davon zum Fleisch geben. Nach und nach die Brühe zufügen und etwa 2 Stunden schmoren. 15 Minuten vor Ende der Garzeit den Lebkuchen zerbröseln und den Fond damit binden. Das Fleisch herausnehmen, 10 Minuten ruhen lassen. Die gewaschenen Rosinen in den Fond geben. Die Sahne hineinrühren, die Sauce etwas einkochen lassen und abschmecken. Das Fleisch anrichten. Mit etwas Sauce übergießen. Die restliche Sauce getrennt reichen.

Kalbsnierenbraten

Für 6 Personen
1500 g fertiger Kalbsnierenbraten
Salz, weißer Pfeffer aus der Mühle
1 Zwiebel, 2 kleine Möhren
80 g Butterschmalz
⅛ l trockener Weißwein
¼ l heiße Fleischbrühe
je 1 Prise gerebelter Salbei und Rosmarinnadeln
3 EL Crème fraîche oder Sahne
2 EL gehackte Petersilie
E 45 F 25 K 5 kJ 2050 kcal 490

Das Fleisch rundherum mit Salz und Pfeffer einreiben und in einen großen Bräter legen. Zwiebeln und Möhren schälen und würfeln. Um das Fleisch verteilen. Das Butterschmalz schmelzen, über das Fleisch gießen und den offenen Topf in den auf 220 Grad (Gasherd Stufe 4) vorgeheizten Backofen schieben. Sobald der Braten schön braun ist, auf 180 Grad herunterschalten und das Fleisch etwa in 90 Minuten garen. Dabei hin und wieder etwas Wein und Brühe angießen. Salbei und Rosmarin hinzugeben. Den fertigen Braten herausnehmen und neben dem Herd etwa 10 Minuten ruhen lassen. Den Bratfond mit dem restlichen Wein und Brühe loskochen, in einen Topf seihen und gut entfetten. Bei starker Hitze aufkochen, mit Crème fraîche oder Sahne verrühren und unter weiterem Rühren cremig einkochen lassen. Etwas Petersilie hineingeben.

Rinderrouladen deutsche Art

4 Rinderrouladen von je 200 g (aus Oberschale, Kugel oder Hüfte)
scharfer Senf
Salz, schwarzer Pfeffer aus der Mühle
75 g fetter Speck
2 Gewürzgurken
1 Zwiebel
30 g Kokosfett oder Schweineschmalz
½ l Fleischbrühe
1 Lorbeerblatt
3 Wacholderbeeren
⅛ l saure Sahne oder Crème fraîche
E 35 F 50 K 5 kJ 2780 kcal 665

Die Rouladen auf der Arbeitsfläche ausbreiten und mit dem Handballen so dünn wie möglich klopfen. Dann sparsam mit Senf bestreichen, mit Salz und Pfeffer bestreuen. Den Speck, die Gurken und die geschälte Zwiebel in feine Streifen schneiden. Die Rouladen zu etwa ⅔ damit belegen. Dann von oben her zu dem unbelegten Drittel aufrollen. Das Fleisch mit Zahnstochern befestigen. Fett in einem großen Topf erhitzen. Die Rouladen rundherum in 10 Minuten kräftig braun anbraten. Dann die Fleischbrühe angießen, Lorbeerblatt und Wacholderbeeren dazugeben und die Rouladen zugedeckt 80 Minuten bei milder Hitze schmoren lassen. Die Rouladen herausnehmen, die Zahnstocher entfernen. Das Fleisch warmstellen. Den Bratfond bei starker Hitze etwa um die Hälfte reduzieren, durch ein Sieb gießen, mit der sauren Sahne verrühren, nochmal erwärmen, aber nicht aufkochen lassen. Mit Salz und Pfeffer abschmekken und getrennt reichen.
Geeigenete Beilagen sind Makkaroni oder Spätzle mit grünem Salat; Salzkartoffeln und Gemüse, wie grüne Bohnen, Rosenkohl, Brokkoli, Rotkohl; Kartoffelklöße.

Kalbfleischrouladen

4 dünne Scheiben Kalbfleisch aus der Keule von je 150 g
1 TL Sardellenpaste
4 Scheiben Schinkenspeck (100 g)
4 hartgekochte Eier
30 g Butterschmalz, 1 Zwiebel
¼ l Fleischbrühe
⅛ l Weißwein
2 EL Tomatenpüree
⅛ l saure Sahne oder Crème fraîche
Salz, weißer Pfeffer aus der Mühle
E 35 F 35 K 5 kJ 2115 kcal 505

Die Fleischscheiben wie oben vorbereiten und dünn mit Sardellenpaste bestreichen. Mit den Speckscheiben belegen. Das Fleisch um die Eier rollen und mit Zahnstochern feststekken. Butterschmalz in einem großen Topf erhitzen und die Kalbsrouladen darin 10 Minuten rundherum anbraten. In den letzten 5 Minuten die gehackte Zwiebel mitbraten lassen. Mit Fleischbrühe und Wein aufgießen und zugedeckt 20 Minuten schmoren lassen. Die Rouladen warmstellen. Den Bratfond bei starker Hitze etwa um ⅓ reduzieren und mit Tomatenmark und saurer Sahne verrühren. Mit Salz und Pfeffer abschmecken. Die Rouladen quer halbieren und mit den Eiern nach oben auf die Platte setzen, mit etwas Sauce umgießen, die restliche Sauce getrennt reichen.

Chateaubriand

Für 2 Personen
400 g Rinderfilet aus der Mitte geschnitten
2 EL Öl
schwarzer Pfeffer aus der Mühle
20 g Butterschmalz, Salz
100 g Butter
1 TL gehackte Petersilie
1 TL gehackter Kerbel
1 Msp. zerdrückter Knoblauch
1 EL Zitronensaft
E 40 F 70 K 2 kJ 3390 kcal 810

Das Filet von Fett und Sehnen befreien, mit dem Öl kräftig massieren und zugedeckt 60 Minuten bei Zimmertemperatur ruhen lassen. Dann rundherum mit Pfeffer einreiben und 5 Sekunden in einer heißen, trockenen Pfanne anbraten. Herausnehmen, Butterschmalz in der Pfanne erhitzen und das Fleisch darin auf jeder Seite noch 4 bis 5 Minuten braten. Es soll außen schön knusprig, innen aber noch stark rosa sein. Das Fleisch erst nach dem Braten salzen und 5 Minuten ruhen lassen. Erst dann in schrägen Scheiben auf vorgewärmter Platte anrichten.
Butter mit dem Handrührgerät schaumig schlagen. Nach und nach Petersilie, Kerbel, Knoblauch, etwas Salz und Pfeffer sowie tropfenweise den Zitronensaft dazugeben. Entweder auf dem Fleisch anrichten oder getrennt reichen.
Klassische Beilagen sind Pommes Soufflés oder Pommes paille, junge Gemüse wie Prinzeßbohnen, kleine Erbsen und Karotten, Champignons, Spargel oder Artischockenböden.

Entrecôte Bordelaise

Für 2 Personen
20 g Butter, 2 Schalotten
½ Knoblauchzehe
5 Pfefferkörner
½ Lorbeerblatt, ½ TL Thymian
¼ l roter Bordeaux, Salz
60 g frisches Ochsenmark
1 Entrecôte double von 400 g
schwarzer Pfeffer aus der Mühle
4 EL Öl oder 30 g Pflanzenfett
E 80 F 80 K 2 kJ 4600 kcal 1100

In der heißen Butter die fein gehackten Schalotten und den zerdrückten Knoblauch goldgelb dünsten. Die zerstoßenen Pfefferkörner, das zerbröselte Lorbeerblatt und den Thymian dazugeben. Mit Wein auffüllen und im offenen Topf um gut ⅔ reduzieren. Das Rindermark sorgfältig von Knochensplittern und Häutchen befreien, in 6 Scheiben schneiden und in kochendem Wasser blanchieren. 2 Scheiben fein hacken, die Sauce durch ein Sieb geben, salzen und mit dem gehackten Mark vermischen. Warm stellen. Das Entrecôte mit dem Handballen leicht klopfen, den Fettrand einschneiden und das Fleisch mit Pfeffer einreiben. In einer heißen, trockenen Pfanne pro Seite 3 Sekunden anbraten, herausnehmen und das Fett in der Pfanne erhitzen. Das Fleisch darin auf jeder Seite 3 Minuten scharf braten, dann ist es außen knusprig und innen noch rosa. Salzen, 3 Minuten ruhen lassen und in schräge Scheiben schneiden. Die Markscheiben in der Sauce erhitzen, auf dem Fleisch anrichten und die Sauce getrennt reichen.

Tournedos mit Tomaten und Schalottensauce

8 Tournedos von je 125 g und 3 cm Höhe
6 Schalotten
50 g Butter
1 EL Sherryessig
6 EL trockener Weißwein
2 EL Crème fraîche
Salz, frisch gemahlener weißer Pfeffer
2 Fleischtomaten
1 Bund Basilikum
3 EL Öl
frisch gemahlener schwarzer Pfeffer
E 25 F 20 K 7 kJ 1340 kcal 320

Die Tournedos trockentupfen und mit den Handballen in Form drücken. Die Schalotten schälen, würfeln und sehr fein hacken. In 30 g Butter glasig, aber nicht braun werden lassen. Mit Sherryessig und Wein ablöschen, Crème fraîche einrühren und bei starker Hitze cremig einkochen lassen. Mit Salz und Pfeffer abschmecken.
Tomaten mit kochendem Wasser überbrühen, häuten, entkernen und (ohne Stengelansätze) fast musartig hacken. 10 g Butter erhitzen, geschälten und zerdrückten oder fein gehackten Knoblauch darin zusammen mit den Tomaten durchschmoren. Die halbe Basilikummenge fein schneiden, mit Salz und Pfeffer zufügen und warm stellen. Öl und restliche Butter erhitzen, die Tournedos darin pro Seite 2–3 Minuten braten. Salzen, pfeffern und mit den Tomaten und der Schalottensauce anrichten. Mit dem übrigen Basilikum garnieren.

Medaillons gefüllt

8 gleichgroße Medaillons von je 80 g
60 g feine Kalbsleberwurst
1 EL Cognac
1 EL grüner Pfeffer
2 Stengel frischer Salbei
4 dünne, schmale Scheiben fetter Speck
3 EL Öl, 1 EL Butter
Salz, frisch gemahlener schwarzer Pfeffer
E 33 F 20 K 1 kJ 1360 kcal 325

Die Medaillons mit dem Handballen in Form drücken. Kalbsleberwurst mit Cognac cremig rühren, gehackten grünen Pfeffer sowie zwei ebenfalls gehackte Salbeiblättchen untermischen. Diese Masse auf vier Medaillons verteilen, die übrigen drauflegen und nur leicht andrücken. Die Medaillons seitlich mit den Speckscheiben umwickeln und mit Rouladengarn umbinden. Öl und Butter in einer Pfanne erhitzen und die Medaillons darin auf jeder Seite 1 Minute bei starker Hitze anbraten. Die Temperatur herunterschalten und das Fleisch pro Seite noch 1–2 Minuten (je nach gewünschter Garstufe) weiterbraten. Salzen und pfeffern und sofort anrichten.
Als Beilage passen dazu sehr gut Feldsalat in einer Essig-Öl-Marinade, zarte, grüne Böhnchen oder Broccoliröschen und kleine Rösti oder Kartoffelkroketten. Wer – um üppigere Beilagen servieren zu können – ein paar Kalorien sparen möchte, kann zwar nicht beim Garen, doch aber beim Servieren auf die Speckstreifen verzichten.

Rouladenspießchen

4 Rindsrouladen
2 TL scharfer Senf
8 dünne, aber breite Speckscheiben
12 kleine Zwiebeln
3 grüne oder rote Paprikaschoten
2 EL Öl
1 EL fertiges Würzmittel für Grillfleisch
E 30 F 40 K 10 kJ 2240 kcal 535

Die Rouladen auf der Arbeitsfläche ausbreiten, mit Haushaltspapier abtupfen, mit Senf bestreichen und mit dem Speck belegen. Dann aufrollen. Jede Roulade in 6 gleichgroße Scheiben schneiden. Die geschälten Zwiebeln halbieren. Paprikaschoten putzen, waschen, abtropfen lassen und in große Stücke teilen. 8 Holzspieße jeweils mit 3 Rouladenscheiben (von einer Seite zur anderen, 3 Zwiebelhälften und 6 Paprikastücken bestekken. Öl und Würzmittel zu einer Paste verrühren. Die Spießchen auf den Grillrost legen und rundherum mit der Paste dünn bestreichen. Dann mit der Fettpfanne unter den vorgeheizten Grill schieben und 15 Minuten rundherum bräunen lassen.
Dazu Nudeln mit Tomatensauce oder einer Sauce aus dem Fleischfond servieren (mit Wein und Brühe loskochen und mit Sahne oder Creme fraîche binden).Dazu paßt zusätzlich ein gemischter Salat.

Geflügelleber-Spieße

600 g frische Geflügelleber
100 g in dünne Scheiben geschnittener durchwachsener Speck
16 Champignonköpfe
8 Schalotten
frisch gemahlener schwarzer Pfeffer
60 g Butter
Salz
1/8 l Wasser
1/8 l trockener Portwein
1/8 l Sahne
2 EL Tomatenpüree
E 35 F 50 K 15 kJ 2805 kcal 670

Die kurz abgespülte Geflügelleber mit Haushaltspapier trocknen, in mundgerechte Würfel schneiden und mit etwas Speck umwickeln. Die Champignonköpfe putzen oder waschen, die geschälten Schalotten halbieren. Alles auf 8 Holzspießchen stecken und gut mit Pfeffer einreiben. Die Spießchen in der heißen Butter 8 Minuten von allen Seiten braten. Die Spießchen aus der Pfanne nehmen und warm stellen. Den Bratfond mit Wasser, Portwein und Sahne loskochen und unter ständigem Rühren 5 Minuten einkochen lassen.
Dann erst das Tomatenpüree in die Sauce geben. Mit Salz und Pfeffer abschmecken. Die Sauce getrennt zu den Spießchen reichen, die erst unmittelbar vor dem Servieren gesalzen werden.
Als Beilage körnig gekochten Reis oder Bandnudeln und Kopfsalat in Sauerrahmsauce servieren.

Hinweis Wollen Sie die Spießchen über dem Holzkohlengrill garen, sollten Sie vorsichtshalber Metallspieße verwenden, denn das Holz könnte sonst leicht ein wenig verkohlen. Beim Garen im Elektrogrill oder in der Pfanne eignen sich Holzspieße.

Leber Berliner Art

4 Scheiben Kalbsleber von je 150 g
2 säuerliche Äpfel
4 mittelgroße Zwiebeln
80 g Butter oder Margarine
2 EL Mehl
Salz, schwarzer Pfeffer aus der Mühle
E 30 F 25 K 30 kJ 2010 kcal 480

Kalbsleber schon vom Fleischer häuten lassen, dann von Röhren und Sehnen befreien und mit Haushaltspapier trockentupfen. Die geschälten Äpfel entkernen und in etwa 5 mm dicke Scheiben, die geschälten Zwiebeln in dünne Ringe schneiden. 20 g Butter in einer Pfanne erhitzen und die Äpfel darin auf beiden Seiten goldbraun braten. Herausnehmen und warm stellen. Weitere 20 g Butter in der Pfanne erhitzen und die Zwiebelringe unter häufigem Wenden darin knusprig braun braten. Indessen in einer zweiten Pfanne die restliche Butter erhitzen und die dünn mit Mehl bestäubten Leberscheiben darin auf beiden Seiten kurz braten. (Je nach Dicke reichen 2 bis 4 Minuten pro Seite, die Leber soll innen noch schön rosa sein). Leberscheiben salzen und pfeffern und auf vorgewärmten Tellern anrichten. Mit Apfel- und Zwiebelringen belegen und mit dem Bratfett übergießen.
Dazu Kartoffelpüree und einen grünen Salat mit Kräutern servieren.

Hinweis Auch mit Schweine- oder Rinderleber läßt sich dieses Gericht zubereiten, jedoch müssen hier die Garzeiten etwas verlängert werden.

Puterschnitzel mit Curry-früchten

4 Puterschnitzel von je 200 g
80 g Butter oder Margarine
Salz
weißer Pfeffer aus der Mühle
1 Dose gemischte Früchte (Cocktailfrüchte) von 400 g
Saft einer halben Zitrone
1 TL Honig
1 bis 2 EL Curry
2 Stengel Petersilie
E 40 F 18 K 35 kJ 1990 kcal 475

Die Schnitzel mit Haushaltspapier gründlich abtupfen und in der heißen Butter auf jeder Seite 2 Minuten braten. Herausnehmen, salzen und pfeffern und neben dem Herd warm stellen. Die abgetropften Früchte in den Bratfond geben und bei starker Hitze ganz kurz anbraten. Zitronensaft, Honig und Curry unterrühren mit einem kräftigen Schuß der Dosenflüssigkeit ablöschen. Die Flüssigkeit 2 Minuten lang einkochen lassen. Diese Mischung mit Salz, Pfeffer und Curry pikant bis scharf abschmecken. Über die Schnitzel gießen und mit Petersilie garniert servieren.
Dazu körnig gekochten Reis und einen frischen Salat reichen.

Tip

Eine sehr aparte, leicht süß-saure Note bekommen diese Schnitzel, wenn Sie die Fruchtmischung zum Schluß mit ein paar Tropfen Weinessig abschmecken und reichlich fein geschnittenen Dill untermischen.

Koteletts mit Käsesauce

4 Kalbskoteletts von je 200 g
Salz, weißer Pfeffer aus der Mühle
1 EL Paprika edelsüß
2 EL Olivenöl
20 g Butter
6 EL trockener Weißwein
1 EL Cognac oder Weinbrand
100 g französischer Kräuterfrischkäse, z. B. Tartar oder Boursin
10 cl Sahne oder Crème fraîche
2 EL gehackte Kräuter der Saison
E 40 F 30 K 2 kJ 1885 kcal 450

Die Koteletts mit Salz und Pfeffer würzen und dünn mit Paprika bestäuben. Die Gewürze sanft in das Fleisch einmassieren und leicht klopfen. Öl und Butter in einer Pfanne rauchheiß werden lassen und die Koteletts darin auf jeder Seite 4 Minuten braten. Auf einer vorgewärmten Platte warm stellen. Den Bratfond mit Wein loskochen und um die Hälfte reduzieren. Cognac oder Weinbrand, den gewürfelten Käse und Sahne oder Crème fraîche dazugeben und rühren, bis eine sämige Sauce entsteht. Sie soll aber nicht aufkochen. Mit den Kräutern über die Koteletts gießen.
Reichen Sie zarte Gemüse, wie Spargel, Broccoli, grüne Böhnchen, Zuckererbsen, Blumenkohl oder feine Gemüsepürees von Sellerie, Spinat oder Möhren dazu. Außerdem Kartoffelkugeln mit Petersilie oder frisches Stangenweißbrot.

Hackbällchen mit Käsefüllung

2 Zwiebeln
1 Knoblauchzehe
1 Bund Dill
1 Bund glatte Petersilie
6 Blättchen frische Minze (ersatzweise etwas getrocknete Minze)
500 g Rinderhack
100 g Semmelbrösel
1 Ei
1 Eigelb
Salz, schwarzer Pfeffer aus der Mühle
1 Prise gemahlener Piment
150 g Schafskäse
Olivenöl zum Braten
E 140 F 25 K 20 kJ 3725 kcal 890

Zwiebeln und Knoblauchzehe fein hacken, den Dill fein schneiden und Petersilie zusammen mit der Minze ebenfalls hacken. Zum Rindfleisch geben und mit 50 g Semmelbröseln, dem Ei und dem Eigelb zu einem geschmeidigen Teig mischen. Mit Salz, Pfeffer und Piment abschmekken. Den Käse in 2 cm große Würfel schneiden. Aus dem Fleischteig Bällchen von 4 cm Durchmesser formen, die jeweils mit einem Käsewürfel gefüllt werden. Die Bällchen in den restlichen Bröseln wenden und diese jeweils leicht andrücken.
Reichlich Olivenöl in einer tiefen Pfanne erhitzen und die Bällchen darin in 5 Minuten knusprig braun braten; sie sollen innen aber noch schön saftig sein. Die Bällchen auf einer dicken Lage Haushaltspapier abfetten lassen und warm oder kalt servieren.
Am besten paßt dazu ein Salat aus Tomaten, Paprika, Gurken und Kopfsalat in Essig-Öl-Marinade und Reis oder Stangenweißbrot. Jedoch kann man sie auch ganz ausgezeichnet zu Kartoffelsalat reichen.

Schweineschwanz, Schweinsfuß, Schweinsöhrchen vom Grill

2 Schweinsfüße (Spitzbeine) von je etwa 650 g
2 Schweineschwänze mit dem ausgelösten Schwanzknochen von je 250 g
2 Schweinsöhrchen
gut 1 l Wasser, Salz
1 Flasche trockener Weißwein
2 Bund Suppengrün
3 bis 4 Zwiebeln
3 Knoblauchzehen
1 gehäufter TL weiße Pfefferkörner
1 bis 2 Lorbeerblätter
3 Senfkörner
1 Bund Petersilie, 2 Nelken
je 1 kräftige Prise zerriebener Majoran und Thymian
125 g Schweineschmalz
100 g Semmelbrösel
geschroteter oder grob gemahlener schwarzer Pfeffer
E 35 F 80 K 20 kJ 4060 kcal 970

Schweinefüße, -schwänze und -ohren unter kaltem Wasser sehr gründlich waschen und dabei möglicherweise noch anhaftende Borsten mit einem scharfen Messer entfernen.
Wasser mit Salz, Wein und dem geputzten, grob zerschnittenen Suppengrün sowie Zwiebeln und Knoblauchzehen in einen großen Topf geben, das Fleisch hineinlegen und alle Gewürze und Kräuter zufügen. Zugedeckt zum Kochen bringen und dann sofort die Temperatur herunterschalten. Bei schwacher Hitze zugedeckt etwa 4 Stunden leise köcheln und danach (möglichst bis zum nächsten Tag) im Sud erkalten lassen.
Das Fleisch dann herausnehmen und äußerst gründlich abtrocknen. Rundherum dick mit Schmalz bestreichen.

Tip

Die Brühe ist eine äußerst gute Grundlage für deftige Eintopfgerichte, Saucen oder Sülzen. Doch auch kräftige Gemüse, wie zum Beispiel Sauerkraut, Kohlgerichte oder dicke Bohnen bekommen durch sie eine zusätzliche Würze.

Die Semmelbrösel mit reichlich Pfeffer mischen und die Fleischstücke darin wenden. Diese Panade sehr gut andrücken. Das Fleisch auf oder unter dem vorgeheizten Grill rundherum knusprig braun werden lassen und sobald sich eine Kruste gebildet hat, zu Tisch bringen.
Dazu sollten Sie einen scharfen Senf, frisch geriebenen Meerrettich, in hauchdünne Ringe geschnittene Zwiebeln, Gewürzgurken und Peperoni sowie kräftiges Bauernbrot und ein kühles Helles servieren. Ein gut gekühlter Aquavit oder ein Klarer rundet das Ganze vorzüglich ab.

Hinweis Wenn Sie sich mehr als zwei Tage Zeit nehmen, können Sie den Genuß dieser deftig-kräftigen Grilladen noch weiter steigern: Blanchieren Sie alle Fleischstücke in gut gesalzenem Wasser, schrecken Sie sie ab und lassen Sie sie stundenlang im oben genannten Sud garen. Die Ohren und Schwänze 12 Stunden, die Füße 24 Stunden lang, dann sind selbst die Knochen so weich und gelatinös, daß man sie essen kann!

Gegrilltes Kalbskotelett

4 Kalbskoteletts von etwa 2,5 cm Dicke
40 g Butter
Paprika rosenscharf
Fleischwürzmittel (Würzsalz)
4 Zweige Rosmarin
4 Zweige Thymian
E 42 F 15 K – kJ 1295 kcal 310

Die Kalbskoteletts mit Haushaltspapier abtupfen und mit dem Handballen etwas flach drücken. Die Butter zerlassen und die Koteletts damit dünn einpinseln, dann mit Paprika und Fleischwürzmittel bestreuen. Den mit etwas Butter eingefetteten Grillrost mit Rosmarin und Thymian belegen. Die Koteletts darauflegen und unter den nicht zu stark vorgeheizten Grill schieben. Häufig mit Butter bestreichen. Nach etwa 6 Minuten das Fleisch wenden und wieder mit Butter bestreichen.
Prinzeßböhnchen oder feine Erbsen, Kartoffelkroketten oder Petersiliekartoffeln und eine Sauce Béarnaise (Rezept Seite 184) oder eine Sauce aus mit etwas Brühe und Wein verkochter Sahne, die mit etwas Butter aufgeschlagen und mit Senf gewürzt wird, sollten Sie dazu reichen.

Tip

Wollen Sie die Kalbskoteletts auf dem Holzkohlengrill zubereiten, sollten Sie daran denken, daß man hier die Grillhitze nicht so exakt bestimmen kann wie in einem Elektrogerät. Vorsichtshalber empfiehlt es sich darum, das Fleisch und die Grillstäbe zuerst mit Öl zu bestreichen, da dieses nicht so schnell verbrennt wie Butter. Erst während der letzten Grillminuten bestreicht man dann die Koteletts mit Butter, wodurch sie auch das »butterzarte« Aroma bekommen. – Bevor Sie jedoch das Fleisch überhaupt auf die Stäbe legen, sollten Sie prüfen, ob die Glut die richtige Hitze entwickelt hat: Die Glut muß von einer weißen Ascheschicht bedeckt sein.

Gebeizte Lammkoteletts

4 Knoblauchzehen
8 Pfefferkörner
1 Lorbeerblatt
1 TL Rosmarinnadeln
1/4 l Rotwein
6 EL Olivenöl
12 kleine Lammkoteletts von je 80 g
3 EL Tomatenpüree
1 TL gerebelter Majoran
je 1 Messerspitze Zimt und Nelkenpulver
Salz
E 30 F 70 K – kJ 3245 kcal 775

Die Knoblauchzehen schälen und durch die Presse drücken oder fein hacken. Die Pfefferkörner im Mörser zerstoßen, das Lorbeerblatt fein zerreiben. Alles mit den Rosmarinnadeln in den Rotwein geben. Noch 4 EL Öl hineinrühren. Die Koteletts in eine Schüssel legen und mit der Beize begießen. 12 Stunden an einem kühlen Ort zugedeckt beizen. Wenn die Koteletts nicht ganz von der Beize bedeckt sind, müssen sie hin und wieder gewendet werden.
Die Koteletts abtropfen lassen und mit Haushaltspapier gründlich trokkentupfen. Das restliche Olivenöl mit Tomatenpüree, Majoran, Zimt und Nelkenpulver verrühren. Die Koteletts damit auf beiden Seiten einstreichen, auf den Grillrost legen und unter den vorgeheizten Grill schieben. Nach 5 Minuten Grillzeit alle Koteletts wenden. Erst vor dem Servieren salzen.
Mit Knoblauchbutter bestrichenes, heißes Stangenweißbrot und Tomaten-Gurken-Paprikasalat in einer frischen Joghurt- oder Zitronenmarinade sind ideal dazu.

Hinweis Wenn Sie den Duft und Geschmack von Rosmarin, Majoran oder auch Salbei (paßt ausgezeichnet zu Lamm) lieben, sollten Sie den Koteletts eine zusätzliche Kräuterwürze geben. Streuen Sie während des Grillens ein paar getrocknete Rosmarinnadeln, Majoran- oder Salbeizweige in die Glut und lassen Sie sie da verglimmen. Der aufsteigende Rauch gibt den Lammkoteletts ein unvergleichbares Aroma.

Knoblauch-Poularden

2 küchenfertig vorbereitete Poularden von etwa 1200 g
10 Knoblauchzehen
3 Bund glatte Petersilie
8 EL Olivenöl
4 EL Zitronensaft
1 TL Salz
40 g sehr kalte Butter
E 45 F 23 K 3 kJ 1715 kcal 410

Die Poularden innen und außen unter fließendem Wasser abspülen und mit Haushaltspapier trockentupfen. Die geschälten Knoblauchzehen durch die Presse drücken. 1 Bund Petersilie abspülen, trockenschwenken und sehr fein hacken.
Dann das Olivenöl mit Zitronensaft, Salz, Knoblauch und gehackter Petersilie verrühren. Die Poularden je auf ein Stück Alufolie legen, mit der Ölmischung einreiben, die Folie gut verschließen. Die Poularden 60 Minuten ziehen lassen.
Dann diese Mischung sehr sorgfältig mit Haushaltspapier abtupfen. Je 20 g Butter in Flöckchen von der Brustöffnung aus vorsichtig unter die Haut schieben, diese dabei aber nicht verletzen. In jede Poularde 1 Bund abgespülte Petersilie geben. Die Poularden auf den Grillspieß stecken, Flügel, Schenkel und den Halshautlappen befestigen. Die Poularden unter dem vorgeheizten Grill auf die Drehspießeinrichtung stecken und knapp 60 Minuten grillen.
Zwischendurch sollte man die Poularden hin und wieder mit dem herunterlaufenden Bratfett bepinseln. Die Poularden vom Spieß nehmen, halbieren und die Petersilie entfernen.
Frisches Stangenweißbrot oder mit Dill und gedünsteten Zwiebeln gemischter Reis und gemischter Salat mit Olivenöl und Essig, geriebenem Schafskäse und schwarzen Oliven passen besonders gut dazu.

Hinweis Manchmal bilden sich beim Grillen von Geflügel Blasen in der Haut – nämlich dann, wenn die Hitze zu groß ist. Machen Sie dann niemals den Fehler, sie einzustechen, denn dann würde der Saft herausfließen. Bestreichen Sie sie mit etwas Fett!

Große Grillstücke vom Rind

Während in Deutschland aus dem Rinderrücken nur Hochrippe, Roastbeef (Rumpsteaks) und Filet geschnitten werden, liebt man in den traditionellen Rindfleischländern, wie den USA und Australien, viel dickere Scheiben, die meist auch noch ihren Knochen behalten, weil dadurch das Fleisch saftiger bleibt, allerdings auch eine längere Grillzeit benötigt. Die Hochrippe, die sich hervorragend zum Grillen eignet, wird bei uns viel mehr als Koch- oder Schmorfleisch verwendet. Die typischen amerikanischen T-Bone-, Porterhouse oder Sirloin-Steaks gibt es aber hier und dort schon tiefgekühlt, oder man kann sie beim Fleischer bestellen. Das T-Bone wird etwa in Höhe des Filetbeginns aus dem Rinderrücken mit Knochen und meistens mit Filet geschnitten. Der Knochen (bone) hat eine T-Form, daher der Name. Ein T-Bone-Steak wiegt meistens um 700 g und ist etwa 4 cm dick. Das Porterhouse Steak besteht aus Roastbeef mit Knochen und Filet und wiegt zwischen 700 bis 1000 g. Es ist ausreichend für zwei bis drei Personen. Seinen Namen hat es von den Kneipen, in denen Porter ausgeschenkt wurde und in denen man eben auch ein Steak essen konnte.
Das Sirloin-Steak wird aus dem flachen Roastbeef geschnitten, meistens ohne Knochen und immer ohne Filet. Das ganze Stück kann bis zu 2000 g schwer sein und entspricht damit unserem Roastbeef, wenn wir es als ganzen Braten zubereiten. Üblicher ist es aber, es 4 bis 5 cm dick für zwei Personen zuzubereiten.
Die Amerikaner, für die Grillfleisch absolut zum täglichen Leben gehört, beizen, oder marinieren alle Stücke vorher, dadurch wird das Fleisch mürber und bekommt eine spezielle Würze.

Beize 1
Je 1 Teil italienischer oder französischer Wermuth und Olivenöl werden gemischt und nach Belieben mit Zitronensaft und durchgedrücktem Knoblauch gewürzt. Das Fleisch wird mit der Marinade begossen und häufig darin gewendet. Es kann zwischen 6 bis 24 Stunden darin liegen. Vor der Zubereitung muß es in jedem Fall gut abgetrocknet werden.
E– F 12 K 2 kJ 500 kcal 120

Beize 2
$^1/_2$ l Rotwein wird mit $^1/_8$ l Zitronensaft oder Essig, 2 gehackten Zwiebeln, 2 gewürfelten Möhren, einigen Pfefferkörnern, 1 zerstoßenen Lorbeerblatt, 2 EL gehackter Petersilie, 1 Zweig Thymian und $^1/_8$ l Olivenöl gemischt. Diese Marinade ist für große Stücke und auch für Braten geeignet. Große Steaks werden etwa 4 bis 6 Stunden darin mariniert.
E 1 F 30 K 5 kJ 1255 kcal 300

Beize 3
Je $^1/_8$ l Tomatensaft, Rotwein und Öl werden gemischt. Dazu kommen 3 gehackte Knoblauchzehen, 2 Chilischoten, gehackt, 1 TL Zucker und 2 EL Sojasauce. Bei dünnen Steaks, die für 1 bis 2 Personen berechnet sind, reicht es aus, wenn sie 30 bis 60 Minuten in dieser Marinade liegen. Große Steaks können bis zu 6 Stunden mariniert werden.
E– F 30 K 1 kJ 1190 kcal 285

Hinweis Gegrilltes Fleisch muß sofort nach der Zubereitung serviert werden. Darum ist es notwendig, alle Saucen und Beilagen schon so vorbereitet zu haben, daß sie mit dem Fleisch gleichzeitig fertig sind. Gesalzen wird es immer erst vor dem Servieren. Außerdem sollte das Fleisch bis zum Anschneiden immer ein paar Minuten ruhen, damit sich der Fleischsaft im Inneren verteilen kann und nicht herausläuft.
Grillzeiten werden immer in Minuten gerechnet. Der Grill muß soweit vorgeheizt sein, daß er die höchste Temperatur erreicht hat, wenn das Fleisch hineinkommt. Grillvorrichtungen in Backöfen erreichen oft nicht die Temperatur, die für ein wirklich gutes Ergebnis notwendig sind, nämlich etwa 300 Grad Celsius. Je dünner ein Steak ist, desto näher muß es der Heizquelle sein. Am besten schmeckt Grillfleisch vom Holzkohlenfeuer. Obstbaum- und Rebenholz geben das beste Aroma. Man kann aber ebenso Holzkohle oder Holzkohlenbriketts verwenden (letztere haben die größere Heizkraft), denen dann Aromastoffe beigefügt werden, wie Wacholderzweige, Rosmarinzweige oder einige Eßlöffel voll provençalischer Kräutermischung.

Grillzeiten für den Elektrogrill

Hochrippe mit Knochen, 7,5 cm dick
Rosa: (englisch) 18 bis 20 Minuten
Halbdurch: 20 bis 25 Minuten
Durch: 25 bis 30 Minuten

Porterhouse-Steak mit Knochen, 5 cm dick
Rosa: (englisch) 12 bis 15 Minuten
Halbdurch: 16 bis 18 Minuten
Durch: 22 bis 25 Minuten

T-Bone-Steak mit Knochen, 2,5 cm dick
Rosa: (englisch) 8 bis 10 Minuten
Halbdurch: 12 bis 13 Minuten
Durchgebraten ist es nicht zu empfehlen, weil dann das Filetstück zu trocken wird.

Sirloin-Steak (ohne Knochen), 5 cm dick
Rosa: (englisch) 7 bis 8 Minuten
Halbdurch: 9 bis 10 Minuten
Durch: 15 bis 17 Minuten

Ist das Fleischstück dicker als hier angegeben, so muß pro cm mehr die Grillzeit um etwa 1 Minute verlängert werden.
Die Grillzeit ist die Gesamtgarzeit. Am besten ist es, das Fleisch auf jeder Seite 1 bis 2 Minuten (je nach Dicke) bei starker Hitze zu grillen, dann bei schwächerer Hitze fertig zu garen. Die Zeiten können aber nur ca-Werte sein, weil sowohl Qualität, als auch die Art der Beize und die Dauer der Beizzeit eine Rolle spielen. Zu gegrilltem Rindfleisch kann man sowohl Sauce Béarnaise (Seite 184), als auch Kräuterbutter servieren. Als Beilagen eignen sich fast alle Gemüsesorten, frische Salate und sauer eingelegte Gemüse, weiter Folienkartoffeln, Pommes frites, frisch geröstetes Weißbrot, Knoblauchbrot oder kräftiges Holzofenbrot.

Gefüllter Spießbraten

Für 6 Personen
1250 g Schweinerollbraten
Salz
schwarzer Pfeffer aus der Mühle
2 Zwiebeln
1 Knoblauchzehe
1 grüne Paprikaschote
150 g roher Schinken ohne Fettrand
2 EL gehackte Petersilie
1 Lorbeerblatt
2 EL Öl
1 EL Paprika edelsüß
1 TL Rosmarinnadeln
1 Prise Knoblauchsalz
E 46 F 100 K 3 kJ 4730 kcal 1130

Den Schweinerollbraten auseinanderrollen und auf der Arbeitsfläche ausbreiten. Mit dem Handballen noch ein wenig flacher klopfen. Die Oberfläche mit Salz und Pfeffer einreiben. Die geschälten Zwiebeln und die geschälte Knoblauchzehe fein hacken, ebenso die von Rippen und Kernen befreite Paprikaschote. Den Schinken würfeln. Alles mit der Petersilie und dem fein zerbröselten Lorbeerblatt mischen. Auf das Fleisch streichen, dabei am unteren Ende einen gut 5 cm breiten Rand frei lassen. Das Fleisch wie eine Roulade von oben her aufrollen, mit Zahnstochern zusammenstecken und mit Rouladengarn umbinden. Das Öl mit den übrigen Gewürzen und etwas Salz zu einer dicken Paste verrühren und den Braten damit rundherum einreiben. Auf den Drehspieß stecken und unter den vorgeheizten Grill schieben. Etwa 45 Minuten grillen, bis der Braten rundherum knusprig braun ist. Zwischendurch hin und wieder mit abgetropftem Bratfett bestreichen. Den Braten vom Spieß ziehen, einige Minuten ruhen lassen, dann in etwa 2 cm dicke Scheiben aufschneiden. Dazu Kartoffelsalat mit vielen frischen Kräutern und Radieschen- oder Gurkenscheiben servieren.

Variationen für die Füllung
Eine Creme aus Roquefort mit frischen Kräutern

Kalbsbratwurstfüllung mit Senf und Tomatenmark vermischt

Kleine Weißbrotwürfel, die in gewürztem verquirltem Ei eingeweicht wurden, mit gekochtem, gehackten Schinken und viel Petersilie gemischt

Eine Mischung aus Knoblauch, Salbeiblättchen und frischem feingehackten Zwiebelgrün

Reichlich gehackte frische Kräuter mit zerdrücktem grünen Pfeffer, geriebenem Apfel, Senf und durchpassiertem oder fein gehacktem Eigelb.

Tip

Als Spießbraten mit einer der oben genannten Füllungen eignen sich Kalbsnierenbraten (er braucht aber nur eine Garzeit von etwa 35 Minuten) oder ausgelöstes Lammkarree (mit einer Garzeit von etwa 30 Minuten). Gut ist auch Mastochsenfleisch aus der Keule; vorher kräftig mit Öl einreiben und etwa 5 Stunden stehen lassen. Zum Füllen eine besonders saftige Farce wählen.

Gefüllte Würstchen

8 beliebige Bratwürstchen
süßer Senf
4 Scheiben Emmentaler Käse
8 Scheiben durchwachsener Speck
Tomatenketchup
4 EL Röstzwiebeln (Fertigprodukt)
längliche, aufgeschnittene Brötchen
E 30 F 65 K 25 kJ 3475 kcal 830

Die Würstchen der Länge nach tief einschneiden und die Schnittfläche dünn mit Senf bestreichen. Je eine halbe Scheibe Käse hineingeben und die zusammengerollten Speckscheiben dazwischen stecken. Die Würstchen wieder zusammendrücken und unter den vorgeheizten Grill etwa 10 Minuten unter mehrfachem Wenden grillen. Die Würstchen mit etwas Tomatenketchup begießen, mit Röstzwiebeln bestreuen und in länglichen, aufgeschnittenen Brötchen servieren.

Hinweis Wer die Würstchen etwas schärfer möchte, sollte den Senf zum Bestreichen mit frisch geriebenem Meerrettich verrühren.

Cevapcici

Hackfleischwürstchen

500 g Rinderhack
250 g Schweinehack
3 Zwiebeln
2 Knoblauchzehen
2 EL Paprika edelsüß
1 TL Paprika rosenscharf, Salz
Mehl zum Bestäuben
Öl zum Bestreichen
E 30 F 32 K 5 kJ 1840 kcal 440

Das Hackfleisch noch einmal zusammen mit den kleingeschnittenen Zwiebeln und den geschälten Knoblauchzehen durch den Fleischwolf (feine Scheibe) drehen. Mit beiden Sorten Paprika und Salz abschmekken. Aus der Masse etwa fingerdicke, 5 cm große Würstchen formen und rundherum dünn mit Mehl bestäuben. 30 Minuten ruhen lassen. In der Zeit quillt das Mehl und gibt den Würstchen beim Grillen mehr Halt. Den Grillrost mit Öl einstreichen, die ebenfalls mit Öl bepinselten Würstchen darauflegen und rundherum 10 Minuten grillen.

Wurstspießchen

500 g dicke Fleischwurst
Rotisseursenf oder ein anderer grobkörniger, scharfer Senf
2 säuerliche Äpfel
4 Scheiben Ananas aus der Dose
150 g durchwachsener Speck
2 TL Öl
E 15 F 60 K 20 kJ 2930 kcal 700

Die Fleischwurst von der Pelle befreien, in etwa 2 cm dicke Stücke von 3 cm Kantenlänge schneiden und mit Senf bestrichen etwa 15 Minuten ziehen lassen. Die ungeschälten Äpfel vierteln, entkernen und in dünne Scheiben schneiden. Die abgetropften Ananasscheiben achteln, den Speck in dünne Scheiben schneiden. Alles abwechselnd mit den Wurststücken auf Holzspießchen stecken und auf dem Grillrost unter den vorgeheizten Grill schieben. Mit Öl und dem herabtropfenden Speckfett einpinseln. Grillzeit etwa 10 Minuten. Dazu eine leichte Mayonnaise mit Senf, Zitronen- und Ananassaft, Cayennepfeffer und reichlich Curry.

Was sanft schmurgelt, macht Feinschmeckern Freude

Geschmortes Gekochtes

Filet-Orangen-Topf

750 g Schweinefilet
150 g Schalotten oder sehr kleine Zwiebeln, 30 g Butter
abgeriebene Schale einer unbehandelten Orange
1/8 l frisch gepreßter Orangensaft
1/8 l trockener Sherry (Fino)
1/8 l Sahne
1 kräftige Prise Salz
frisch gemahlener weißer Pfeffer
1 kleine Prise Zucker
1 Lorbeerblatt
1 TL Mehl
1 Orange
E 35 F 35 K 10 kJ 2510 kcal 600

Das Schweinefilet von allen Haut- und Fettresten befreien und in gleichmäßige, mundgerechte Würfel schneiden. Die Schalotten oder Zwiebeln schälen und fein würfeln.
Das Fleisch portionsweise in der Butter bräunen und jeweils wieder herausnehmen. Dann die Zwiebeln im heißen Fett ebenfalls Farbe nehmen lassen und das Fleisch mitsamt dem inzwischen ausgetretenen Fleischsaft wieder daruntermischen. Sobald alles wieder kräftig erhitzt wurde, die abgeriebene Orangenschale, den Orangensaft, Sherry und die Sahne einrühren. Diese Sauce mit Salz, Pfeffer, Zucker und Lorbeerblatt kräftig würzen und zugedeckt in den auf 180 Grad (Gasherd Stufe 2) vorgeheizten Ofen stellen. Etwa 90 Minuten sanft schmoren lassen, dann das Lorbeerblatt herausnehmen. Die Sauce – wenn nötig – mit dem in etwas kaltem Wasser verquirlten Mehl binden und würzig abschmecken. Die Orange sehr gründlich schälen, in Segmente teilen und diese häuten (die Häutchen könnten durch das Erhitzen sonst bitter schmecken). Die Orangenstücke einmal durchschneiden, im Gericht erwärmen und sofort zu Tisch bringen.
Dazu mit wenig Butter abgebräunte Nudeln oder mit jungen Erbsen gemischten Reis und Kopfsalat in einer leichten Marinade aus Mandelöl und Himbeeressig servieren.

Tip

Zwar gibt es Blutorangen nicht das ganze Jahr über, aber wenn Sie gerade mal welche bekommen, sollten Sie sie für dieses Gericht verwenden. Sie liefern ein ganz besonderes Aroma und färben die Sauce schön dunkel.
Wenn Sie Schmorgerichte besonders kräftig lieben, geben Sie zum Schluß etwas grünen oder rosa Pfeffer (eingelegt oder gefriergetrocknet) hinein.

Djuvec nach Fleischerart

250 g mageres Rindfleisch
250 g mageres Schweinefleisch
250 g mageres Lammfleisch
350 g Zwiebeln
2 Knoblauchzehen
250 g junge Brechbohnen
je 2 kleine rote und grüne Paprikaschoten
250 g Auberginen
250 g Zucchini
6 EL Olivenöl
100 g gepalte oder tiefgekühlte Erbsen
600 g Fleischtomaten
Salz, frisch gemahlener weißer Pfeffer
Paprika rosenscharf
E 30 F 55 K 30 kJ 3160 kcal 755

Das Fleisch mit einem feuchten Tuch abwischen oder kurz unter kaltem Wasser abspülen und danach sehr gründlich trockentupfen. In gleichmäßige, mundgerechte Würfel schneiden. Die Zwiebeln und Knoblauchzehen schälen, die Zwiebeln würfeln, den Knoblauch durch die Presse drücken. Die gewaschenen Bohnen (wenn nötig, fädeln) abtropfen lassen und in etwa 5 cm lange Stücke brechen. Alle Paprikaschoten putzen, von Kernen und Trennwänden befreien und würfeln. Auberginen und Zucchini von Stengel- und Blütenansätzen befreien und ungeschält würfeln.
Eine große feuerfeste Form (besonders geeignet ist ein Tontopf) mit knapp der Hälfte des Öls einfetten. Die vorbereiteten Gemüse zusammen mit den Erbsen (tiefgekühlte vorher antauen lassen) und den gehäuteten, entkernten und gewürfelten Fleischtomaten sowie den Fleischwürfeln hineingeben. Alles mit Salz, Pfeffer und Paprika kräftig würzen und das restliche Olivenöl darüber verteilen. Den Topf verschließen und in den auf 200 Grad (Gasherd Stufe 3) vorgeheizten Ofen stellen. Den Djuvec etwa 90 Minuten sanft schmoren lassen. 20 Minuten vor Ende der Garzeit nach Wunsch den Deckel abnehmen, damit die Flüssigkeit etwas verdampfen kann.
Dazu nur frisches Bauernbrot und einen roten Landwein anbieten.

Tip

Zwar nicht typisch, aber ausgesprochen schmackhaft sind untergemischte Scheiben von Rindermark und frischen, geschälten Knoblauchzehen.

Variationen
Djuvec soll zwar ursprünglich aus Serbien stammen, doch ist es in Abwandlungen in ganz Jugoslawien bekannt und beliebt. Man kann bei diesem Rezept 150 g Langkornreis mitgaren, muß dann aber etwas Flüssigkeit angießen (entweder 1/8 l Fleischbrühe und 1/8 l Wein oder 1/8 l Wein und 1/8 l Tomatensaft). In manchen Gegenden wird er ausschließlich mit Lamm- oder Hammelfleisch zubereitet, und ein wichtiger Bestandteil sind dann frische Okraschoten.

In Rumänien ist dieses Gericht unter dem Namen Ghiveci bekannt und wird hauptsächlich mit Kalbfleisch bereitet. Dazu kommen vor allem Tomaten, junge, zarte Erbsen und als besonderes Merkmal kleine, grüne, noch kernlose Weintrauben.

Die Bulgaren nennen das Gericht Gjuvetsch. Es wird durch einige Pfefferschoten schärfer als Djuvec oder Ghiveci. Die Bulgaren lieben es, das Gericht nicht im geschlossenen Topf zu garen, sondern es mit einem Dekkel aus Brotteig oder mit einem Guß aus Joghurt und Eiern zu verschließen. Die Namen aller drei Gerichte gehen auf das türkische Wort Güvec (Topf) zurück.

Königsberger Klopse

50 g altbackenes Weißbrot
1 EL Butter, 3 Zwiebeln
500 g gemischtes Hackfleisch
1 Ei, 4 Sardellenfilets
Salz, weißer Pfeffer aus der Mühle
1½ l Salzwasser, 1 Lorbeerblatt
½ TL Pfefferkörner
30 g Mehl, 30 g Butter
2–3 EL Zitronensaft
1 Prise Zucker, 5 EL Sahne
3 EL Kapern, 1 Eigelb
E 30 F 45 K 10 kJ 2425 kcal 580

Weißbrot in kaltem Wasser 15 Minuten einweichen, dann ausdrücken und zerpflücken. In der heißen Butter zwei feingehackte Zwiebeln glasig braten. Abgekühlt mit Hackfleisch, Weißbrot, Ei und den gehackten Sardellenfilets zu einem glatten Teig mischen. Salzen und pfeffern. Salzwasser mit Lorbeerblatt, Pfefferkörnern und der restlichen, grob zerschnittenen Zwiebel aufkochen. Aus dem Fleischteig mit angefeuchteten Händen etwa 4 cm große Klöße (Klopse) formen und in dem Sud in etwa 15 Minuten garziehen (nicht kochen) lassen. Mit einem Schaumlöffel herausheben und abtropfen lassen. Den Sud im offenen Topf auf ½ l einkochen lassen. Anschließend durchsieben. Das Mehl in der heißen Butter unter Rühren hell anschwitzen. Mit dem Sud aufgießen und 4 bis 5 Minuten leise köcheln lassen. Dann mit Zitronensaft, Salz, Zucker und Pfeffer abschmecken. Sahne und die abgetropften Kapern einrühren. Die Sauce mit dem Eigelb legieren, die Klopse darin noch einmal kurz erhitzen und in der Sauce servieren.
Dazu passen Rote Bete, Gewürzgurken und Petersilienkartoffeln oder körniger Reis und grüner Salat.

Saures Lüngerl

500 g geputzte Kalbs- oder Schweinelunge, 2 l Salzwasser
2 Bund Suppengrün, 2 Zwiebeln
3 Zitronenscheiben
1 Lorbeerblatt, 2 Nelken
1–2 Wacholderbeeren
⅛ l Weinessig
40 g Butter, 40 g Mehl
Salz, Pfeffer aus der Mühle
1 Prise Zucker, Zitronensaft
½ Bund Petersilie
E 23 F 10 K 10 kJ 960 kcal 230

Lunge unter kaltem Wasser abwaschen und gut abtropfen lassen. Salzwasser mit Suppengrün, den geschälten und gehackten Zwiebeln sowie Zitronenscheiben, den Gewürzen und dem Essig aufkochen. Die Lunge darin etwa 2 Stunden weich kochen. Abtropfen und abkühlen lassen. Dann in ½ cm breite Streifen schneiden. Mit der Kochflüssigkeit bedeckt ein bis zwei Tage durchziehen lassen. Lungenstreifen dann abtropfen lassen und die Flüssigkeit durchsieben. Butter in einem breiten Topf erhitzen und das Mehl darin unter Rühren braun rösten. Mit der Flüssigkeit ablöschen, unter Rühren aufkochen und die Lungenstreifen darin 20 Minuten mehr ziehen als kochen lassen. Mit Salz, Pfeffer, Zucker und Zitronensaft pikant abschmecken. Mit gehackter Petersilie bestreut servieren.
Als Beilage Semmelknödel.

Ochsenschwanzragout

1 Ochsenschwanz von etwa 1200 g
100 g durchwachsener Speck
20 g Butter, 2 große Zwiebeln
2 bis 3 Knoblauchzehen
150 g frische Champignons
1 Bund Suppengrün
5 Stengel Bleichsellerie
4 große Fleischtomaten
1 Bund Petersilie
je 1 Zweig Thymian und Majoran
Salz, schwarzer Pfeffer
1 TL Paprika edelsüß, 1 Prise Zucker
1 Glas (2 cl) Cognac oder Weinbrand
1/4 l trockener Weißwein
1/2 l heiße Fleischbrühe, 10 cl Sahne
E 70 F 60 K 15 kJ 3790 kcal 905

Den Ochsenschwanz vom Fleischer in 2 cm große Stücke zerteilen lassen. Gewürfelten Speck ausbraten. Butter darin erhitzen, die Ochsenschwanzstücke und Zwiebeln darin bräunen. Knoblauch fein zerdrücken. Die Champignons putzen, waschen und blättrig schneiden. Suppengrün und Sellerie putzen, ebenfalls würfeln. Alles nach und nach in das Bratfett geben und Farbe nehmen lassen. Die Tomaten häuten, entkernen und hakken. Zusammen mit der Hälfte der Petersilie sowie dem Thymian und Majoran (alles unzerkleinert) in den Topf geben. Würzen und mit dem Cognac aufgießen. Wein und Brühe angießen und zugedeckt etwa 2 Stunden bei kleiner Hitze schmoren. Kräuter herausnehmen, die Sahne einrühren und das Gericht im offenen Topf bei starker Hitze einkochen lassen. Möglichst sofort servieren.

Herzragout

750 g Kalbsherz, 3 große Zwiebeln
1 bis 2 Knoblauchzehen
1 kleine Stange Lauch
2 Möhren, 1 Bund Suppengrün
50 g Butter, 1 gehäufter EL Mehl
3/8 l heiße Fleischbrühe
1/8 l trockener Rotwein
1 EL Tomatenmark
Salz, schwarzer Pfeffer aus der Mühle
1 Prise Zucker
je 1/2 TL geriebener Thymian und Rosmarin
250 g Fleischtomaten
2 Gewürzgurken, 2 EL Kapern
1/8 l Sahne
1/2 Bund Schnittlauch
E 30 F 20 K 20 kJ 1630 kcal 390

Das Herz der Länge nach aufschneiden, Röhren, Sehnen und Fettreste entfernen. Das Fleisch abspülen, abtropfen und in etwa 3 cm große Würfel schneiden. Zwiebeln in Ringe schneiden. Knoblauch zerdrücken. Lauch in Ringe, Möhren in Streifen schneiden. Das Suppengrün putzen, waschen und hacken. Butter in einem Topf erhitzen. Das Fleisch portionsweise darin anbraten. Anschließend das Gemüse anbraten, das Fleisch wieder in den Topf geben, mit Mehl bestäuben und anbräunen. Mit Brühe und Wein ablöschen und mit Tomatenmark, Salz, Pfeffer, Zucker und den Kräutern würzen.
Gehackte Tomaten zufügen. Zugedeckt etwa 50 Minuten schmoren lassen. Dann die fein gehackten Gurken, Kapern und Sahne hineinrühren. Bei starker Hitze cremig einkochen. Mit Schnittlauchröllchen bestreuen.

Kaltes Kalbfleisch mit Thunfischsauce

Vitello tonnato

750 g Kalbsnuß
$^{1}/_{2}$ l trockener Weißwein
$^{1}/_{2}$ l Wasser
1 Zwiebel
1 Möhre
1 Stengel Bleichsellerie mit Blättern
1 Lorbeerblatt
5 Pfefferkörner
2 Nelken
nach Belieben 1 Stengel Estragon
Salz
1 Eigelb
1 TL Zitronensaft
$^{1}/_{16}$ l Olivenöl
200 g Thunfisch in Öl
4 Sardellenfilets
1 EL Kapern, Essig
E 40 F 30 K 2 kJ 1885 kcal 450

Das Fleisch kurz unter kaltem Wasser abspülen. Mit Rouladengarn umwickeln, damit es beim Kochen die Form behält. Mit Weißwein und Wasser in einem hohen Topf aufsetzen. Das Fleisch soll ganz von Flüssigkeit bedeckt sein. Wenn nicht, die Mischung 1:1 verlängern. Zum Kochen bringen und abschäumen. Dann erst Möhre, Bleichsellerie, alles geputzt und zerkleinert, sowie die abgespülten Blätter und die Gewürze dazugeben. Salzen und das Fleisch im geschlossenen Topf bei ganz milder Hitze 90 Minuten mehr ziehen als kochen lassen. Im Kochsud erkalten lassen.
In der Zwischenzeit die Thunfischsauce zubereiten: Das Eigelb mit dem Zitronensaft verrühren, dann tropfenweise das Öl unterrühren, so daß eine mayonnaiseähnliche Sauce entsteht. Den Thunfisch abtropfen lassen und zusammen mit den vorher gewässerten, abgetropften Sardellenfilets im Mixer pürieren. Mit der Mayonnaise mischen. Die Sauce nach Belieben mit etwas Kochsud verdünnen. Die abgetropften Kapern hineingeben. Die Sauce mit etwas Essig abschmecken. Das Fleisch gut abtropfen lassen und in dünne Scheiben schneiden. Anrichten und mit der Sauce überziehen.
Frisches Stangenweißbrot und grünen Salat sollten Sie dazu reichen.

Hinweis »Vitello tonnato« ist ein Gericht für heiße Tage. Es wird in dieser Menge als Hauptgericht gereicht, kann aber für 8 Personen auch als Vorspeise serviert werden, dann verzichtet man aber auf Salat als Beilage.

Tafelspitz mit Apfelkren und Schnittlauchsauce

750 g Tafelspitz (Hüfte, Hüftdeckel oder Rinderschwanzstück)
1$^{1}/_{2}$ l Salzwasser
1 Zwiebel
1 Lorbeerblatt
1 TL weiße Pfefferkörner
2 Bund Suppengrün
E 30 F 20 K 5 kJ 1295 kcal 310

Das Fleisch in das kochende Salzwasser geben und aufkochen lassen. Dann erst die halbierte, mit der Schnittfläche auf der Herdplatte gebräunte Zwiebel und die Gewürze hineingeben. Zugedeckt bei ganz milder Hitze 2 Stunden mehr ziehen als kochen lassen. Nach 30 Minuten das geputzte, gewaschene und grob zerkleinerte Suppengrün dazugeben. Das Fleisch aus der Brühe nehmen, einige Minuten ruhen lassen, dann erst aufschneiden und auf einer vorgewärmten Platte anrichten.
Dazu gibt es Apfelkren und Schnittlauchsauce.
Typische Beilagen sind Salzkartoffeln, mit Petersilie bestreut, und in Bouillon ganz kurz gegarte Gemüse wie Lauch, Möhren, Sellerie, Weißkohl. Das Gemüse kann auch zum Schluß zu dem Fleisch gegeben werden. Ebenso kann man auch die in Würfel geschnittenen Kartoffeln in der Fleischbrühe kochen.

Tip

Ähnlich wie Tafelspitz (jedoch um einiges preiswerter) ist das Kronfleisch, das Zwerchfell des Rindes. Leider geriet es bei uns lange Zeit in Vergessenheit, doch sollten Sie es unbedingt einmal probieren. Garen Sie es wie ein edles Tafelspitz!

Apfelkren

(Kren ist das österreichische Wort für Meerrettich)

3 EL ganz fein geriebener frischer Meerrettich
2 EL Tafelspitzbrühe
3 EL geschmacksneutrales Öl
1 EL Essig
1 TL Zucker, Salz
1 großer, säuerlicher Apfel
E 1 F 12 K 3 kJ 545 kcal 130

Meerrettich in der kochenden Brühe unter Rühren erhitzen, aber nicht zum Kochen bringen. Erkalten lassen und das Öl tropfenweise unterruhren, so daß eine dicke Sauce entsteht. Mit Essig, Zucker und Salz abschmecken. Erst unmittelbar vor dem Servieren den frisch geriebenen Apfel zufügen.

Hinweis Wem der Apfelkren auf diese Weise zubereitet zu scharf ist, kann den frisch geriebenen Meerrettich und den geriebenen Apfel mit geschlagener Sahne mischen, dann erst abschmecken.

Schnittlauchsauce

2 altbackene Wasserbrötchen
$^{1}/_{8}$ l heiße Milch
2 hartgekochte Eier
2 TL scharfer Senf
$^{1}/_{8}$ l Öl
Salz, Zucker
Zitronensaft oder Essig
3 EL fein geschnittener Schnittlauch
E 5 F 40 K 35 kJ 2240 kcal 535

Die Brötchen auf einer Reibe entrinden, in Würfel schneiden und mit der Milch übergießen. 10 Minuten quellen lassen. Dann in einem Tuch ausdrücken. Zusammen mit den geschälten Eiern durch ein Sieb streichen (nicht im Mixer pürieren, weil dadurch die besondere Konsistenz dieser Sauce zerstört würde). Mit dem Schneebesen oder dem Handrührgerät weiterarbeiten. Den Senf unterrühren, dann tropfenweise das Öl, so daß eine mayonnaiseartige Sauce entsteht. Mit Salz, Zucker, Zitronensaft oder Essig nach Belieben abschmekken. Den Schnittlauch hineingeben.

Kalbspaprikasch

750 g mageres Kalbfleisch
3 große Zwiebeln
1–2 Knoblauchzehen
je 1 rote, grüne und gelbe Paprikaschote, 500 g Fleischtomaten
40 g Schweineschmalz
2 EL Paprika edelsüß
1 TL Paprika rosenscharf
1 EL Tomatenmark
je 1/8 l Rotwein und Fleischbrühe
Salz, schwarzer Pfeffer
je 1 Prise gemahlener Kümmel und Zucker
250 g Kartoffeln, 10 cl saure Sahne
E 35 F 17 K 30 kJ 1780 kcal 425

Das Fleisch in ca. 3 cm große Würfel schneiden. Die Zwiebeln in Ringe schneiden, den Knoblauch zerdrükken. Paprikaschoten abziehen, von Kernen und inneren Trennwänden befreien. Das Fruchtfleisch dann in nicht zu feine Streifen schneiden. Die Tomaten ebenfalls abziehen, entkernen und grob würfeln.
Das Schmalz in einem Bräter erhitzen, das Fleisch portionsweise darin scharf anbraten und auf einem Sieb (Teller darunter) beiseite stellen. Zwiebeln mit Knoblauch und Paprikaschoten anbraten. Das Fleisch mit dem abgetropften Fleischsaft und die Tomatenwürfel untermischen. Alles mit Paprika edelsüß und rosenscharf sowie Tomatenmark ein paar Sekunden durchschmoren. Rotwein und Fleischbrühe angießen und würzen. Zum Kochen bringen. Die Kartoffeln geschält und gewürfelt hinzufügen und das Paprikasch bei milder Hitze etwa 40 Minuten zugedeckt schmoren. Die saure Sahne in die Mitte geben.

Geflügelcurry

50 g kernlose Rosinen
2 Glas (4 cl) Reiswein oder Sherry
1 Poularde von etwa 1500 g
Salz, weißer Pfeffer aus der Mühle
Paprika edelsüß
60 g Butter, 1 EL Öl
1 Zwiebel, 1 großer Apfel
1–2 TL Honig, 1–2 EL Curry
1/2 l Hühnerbrühe
1/8 l trockener Weißwein
1 große Banane, 2 EL Zitronensdft
4 EL Sahne, 40 g blättrige Mandeln
E 60 F 45 K 33 kJ 3350 kcal 800

Die Rosinen in Reiswein oder Sherry quellen lassen. Die Poularde in 8 Stücke teilen, rundherum mit Salz, Pfeffer und Paprika einreiben. 40 g Butter und das Öl in einem Bräter erhitzen, die Geflügelteile darin portionsweise goldbraun anbraten. Dann herausnehmen und beiseite stellen. Die Zwiebeln hacken, den geschälten, entkernten Apfel würfeln. Die restliche Butter im Bräter erhitzen, Zwiebel- und Apfelwürfel darin glasig braten. Die Poulardenstücke zufügen. Honig und Curry unterrühren, Hühnerbrühe und Wein angießen. Zugedeckt etwa 40 Minuten bei schwacher Hitze schmoren lassen, dann die Flüssigkeit etwa 10 Minuten einkochen. Die zerdrückte mit Zitronensaft vermischte Banane hineinrühren, einmal aufkochen. Die Sahne dazugeben, die Sauce cremig einkochen und das Gericht mit goldgelb gerösteten Mandeln bestreuen.

Hühnerfrikassee

1 fleischiges Suppenhuhn von etwa 1500 g, 2 l Salzwasser
1 Stange Lauch, 1 Möhre
1 Stengel Blattsellerie
1 Bund Petersilie
70 g Butter
20 g Mehl, ¼ l Sahne
150 g kleine Zwiebeln oder Schalotten
je 150 g Möhren, weiße Rübchen und frische Champignons
Salz, weißer Pfeffer aus der Mühle
abgeriebene Schale ½ Zitrone
E 60 F 35 K 65 kJ 3515 kcal 840

Suppenhuhn gründlich abspülen. Zusammen mit dem Hals, dem aufgeschnittenen, geputzten Magen und dem Herz (die Leber nicht mitverwenden, sie macht die Brühe bitter) in kaltem Salzwasser aufsetzen. Lauch, Möhre, Sellerie und Petersilie (alles geputzt und zerkleinert) zufügen und bei milder Hitze in 60 Minuten ziehen lassen. Dann herausnehmen. Von der Brühe etwa ¾ l abnehmen und durchsieben.
20 g Butter erhitzen und das Mehl darin hell anschwitzen. Mit Brühe und Sahne ablöschen, 20 Minuten einkochen. Möhren und Rübchen putzen und in gleichgroße Stücke schneiden. Alles 6 Minuten in kochendem Salzwasser blanchieren. Abgetropft in 30 g heißer Butter bei schwacher Hitze zugedeckt 10 Minuten dünsten. Die vorbereiteten Champignons in der restlichen Butter braten. Huhn häuten, würfeln und mit Gemüse und Champignons in die Sauce geben. Dann abschmecken.

Kalbsfrikassee

750 g Kalbfleisch aus der Schulter
30 g Butter, 20 g Mehl
¼ l trockener Weißwein
½ l Fleischbrühe aus Kalbsknochen
1 Bund Suppengrün und Petersilie
1 Zwiebel, 1 Lorbeerblatt
2 Nelken, 4 Pfefferkörner
2 Hühnerbrustfilets
2 EL gehackte Petersilie
2 Eigelb, 2-3 EL Semmelbrösel
Salz, weißer Pfeffer aus der Mühle
geriebene Muskatnuß
300 g tiefgekühlte Erbsen
100 g Pökelzunge in Streifen
4 EL Crème fraîche, Zitronensaft
E 50 F 22 K 20 kJ 2090 kcal 500

Kalbfleisch würfeln und in der heißen Butter anbraten, ohne daß es Farbe nimmt. Mit Mehl bestäuben und kurz anschwitzen. Wein und Fleischbrühe einrühren. Geputztes Suppengrün und Petersilie, die geschälte, mit Lorbeerblatt und Nelken gespickte Zwiebel und die Pfefferkörner hineingeben. 50 Minuten bei ganz milder Hitze garen. Hühnerbruststücke durch den Fleischwolf (feine Scheibe) drehen. Mit der gehackten Petersilie, einem Eigelb, Bröseln, Salz, Pfeffer und Muskat zu nußgroßen Klößchen drehen. In ca ½ l schwach siedendem Salzwasser in 10 Minuten garziehen lassen. Dann abtropfen. Tiefkühlerbsen nach Aufschrift garen. Das Kalbfleisch aus der Sauce nehmen. Diese durchsieben, einkochen, mit dem zweiten Eigelb und Crème fraîche verrühren. Abschmecken. Fleisch, Klößchen, Erbsen und Zunge hineingeben und kurz erhitzen.

Ratatouille

Provençalisches Gemüsegericht

250 g Auberginen, Salz
250 g Zwiebeln
250 g grüne Paprikaschoten
250 g Zucchini
250 g Flaschentomaten (ersatzweise Fleischtomaten)
3 große Knoblauchzehen
2 EL Kräutermischung der Provence
8 EL Olivenöl
E 5 F 20 K 20 kJ 1215 kcal 290

Die Auberginen (ohne Stengelansätze) in etwa ½ cm dicke Scheiben schneiden. Salzen und 10 Minuten ziehen lassen. Indessen die geschälten Zwiebeln in Ringe, die geputzten Paprikaschoten in Streifen, die Zucchini in Scheiben schneiden. Die Tomaten abziehen, zerkleinern, aber nicht entkernen. Die geschälten Knoblauchzehen durch die Presse drücken. Die Auberginen abspülen und abtrocknen. 2 EL Öl in einer großen Casserole erwärmen. Das Gemüse so hineinschichten, daß von jeder Sorte zwei Lagen entstehen. Jede Lage mit Salz, Knoblauch und Kräutern würzen und mit etwas Öl beträufeln. Die letzte Schicht sollten Auberginen sein, die nur gesalzen und mit dem übrigen Öl begossen werden. Aufkochen und 45–60 Minuten bei milder Hitze mehr ziehen als kochen lassen. Wenn das Gemüse zuviel Flüssigkeit abgibt, während der letzten 10 Minuten den Deckel abnehmen.
Ratatouille wird warm oder kalt gegessen, nur mit Weißbrot oder als Beilage zu gebratenem oder gegrilltem Fleisch, Fisch oder zu Wurst.

Wurstgulasch

300 g Fleischwurst
300 g Jagdwurst
6 EL trockener Sherry
1 EL Worcestersauce
1 EL eingelegte grüne Pfefferkörner
125 g durchwachsener Speck
20 g Butter
250 g Zwiebeln
1 Knoblauchzehe
2 EL Paprika edelsüß
1 große Dose Tomaten (800 g)
1 EL Tomatenmark
Salz, schwarzer Pfeffer aus der Mühle
2 EL gehackte Petersilie
1 Becher saure Sahne (200 g)
E 25 F 70 K 15 kJ 3410 kcal 815

Die Wurst häuten, 2 cm groß würfeln und in Sherry, Worcestersauce und Pfefferkörnern 60 Minuten marinieren. Speck fein würfeln und in der heißen Butter auslassen. Gehackte Zwiebeln und zerdrückten Knoblauch darin goldgelb anbraten. Die abgetropften Wurststücke darin leicht bräunen. Paprika kurze Zeit mitbraten. Dann erst die gehackten Tomaten ohne Saft zufügen. Tomatenmark mit Gewürzen einrühren, 15 Minuten sanft köcheln lassen und pikant abschmecken. Mit Petersilie bestreuen und die Sahne in die Mitte geben.

Hinweis Für das Wurstgulasch kann man zusätzlich ein paar in Stücke geschnittene Äpfel anbraten und alles mit etwas Curry, Zitronensaft, Mango-Chutney und Honig würzen und dazu statt saurer Sahne auch süße oder Crème fraîche nehmen.

Zungenragout auf feine Art

1 Kalbszunge von etwa 500 g leicht gepökelt
1 Bund Suppengrün
1 Bund glatte Petersilie
4 Pfefferkörner, 4 Pimentkörner
½ Lorbeerblatt, 1 Kalbsfuß
60 g Butter
250 g frische Champignons
¼ l trockener Weißwein
¼ l Sahne
1 EL Tomatenpüree
Salz, weißer Pfeffer aus der Mühle
30 g blättrig geschnittene Mandeln
E 43 F 45 K 10 kJ 2825 kcal 675

Die abgespülte Zunge in 1 l kochendes Salzwasser geben. Das Suppengrün putzen, abspülen, grob zerkleinern und mit den Gewürzen nach 15 Minuten zu der Zunge geben. Noch etwa 60 Minuten kochen. Die Zunge herausnehmen, noch warm abziehen und mit Folie bedecken. Den schon vom Fleischer zerhackten Kalbsfuß abspülen, trockentupfen und in 20 g Butter rundherum anrösten. Mit Zungenbrühe begießen, daß er eben bedeckt ist. Zugedeckt 2 Stunden kochen lassen. Die Brühe durchsieben und auf etwa ¼ l einkochen. Champignons putzen, waschen und abgetropft in Scheiben schneiden. In der restlichen Butter braten, bis alle Flüssigkeit verdampft ist. Beiseite stellen. Die Kalbsfußbrühe mit Weißwein und Sahne mischen und alles noch um etwa ⅓ einkochen. Das Tomatenpüree hineinrühren. Die Zunge in dünne Scheiben oder in Würfel schneiden, zusammen mit den Champignons in der Sauce erwärmen und salzen und pfeffern. Mandeln ohne Fettzugabe leicht braun rösten und über das Ragout geben.
Mit wildem Reis gemischter Langkornreis oder frisch geröstetes Stangenweißbrot schmecken dazu am besten.

Tip

Um zu testen, ob die Zunge gar ist, sticht man in die dünnste Stelle der Zunge. Denn hier sind die Muskeln besonders kräftig.

Geflügelleber-Ragout

500 g Geflügelleber
⅛ l trockener Sherry
20 g Butterschmalz
schwarzer Pfeffer aus der Mühle, Salz
4 Scheiben Ananas aus der Dose
20 g Butter
10 cl Crème fraîche
4 EL entsteinte Sauerkirschen (Glas)
E 30 F 25 K 15 kJ 1885 kcal 450

Die Geflügelleber abspülen, von Sehnen befreien. In einem Steinguttopf mit Sherry begießen. Zugedeckt 3 Stunden ziehen lassen, dabei häufig wenden. Dann trockentupfen und in mundgerechte Würfel schneiden, im heißen Butterschmalz rundherum 4 Minuten braten. Salzen und pfeffern, mit Sherry begießen und einmal aufkochen lassen. In einer anderen Pfanne die in dünne Streifen geschnittenen Ananasscheiben in der Butter leicht anbraten. Zur Leber geben. Mit Crème fraîche verrühren und die Sauerkirschen hineingeben. Die Sauce eventuell nachwürzen. Dazu frisches Stangenweißbrot.

Osso Buco

8 gleichgroße Scheiben Kalbshaxe von insgesamt 1500 g
2 Zwiebeln, 2 Möhren
5 Stengel Bleichsellerie
4 bis 5 Knoblauchzehen
20 g Butter, Salz
schwarzer Pfeffer aus der Mühle
2 EL Mehl, 3 EL Olivenöl
1/8 l trockener Weißwein
1/8 l kräftige Fleischbrühe
je 1/4 TL getrockneter Basilikum und Thymian, 1 Lorbeerblatt
5 EL gehackte Petersilie
1 kleine Dose geschälte Tomaten
abgeriebene Schale einer Zitrone
E 60 F 10 K 15 kJ 1675 kcal 400

Die Kalbshaxe mit einem feuchten Tuch abreiben. Zwiebeln und Möhren schälen und ebenso wie den geputzten Bleichsellerie fein würfeln. 2 bis 3 Knoblauchzehen schälen und zerdrücken. Die Butter in einem großen Schmortopf erhitzen, das Gemüse darin 10 Minuten leicht bräunen. Die Haxenscheiben mit Garn rund binden, salzen, pfeffern und in Mehl wenden. Öl portionsweise erhitzen und das Fleisch nacheinander darin kräftig anbraten. Jeweils auf das Gemüse legen. Den Bratfond mit Wein loskochen, auf die Hälfte reduzieren. Zusammen mit der Brühe, den Kräutern, der Hälfte der Petersilie und den abgetropften, grob gehackten Tomaten über die Haxenscheiben gießen. Im geschlossenen Topf 60 Minuten bei milder Hitze schmoren. Die restlichen Knoblauchzehen zerdrücken, mit der übrigen Petersilie und Zitronenschale mischen. Über die Fleischscheiben streuen.

Schmorente mit Weißkohl

1 küchenfertige Ente von etwa 2000 g
1 kleiner Weißkohl von etwa 750 g
1 kleine Fenchelknolle, 2 Zwiebeln
2 bis 3 Knoblauchzehen
150 g magerer Frühstücksspeck
Salz, schwarzer Pfeffer aus der Mühle
gerebelter Majoran und Thymian
1/8 l Sauerkrautsaft
E 95 F 110 K 15 kJ 6175
kcal 1475

Die innen und außen abgespülte Ente in 8 gleichgroße Stücke zerteilen. Kohl und Fenchel putzen, fein hobeln, und wie die geschälten Zwiebeln in feine Streifen schneiden. Knoblauchzehen schälen und durchdrücken. Den fein gewürfelten Speck in einem großen Schmortopf auslassen. Die Grieben herausnehmen und auf Haushaltspapier abfetten lassen. Das Bratfett bis auf gut 1 EL abgießen und beiseite stellen. Die Entenstücke in dem heißen Fett rundherum kräftig anbraten und wieder herausnehmen. Das Bratfett weggießen und das übrige Speckfett erhitzen. Das Gemüse darin hell andünsten. Mit Salz, Pfeffer, Majoran und Thymian würzen und die mit Salz und Pfeffer eingeriebenen Entenstücke darauf legen. Den Sauerkrautsaft angießen. Das Gericht zugedeckt in den auf 220 Grad (Gasherd Stufe 4) vorgeheizten Ofen stellen und dann etwa bei 150 Grad (Gasherd Stufe 1) fertig garen. Während der letzten Minuten den Deckel abnehmen, damit das Fleisch nachbräunen kann. Mit den Grieben bestreut servieren.

Kalbsgeschnetzeltes

600 g Kalbfleisch aus der Keule
60 g Butter
2 EL Öl, 2 Schalotten
6 EL trockener Weißwein
¼ l Sahne
Salz, frisch gemahlener weißer Pfeffer
1 EL gehackte Petersilie
E 70 F 50 K 3 kJ 2855 kcal 682

Das Fleisch schräg zur Faser in ½ cm breite, 4 bis 5 cm lange Streifen schneiden. Die Hälfte der Butter mit 1 EL Öl in einer großen Pfanne erhitzen und knapp die Hälfte des Fleisches darin unter ständigem Wenden 2 Minuten anbraten. In einem Sieb (mit einem Teller darunter) abtropfen lassen. Auf dieselbe Weise das übrige Fleisch anbraten. Auch herausnehmen und abtropfen lassen. Die geschälten, fein gehackten Schalotten ins Bratfett geben, glasig, aber nicht braun braten und mit dem Wein ablöschen. Bei starker Hitze mit der Sahne und dem abgetropften Fleischsaft mischen und unter ständigem Rühren bei starker Hitze zur Hälfte einkochen lassen. Mit dem Fleisch mischen und alles noch 2 bis 3 Minuten erhitzen, aber nicht aufkochen lassen. Mit Salz und Pfeffer abschmecken. Mit Petersilie bestreuen.

Filetgulasch mit Paprika

je 1 rote und grüne Paprikaschote
2 Zwiebeln
1 Knoblauchzehe
2 große Fleischtomaten
50 g Butter, Salz
schwarzer Pfeffer aus der Mühle
500 g Rinderfilet
2 EL Öl, 1 Glas (10 cl) Rotwein
3 EL Crème fraîche
2 Stengel Basilikum
E 30 F 24 K 37 kJ 1870 kcal 447

Die Paprikaschoten in dem auf 220 Grad (Gasherd Stufe 4) vorgeheizten Backofen so lange rösten, bis die äußere Haut schrumpelig wird. Mit einem feuchten Tuch bedeckt abkühlen lassen. Dann läßt sich die Haut ganz leicht abziehen. Das Fruchtfleisch in 2 cm breite Streifen schneiden. 30 g Butter in einem Schmortopf erhitzen, die geschälten, in Ringe geschnittenen Zwiebeln darin glasig braten. Die geschälten, durch die Presse gedrückten Knoblauchzehen und die Paprikastreifen kurz mitbraten lassen, dann die gehäuteten, entkernten und in Schnitze geteilten Tomaten dazugeben. Alles salzen und pfeffern und im geschlossenen Topf bei schwacher Hitze schmoren lassen. Indessen das Fleisch in 1 cm dicke Scheiben schneiden, diese vierteln und portionsweise in einer Mischung aus Öl und der restlichen Butter bei starker Hitze nur sekundenlang anbraten. Jeweils herausnehmen und in einem Sieb (mit einem Teller darunter) abtropfen lassen. Ist das gesamte Fleisch angebraten, den Fond mit Rotwein ablöschen, etwas einkochen lassen und mit dem abgetropften Fleischsaft zum Gemüse mischen. Einmal kurz aufkochen lassen. Das Fleisch hineingeben, erhitzen, aber nicht kochen lassen und dann sofort vom Herd nehmen. Mit Crème fraîche verrühren, abschmecken und mit Basilikumblättchen bestreut servieren.

Geschmortes

Hasenpfeffer

1 küchenfertiger Hase von etwa 4 kg
1 Zwiebel
2 Knoblauchzehen
1 Möhre
8 Pfefferkörner
4 Pimentkörner
1 Lorbeerblatt
¼ l Rotweinessig
½ l Rotwein
200 g durchwachsener Speck
500 g Schalotten oder kleine Zwiebeln
¼ l heiße Fleischbrühe
Salz, frisch gemahlener schwarzer Pfeffer
2 Thymianzweige
1 Prise Zimt
E 180 F 55 K 15 kJ 5485
kcal 1310

Den Hasen gründlich innen und außen abspülen. Mit einem scharfen Messer und der Geflügelschere in handtellergroße Stücke schneiden und in eine Tonschüssel legen. Mit der in Ringe geschnittenen Zwiebel und dem zerdrückten Knoblauch bedecken. Die geschälte, in Scheiben geschnittene Möhre mit den Gewürzen dazugeben. Essig und ¼ l Wein mischen und über den Hasen gießen. Zugedeckt 12 Stunden an einem kühlen Platz beizen. Die Fleischstücke dabei gelegentlich wenden, damit sie gleichmäßig aromatisiert werden. Den Speck würfeln und in einem großen Bräter auslassen. Die Speckgrieben entfernen und die abgetropften, mit Haushaltspapier trockengetupften Fleischstücke in Fett rundherum anbraten. Die geschälten Schalotten oder Zwiebeln dazugeben und ebenfalls anbraten. Fleischbrühe und den restlichen Wein angießen, mit Salz und Pfeffer würzen und die Thymianzweige in den Topf geben. Den Hasen zugedeckt 60 Minuten schmoren lassen. Danach soll die Flüssigkeit etwa um die Hälfte reduziert sein, der Deckel sollte darum zu Ende der Garzeit abgenommen werden. Die Sauce mit etwas Zimt abschmecken und mit dem Hasenfleisch zusammen servieren.
Dazu reicht man Kartoffelklöße aus rohen oder gekochten Kartoffeln oder Bandnudeln mit geriebenem Parmesan bestreut und mit brauner Butter übergossen und einen Salat aus Tomaten, Gurken und Kopfsalat.

Tip

Wer die Sauce sämiger liebt, kann nach dem Anbraten etwas Mehl über die Fleischstücke stäuben und dieses kurz anschwitzen lassen. Oder man gibt an das fertige Gericht etwas saure Sahne (oder noch besser die dickere Crème fraîche) und läßt die Mischung cremig einkochen. Wenn Sie es aber besonders kräftig mögen, sollten Sie die herausgehobenen Speckgrieben kurz vor dem Servieren noch einmal schnell erhitzen und als Garnierung über das fertige Gericht streuen. Und auch gehackte Kräuter passen sehr gut dazu.

Geschmortes Kaninchen

1,2 kg Kaninchenteile (Keulen, Rücken und/oder Läufe)
3 EL Öl
2 Knoblauchzehen
30 g Butter
150 g Schalotten oder kleine Zwiebeln
250 g frische Champignons
500 g Fleischtomaten
⅛ l trockener Weißwein
1 EL Instant Fleischbrühe
1 TL getrocknetes Basilikum
1 Bund glatte Petersilie
Salz, Paprika edelsüß
E 55 F 30 K 10 kJ 2595 kcal 620

Die Kaninchenteile abspülen und trockentupfen. Das Öl in einem Bräter erhitzen und die geschälten Knoblauchzehen darin anbraten, bis sie hellbraun sind. Dann sofort herausnehmen, sonst werden sie bitter. Die Butter in dem Öl erhitzen und die Kaninchenteile rundherum darin anbraten. Die geschälten Zwiebeln und die geputzten Champignons dazugeben und kurz mitbraten lassen. Die Tomaten häuten, von den Stengelansätzen befreien, entkernen und hakken. Mit dem Wein in den Topf geben und mit Fleischbrühe und Basilikum würzen. Das Kaninchen zugedeckt 40 Minuten schmoren lassen. Nach 25 Minuten die gehackte Petersilie zufügen. Zum Schluß die Schmorflüssigkeit etwa 5 Minuten im offenen Topf bei starker Hitze einkochen lassen, dann alles mit Salz und Paprika abschmecken.

Tip

Die Sauce kann zusätzlich mit etwas Sahne oder Crème fraîche verrührt werden, das macht sie sehr schön cremig. Wer mag, kann auch nach dem Anrichten einen Klecks saure Sahne in die Mitte geben, die erst bei Tisch untergemischt wird.

Dazu paßt gut mit Safran oder Paprika gewürzter Reis oder grüne Nudeln, die mit in Butter gebräunten Semmelbröseln begossen werden und ein Salat der Saison in einer Sauce aus saurer Sahne oder Joghurt.

Variationen
Verwenden Sie anstelle von frischen Champignons doch einmal frische Pfifferlinge, sie geben noch mehr Würze und Aroma.

Soll die Sauce ein wenig gebunden werden, kann man auch während der letzten Schmorminuten in kleine Stücke zerbröckelten Saucenlebkuchen zufügen und in der Flüssigkeit verkochen lassen. Dadurch wird die Sauce auch leicht dunkler. In diesem Fall kann man den Weißwein auch durch einen kräftigen, nicht zu süßen Rotwein ersetzen.

Wenn Sie es besonders würzig lieben, können Sie zusätzlich eine in feine Ringe geschnittene Paprikaschote mitschmoren oder auch zum Schluß eine fein gewürfelte Gurke und ein paar Kapern untermischen.

Häufig werden auch ein paar tiefgekühlte Erbsen mitgegart. Man gibt sie dazu unaufgetaut etwa 10 Minuten vor dem Ende der Garzeit hinein. Und auch Maiskörner aus der Dose schmecken gut dazu. Sie werden nur ein paar Minuten darin erwärmt.

Geschmortes

Ungarisches Gulasch

750 g Rindfleisch aus der Keule
250 g Zwiebeln
30 g Schweineschmalz
1 Knoblauchzehe
1 TL Kümmel, Salz
1-2 EL ungarischer Rosenpaprika
2 EL Paprika edelsüß
1 l warmes Wasser
250 g Tomaten
2 grüne Paprikaschoten
350 g Kartoffeln
E 35 F 20 K 25 kJ 2115 kcal 505

Das Fleisch abspülen, abtrocknen und in etwa 2 cm große Würfel schneiden. Die fein gehackten Zwiebeln im heißen Schmalz glasig braten, nicht bräunen und das Fleisch darin unter Rühren etwa 10 Minuten anbraten. Die geschälte Knoblauchzehe mit Kümmel und etwas Salz zerdrükken. Mit dem Paprika untermischen und bei nicht zu starker Hitze rühren, bis der Paprika ganz vom Fett aufgesogen wurde. Dann rasch das Wasser angießen. Im geschlossenen Topf etwa 60 Minuten schmoren lassen, dann die gehäuteten, entkernten und gewürfelten Tomaten, die geputzten, in Streifen geschnittenen Paprika und die geschälten, gewürfelten Kartoffeln dazugeben. Weitere 30 Minuten schmoren. Dann mit Salz abschmekken und sehr heiß servieren.
Dazu kleine, runde Eiernudeln (Knöpfli) oder Semmelknödel (Rezept Seite 211) reichen.

Szegediner Gulasch

Szekely Gjulyas

Je 250 g Schmorfleisch von Rind, Kalb und Schwein (ohne Fett)
2 Zwiebeln
30 g Gänseschmalz
250 g Tomaten
1 grüne Paprikaschote
1 EL Paprika edelsüß, Salz
8 Pfefferkörner
2 Lorbeerblätter
1 TL Kümmel
1/4 l heiße Fleischbrühe
800 g Sauerkraut aus der Dose
1 Becher saure Sahne (200 g)
E 35 F 40 K 15 kJ 2530 kcal 405

Das Fleisch in etwa 3 cm lange, 1 cm dicke Streifen schneiden. Die geschälten, gehackten Zwiebeln im heißen Schmalz goldgelb braten. Die gehäuteten, entkernten und gehackten Tomaten und die geputzte, gewürfelte Paprikaschote dazugeben. 15 Minuten bei schwacher Hitze durchschmoren. Dann das Fleisch zusammen mit dem Paprika zufügen, die Hitze etwas verstärken und rühren, bis der Paprika vom Fett aufgenommen ist. Salz und die im Mörser zerstoßenen Pfefferkörner, Lorbeerblätter sowie Kümmel an das Gulasch geben. Mit heißer Brühe aufgießen und zugedeckt 30 Minuten nur leise simmern lassen. Sauerkraut unterrühren und noch 40 Minuten schmoren lassen. Vor dem Servieren die saure Sahne untermischen.
Dazu Salzkartoffeln oder Kartoffelklöße servieren.

Boeuf à la mode

Rinderschmorbraten auf französische Art

Für 8 Personen
1500 g Rindfleisch (obere Keule)
1/2 l trockener Rotwein
2 Zwiebeln, 2 Möhren
2 Knoblauchzehen, 2 Lorbeerblätter
2 EL gehackte Petersilie
1 TL gerebelter Thymian
150 g fetter Speck
500 g Schalotten oder kleine Zwiebeln
Salz, schwarzer Pfeffer aus der Mühle
1 halbierter Kalbsfuß
2 Glas (4 cl) Cognac oder Weinbrand
1 Kräuterstrauß
500 g kleine, runde Karotten
2 EL gehackte Petersilie
E 45 F 35 K 10 kJ 2660 kcal 635

Das abgespülte Rindfleisch in einer Steingutschüssel mit dem Wein übergießen. Die geschälten, gehackten Zwiebeln, die geputzten, in Scheiben geschnittenen Möhren, die zerdrückten Knoblauchzehen, die zerriebenen Lorbeerblätter sowie die Petersilie und den Thymian dazugeben. Das Fleisch zugedeckt 12 Stunden an einem kühlen Ort beizen, dabei gelegentlich wenden.
Von dem Speck 3 bis 5 dünne Scheiben abschneiden. Den restlichen Speck fein würfeln und in einem Schmortopf auslassen. Die Speckgrieben herausnehmen.
Die geschälten Zwiebeln im Speckfett rundherum braun anbraten, herausnehmen und beiseite stellen. Das Fleisch gründlich abtrocknen, mit Salz und Pfeffer einreiben und im heißen Speckfett rundherum in etwa 15 Minuten braun anbraten, dann herausheben. Das Speckfett abgießen und den Topfboden mit den Speckscheiben belegen. Darauf das Fleisch und die abgespülten, getrockneten Kalbsfüße. Alles erhitzen, bis die Speckscheiben langsam zu brutzeln beginnen. Den in einer Kelle erwärmten Cognac oder Weinbrand anzünden und brennend über das Fleisch gießen. Ausbrennen lassen, die durchgesiebte Beize zugießen und mit Wasser bis knapp unter den oberen Fleischrand auffüllen. Den Kräuterstrauß zugeben und alles zugedeckt bei milder Hitze 2 Stunden ziehen, nicht kochen lassen.
Die Karotten putzen und zusammen mit den angebratenen Zwiebeln in den Topf geben. Alles zugedeckt weitere 60 Minuten ganz leise sieden lassen. Den Topf vom Herd nehmen, das Fleisch herausheben und 5 Minuten ruhen lassen. Dann in Scheiben schneiden und auf einer vorgewärmten Platte anrichten. Mit dem Gemüse umlegen und mit dem ausgelösten Fleisch der Kalbsfüße garnieren. Gehackte Petersilie darüber streuen. Die Sauce entfetten, durch ein Sieb gießen, wieder erwärmen und mit Salz und Pfeffer nachwürzen. Das Fleisch mit etwas Sauce übergießen, den Rest getrennt dazu reichen.
Dazu kleine Salzkartoffeln oder frisches Stangenweißbrot reichen.

Tip

Wenn's besonders würzig sein soll, können Sie die ausgebratenen Speckgrieben zum Schluß noch einmal kurz erhitzen und zusammen mit gehacktem Knoblauch leicht nachbräunen. Sie werden mit der Petersilie über das fertige Gericht gestreut.

Meeresfische

Neptuns Tafel ist überreich gedeckt

Schellfisch mit Muschel-Krabben-Sauce

2000 g frische Miesmuscheln
1/2 Flasche trockener Weißwein (ca. 3/8 l)
2 Bund Petersilie
1 Bund Suppengrün
2 Zwiebeln
1 Lorbeerblatt
1/2 TL weiße Pfefferkörner,
1 kräftige Prise Salz
1 l Wasser
1000 g Schellfisch im Stück (möglichst aus der Mitte geschnitten)
1/8 l Crème fraîche oder Sahne
150 g Krabben (tiefgekühlt oder aus der Dose)
1 Eigelb
weißer Pfeffer aus der Mühle
1 Bund Dill
E 45 F 15 K 10 kJ 1840 kcal 440

Die Miesmuscheln unter kaltem Wasser gründlich abbürsten und dabei die Bysusfäden entfernen. Bysusfäden sind die kleinen, dunklen Haftfäden am unteren Schalenrand, mit denen sich die Muscheln an Steinen, Pfählen, Tonnen oder Stricken festhalten. Sie sind es auch, die diesen schmackhaften Tieren den Namen Miesmuscheln gegeben haben, denn »Mies« kommt von Moos, und wie eine feine Moosschicht sehen die Bysusfäden tatsächlich aus. Geöffnete Muscheln beim Putzen sorgfältig aussortieren, sie sind nicht mehr genießbar.
Die geschlossenen Muscheln in einen großen Topf geben, den Wein angießen und bei starker Hitze im geschlossenen Topf zum Kochen bringen. Etwa 10 Minuten garen lassen, bis sich alle Muscheln geöffnet haben. Muscheln, die sich nicht öffnen, ebenfalls entfernen.
In der Zwischenzeit die Petersilie abspülen, trockenschwenken und zerpflücken. Suppengrün putzen, waschen und zerkleinern. Beides mit den geschälten, grob gehackten Zwiebeln, dem Lorbeerblatt, den Pfefferkörnern und dem Salz mit dem Wasser in einem großen Fischtopf zum Kochen bringen. Den Muschelsud abgießen und in den Gemüsesud geben. Sobald diese Mischung kocht, den gesäuberten Schellfisch hineinlegen. Erhitzen, bis der Sud leise simmert, aber nicht sprudelnd aufkochen. Sofort die Temperatur abschalten und den Fisch zugedeckt etwa 15 Minuten ziehen lassen. Den Fisch vorsichtig herausheben und zugedeckt beiseite stellen. Den Fischsud durch ein feines Sieb (am besten mit einem Milchfilter ausgelegt) gießen, 3/8 l davon abnehmen und mit Crème fraîche oder Sahne vermischt bei starker Hitze zur Hälfte einkochen lassen. Die restliche Flüssigkeit ebenfalls erhitzen aber nicht aufkochen lassen. Die Krabben darin erhitzen und ganz zum Schluß das aus den Schalen gelöste Muschelfleisch darin wärmen. Die eingekochte Sauce vom Herd nehmen. Etwa vier Eßlöffel von der Sauce in eine Tasse füllen und mit dem verquirlten Eigelb verrühren und unter kräftigem Schlagen wieder in die Sauce zurückgeben. Mit Salz und Pfeffer abschmecken. Dann die abgetropften Muscheln und Krabben, sowie die Hälfte des gehackten Dills hineingeben. Den Schellfisch auf einer großen Platte anrichten, die Sauce drumherum verteilen und mit dem übrigen restlichen Dill garniert servieren.

Tip

Feinschmecker streiten sich oft darüber, ob man Miesmuscheln entbarten sollte oder nicht. Eine eindeutige Antwort konnte bis heute nicht gefunden werden. Wer aber die Muscheln entbarten möchte, dem sei es hier kurz erklärt: Kochen Sie die gut gewaschenen, von den Bysusfäden befreiten Muscheln wie im Rezept angegeben und nehmen Sie die Muscheln aus dem Sud. Greifen Sie nun eine Muschel mit der linken Hand und nehmen Sie in die rechte eine leere Muschelschale. Klemmen Sie nun den Muschelbart (das ist der dunkle, leicht verdickte äußere Rand der Muschel) zwischen die beiden leeren Schalenhälften und ziehen Sie ihn mit leichtem Ruck ab. Lösen Sie anschließend das Muschelfleisch aus der Schale (am besten wieder mit der leeren Muschel) und verfahren Sie so mit allen Tieren.

Hinweis Nicht immer bekommt man ein gleichmäßig dickes Fischstück aus der Mitte. Ist das Fischstück an einer Seite dicker, so werden die stärkeren Stellen längs der Rückengräte ein- bis zweimal etwa 1 cm tief eingeschnitten. So wird ein gleichmäßiges Garen gewährleistet. Anstelle von Schellfisch kann man dieses feine Fischgericht natürlich auch mit Kabeljau, Seelachs, Wittling, Langfisch oder sogar mit frischem Lachs zubereiten. Und auch zu Süßwasserfischen, wie Forellen, Renken, Schleihen oder auch zum äußerst zarten Zander paßt die Muschelsauce hervorragend, da sie zwar sehr würzig, aber nicht im geringsten aufdringlich schmeckt.

Variationen
Wer besonders kräftig gewürzte Gerichte liebt, sollte kurz vor dem Servieren ein paar dünne Ringe geschnittene und gedünstete Bleichselleriestangen untermischen.

Eine frisch-fruchtige Note bekommt das Gericht, wenn Sie einen halben bis einen ganzen geriebenen Apfel und etwas Zitronensaft in die Sauce rühren und beim Anrichten eine winzige Spur geriebene oder in hauchdünne Streifchen geschnittene Zitronenschale darüber streuen.

Auch ein Schuß Cognac, Weinbrand oder Gin gibt der Sauce eine interessante Note. Jedoch sollte der Alkohol erst nach dem Einkochen zugefügt werden, er verliert sonst einen recht großen Teil seines Geschmacks.

Die Sauce (und natürlich der Fisch auch) ist auch kalt sehr zu empfehlen: Bereiten Sie dann den Fisch und die Sauce nach den Rezeptangaben zu und verzichten Sie lediglich auf das Legieren mit Ei. Ziehen Sie nur kurz vor dem Servieren etwas steif geschlagene Sahne oder etwas Joghurt unter die kalte Sauce und servieren Sie diese mitsamt den Muscheln und Krabben (tiefgekühlte natürlich vorher auftauen lassen und ein wenig marinieren) zu ebenfalls abgekühlten oder (kurz vorher in wenig Sud gegarten), noch heißen Fisch.

Muscheln

Muscheln natur

4000 g Miesmuscheln
3 Zwiebeln
2 Bund Suppengrün
60 g Butter oder 6 EL Olivenöl
½ l trockener Weißwein
(z. B. Chablis oder Riesling)
schwarzer Pfeffer aus der Mühle
1 kräftige Prise Salz
E 20 F 20 K 30 kJ 2345 kcal 560

Die Muscheln in reichlich kaltem Wasser ein paar Mal sehr gründlich waschen und abbürsten bis sie nicht mehr sandig sind. Dabei die an den Schalen sitzenden Bysusfäden entfernen. Offene und beschädigte Muscheln aussortieren. Sie sind nicht mehr genießbar. Zwiebeln schälen und Suppengrün putzen, Zwiebeln in Ringe schneiden, Suppengrün grob hacken. Butter oder Öl in einem großen, gut schließenden Topf erhitzen. Zwiebeln und Suppengrün darin glasig braten. Den Wein angießen. Reichlich Pfeffer darüber mahlen und nur schwach salzen (die Muschelflüssigkeit enhält schon Salz). Den Wein aufkochen, die Muscheln hineingeben und zugedeckt etwa 10 Minuten ziehen (nicht kochen) lassen. Den Topf dabei hin und wieder etwas schütteln. Muscheln, die sich nicht geöffnet haben, aussortieren. Die anderen Muscheln in vier großen Schalen anrichten. Den Muschelsud entweder direkt über die Muscheln gießen oder in kleinen Tassen getrennt dazu reichen. Dazu Holzofenbrot mit gesalzener Butter oder auch Stangenweißbrot. Manche Feinschmecker bevorzugen allerdings Schwarzbrot oder Pumpernickel.

Tip

Der Muschelsud kann noch weiter geschmacklich »getönt« werden, indem man ihn zusätzlich mit gehacktem Knoblauch, Zitronenscheiben oder gehäuteten, entkernten und gewürfelten Tomaten, mit Lorbeerblatt, Rosmarin oder Petersilie würzt. Wer mag, kann den Sud auch mit Sahne binden und dann die Muscheln darin servieren.

Hinweis Muscheln sollten stets nur so lange gekocht werden, bis sich die Schalen geöffnet haben. Dann nimmt man den Topf sofort vom Herd, denn bei zu langer Kochzeit werden die zarten Tiere leicht hart und schrumpfen zusammen, wodurch sie ihr feines Aroma großenteils verlieren.

Variationen
Übergrillte Muscheln: Lösen Sie jeweils nur eine Schalenhälfte ab und bestreuen Sie die Muscheln mit einer Mischung aus gehacktem Knoblauch, gehackter Petersilie, Semmelbröseln und nur sehr wenig geriebenem Käse. Mahlen Sie etwas schwarzen Pfeffer darüber und beträufeln Sie sie gut mit Olivenöl. Übergrillen Sie die Muscheln nun, bis sich eine leichte Kruste zeigt. Dazu sollte man die Schalen auf zusammengedrückte Alufolie oder in grobes Salz stellen, damit der Saft nicht herauslaufen kann. Anstelle der gehackten Petersilie kann man die Muscheln auch mit ein wenig frischer Minze oder einer Spur Zitronenmelisse würzen.
Dazu reicht man Stangenweißbrot.

Thunfisch auf dem Gemüsebett

750 g Fleischtomaten
300 g Zwiebeln
3 Knoblauchzehen
6 EL Olivenöl, 2 Bund glatte Petersilie
300 g frische Champignons
2 TL Instant Fleischbrühe
frisch gemahlener schwarzer Pfeffer
½ Zitrone (Saft)
4 Stengel Bleichsellerie
4 Scheiben Thunfisch von je 200 g (frisch oder tiefgekühlt)
1 TL Paprika edelsüß
E 40 F 45 K 15 kJ 2700 kcal 645

Die Tomaten mit kochendem Wasser überbrühen, abziehen, die Stengelansätze entfernen und die Tomaten halbieren. Vorsichtig Saft und Kerne herausdrücken und das Fruchtfleisch dann würfeln. Zwiebeln und Knoblauchzehen schälen und hacken. Beides im heißen Olivenöl goldgelb andünsten, die Tomaten und die abgespülte, getrocknete und gehackte Petersilie zufügen. Mit Instant Fleischbrühe und schwarzem Pfeffer würzen und etwa 10 Minuten im offenen Topf schmoren lassen. In der Zwischenzeit die Champignons putzen, wenn nötig waschen und nach dem Abtropfen blättrig schneiden. Sofort mit dem Zitronensaft beträufeln, damit sie sich nicht verfärben. Den geputzten, gewaschenen Bleichsellerie in ganz feine Streifchen schneiden und zusammen mit den Champignons auf die Tomaten legen. Die Thunfischscheiben kurz unter kaltem Wasser abspülen (tiefgekühlten Fisch vorher auftauen lassen) und sehr gut trockentupfen. Mit Paprika einreiben, auf das Gemüse legen und leicht salzen. Den geschlossenen Bräter in den auf 220 Grad (Gasherd Stufe 4) vorgeheizten Backofen stellen und den Fisch etwa 30 Minuten schmoren lassen. Den Fisch im Bräter servieren oder mit dem Gemüse auf einer vorgewärmten Platte anrichten.
Salzkartoffeln oder frisches Stangenweißbrot passen sehr gut dazu, und wer mag, kann auch noch einen kleinen Salat in leichter Zitronenmarinade dazu reichen.

Hinweis Die Sauce wird noch etwas pikanter, wenn man zusätzlich gehackte Sellerieblätter und gewürfelten, gehäuteten Paprika mitschmoren läßt: 2 rote Paprikaschoten zum Enthäuten so lange im Backofen bei 280 Grad rösten, bis die Haut Blasen wirft. Die Schoten kurze Zeit unter ein feuchtes Tuch legen, dann läßt sich die Haut leicht und mühelos abziehen. Die Schoten anschließend wie gewohnt entkernen und hacken.

Tip

Thunfisch auf dem Gemüsebett kann auch hervorragend in Alufolie zubereitet werden. Dazu wickelt man Fisch und Gemüse portionsweise in Alufolie und gart diese Päckchen ebenfalls im heißen Backofen. Die Garzeit kann dabei aufgrund der kleinen Mengen um 5 bis 10 Minuten verkürzt werden. Und auch auf dem Grill läßt sich dieses Gericht zubereiten, wenn es ebenfalls portionsweise in Alufolie verpackt wird.

Makrelen mit Avocadomus

4 küchenfertige Makrelen
von je 250 g
Saft von 2 Zitronen
Salz
1 reife Avocado
100 g roher Schinken ohne Fettrand
frisch gemahlener schwarzer Pfeffer
2 EL Mehl
100 g Butter
1 kleine Stange Lauch
2 Möhren
1/8 l trockener Weißwein
1/16 l trockener Wermutwein
100 g Crème fraîche
1 ungespritzte Zitrone
E 35 F 60 K 10 kJ 3120 kcal 745

Die Makrelen innen und außen abspülen, trockentupfen, mit etwas Zitronensaft beträufeln und leicht salzen. 10 Minuten ziehen lassen. Avocado halbieren, entkernen und das Fleisch aus den Schalen lösen. Das Fruchtfleisch im Mixer pürieren und dabei tropfenweise den restlichen Zitronensaft unterschlagen. Den Schinken ganz fein würfeln und mit dem Avocadomus mischen. Mit Salz und Pfeffer würzig abschmecken. Die vorbereiteten Makrelen mit dem Mus füllen und die Bauchseiten sorgfältig zustecken oder zunähen. Dabei ist darauf zu achten, daß die Fische nicht zu prall gefüllt werden, sonst quillt die Füllung beim Garen heraus. Hat man sehr kleine Makrelen gewählt, muß notfalls die Menge des Avocadomuses ein wenig reduziert werden.
Die Fische nun rundherum mit Mehl bestäuben und in etwa 40 g heißer Butter kurz anbraten.
Den geputzen Lauch und die geschälten Möhren in sehr dünne Streifen (Julienne) schneiden und in eine feuerfeste Form geben. Die Makrelen darauf legen und mit einigen Butterflöckchen bestücken. Weißwein angießen, die Form schließen und die Fische bei 180 Grad (Gasherd Stufe 2) im Backofen etwa 30 Minuten garen. Den Fischsud (er sammelt sich am Boden der Form) vorsichtig abgießen, mit dem Wermut mischen und um etwa die Hälfte einkochen lassen. Crème fraîche unterrühren und zum Schluß die restliche Butter neben dem Herd in kleinen Flöckchen unterschlagen. Die Makrelen auf einer vorgewärmten Platte oder auf vier Tellern anrichten und mit dem Gemüse umlegen. Die Sauce darüber verteilen und das Gericht mit den gewaschenen, abgetropften und in Achteln geschnittenen Zitronen garnieren. Möglichst rasch servieren. Petersilienreis und Kopfsalat in Zitronen- oder Joghurtmarinade runden dieses Gericht bestens ab.

Hinweis Ist die Avocadomus-Menge einmal zu groß (bei sehr dicken Avocados und relativ kleinen Makrelen kann das schon einmal passieren), rühren Sie die restliche Füllung zusammen mit der Crème fraîche unter die Sauce. In diesem Fall können Sie die Buttermenge ein wenig reduzieren, denn die Avocados sind ohnehin schon relativ fettreich.

Gefüllte Seeteufel-Schnitzel

800 g Seeteufelfilet
4 EL Öl
4 EL Zitronensaft
1/8 l trockener Weißwein
1/2 TL Salz
frisch gemahlener weißer Pfeffer
250 g kleine frische Champignons
je 1 Bund Dill und Petersilie
1 kleine Zwiebel
50 g Butter
2 Eigelb
1 TL guter Weißwein – oder Kräuteressig
E 40 F 25 K 3 kJ 1925 kcal 460

Das Fischfilet kurz unter kaltem Wasser abspülen und sehr gut trockentupfen. Dann mit einem sehr scharfen Messer das Stück in vier Teile zerlegen und diese jeweils taschenförmig einschneiden.
Aus Öl, Zitronensaft, Wein, Salz und Pfeffer eine Marinade rühren. Die Fischstücke hineinlegen und gut 10 Minuten ziehen lassen.
In der Zwischenzeit die Champignons putzen (wenn nötig waschen und abtropfen lassen) und blättrig schneiden. Die Kräuter abspülen, trockenschwenken und hacken. Zusammen mit der geschälten, fein gehackten Zwiebel zu den Champignons geben. Die Fischstücke abtropfen lassen und mit einem Teil der Mischung füllen. Die Öffnungen nun sehr gründlich zudrücken oder noch besser mit Rouladennadeln oder feinen Holzspießchen feststecken. Eine feuerfeste Form mit etwas Butter einfetten, die gefüllten Fischschnitzel hineinlegen und mit der restlichen Füllung bestreuen. Die übrige Butter in kleinen Flöckchen darauf verteilen und die Marinade angießen. Die Form schließen und im auf 180 Grad (Gasherd Stufe 2) vorgeheizten Ofen etwa 15 Minuten dünsten.
Die Fischschnitzel vorsichtig herausheben, die Spießchen entfernen und die Schnitzel auf einer vorgewärmten Platte anrichten und warm stellen.
Die Eigelbe mit Essig im lauwarmen Wasser schaumig schlagen, dann löffelweise den Fischsud dazugeben. Mit Salz und Pfeffer abschmecken und diese Sauce teilweise über den Fisch verteilen, teils getrennt reichen.
Geschälte und danach olivenförmig zugeschnittene Kartöffelchen und grüner Salat sind eine ideale Ergänzung für dieses Fischgericht.

Hinweis Seeteufel – er ist auch unter den Namen Anglerfisch, Krötenfisch oder Froschfisch bekannt – wird leider nur recht selten frisch angeboten; in gut sortierten Feinkostgeschäften bekommt man ihn am leichtesten. Häufig wird er auch unter seinem französischen Namen Lotte gehandelt. Sollten Sie ihn nicht frisch bekommen, greifen Sie auf tiefgekühlte Ware zurück.

Tip

Wer ein starkes Pilzaroma liebt, sollte die Champignons vorher kurz in wenig Butter andünsten. In diesem Fall empfiehlt es sich, zuerst die Zwiebel, dann die Pilze leicht zu rösten und mit den übrigen Zutaten zu vermischen. Dann kann man übrigens auch eine gehackte oder zerdrückte Knoblauchzehe zusammen mit den Pilzen ins Fett geben, schmeckt prima!

Gebratene Heringe

4 küchenfertige grüne
(das heißt frische) Heringe
2 EL Essig
Salz
schwarzer Pfeffer aus der Mühle
2 TL scharfer Senf
2 EL gehackte Petersilie
8 dünne Scheiben durchwachsener Speck
40 g Butter
E 20 F 40 K 1 kJ 2030 kcal 485

Die fix und fertig vorbereiteten Heringe unter kaltem Wasser innen und außen gründlich abspülen und mit Haushaltspapier sorgfältig abtrocknen. Die Fische vorsichtig auseinanderklappen und die Mittelgräten entfernen. Dann die Seitengräten mit einer Gabel abheben. Die Heringe innen mit Essig beträufeln und leicht salzen. Etwa 10 Minuten ziehen lassen, dann leicht mit Pfeffer bestreuen und mit dem Senf einstreichen. Danach mit der Petersilie bestreuen. Die Heringe wieder zusammenklappen und mit je 2 Speckscheiben umwickeln. Die Butter in einer großen Pfanne erhitzen und die Fische darin auf jeder Seite (je nach Größe) 5 bis 7 Minuten braten. Auf Haushaltspapier kurz abfetten lassen, dann sofort servieren.

Variation
Die Heringe statt in dem Speckmantel in einer Panade aus Mehl, 2 Eiern und 50 g Semmelbröseln (alles der Reihe nach verwendet) wälzen, diese Panade andrücken und die Fische in etwa 60 g Butter (sie braten recht leicht an) garen. Anstelle der Butter kann man hier auch ganz vorzüglich Butterschmalz verwenden. Für beide genannten Versionen können Sie anstelle von grünen (frischen) Heringen auch Salzheringe verwenden, die aber vor der Zubereitung über Nacht gewässert werden müssen, sonst sind sie zu salzig. Selbstverständlich braucht man sie nicht mehr mit Salz zu würzen, stattdessen sollte man sie mit grobkörnigem Senf (Rotisseursenf) bestreichen. Außerdem sollte man in diesem Fall nur frischen, niemals geräucherten Speck verwenden, da der geräucherte auch gepökelt ist und dadurch wieder Salz zuführt, wodurch die Heringe dann möglicherweise zu salzig schmecken würden.
Dazu Salzkartoffeln und eine Zwiebelsauce.
Oder man reicht dazu einen Kartoffelsalat in einer Fleischbrühe-Essig-Öl-Marinade, vermischt mit Tomaten-, Gurken- und Paprikawürfeln, geraspelten Möhren, gehackter Petersilie, Schnittlauch und Zwiebeln. Doch auch Brat- oder Pellkartoffeln mit Meerrettichsahne, saurer Sahne mit Dill und Schnittlauch, Joghurt-Kräuter-Sauce oder gesalzener Butter harmonieren ganz ausgezeichnet dazu. Und wer Pommes frites liebt, kann auch sie dazu reichen.

Zwiebelsauce
Dazu 150 g fein gehackte Zwiebeln in 40 g Butter hell anbraten, mit $^1/_8$ l Weißwein und $^1/_8$ l Fleischbrühe angießen und bei milder Hitze sämig kochen. Durch ein Sieb streichen und sie mit $^1/_8$ l saurer Sahne verfeinern. Gewürzt wird mit Salz und Pfeffer und nach Belieben einer Prise Zucker.

Flunder in Speck gebraten

4 küchenfertige Flundern von je etwa 300 bis 350 g
Salz
weißer Pfeffer aus der Mühle
4 TL Weinessig
75 g fetter Speck
150 g Schinkenspeck
Mehl zum Bestäuben
20 g Butter
2 EL gehackte Petersilie
1 Zitrone oder Limone
Petersilie oder Tomaten zum Garnieren
E 55 F 45 K 2 kJ 2700 kcal 645

Die Flundern kurz unter kaltem Wasser abspülen und mit Haushaltspapier sorgfältig trockentupfen. Innen und außen mit Salz und Pfeffer bestreuen und mit Essig beträufeln, dann etwa 15 Minuten durchziehen lassen.
In der Zwischenzeit den fetten Speck fein würfeln und in einer großen Pfanne unter häufigem Umrühren auslassen. Die Grieben herausnehmen und beiseite stellen. In dem Speckfett den ebenfalls fein gewürfelten Schinkenspeck anbraten und auch diese Grieben herausnehmen. Das Bratfett nun in zwei große Pfannen verteilen und erneut erhitzen. Die Flundern kurz trockentupfen und rundherum mit Mehl bestäuben. Leicht andrücken und im heißen Fett (je zwei Fische in einer Pfanne) auf beiden Seiten in insgesamt 10 Minuten knusprig braun braten.
Die Butter in einem anderen Topf erhitzen, die Speckgrieben darin warm werden lassen und die abgespülte, fein gehackte Petersilie untermischen. Den Topf dann sofort vom Herd nehmen.
Die fertigen Flundern auf einer großen vorgewärmten Platte anrichten und mit den Grieben bestreuen. Die Butter darüber träufeln und das gesamte Gericht mit der in Achtel geschnittenen Zitrone oder Limone, kleinen Petersiliensträußchen und in Scheiben geschnittenen Tomaten (nach Wunsch gehäutet und entkernt) garnieren.
Reichen Sie einen deftigen Kartoffelsalat, gemischt mit Gurkenwürfeln, gehackten Zwiebeln, geraffelten Möhren und viel Schnittlauch oder Dill dazu, der mit einer Essig-Öl-Marinade angemacht wurde. Aber auch kleine, mit gehackter Petersilie bestreute oder in Butter gebratene (möglichst neue) Kartoffeln schmecken ausgezeichnet dazu.

Hinweis Ebenso lassen sich Schollen und Babybutts zubereiten. Und wer sich durch die Gräten auf dem Teller beim Genießen gestört fühlt, kann die Fische vor der Zubereitung filetieren, sollte dann aber auch in jedem Fall die Garzeit verkürzen, sonst trocknen die Fische leicht aus.

Variation
Zusammen mit den Speckgrieben können zusätzlich 100 g frische (geschälte) Krabben und/oder 150 g vorher geputzte und in Butter gebratene Champignons in Scheiben über die Flundern verteilt werden. Die Pilze können Sie außer mit Salz und Pfeffer auch mit einer Spur zerdrücktem und gehacktem Knoblauch würzen. Auch ein paar Tropfen Essig oder Zitronensaft geben eine zusätzliche Würze.

Kabeljau im Blättermantel

1 küchenfertiger Kabeljau
von etwa 1250 g
Saft einer Zitrone oder Limone
1 kleine Fenchelknolle
1 Schalotte oder kleine Zwiebel
1 Stengel Bleichsellerie
Salz, frisch gemahlener weißer Pfeffer oder Zitronenpfeffer (Fertigprodukt)
1 großer Kopfsalat
100 g durchwachsener Speck
2 Schalotten oder 1 Zwiebel
¼ l trockener Weißwein
125 g Butter
E 35 F 50 K 10 kJ 2720 kcal 650

Den Kabeljau innen und außen unter kaltem Wasser abspülen und mit Haushaltspapier trockentupfen. Innen und außen mit Zitronen- oder Limonensaft beträufeln. Die geputzte Fenchelknolle, die geschälte Schalotte oder Zwiebel und den geputzten Bleichsellerie fein hacken. Dabei die Blätter von Fenchel und Bleichsellerie ebenfalls verwenden. Alles mischen, mit Salz und Pfeffer (oder Zitronenpfeffer) würzen und in den Fisch füllen. Die Öffnung danach sehr gut zusammendrücken oder auch mit einem Spießchen feststecken.
Von dem Salat die großen Blätter ablösen, waschen und in sprudelnd kochendem, gesalzenen Wasser 1 Minute blanchieren. Unter kaltem Wasser abschrecken und abtropfen lassen.Dann die Salatblätter behutsam ausbreiten, die sich beim Blanchieren zusammengefaltet haben.
Den Fisch nun vom Kopf zum Schwanz hin in die Blätter wickeln. Den gewürfelten Speck in einer feuerfesten länglichen Form auslassen, die Grieben entfernen, die Schalotten- oder Zwiebelwürfel hineingeben und den Fisch darauf setzen. Mit Wein umgießen und 25 g Butter in Flöckchen auf dem Fisch verteilen. Die Form mit Alufolie bedecken und in den auf 220 Grad vorgeheizten Backofen (Gas Stufe 4) schieben. Den Fisch 30 Minuten garen. 10 Minuten vor Ende der Garzeit die Folie entfernen und den Fisch 4 bis 5mal mit dem Sud übergießen.
Den Fisch aus der Form nehmen und im Blättermantel warm stellen. Den Fond etwas abkühlen lassen, dabei erstarrt das Fett ein wenig. Die Form schräg halten und so viel Fett wie möglich abschöpfen, den Rest mit Haushalts- oder Löschpapier aufsaugen. Den Fond danach bei starker Hitze um die Hälfte reduzieren und vom Herd nehmen. Die restliche, kalte Butter in Flöckchen einschlagen, so daß eine sämige Sauce entsteht. Die Salatblätter in der Mitte der Fischoberseite öffnen und auseinanderklappen. Den Fisch mit etwas Sauce überziehen, die restliche Sauce getrennt dazu reichen.
Als Beilagen gedünsteten Spinat oder überbackenen Fenchel und Salzkartoffeln servieren.

Tip

Verwenden Sie für dieses Gericht nur Freilandsalat, Treibhausware ist dafür nicht geeignet. Diese Köpfe sind zu zart und fallen darum leicht zusammen. Außerdem ist ihr Aroma zu schwach.

Hinweis Man kann den Fisch auch (wie im Foto) mitsamt den ihn umgebenden Salatblättern in gleichmäßige Scheiben schneiden und anrichten. Dabei ist allerdings darauf zu achten, daß man nur ein sehr scharfes Messer verwendet, denn sonst können die Salatblätter zerreißen und das Ergebnis sieht nicht mehr sehr appetitlich aus.

Gegrillter Seewolf

Loup de mer grillé

1000 g Seewolf (möglichst aus der Mitte geschnitten)
2 EL Zitronensaft
2 EL gehackte Petersilie
1 EL fein geschnittene Dillspitzen
2 EL gehackter Kerbel
Salz, schwarzer Pfeffer aus der Mühle oder Zitronenpfeffer (Fertigprodukt)
20 g Butter, 1 Thymianzweig
2 EL Öl
1 cl Anisschnaps
E 45 F 15 K 5 kJ 1445 kcal 345

Den Fisch wenn nötig schuppen oder dies im Fischgeschäft erledigen lassen. Den Fisch innen und außen gründlich unter kaltem Wasser abspülen, trockentupfen. Auf jeder Seite 3 etwa 5 mm tiefe Einschnitte machen, damit er gleichmäßig gart. Den Fisch danach innen und außen mit Zitronensaft beträufeln. Die Kräuter mit Salz und Pfeffer oder Zitronenpfeffer mischen und einen Teil davon in die Einschnitte reiben. Den Fisch mit Butterflöckchen, dem Thymianzweig und der restlichen Kräutermischung füllen und wieder zusammenklappen.
Einen Fisch-Wendekorb (Grillkorb) mit Öl bestreichen, den Fisch hineinlegen, den Korb schließen und das restliche Öl mit Anisschnaps mischen. Den Fisch rundherum damit bepinseln und unter dem vorgeheizten Grill 10 Minuten grillen. Den abtropfenden Saft auffangen und den Fisch damit bestreichen. Den Fisch wenden, wieder bestreichen und weitere 10 Minuten grillen. Den Fisch danach aus dem Korb lösen und vorsichtig filetieren. Die Filets mit der Hautseite nach oben auf einer vorgewärmten Platte anrichten. Den ausgetretenen, aufgefangenen Fischsaft mit ganz wenig Wasser (oder Weißwein) lösen, durch ein Sieb gießen und getrennt zum Fisch reichen.
Dazu Folienkartoffeln oder frisch geröstetes Weißbrot und einen Salat servieren. Auch eine Ailloli paßt dazu. Zu beiden Gerichten dieser Seite paßt ein trockener Weißwein, aber auch ein – ebenfalls trockener – Rosé oder Weißherbst.

Tip

Wenn Sie Besitzer eines Grills mit Drehspießeinrichtung sind, sollten Sie den Seewolf (Loup de mer) stets »rotierend« zubereiten, denn dadurch gart er besonders gleichmäßig. Befestigen Sie dazu den Grillkorb an der Dreh-Automatik und garen Sie den Fisch unter häufigem Bestreichen mit dem Saft, den Sie zum Schluß (nach dem Loskochen) auch mit etwas Sahne verfeinern können.

Bückling mit Rührei

4 Bücklinge von je 200 g
60 g Butter
6 Eier
1/8 l Milch oder Sahne
Salz, weißer Pfeffer aus der Mühle
Paprika edelsüß
2 EL gehackte Petersilie
E 45 F 45 K 2 kJ 2595 kcal 620

Die Bücklinge auf Pergamentpapier legen und mit einem scharfen Messer Köpfe und Schwänze abschneiden. Dann die Haut am Rücken entlang aufschlitzen, den Bückling jeweils aufklappen und die Mittelgräte mit einer Gabel oder einem Messer abheben. Sind Milch und Rogen noch vorhanden, herausnehmen und mit etwas Zitronensaft beträufelt gesondert servieren. Die losen Bauchgräten mit einer Gabel von hinten nach vorn »abharken« und die Filets von den Häuten lösen. Die Butter in einer großen Pfanne (oder besser zwei Pfannen verwenden) erhitzen und die Filets darin auf beiden Seiten kurz anbraten. Die Eier mit Milch oder Sahne verquirlen, mit Salz, Pfeffer und Paprika kräftig würzen und über die Bücklingsfilets gießen. Unter vorsichtigem Rühren als Rührei stocken lassen und mit Petersilie bestreut noch sehr heiß servieren.
Dazu gibt es Kartoffelsalat, Bratkartoffeln und grünen Salat oder Vollkornbrot mit Butter.

Marinierter Räucherfisch

1/8 l Weinessig
1/4 l Wasser
1/8 l Rotwein
1/16 l Olivenöl
50 g Zucker
8 zerstoßene Pfefferkörner
Salz
3 Knoblauchzehen
je 1 rote und grüne Paprikaschote
2 getrocknete Chilischoten
750 g Schillerlocken
2 El Kapern
2 EL gehackte Petersilie
4 Tomaten
12 paprikagefüllte grüne Oliven
E 40 F 50 K 5 kJ 2890 kcal 690

Essig mit Wasser, Wein und Öl, mit Zucker, Pfefferkörnern und Salz aufkochen und abschäumen. Erkalten lassen und die gehackten Knoblauchzehen, die geputzten, in Streifen geschnittenen Paprikaschoten, Chilischoten und die in etwa 5 cm große Stücke geschnittenen Schillerlocken hineingeben. Zugedeckt mindestens 24 Stunden im Kühlschrank marinieren lassen. Anschließend in einer tiefen Platte anrichten und mit den abgetropften Kapern und der gehackten Petersilie bestreuen. Die Tomaten waschen, trocknen und vierteln, die Oliven halbieren und beides als Garnierung anlegen.
Frisches Stangenweißbrot paßt ebenso gut dazu wie Schwarzbrot oder auch Bratkartoffeln mit Zwiebeln und Schnittlauch.

Hinweis Schillerlocken sind relativ teuer. Doch nach diesem Rezept kann man auch preiswerte Räucherfische, wie zum Beispiel Seelachs, einlegen. Man muß jedoch darauf achten, daß die Stücke dabei nicht zu sehr auseinanderfallen.

Seelachsragout

2 Zwiebeln
2 Knoblauchzehen
1 großes Bund Petersilie
1 Stengel Estragon
1 Stengel Sellerielaub
½ l Fischbrühe (ersatzweise eine milde Fleischbrühe)
½ l trockener Weißwein
1000 g küchenfertiger Seelachs
Saft einer Zitrone
500 g Schalotten oder kleine Zwiebeln
65 g Butter
1 EL Mehl
Salz, weißer Pfeffer aus der Mühle
4 Scheiben Toastbrot
2 EL gehackte Petersilie
1 EL Schnittlauchröllchen
E 75 F 20 K 30 kJ 2890 kcal 690

Die Zwiebeln und Knoblauchzehen schälen und fein hacken, den Knoblauch nach Wunsch auch durch eine Presse drücken. Die Kräuter abspülen und trockenschwenken. Alles mit der Fischbrühe und dem Weißwein begießen und in einem geschlossenen Topf aufkochen und 60 Minuten ganz sanft ziehen lassen. Danach durch ein feines Sieb gießen.
Den Fisch von der Mittelgräte lösen und in etwa 4 cm große Stücke schneiden. Mit Zitronensaft beträufeln und kurze Zeit ziehen lassen. Die Schalotten oder Zwiebeln schälen und in 40 g Butter rundherum leicht bräunen lassen. Mit Mehl bestäuben und unter Rühren so lange weiterbraten, bis das Mehl goldgelb ist. Dann mit dem Sud auffüllen und alles zum Kochen bringen. Die Fischstücke hineinlegen und zugedeckt in knapp 10 Minuten garziehen, aber keinesfalls kochen lassen.
In der Zwischenzeit das Toastbrot entrinden und in kleine Würfel schneiden. Die restliche Butter in einer Pfanne sehr heiß werden lassen und die Brotwürfel darin unter ständigem Wenden goldbraun rösten.
Das Fischragout abschmecken und in einer vorgewärmten Terrine anrichten. Die Brotwürfel darauf verteilen und alles mit Petersilie und Schnittlauch bestreuen.
Folienkartoffeln oder Knoblauchbrot schmecken ganz besonders gut dazu.

Variationen
Geben Sie kurz vor dem Garwerden noch 100 g frische Krabben und 100 g Muscheln aus der Dose zu dem Ragout oder ersetzen Sie die Hälfte des Weins durch Tomatensaft. Geben Sie in diesem Fall noch 4 gehäutete, entkernte und fein gehackte Tomaten hinein. Und statt der Brotwürfel kann man auch hartgekochte, gehackte Eier darauf streuen, doch sollte man dann vorher 4 EL Crème fraîche hineinrühren. Außer mit Seelachs kann man dieses Gericht auch mit Kabeljau, Heilbutt, Aal, Karpfen oder Thunfisch zubereiten, doch sollte der Thunfisch vor der Zubereitung nicht gesäuert werden.

Knoblauchbrot in Folie
Ein Stangenweißbrot in Abständen von etwa 5 cm bis fast zum Boden einschneiden und die Schnittflächen mit Knoblauchbutter bestreichen. Das Brot in Alufolie hüllen und etwa 20 Minuten im mittelheißen Ofen aufbacken oder es kurze Zeit unter den Grill schieben. Ohne die Folie wird es rundherum schön knusprig.

Heringe auf spanische Art

Für 6 Personen
1 kg Salzheringe oder Matjes
1 TL Zucker
1/4 l trockener Sherry (Fino)
2 EL Weinessig
1 TL grob geschrotener schwarzer Pfeffer
3 EL Olivenöl
1 Zwiebel
2–3 Knoblauchzehen
12 spanische, paprikagefüllte Oliven
1 Stengel getrockneter Thymian
1 kleine getrocknete Pfefferschote
E 20 F 25 K 15 kJ 2615 kcal 625

Die Heringe wie gewohnt putzen, wässern und in Streifen schneiden. Den Zucker in einer Mischung aus Sherry und Essig auflösen, Pfeffer, Öl, in Ringe geschnittene Zwiebeln und gehackten Knoblauch einmischen. Oliven in Scheiben schneiden und mit den Heringen in ein Glas schichten. Thymian und Pfefferschote zufügen, mit der Marinade begießen und zugedeckt 1 bis 3 Tage an einem kühlen Platz, jedoch nicht im Kühlschrank, durchziehen lassen.
Frisches, beziehungsweise wieder aufgebackenes französisches Stangenweißbrot oder auch Knoblauchbrot sind die ideale Ergänzung. Als Getränk kann man zwischen einem trockenen Sherry (Fino) und einem herben Weißwein wählen. Doch auch ein kühles Pils schmeckt gut dazu.

Heringe in Kräuter-Joghurt

750 g Salzheringe
2 Zwiebeln
2 säuerliche Äpfel
2 Gewürzgurken
1 kleines Glas rote Bete
1 Röhrchen Kapern
je 1 Becher Sahne- und Magerjoghurt
1 TL geriebener Meerrettich
frisch gemahlener weißer Pfeffer
1 Prise Zucker
je 1 EL Kräuter- und Rotweinessig
je 1/2 Bund Dill, Petersilie und Zitronenmelisse
2 Blätter Borretsch
1 Bund Schnittlauch
E 20 F 15 K 25 kJ 1360 kcal 325

Die Heringe wie gewohnt etwa 24 Stunden wässern, abtrocknen, filetieren und in mundgerechte Stücke schneiden. Geschälte Zwiebeln und Äpfel, abgetropfte Gurken und rote Bete in Streifen schneiden. Kapern abtropfen lassen.
Sahne- und Magerjoghurt mit Meerrettich, Pfeffer, Zucker, Essig und den gehackten Kräutern mischen. (Vom Schnittlauch die Hälfte beiseite stellen.) Alle Zutaten mit der Joghurtmasse mischen und im Steingutgefäß mindestens 2 Tage kühl durchziehen lassen. Mit dem restlichen Schnittlauch bestreut anrichten.
Dazu schmecken dunkles Bauernbrot oder möglichst neue Pellkartoffeln ganz besonders gut.

Tip

Die Sauce kann auch mit saurer Sahne zubereitet werden, dann wird's noch etwas säuerlicher. Und wer die Kalorien nicht scheuen muß, darf Crème fraichê statt der Sahne verwenden.

Rotwein-Heringe

Für 6 Personen
1 kg Salzheringe
1/4 l trockener, kräftiger Rotwein
4 EL Weinessig
1 Stange Lauch,
2 Zwiebeln
2 EL grüner Pfeffer,
1 Prise Zucker
je 2 Nelken und Wacholderbeeren
1 EL Kräuter der Provence
1 Lorbeerblatt
1 Möhre,
1 Paprikaschote
1/2 ungespritzte Orange (Schale)
2 EL Olivenöl
E 50 F 45 K 5 kJ 2700 kcal 645

Die Heringe ausnehmen, von Köpfen und Flossen befreien und 12 bis 24 Stunden (je nach Salzgehalt) wässern. Das Wasser dabei oft erneuern. Die Heringe dann trockentupfen und in 2 cm breite Streifen schneiden. Rotwein mit Essig mischen, den geputzten, in Ringe geteilten Lauch und die geschälte in Ringe geschnittenen Zwiebeln zusammen mit grünem Pfeffer, Zucker, Nelken, Wacholderbeeren, Kräutern und Lorbeer zufügen. Die Möhre schaben und in 3 mm breite Scheiben schneiden, die Paprikaschote geputzt in mundgerechte Stücke teilen. Alle Zutaten mit der sorgfältig geschälten Orangenschale in ein Steingutgefäß schichten, die Weinmischung darübergießen und alles mit dem Olivenöl bedecken. Mindestens 24 Stunden, besser aber noch 3 Tage marinieren lassen.
Mit Mischbrot oder Röstkartoffeln anrichten.

Schwedischer Glasbläserhering

Für 6 Personen
1 kg Salzheringe oder Matjes
je 1/4 l Weißweinessig und Wasser
125 g Zucker
je 1 EL Piment- und schwarze Pfefferkörner
1 gehäufter EL Senfkörner
2–3 kleine Lorbeerblätter
2–3 rote Zwiebeln
2 Möhren
1/2 Stange Meerrettich (ca 4 cm)
1 Stückchen Ingwer (ca 1 cm)
1 Bund Dill
E 20 F 15 K 35 kJ 1525 kcal 365

Die küchenfertig vorbereiteten Heringe 12 bis 24 Stunden (die nur schwach gesalzenen Matjes entsprechend kürzer) wässern, trockentupfen, filetieren und in etwa 3 cm breite Streifen teilen. Essig mit Wasser und den Gewürzen aufkochen und abkühlen lassen. Zwiebeln und Möhren schälen, Meerrettich und Ingwer schaben und alles in hauchdünne Scheiben schneiden. Abwechselnd mit den Heringen in ein Glas schichten, die Hälfte des zerpflückten Dills zufügen und mit der Marinade begießen. Zugedeckt 2 Tage an einem kühlen Platz marinieren lassen, abschmecken und mit dem übrigen Dill garniert servieren.
Dunkles Brot oder Roggenknäcke mit gesalzener Butter sind ideal dazu.

Filets de harengs

Matjes auf holländische Art

8 Matjesfilets von je etwa 60 g
¼ l Buttermilch
¼ l Mineralwasser
1000 g grüne Bohnen
Salz
1 TL getrocknetes Bohnenkraut
125 g leicht durchwachsener Speck
3 Zwiebeln
1 Becher dicke saure Sahne
(20%ig, 100 g)
1 EL gehackte Petersilie
E 30 F 50 K 20 kJ 2845 kcal 680

Die Matjesfilets je nach ihrem Salzgehalt 30 bis 40 Minuten in einer Mischung aus Buttermilch und Mineralwasser ziehen lassen. (Bei sehr stark gesalzenen muß diese Zeit entsprechend verlängert werden).
In der Zwischenzeit die Bohnen putzen, waschen und nach dem Abtropfen (wenn nötig fädeln) Stengel- und Blütenansätze entfernen. In einen Topf geben, mit wenig Salz und Bohnenkraut bestreuen und mit soviel Wasser bedecken, daß es dreifingerhoch im Topf steht. Nun etwa 20 Minuten garen.
Den Speck fein würfeln und in einer Pfanne knusprig braun ausbraten.
Die Zwiebeln schälen und zwei davon fein hacken. In dem Speckfett goldbraun braten. Die saure Sahne schaumig schlagen und die übrige Zwiebel in sehr feine, möglichst hauchdünne Ringe schneiden.
Die Matjesfilets abtropfen lassen und zusätzlich mit Haushaltspapier gut trocken tupfen. Dann dachziegelartig auf einer großen Platte anrichten und mit den Zwiebelringen belegen. Die Sahne in die Mitte geben. Die Bohnen aus dem Kochwasser nehmen, abtropfen lassen, abschmecken und mit der Petersilie bestreuen. Zusammen mit der Speckstippe neben den Matjesfilets anrichten oder die Speckstippe getrennt dazu reichen. Klassische Beilagen sind neue Kartoffeln, über die man die Speckstippe gießt. Aber auch Schwarzbrot mit Butter schmeckt gut dazu. Stellen Sie immer eine Pfeffermühle dazu, damit jeder nach Lust und Laune selbst nachwürzen kann.

Variation
Wandeln Sie dieses Rezept doch einmal auf Hausfrauenart ab: Die wie oben beschriebenen Matjesfilets werden in etwa 3 cm breite Stücke geschnitten, mit 3 in Achteln, dann in dünne Scheiben geschnittenen Äpfeln und 2, in hauchdünne Ringe geteilten Zwiebeln gemischt. Darüber gießt man eine Sauce aus saurer Sahne, die mit etwas Zitronensaft und Pfeffer (manchmal auch mit etwas Senf und geriebenem Meerrettisch) gewürzt wird (kein Salz!). Dazu passen Pellkartoffeln aus neuen Kartoffeln oder frisches Landbrot ganz ausgezeichnet.

Tip

Wenn Sie Glück haben, hält Ihr Fischhändler im Mai oder Juni frische Matjes bereit (sie heißen auch Mai-Matjes). Sie sind so mild gesalzen, daß man sie überhaupt nicht zu wässern braucht. Allerdings sind sie nur selten im Handel, darum recht teuer und nicht lange lagerfähig.

Fischfilet überbacken

125 g Langkornreis, Salz
125 g tiefgekühlte Erbsen
600 g tiefgekühlte Fischfilets
1/8 l trockener Weißwein
1/2 TL weiße Pfefferkörner
1 Bund Suppengrün, 60 g Butter
je 1/8 l Sahne und Milch
100 g geriebener Gruyère
50 g Gorgonzola
2 Bund frisches Basilikum
frisch gemahlener schwarzer Pfeffer
1 EL Semmelbrösel
E 45 F 35 K 35 kJ 2740 kcal 655

Den Reis in kräftig gesalzenem Wasser beißfest kochen, abschrecken und auf einem Sieb abtropfen lassen. Erbsen nach Packungsaufschrift garen, auch abschrecken und abtropfen lassen. Die Fischfilets antauen, dann in 3 cm große Würfel teilen und im siedenden Wein (mit Pfefferkörnern und geputztem Suppengrün) 3 Minuten ziehen lassen, dann abtropfen. Den Reis in 30 g Butter goldgelb braten und mit den Erbsen in eine gefettete feuerfeste Form geben. Die Fischstücke darauf verteilen. Sahne und Milch erhitzen und den Käse (bis auf 2 EL Gruyère) darin unter Rühren schmelzen. Mit fein gehacktem Basilikum und reichlich schwarzem Pfeffer würzen, über den Fisch gießen und die restliche Butter in Flöckchen darauf verteilen. Semmelbrösel und den übrigen Käse mischen, darüberstreuen und den Fisch im 220 Grad heißen Ofen (Gas Stufe 4) etwa 15 Minuten überbacken.

Fischfilet auf Gemüse

600 g tiefgekühlte Fischfilets, Salz
1 Zitrone (Saft), 3 EL Mehl
250 g Champignons
1 Stange Lauch
2 Möhren, 1/4 kleine Sellerieknolle
1 Zwiebel, 1–2 Knoblauchzehen
50 g Butter, 3 Fleischtomaten
16 paprikagefüllte spanische Oliven
2 Bund Petersilie
6 EL trockener Sherry (Fino)
frisch gemahlener schwarzer Pfeffer
Cayennepfeffer, 3 EL Crème fraîche
E 30 F 15 K 70 kJ 2470 kcal 590

Die Fischfilets antauen lassen, in 3 cm große Würfel schneiden und mit etwas Salz und der Hälfte des Zitronensaftes würzen. Mit Mehl bestäubt beiseite stellen. Pilze putzen, waschen, blättrig schneiden und mit dem restlichen Zitronensaft beträufeln. Lauch, Möhren und Sellerie putzen und in sehr feine Streifen (Julienne) schneiden. Zwiebel und Knoblauch schälen und fein hacken. Beides in 40 g heißer Butter glasig braten, das übrige Gemüse zufügen und 5 Minuten dünsten lassen. Gut die Hälfte davon in eine feuerfeste gefettete Form geben, die Fischwürfel darauf verteilen und mit dem restlichen Gemüse sowie den gehäuteten, entkernten Tomaten und den in Ringe geschnittenen Oliven bestreuen. Gehackte Petersilie, Sherry, schwarzen und Cayennepfeffer zugeben und zugedeckt etwa 20 Minuten bei 200 Grad (Gas Stufe 3) im vorgeheizten Ofen garen. Nach 15 Minuten den Deckel abnehmen und zum Schluß Crème fraîche einrühren. Abschmecken und gleich servieren. Als Beilage eignen sich Brot oder Salzkartoffeln am besten.

Hummer

Hummer »nature«

2 lebende Hummer von je 500 g
4 l Wasser
100 g Meersalz
150 g gesalzene Butter
1 Bund Dill
2 Zitronen oder Limonen
E 40 F 35 K 2 kJ 2095 kcal 500

Die Hummer unter fließendem kalten Wasser kurz, aber gründlich abbürsten. Dabei die Gummiringe, die die Scheren zusammenhalten, nicht abstreifen! Wasser mit Salz in einem großen, hohen Topf aufkochen und die Hummer mit dem Kopf nach unten ganz schnell hineindrücken. Dieses spontane Eintauchen in das kochende Wasser tötet die Hummer auf der Stelle.
Kurz bevor das Wasser erneut zu kochen beginnt, die Temperatur herunterschalten und die Hummer bei mittlerer Hitze etwa 15 Minuten leise sieden lassen. Während des Garvorgangs wird die äußere graue Farbschicht der Hummerpanzer zerstört, dadurch kommt die »typisch« rote Farbe zum Vorschein. Die Hummer mit einem Schaumlöffel herausheben, abtropfen lassen und der Länge nach halbieren. Dazu die Hummer auf den Bauch legen und ein stabiles Messer an dem Punkt des Rückens ansetzen, wo der Schwanz beginnt und sich dadurch im Panzer ein kleines Kreuz zeigt. Nun mit kräftigem Druck zuerst in Schwanz-, dann in Kopfrichtung in zwei Hälften teilen. Bei sehr harten Panzern kann man einen Hammer zur Hilfe nehmen. Legen Sie dann das Messer (ein sehr stabiles!) senkrecht auf die Mitte und schlagen Sie mit dem Hammer einmal auf den Klingenrücken. (Diese Methode empfiehlt sich allerdings nur in der Küche, weniger an der gedeckten Tafel!). Gummiringe entfernen. Dann den schwarzen Darmstrang (er zieht sich wie ein Faden durch den Körper) entfernen und die Hummerhälften auf einer vorgewärmten Platte anrichten.
Die Butter in einem kleinen Pfännchen schmelzen, aber nicht bräunen lassen – sie soll gerade eben aufschäumen. Je einen Teelöffel davon über das Hummerfleisch tröpfeln, den Rest in einer Sauciere getrennt dazu reichen. Die Hummer mit dem abgespülten, trockengeschwenkten und zerplückten Dill garnieren, die Zitronen oder Limonen halbieren und ebenfalls anlegen.

Hummer Thermidor
Dies ist eine Abwandlung des oben genannten Rezeptes. Dazu werden die Hummer ebenfalls 15 bis 20 Minuten gegart, abgetropft und der Länge nach halbiert. Anschließend löst man zuerst die Scheren und Beine ab. (Bei den Scheren – sie enthalten das zarteste Fleisch – entfernt man, wie beim oben angegebenen Rezept natürlich auch, als erstes die Gummiringe.)
Scheren und Beine werden durch leichte Drehbewegungen abgetrennt, wobei man natürlich auch ein Messer zur Hilfe nehmen kann. Jedoch muß man in diesem Fall darauf achten, daß keine Scherensplitter am Fleisch bleiben. Nun werden die Scheren etwa in Höhe des Greifers mit der Hummerzange aufgeknackt, so daß man das Fleisch herausziehen kann. Bei den Greifern verfährt man ebenso, muß nur noch die weißen Chitinstreifen entfernen. (Wer keine Hummerzangen besitzt, klopft mit dem Messerrücken auf die Scheren, bis diese zerspringen oder behilft sich mit einer Haushaltsschere.) Die Hummerbeine dreht man in den Gelenken ab und holt das Fleisch mit der Hummergabel (in der Küche ersatzweise mit Rouladennadeln) heraus. (Werden die Beine im Ganzen mitserviert, darf man das Fleisch heraussaugen.) Das Fleisch aus den Panzerhälften ebenfalls herausheben und in Scheiben schneiden. 2 Schalotten schälen und fein hacken, dann in 20 g Butter glasig braten, jedoch keine Farbe nehmen lassen. Mit 2 EL Mehl bestäuben, unter Rühren knapp 5 Minuten durchschwitzen lassen, ohne zu bräunen und mit je 1 EL trockenen Sherry (Fino) und trockenem Weißwein ablöschen. Sofort knapp $^1/_8$ l Milch einrühren und alles kräftig durchkochen lassen. Den Topf dann vom Herd nehmen und 1 EL geriebenen Parmesan mit 50 g geriebenem Gruyère einrühren. Mit Salz, frisch gemahlenem weißen Pfeffer und einer Messerspitze Senfpulver abschmecken. Ein Eigelb mit 2 EL Sahne und etwas Sauce verquirlen und unter Rühren in die Sauce gießen. Erneut kurz erhitzen, aber nicht mehr kochen lassen, sonst flockt das Ei aus. Das geschnittene Hummerfleisch wieder in den Schalen anrichten, die Sauce darüber verteilen und alles mit insgesamt 2 EL Semmelbröseln (möglichst ungewürzte verwenden) bestreuen. 20 g Butter in kleinen Flöckchen darauf verteilen und unter dem vorgeheizten Grill 10 bis 15 Minuten knusprig braun überbacken. Mit etwas Dill oder Petersilie garnieren und sofort servieren.

Tip

Wer auf das Mehl in der Sauce verzichten möchte, erhöht die Sahnemenge um etwa die Hälfte und läßt die Sauce dann bei starker Hitze im offenen Topf cremig einkochen. Beim Übergrillen sollte man stets darauf achten, daß die Grillzeit nicht überschritten und daß die Hitze nicht zu hoch ist, denn sonst würde das zarte Hummerfleisch sehr leicht austrocknen. Der Hummer Thermidor wird sofort – sehr heiß – serviert. Hummer »nature« dagegen schätzen viele Feinschmecker lauwarm – so kommt der reine, unverfälschte Hummergeschmack (sagen die Feinschmecker) am besten zur Geltung.

Hinweis Wer lebende Hummer kauft, sollte – wie bei Muscheln – darauf achten, daß sie auch tatsächlich frisch sind. Zum Test faßt man den Hummer am Rücken und hebt ihn etwas hoch. Ein frischer, kräftiger und gesunder Hummer schlägt nun mit dem Schwanz, weil er versucht, sein Gleichgewicht wiederzufinden. Zeigt das Tier dagegen keine oder nur sehr schwache Bewegungen, sollte man sich besser nach einem anderen umsehen, denn müde wirkende Tiere sind entweder zu lange oder falsch gelagert und schmecken auch entsprechend.

Jakobsmuscheln in Champignonsauce

600 g tiefgekühlte Jakobsmuscheln
1/4 l Wasser
1/8 l trockener Weißwein
2 Schalotten, 1 Zweig Thymian
6 Pfefferkörner, 1 Nelke
1 Lorbeerblatt, Salz
250 g frische Champignons
100 g Butter, 1 TL Mehl
10 cl Crème fraîche
1 Eigelb
Pfeffer aus der Mühle
1 EL gehackte Petersilie
E 20 F 35 K 7 kJ 1820 kcal 435

Die Muscheln auftauen lassen. Dann jeweils den roten Corail (Geschlechtsorgan) vom weißen Fuß trennen. Wasser und Wein mit den geschälten, gehackten Schalotten und den Gewürzen etwa 15 Minuten sprudelnd kochen lassen. Dann die »Muschelfüße« hineingeben und 5 Minuten ziehen lassen. Nach 3–4 Minuten den Corail untermischen, die Muscheln mit einem Schaumlöffel herausnehmen und die Füße in 5 mm dicke Scheiben schneiden. Den Sud durch ein Sieb gießen. Die geputzten, gewaschenen und abgetropften Champignons in Scheiben schneiden und in 50 g heißer Butter braten, bis alle Flüssigkeit verdampft ist.
25 g Butter in einem Topf zerlassen. Das Mehl hineinrühren und goldgelb werden lassen. Mit dem Sud ablöschen. Unter ständigem Rühren erhitzen, Crème fraîche zufügen und 2 Minuten kochen lassen. Eigelb mit etwas Sauce verrühren und langsam unter die Sauce ziehen. Die Sauce bis kurz vor dem Kochen erhitzen, aber nicht aufkochen lassen. Den Topf vom Herd nehmen. Die restliche Butter flöckchenweise mit dem Schneebesen unterziehen. Muscheln und Champignons hineingeben und mit Salz und Pfeffer abschmecken. Das Gericht in vier Muschelschalen oder einer vorgewärmten Schüssel anrichten und mit Petersilie bestreuen. Dazu mit wildem Reis gemischten Langkornreis (fertige Mischungen gibt es zu kaufen) oder frisches Stangenweißbrot und Kopfsalat in einer milden Marinade servieren.

Variationen
Die Muscheln wie oben zubereiten, mit Semmelbröseln und Butterflöckchen bestreuen. Dann unter vorgeheiztem Grill 1 bis 2 Minuten überkrusten.

Die Muscheln wie oben vorbereiten. Den Sud als Grundlage für eine Mornay-Sauce (Rezept Seite 166) verwenden. Mit Semmelbröseln und etwas geriebenem Parmesankäse bestreuen. Dann unter dem vorgeheizten Grill 2–3 Minuten übergrillen.

Die Muscheln wie oben vorbereiten und in Scheiben mit 1 feingehackten Schalotte und 1 EL gehackter Petersilie in 50 g Butter andünsten. Mit 1/4 TL Safran und Salz würzen. 200 g abgezogene, entkernte und gewürfelte Tomaten, 100 g in Scheiben geschnittene Champignons, je 1 EL Cognac und Wermuth und 1/4 l Sahne dazugeben. 3–5 Minuten zugedeckt dünsten. Die Muscheln herausnehmen, die Sauce um 1/3 einkochen und über die Muscheln gießen.
E 20 F 30 K 10 kJ 1695 kcal 405

Fisch und Meeresfrüchte im Teigmantel

Grundsätzlich können alle festfleischigen Fische und Meerestiere von Teig umhüllt fritiert werden. Die Teighülle schützt den Fisch während des Ausbackens vor der großen Hitze des Fritierfettes und bildet außerdem eine leckere Kruste. Zum Ausbacken geeignet sind

Filets von Kabeljau, Scholle und Flunder
Die Filets säuern und salzen, dann mit Haushaltspapier gründlich troktupfen, damit der Teig besser haftet. Die Fritierzeit beträgt etwa 7 Minuten. Wird ohne Sieb im offenen Topf fritiert, muß der Fisch einmal gewendet werden.

Geräucherter Heilbutt und Goldbarsch
Vorsichtig die lederige Außenhaut vom Fisch lösen. Das Fleisch in mundgerechten Stücken von der Mittelgräte lösen und etwa 5 Minuten fritieren.

Frische Sardellen
Die ausgenommenen Sardellen mit kleinen Weißkäsewürfeln füllen, evtl. noch eine Längshälfte eines eingelegten Sardellenfilets darüber legen. Die Fische gut zusammendrücken. Nur in einem Teig ohne geschlagenes Eiweiß (siehe unten) ausbacken. Die Friteuse nur knapp ⅓ mit Fett füllen und jeweils nur 3–4 Fische gleichzeitig ausbacken, das dauert – je nach Größe – etwa 4 Minuten.

Als Ausbackteig sind alle Teigarten geeignet, in denen man auch Gemüse fritieren kann (Rezept Seite 74). Jedoch apart ist folgender Teig, den man in Japan für das dort so beliebte »Tempura« – eine Art Fondue – verwendet.

Eiweiß-Mehl-Teig

5 Eiweiß, ⅛ l Wasser
10 cl Reiswein
50 g Reismehl
50 g Weizenmehl
E 5 F – K 20 kJ 440 kcal 105

Eiweiß mit Wasser und Reiswein verquirlen, bis alles gut gemischt ist. Beide Mehlsorten mischen und langsam die Eiweißmischung hineinlaufen lassen und unterrühren. Den Teig nicht quellen lassen. Nur wenn er frisch verwendet wird, bildet er eine zarte, lockere und dünne Kruste. Mit diesem Teig kann man auch ein Fischfondue zubereiten: Jeder spießt sich ein Stück Fisch, eine Krabbe oder eine Garnele und ein Stück Gemüse auf seine Fonduegabel und gart es im heißen Fett, das auf dem Rechaud brodelt.

Hinweis Zum Fritieren in der Friteuse grundsätzlich ein geschmacksneutrales Öl oder Pflanzenfett verwenden. Immer nur von einer Sorte! Die Friteuse nie mehr als höchstens ⅔ hoch füllen, durch den wasserreichen Teig schäumt das Fett stark auf. Vor dem Backen sollte man eine Hitzeprobe machen: 1 TL voll Teig in das heiße Fett geben. Schäumt es gleich auf und läßt den Teig nicht zerfließen, ist die richtige Temperatur – zwischen 170 und 180 Grad – erreicht.

Süßwasserfische

Anglergenüsse aus Seen, Bächen und Flüssen

Süßwasserfische

Bachforelle blau

4 frische Bachforellen von je 250 g
2 EL Zitronensaft
4 l Wasser, 2 EL Salz
1 TL weiße Pfefferkörner
1/8 l Essig
1 Zwiebel
1 Möhre
1 Bund Petersilie
1 Glas (10 cl) trockener Weißwein
1 Zitrone
E 48 F 5 K 2 kJ 1045 kcal 250

Nur ganz frische Forellen kaufen, bei denen die schleimige Außenhaut noch nicht eingetrocknet, bzw. beschädigt ist, sonst werden sie nicht mehr »blau«.
Die Forellen vorsichtig – ohne diese Haut zu verletzen – ausnehmen und innen und außen unter fließendem kaltem Wasser abspülen. Innen mit etwas Salz und dem Zitronensaft würzen. Wasser mit Salz, Pfefferkörnern, Essig, der geschälten und in Ringe geschnittenen Zwiebel, der geputzten, in Scheiben geschnittenen Möhre in einen großen Fischtopf geben. Ein paar abgespülte Petersilienzweige und den Wein zufügen. Zum Kochen bringen und die Fische hineingleiten lassen. Kurz vor dem erneuten Aufkochen den Topf vom Herd nehmen und die Fische in etwa 8 Minuten zugedeckt neben dem Herd garziehen lassen. Während der Garzeit färben sich die Fische blau und krümmen sich. Mit einem Schaumlöffel vorsichtig herausheben, kurz abtropfen lassen und auf vorgewärmten Tellern anrichten. Mit der restlichen, in Viertel geschnittenen Zitrone und Petersilienzweigen garnieren.
Als Beilage empfehlen sich dazu grüner Salat, Petersilienkartoffeln und klare Buttersauce. Man kann auch Sahne-Meerrettich dazu reichen.

Tip

Die »Forelle blau« können Sie auch ausgezeichnet kalt servieren. Garen Sie sie dazu ungebunden, damit sie hinterher schön flach ist. Lassen Sie sie in dem Sud erkalten und lösen Sie danach die Haut vom Körper ab. Lediglich am Kopf und Schwanz bleibt sie erhalten. Legen Sie die Fische nun auf eine große Platte und garnieren Sie sie mit kurz gegartem Gemüse und/oder mit Kräutern. Überziehen Sie alles mit einem klaren Weingelee und servieren Sie die Fische mit Zitronenschnitzen, frischem Weißbrot oder Toast und gesalzener Butter. Forelle blau in Weingelee paßt auch gut zum kalten Büffet.

Hinweis Sind die Forellen wirklich frisch, brauchen sie nicht – wie in alten Rezepten angegeben – vor dem Garen mit heißem Essig übergossen zu werden, die schleimige Außenhaut verfärbt sich auch so.
Hat man einen großen Fischtopf, kann man auf das Rundbinden der Fische verzichten. Ist der Topf kleiner, zieht man einen kräftigen Faden durch die Kiemen und die Schwanzflosse und bindet beide Teile damit zusammen. Die Fäden werden vor dem Servieren natürlich entfernt.

Renke Müllerin

4 küchenfertige Renken von je etwa 300 g
Salz
weißer Pfeffer aus der Mühle
3 Zitronen
6 EL Mehl
60 g Butter
2 EL Öl
2 EL gehackte Petersilie
4 Stengel Petersilie
E 45 F 25 K 5 kJ 1885 kcal 450

Die Fische innen und außen unter kaltem Wasser abspülen und gründlich mit Haushaltspapier trockentupfen. Innen und außen mit Salz, Pfeffer und dem Saft einer Zitrone würzen. Rundherum in Mehl wenden und das überschüssige Mehl wieder abschütteln. 30 g Butter und das Öl in einer sehr großen, schweren Pfanne (oder auch in einer beschichteten Pfanne) erhitzen und die bemehlten Fische darin nebeneinander auf jeder Seite – je nach Größe – 6 bis 8 Minuten bei mittlerer Hitze braten. Herausnehmen und auf einer vorgewärmten Platte anrichten. Die restliche Butter in den Bratfond geben und nur leicht Farbe nehmen lassen. Saft einer Zitrone und die gehackte Petersilie zufügen, einmal durchschwenken und über die Fische gießen. Die dritte Zitrone in Schnitze teilen und mit den abgespülten, in Sträußchen zerpflückten Petersilienstengeln als Garnierung anlegen.
Als Beilagen grünen Salat in Saurer-Sahne-Marinade und kleine Salzkartoffeln, in Butter geschwenkt und mit Petersilie bestreut, servieren.

Tip

Bei beiden Zubereitungsmöglichkeiten, »blau« und »Müllerin«, muß darauf geachtet werden, daß die Hitzezufuhr niemals zu groß ist, denn sonst könnten die zarten Fische leicht trokken werden. Im Sud dürfen sie darum lediglich ziehen und niemals sprudelnd kochen (dabei würden sie außerdem leicht zerfallen). Beim Braten im Fett verwendet man entweder ein Butter-Öl-Gemisch oder nur Butter, denn beim Braten in reinem Öl würde die Temperatur zu hoch, so daß der Fisch an der Außenseite zu schnell braun wäre, während das Innere roh bliebe.

Hinweis Die Bezeichnung »Müllerin« bedeutet grundsätzlich, daß Mehl bei der Zubereitung verwendet wird, auch wenn der Fisch als panierter Fisch serviert wird. Ebenso kann man Renken (oder gebratene Forellen) zusätzlich zu dem Mehl noch in Mandeln oder in Kokosraspeln wenden, das gibt dem Fisch einen besonders knusprigen »Mantel«.

Variationen
Würzen Sie die Renke Müllerin zusätzlich mal mit etwas Anisschnaps, das ist zwar nicht klassisch, schmeckt aber köstlich!

Geben Sie ein paar frische Kräuter in die Bauchöffnung, bevor Sie die Fische in Mehl wenden. Und auch durch 1 bis 2 Zitronen- oder Orangenfilets bekommen sie viel Aroma.

Geräucherte Renken über Kräutern gedämpft

3 Bund gemischte Kräuter
1 Zwiebel
1 Möhre
½ kleine Stange Lauch
Schale und Saft einer halben unbehandelten Zitrone
¼ l trockener Weißwein
⅛ l Wasser
weißer Pfeffer aus der Mühle
Salz
4 geräucherte Renken von je etwa 300 g
⅛ l Crème fraîche oder Sahne
40 g Butter
1 Bund Dill
E 30 F 20 K 5 kJ 1380 kcal 330

Die Kräuter abspülen, trockenschwenken und in einen Fischtopf mit Siebeinsatz geben. Zwiebel und Möhre schälen und zusammen mit dem geputzten Lauch grob zerschneiden. Die hauchdünn geschnittene Zitronenschale mit dem Saft, dem vorbereiteten Gemüse und den Kräutern mischen. Wein und Wasser zufügen, mit Pfeffer und Salz würzen und bei starker Hitze im geschlossenen Topf aufkochen und 5 Minuten kochen lassen. Die Renken auf dem Siebeinsatz in den Topf hängen (sie dürfen dabei nicht mit der Flüssigkeit in Berührung kommen) und im geschlossenen Topf etwa 10 Minuten bei milder Hitze ziehen lassen. Die Fische dann in Alufolie gewickelt warm stellen. Den Sud durchsieben, mit Crème fraîche oder Sahne verrührt und bei starker Hitze unter ständigem Rühren auf gut ¼ l einkochen lassen. Die Sauce abschmecken, vom Herd nehmen und die Butter in kleinen Flöckchen einschlagen. Den Dill abspülen und trockenschwenken, die Hälfte davon fein hacken und in die Sauce rühren. Die Fische auf einer Platte anrichten, mit der Sauce umgießen und mit Dillsträußchen garnieren.
Dazu reicht man frisches Stangenweißbrot oder auch kleine neue Kartoffeln mit Petersilie und in Butter geschwenktes Zartgemüse wie grünen Spargel, Broccoli, jungen Spinat oder Kopfsalatherzen.

Hinweis Wer den Geschmack eines einzelnen Kräutleins bevorzugt, kann die Fische auch statt mit der Kräutermischung mit nur einer Sorte zubereiten. Besonders gut eignen sich dazu Estragon, Sauerampfer oder Zitronenmelisse. Doch auch Dill, Petersilie oder Sellerieblätter können verwendet werden. Und gut schmeckt's auch mit frischen Champignons.

Tip

Nach diesem Rezept können Sie selbstverständlich auch andere geräucherte Fische zubereiten. Besonders gut eignen sich dabei Räucherforellen, da sie eine ähnliche Konsistenz haben wie die Renken. Doch auch mit geräucherten Meeresfischen, wie zum Beispiel mit Heilbutt oder Goldbarsch schmeckt diese Zubereitungsart ganz hervorragend. In jedem Fall sollte man darauf achten, daß die Fische frisch geräuchert sind (meist durch Aushang angekündigt), dann haben sie das beste Aroma.

Schleie in Riesling mit Petersiliensauce

4 küchenfertige Schleien von je etwa 250 g
10 g Butter
4 Schalotten oder kleine Zwiebeln
4 El gehackte Petersilie
Salz
weißer Pfeffer aus der Mühle
½ l trockener Riesling
1 EL Zitronensaft
6 Scheiben kräftiges Roggenknäckebrot
10 cl Crème fraîche
2 Stengel Estragon
E 50 F 10 K 20 kJ 1590 kcal 380

Die Schleien innen und außen abspülen und mit Haushaltspapier trockentupfen. Eine große feuerfeste Form mit Butter einfetten. Die geschälten, fein gehackten Schalotten oder Zwiebeln hineingeben und 1 Eßlöffel Petersilie darüber streuen. Die Schleien innen und außen mit Salz und Pfeffer mild würzen und in die Form legen. Mit ¼ l Riesling und dem Zitronensaft umgießen. Das Knäckebrot in einen Plastikbeutel legen und mit dem Nudelholz zu ganz feinen Bröseln zerdrücken. Über die Fische verteilen. 40 g Butter schmelzen lassen und die Fische damit beträufeln. Die Form in den auf 250 Grad (Gasherd Stufe 5) vorgeheizten Backofen stellen und die Schleien etwa 20 Minuten garen. Die Bröselschicht soll dabei eine braune Färbung bekommen.
Die Schleien mit Pergamentpapier bedeckt auf einer Platte warmstellen. Den Fischsud durch ein feines Sieb gießen.
Die restliche Butter in einem Topf erhitzen und 2 Eßlöffel Petersilie darin andünsten, aber keine Farbe annehmen lassen. Mit dem Fischsud, dem restlichen Wein und der Hälfte der Crème fraîche ablöschen. Diese Sauce rasch bei starker Hitze im offenen Topf um etwa ⅓ einkochen. Dann erst die restliche Sahne, die übrige Petersilie und die Blätter von einem Estragonstengel dazugeben. Nochmal kurz aufkochen. Die Sauce um die Fische gießen und mit den restlichen Estragonblättchen garnieren.

Dazu reicht man frisches Stangenweißbrot, in Beurre noisette (siehe Seite 168) geschwenkte Kartoffelkugeln oder auch körnig gekochten Reis und gemischten Kopf- und Kressesalat in einer milden Marinade aus Mandelöl und Sherryessig.

Hinweis Ein Hauch Knoblauch paßt hervorragend zu diesem Gericht.

Tip

Auf diese Art können auch Forellen, Felchen, Renken und Zanderfilets zubereitet werden. Wer dieses Gericht noch ein wenig herzhafter zubereiten möchte, kann zusätzlich zu den Schalotten ein paar gehackte Champignons oder auch sehr fein zerkleinertes Suppengrün sowie eine kleine Stange Bleichsellerie in die Form geben. Dann sollte jedoch auch die Weinmenge in der Form etwas erhöht werden, damit das Gemüse nicht anbrennt und sich genügend Dampf entwickeln kann.

Gefüllter Zander im Gemüsebett

Für 8 Personen
200 g Filet von Wittling oder Seezunge
1 Eiweiß, weißer Pfeffer aus der Mühle
20 cl Sahne oder Crème fraîche
Salz
1 küchenfertiger Zander von etwa 1250 g
40 g Butter, 1 Kopfsalat
6 feste Tomaten, 1 Zwiebel
2 kleine Stangen Lauch, 1 Zitrone
2 Stengel Bleichsellerie
100 g Sauerampfer
knapp 1/4 l trockener Weißwein
E 20 F 6 K 5 kJ 690 kcal 165

Die Fischfilets in einem Mörser zerstoßen oder im Mixer pürieren, mit Eiweiß und Pfeffer zu einer glatten Masse verarbeiten und durch ein Haarsieb streichen. Das Püree fest in eine Schüssel drücken, mit Folie gut abdecken und in eine große, mit Eiswürfeln gefüllte Schüssel stellen. Mindestens 50 Minuten im Kühlschrank ruhen lassen. Dann 1/3 der Sahne in das Püree mischen und wieder in der mit Eis gefüllten Schüssel im Kühlschrank kühlen. Diesen Vorgang zweimal wiederholen. Ganz zum Schluß salzen und wieder in den Kühlschrank stellen.
Den Zander innen und außen gründlich abspülen und abtrocknen. Eine längliche, feuerfeste Form einfetten. Die gewaschenen, gut trockengeschleuderten Salatblätter zur Hälfte hineinlegen. Die unteren Blattenden am Rand etwas hochziehen. Drei gehäutete, in Scheiben geschnittene Tomaten, die in Ringe geteilte Zwiebel, sowie jeweils die Hälfte des in Ringe geschnittenen Lauchs und die geschälten, in Scheiben zerteilte Zitrone darauf verteilen. Den Zander außen salzen, mit dem Fischpüree füllen und auch in die Form legen. Mit dem geputzten, in Scheiben geschnittenen Bleichsellerie, dem restlichen Lauch und den übrigen Tomaten- und Zitronenscheiben bedecken. Den gründlich gewaschenen Sauerampfer in feine Streifen schneiden und das Gemüse damit bedecken. Die restlichen Salatblätter so in die Form legen, daß die Stengel zum Rand zeigen. Die Stengel leicht nach unten einschlagen. Den Weißwein angießen und die geschlossene Form in den auf 180 Grad (Gasherd Stufe 2) vorgeheizten Backofen stellen. Den Zander 60 Minuten garen. Zum Servieren die obere Gemüseschicht vorsichtig öffnen, dann die oberen Fischfilets von der Mittelgräte lösen
Als Beilage Salzkartoffeln und klare Buttersauce reichen.

Variation
Den Fisch auf eine Mischung aus frischen, in Scheiben geschnittenen Champignons, gehackten Schalotten, Tomatenwürfeln und gehackter Petersilie betten. Mit Salz und Pfeffer würzen und mit der restlichen Gemüsemischung bedecken. 1/8 l Weißwein angießen. Reichlich mit Semmelbröseln bestreuen und mit so viel zerlassener Butter beträufeln, daß die Semmelbrösel ganz vollgesogen sind. In dem auf 240 Grad (Gasherd Stufe 5) vorgeheizten Backofen 20 bis 25 Minuten überbacken. Wird er zu braun, mit Pergamentpapier abdecken.

Karpfen gefüllt

1 küchenfertiger Karpfen von etwa 1500 g, Saft einer Zitrone
250 g Kalbsbratwurstbrät
4 Sardellenfilets
1 altbackenes Brötchen
1 kleine Zwiebel, 1 Knoblauchzehe
1 Eigelb
2 EL gehackte Petersilie
1 EL sehr kleine Kapern, Salz
frisch gemahlener schwarzer Pfeffer
125 g durchwachsener Speck
4 große Tomaten
1/4 l leichter Rotwein, 1/8 l Sahne
E 60 F 60 K 10 kJ 3535 kcal 845

Den Karpfen innen und außen gründlich abwaschen und mit Küchenpapier trockentupfen. Innen und außen mit Zitronensaft beträufeln. Das Kalbsbratwurstbrät und die gewässerten, sehr fein gehackten oder zerdrückten Sardellenfilets miteinander mischen.
Das Brötchen einweichen. Zwiebel und Knoblauchzehe schälen und hakken. Mit dem Fleisch, dem ausgedrückten, zerpflückten Brötchen, Eigelb, Petersilie und Kapern (größere Kapern müssen vorher gehackt werden) vermischen und mit Salz und Pfeffer abschmecken. Den Karpfen damit füllen und die Bauchöffnung vorsichtig zunähen oder mit Zahnstochern zustecken. Den Speck in dünne Scheiben schneiden und in einem großen Bräter (noch besser ein spezieller Fischtopf) knusprig braun braten. Die Scheiben zur Seite schieben und den Karpfen in dem heißen Speckfett rundherum 10 Minuten anbraten. Die Tomaten mit kochendem Wasser übergießen, häuten, vom Stengelansatz befreien und grob hacken. Zusammen mit dem Wein an den Fisch geben. Den Sud bis kurz vorm Kochen erhitzen, dann mit Salz und Pfeffer würzen. Den Fisch zugedeckt in 20–30 Minuten garschmoren. Dabei darf der Sud aber nicht zum Kochen kommen, sonst zerfällt der Fisch leicht. Den Karpfen aus dem Bräter nehmen und auf einer vorgewärmten Platte mit Alufolie bedeckt warmstellen. Den Sud durch ein Sieb gießen. Mit der Sahne in einem breiten Topf mischen, aufkochen und etwa um die Hälfte reduzieren. Mit Salz und Pfeffer abschmecken und getrennt zu dem Karpfen servieren. Dazu reicht man Kopfsalat und Weißbrot oder Reis mit Kräutern und gedünsteten Zwiebeln gemischt.

Variation
Zwiebeln passen ganz besonders gut zu Karpfen. Füllen Sie ihn doch einmal mit gewürfelten, in Butter gedünsteten Gemüsezwiebeln, die Sie mit Salz, Pfeffer, Paprika edelsüß, gehackter Petersilie und zerdrücktem Knoblauch würzen. Setzen Sie den Fisch auf eine dicke Zwiebelschicht und lassen Sie ihn in Weißwein mit etwas Sahne schmoren.

Tip

Auch Karpfenfleisch wird – wie jeder Fisch – durch zu langes Garen hart und trocken. Prüfen Sie darum durch leichten Druck die Garstufe und nehmen Sie ihn, sobald die Füllung gar ist, vom Herd.

Gebeizter Lachs

Gravlax

1000 g frischer Lachs aus dem Mittelstück geschnitten
6 Bund Dill, am besten Freilanddill
1 EL weiße Pfefferkörner
4 EL grobes Meersalz
3 EL Zucker
E 50 F 35 K 5 kJ 2300 kcal 550

Den Fisch unter fließendem Wasser abspülen, dann mit einem scharfen Messer vom Rücken aus zur Mittelgräte halbieren. Die Mittelgräte auslösen und mit einer Pinzette restlos alle kleinen Gräten entfernen.
Den Dill gründlich abspülen und trockenschwenken. Die Pfefferkörner in einem Mörser fein zerstoßen, mit Salz und Zucker mischen.
Beide Lachshälften auf der Innenseite dünn mit der Salzmischung bestreuen. Die eine Lachshälfte mit der Hautseite nach unten auf eine entsprechend große Platte legen. Darauf 3 Bündel Dill, mit der restlichen Salzmischung bestreuen und die übrigen Dillbündel darauflegen. Mit der zweiten Lachshälfte bedecken. Eine dicke Lage Pergamentpapier über den Lachs legen und alles mit einer zweiten Platte ganz bedecken. Diese Platte mit einem Holzbrett oder einem Gewicht beschweren. Den Lachs 48 Stunden an einem kühlen Ort, nicht aber im Kühlschrank, beizen. Dabei hin und wieder wenden und mit der ausgetretenen Flüssigkeit begießen. Den fertigen Lachs abtropfen lassen und mit Haushaltspapier abtupfen. Das Lachsfleisch leicht schräg zur Hautseite hin in Scheiben schneiden. Auf einer Platte anrichten. Dazu reicht man Toastbrot und Senfsauce (siehe rechts) oder frisch gekochte junge Kartoffeln, Meerrettich und Buttersauce.

Tip

Man schneidet den Gravlax schräg zur Faser (nicht wie beim Räucherlachs fast waagerecht), so daß man etwa 4 cm hohe und knapp $1/2$ cm dicke Scheiben erhält.

Hinweis Wenn es einmal schneller gehen soll, kann man den Gravlax auch portionsweise zubereiten: Dazu werden jeweils etwa 2 cm dicke Tranchen mit der Würzmischung zusammengelegt und ebenfalls beschwert und an einen kühlen Platz gestellt. Diese Scheiben brauchen zum Beizen etwa 24 Stunden. Normalerweise verwendet man für den Gravlax nur frischen Fisch. Jedoch gelingt er auch mit erstklassigen tiefgekühlten Lachstranchen, die vorher sehr langsam im Kühlschrank auftauen müssen.

Senfsauce zum Gravlax

2 Eigelb
4 TL scharfer Senf
$1/8$ l Öl
4 EL Beizflüssigkeit vom Lachs
2 EL Zucker
3 EL gehackter Dill
E 1 F 34 K – kJ 1340 kcal 320

Eigelb mit dem Senf verrühren, dann tropfenweise das Öl dazugeben, so daß eine dicke Mayonnaise entsteht. Nach und nach die Beizflüssigkeit einrühren, dann den Zucker. Solange rühren, bis sich der Zucker gelöst hat. Erst unmittelbar vor dem Servieren den Dill in die Sauce geben.

Pochierter Lachs in Sauerampfersauce

4 Scheiben frischer oder tiefgekühlter Lachs von je 200 g
Salz, Zitronensaft
250 g Sauerampfer, 1 Zwiebel
40 g Butter
$1/8$ l Fischsud
$1/8$ l trockener Weißwein
$1/8$ l Sahne
weißer Pfeffer aus der Mühle
E 42 F 45 K 3 kJ 2580 kcal 615

Die Lachsscheiben ganz schwach salzen und mit Zitronensaft beträufeln. 10 Minuten ziehen lassen. In der Zwischenzeit die geschälte Zwiebel ganz fein würfeln und den verlesenen, gewaschenen und sehr gut abgetropften oder trockengeschleuderten Sauerampfer ebenfalls hacken.
Die Zwiebel in der heißen Butter glasig braten, dann etwa die Hälfte des Sauerampfers dazugeben und unter Rühren 3 Minuten dünsten. Fischsud, Wein und Sahne dazugeben und bei starker Hitze unter Rühren etwa um $1/3$ einkochen lassen. Vom Herd nehmen und die Hitze reduzieren. Die Lachsscheiben in die Sauce geben und im geschlossenen Topf in 3–5 Minuten garziehen lassen. Die Sauce darf nicht mehr aufkochen. Nach 5 Minuten den restlichen Sauerampfer dazugeben. Die Sauce mit Salz und Pfeffer abschmecken. Den Lachs auf einer Platte anrichten und mit der Sauce überziehen.
Dazu serviert man zu Kugeln ausgestochene Kartoffeln, mit Petersilie bestreut, und in Butter gedünstete Gurkenwürfel oder Lauchstreifen. Oder man gibt neben den Kartoffeln grüne Spargelspitzen dazu.

Variationen
Wenn Sauerampfer nicht erhältlich ist, kann man den Lachs in einer Schnittlauchsauce servieren. Die Sauce wird dafür zunächst (ohne Schnittlauch und Sauerampfer) wie oben beschrieben zubereitet und der Lachs darin pochiert. Erst unmittelbar vor dem Servieren gibt man dann 4 EL fein geschnittenen Schnittlauch an die Sauce.

Zum zarten Lachs paßt auch eine Zitronensauce ausgezeichnet: Kochen Sie dazu den Fischfond mit Wein und Sahne kräftig ein und schmecken Sie die Sauce mit frisch gepreßtem Zitronensaft ab. Zum Schluß wird ein Stückchen hauchdünn abgeschälte Zitronenschale (es darf absolut keine weiße Haut darunter zu sehen sein) in millimeterfeine Streifchen geschnitten und untergemischt. Das fertige Gericht vor dem Servieren reichlich mit fein geschnittener oder zerpflückter Zitronenmelisse bestreuen.

Eine andere Möglichkeit ist es, den Lachs mit Butter beträufelt etwa 3 Minuten pro Seite unter dem Grill zu garen und erst dann mit der inzwischen zubereiteten Sauce zu übergießen.

Papierfisch

4 küchenfertige Regenbogenforellen von je etwa 350 g
1/2 Zitrone (Saft)
8 Stengel Petersilie
4 Stengel Dill
2 Stengel Estragon
Salz
weißer Pfeffer
40 g Butter
20 g Doppelseiten einer sehr holzreichen Zeitung
3 große Fleischtomaten
2 Zwiebeln
1/2 Bund Petersilie
E 35 F 12 K 6 kJ 1238 kcal 295

Die Forellen innen und außen gründlich unter fließendem Wasser abspülen und mit Haushaltspapier trockentupfen. Innen mit dem Zitronensaft beträufeln. Die Kräuter abspülen, trockenschwenken und die Estragonblättchen von den Stielen zupfen. Die Forellen nur innen ganz leicht salzen und pfeffern, die Butter in Flöckchen hineingeben und danach die Kräuter hineinlegen.

Das Zeitungspapier in Wasser solange tränken, bis es tropfnaß ist. Jede Forelle in je 5 Seiten einrollen, die überstehenden Enden einmal nach oben, einmal nach unten schlagen. Die Forellen unter dem vorgeheizten Grill so lange grillen, bis die obere Papierschicht zu kohlen beginnt, die Fische dann umdrehen und nochmal ebenso lange grillen.
Das Papier vorsichtig öffnen, dabei darauf achten, daß die Haut an der letzten Papierschicht hängen bleibt. Die oben liegenden Filets von dem Fisch vorsichtig abheben, dann die Mittelgräte entfernen und die unten liegenden Filets von der Haut lösen.
In der Zwischenzeit die Tomaten mit kochendem Wasser übergießen, häuten und dabei die Stengelansätze entfernen. Die Früchte dann quer halbieren und sämtliche Kerne herausdrücken. Das Fruchtfleisch gut trokkentupfen und sehr fein hacken. (Es muß dabei fast musig werden). Die Zwiebeln schälen und in ebenso feine Würfelchen schneiden oder reiben und zusammen mit der fein gehackten Petersilie untermischen. Mit wenig Salz und reichlich Pfeffer würzen und zu den Fischen servieren.
Dazu kann man Beurre noisette (siehe Seite 168) und kleine Petersilienkartoffeln oder frisches Weißbrot und Kopfsalat in einer milden Zitronenmarinade servieren.

Tip

Ein ganz besonders würziges Aroma bekommen diese Fische auch durch ein paar getrocknete Dill- oder Fenchelsamen, die mit den anderen Kräutern hineingegeben werden.

Hinweis Auf diese Weise lassen sich Renken, Makrelen oder grüne Heringe zubereiten. Der Fisch kann auch ausgezeichnet auf dem Holzkohlengrill gegart werden. Dann legt man die tropfnassen Pakete entweder auf dem Rost ganz dicht über die Glut oder direkt hinein. Die Tomatenmischung bekommt eine besonders aparte Note, wenn man statt der Petersilie Basilikumblättchen nimmt.

Krebse auf skandinavische Art

40 frische Flußkrebse
3 l Wasser
50 g Salz
3 EL Dillsamen
3 Bund Freilanddill
4 bis 5 Bund Dill
4 Dilldolden
E 115 F 5 K – kJ 2175 kcal 520

Die Krebse unter fließendem Wasser gründlich abbürsten. Das Wasser mit Salz, Dillsamen und dem gründlich gewaschenen Freilanddill in einem sehr großen Topf sprudelnd aufkochen und 10 Minuten kochen lassen.
Die Krebse hintereinander mit dem Kopf zuerst ins Wasser stecken. Die Krebse werden auf diese Weise sofort getötet. Wenn die ersten fünf bis sechs Krebse im Wasser sind, läßt man es wieder aufkochen und gibt die nächste Portion hinein. Wenn alle Krebse im Topf sind, den Deckel auflegen und die Krebse noch 7 Minuten bei ganz schwacher Hitze ziehen lassen. Die ursprünglich graublauen oder braungrauen Krebse bekommen erst durch den Garprozeß ihre charakteristische rote Färbung, weil dadurch die obere Farbschicht zerstört wird und die darunter liegende freigibt.
Eine große Tonschüssel mit 2 bis 3 Bund Dill auslegen und die abgetropften Krebse darauf sternförmig anrichten. Mit soviel durchgesiebtem Sud begießen, daß sie gut bedeckt sind. Mit Alufolie abdecken und an einem kühlen Ort mindestens 12 bis 36 Stunden ziehen lassen. (An schwülen Tagen nicht so lange ziehen lassen).
Die Krebse vorsichtig abgießen und mit dem restlichen, fein gehackten Dill bestreuen. Mit den Dilldolden garnieren.
Krebse werden meist kühl serviert. Sie können aber auch vorher in dem Sud noch leicht erwärmt werden.
Dazu gibt es sehr kühle Butter und ganz frisch gerösteten Toast. Das Krebsfleisch wird auf den heißen, mit Butter belegten Toast gegeben und so verzehrt. Man kann aber auch Sauce Béarnaise (Rezept Seite 184) oder eine Vinaigrette dazu reichen, in die das Krebsfleisch dann hineingetunkt wird. Die typischen Getränke sind eiskalter Wodka oder Aquavit und Bier.

Tip

Beim Kochen der Krebse sollte man sehr schnell arbeiten, damit die zuerst in den Topf gegebenen Tiere nicht allzu lange garen und dabei zu fest werden. Wer noch nicht so geübt ist, sollte darum lieber in zwei oder drei Portionen garen.

Hinweis In Frankreich kocht man die Krebse häufig in einem Weinsud aus gleichen Teilen mit trockenem Weißwein und Wasser, vermischt mit Zwiebeln, Schalotten, Möhren und reichlich Kräutern. Gewürzt wird mit Salz, Pfeffer und manchmal auch mit etwas Lorbeer. Man serviert sie mit dem durchgesiebten eingekochten Fond entweder lauwarm oder kalt mit den oben angegebenen Beilagen.

Süßwasserfische

Aal in Gelee

800 g frischer Aal, Salz
½ l Wasser
⅛ l trockener Weißwein
1 Zwiebel, 1 Lorbeerblatt
½ TL Pfefferkörner
2 kleine Möhren
2–3 EL Weißweinessig
8 Blatt weiße Gelatine
2 Tomaten
2 hartgekochte Eier
1 Gewürzgurke (oder ein paar Cornichons)
je ½ Bund Dill und Petersilie
E 25 F 40 K 5 kJ 2070 kcal 495

Den Aal schlachten und ausnehmen lassen, gehäutet wird er für dieses Gericht nicht. Innen und außen unter kaltem Wasser abspülen, abtrocknen und mit etwas Salz einreiben. Wasser mit Weißwein, der geschälten, grob zerschnittenen Zwiebel, Lorbeerblatt und Pfefferkörnern in einen Topf geben. Salzen und aufkochen lassen. Indessen den Aal erneut abtrocknen und in etwa 4 cm lange Stücke schneiden. Möhren schaben und mit dem Buntmesser in gleichmäßige Scheiben schneiden. Aal und Möhren in den Topf geben und nach dem Aufkochen bei schwacher Hitze 15 bis 20 Minuten sieden lassen.
Den Topf vom Herd nehmen, Aal- und Möhrenstücke herausnehmen und abkühlen lassen. Den Kochsud durch ein Sieb gießen und mit dem Essig stark säuern. Die zuvor 10 Minuten eingeweichte Gelatine ausdrücken und unter Rühren im heißen Sud auflösen, dann leicht abkühlen lassen. Tomaten häuten, von den Stengelansätzen befreien und in Achtel oder Scheiben schneiden. Die geschälten Eier ebenfalls in Schnitze oder Scheiben und die abgetropfte Gurke auch in Scheiben schneiden. Will man kleine Cornichons verwenden, kann man sie längs halbieren oder in Fächer teilen. Die Kräuter abspülen, gut trockenschwenken und zerpflücken.
Eine Schüssel oder eine Kranzform mit etwas Aspikmasse ausgießen. Dazu nur eine kleine Menge hineingeben und die Form unter leichten Drehbewegungen an allen Innenseiten mit einem »Spiegel« auskleiden, der sofort erstarrt. Nun nacheinander (so daß ein gefälliges Muster entsteht) Fisch, Möhren, Tomaten, Eier, Gurken und die in kleine Büschel gefaßten Kräuter einschichten.
Jede Schicht mit etwas Aspik begießen. Wird das Aspik zwischendurch zu fest, kann man es durch leichtes Erwärmen wieder verflüssigen.
Zum Schluß die Form mit der restlichen Aspikmasse füllen, für ein paar Stunden in den Kühlschrank stellen und fest werden lassen. Vor dem Servieren die Form nur sekundenlang in heißes Wasser halten, eine Platte darüberdecken und den Aal in Gelee stürzen. Nach Wunsch zusätzlich mit ein paar Kräutern oder Tomaten garnieren. Dann sofort servieren.
Zum Aal in Gelee schmecken Bratkartoffeln oder kräftiges Bauernbrot besonders gut.

Hinweis Die Aspikmasse sollte vor dem Gelieren sehr stark gewürzt werden, denn beim Erkalten läßt die Würzintensität nach. Wenn Sie das Gefühl haben, gerade an der Grenze zum »Überwürzen« zu sein, ist die Masse gerade richtig.

Aal grün

800 g frischer Aal
Salz, 2 Schalotten
150 g frischer Blattspinat
80 g Sauerampfer
je ½ Bund Estragon und Pimpinelle
1 Handvoll Kerbelblätter
3 Salbeiblätter
60 g Butter
⅜ l trockener Weißwein
weißer Pfeffer aus der Mühle
1 Prise zerriebener oder fein gehackter Thymian
3 Eigelb
Saft einer Zitrone
E 20 F 55 K 5 kJ 2575 kcal 615

Den oder die Aale beim Händler schlachten, abziehen und ausnehmen lassen. Noch am gleichen Tag zubereiten. Innen und außen gründlich abspülen, abtrocknen, mit Salz einreiben und beiseite stellen.
Die Schalotten schälen und hacken. Spinat und Sauerampfer verlesen, kalt abspülen und gut trockenschwenken. Die Kräuter ebenfalls abspülen, trocknen und zusammen mit Spinat und Sauerampfer sehr fein hacken. Die Butter in einer Kasserolle aufschäumen, nicht bräunen lassen. Die Schalotten darin goldgelb dünsten, Spinat, Sauerampfer und die gehackten Kräuter darin nur sehr kurz zusammenfallen lassen. In dieser Zeit den Aal nochmal sehr gut trockenreiben und in 4 bis 5 cm lange Stücke teilen. Auf das Gemüse geben und ein paar Minuten lang dünsten. Dann den Wein angießen und das Gericht mit Salz, Pfeffer und etwas Thymian würzen. Zugedeckt bei schwacher Hitze 10 bis 15 Minuten (je nach Dicke der Aalstücke) leise köcheln lassen. Den Topf vom Herd nehmen. Die Eigelb mit etwas Kochflüssigkeit in einem Becher verquirlen und unter Rühren wieder in den Topf gießen. Bei schwacher Hitze nochmal kurz erhitzen, aber nicht kochen lassen, sonst flockt die Sauce aus. Sobald sie leicht gebunden ist, den Topf wieder vom Herd nehmen und das Gericht mit Zitronensaft abschmecken.
Als Beilage passen dazu neue Kartoffeln ebenso wie frisches Weißbrot.

Hinweis Bei diesem Gericht ist es besonders wichtig, vor dem Kochen alle Zutaten vorbereitet zu haben. Denn die Kräuter (besonders der Sauerampfer) werden beim Erhitzen sehr schnell braun. Um zu erreichen, daß die Sauce schön grün auf den Tisch kommt, sollte man einen Teil der Kräuter zurücklassen, sie kurz vor Ende der Garzeit in etwas siedendem Wein zusammenfallen lassen und sie erst vor dem Servieren untermischen.

Tip

Will man den Aal selbst häuten, öffnet man die Haut unter dem Kopf mit einem kleinen Schnitt, stülpt diese Öffnung über den Wasserhahn und trennt die Haut rund um den Kopf ganz ab. Nun faßt man die Haut mit einer Zange und zieht sie mit kräftigem Ruck ab.

Hechtklößchen in Champagnersauce

1 möglichst frisch geschlachteter, küchenfertiger Hecht von 1 kg
Salz, weißer Pfeffer aus der Mühle
1 Prise Cayennepfeffer
2 Eier, 2 Eiweiß
gut 1/8 l Sahne
1 1/2 l Wasser
1 Bund Suppengrün
1 Schalotte oder kleine Zwiebel
20 g Butter
1 Becher Sahne (100 g)
6 cl trockener Sekt oder Champagner
E 40 F 25 K 5 kJ 1735 kcal 415

Den grätenreichen Hecht möglichst gleich vom Fischhändler filetieren lassen, dabei aber alle Abfälle mitnehmen. Zuhause das Fleisch von sämtlichen Gräten befreien und im Mixer oder einem Mörser sehr fein pürieren. Dann durch ein Sieb streichen, um auch die winzigsten Grätenreste zu entfernen. Mit einer kräftigen Prise Salz vermischen und für etwa 1 Stunde in den Kühlschrank stellen. Mit Pfeffer und Cayennepfeffer würzen, nach und nach die Eier, das leicht geschlagene Eiweiß und die Sahne zufügen. Mit dem Handrührgerät sehr schaumig schlagen. Für eine weitere Stunde in den Kühlschrank stellen. Indessen die Fischabfälle mit Wasser, zerkleinertem Suppengrün und gehackter Schalotte oder Zwiebel etwa 30 Minuten auskochen. Durch ein feines Sieb gießen und 3/8 l für die Sauce abnehmen. Den restlichen Fond erneut in einem breiten Topf zum Sieden bringen. Von der eventuell noch einmal abgeschmeckten Fischfarce mit einem Teelöffel Klößchen abstechen und portionsweise im nur leise siedenden, niemals kochenden (sonst zerfallen sie) Fond garziehen lassen. Zwischenzeitlich den Fond für die Sauce zur Hälfte einkochen und die Sahne sehr steif schlagen.
Den Topf vom Herd nehmen und abwechselnd die Butter in Flöckchen und die Sahne einschlagen. Abschmecken und den Champagner unmittelbar vor dem Servieren unterheben. Die Klößchen mit einem Schaumlöffel aus dem Fond heben, gründlich abtropfen lassen und in eine vorgewärmte Schale geben. Mit der Sauce umgossen servieren.
Dazu paßt am besten körnig gekochter Reis, mit wildem Reis vermischt, und zarter Kopfsalat in einer milden Marinade aus Himbeeressig und Mandelöl.

Hinweis Selbstverständlich können Sie statt des Champagners auch einen sehr trockenen Sekt verwenden.

Tip

Hechtfleisch ist zwar ganz besonders schmackhaft, aber leider sehr grätenreich. Um die zarten Hechtklößchen zuzubereiten, müssen darum alle Gräten restlos entfernt werden. Führen Sie dazu ein flaches Messer quer zum Grätenverlauf und heben Sie sie damit leicht an. Arbeiten Sie dann am besten mit einer Pinzette weiter. Greifen Sie jede Gräte einzeln und ziehen Sie sie mit leichtem Ruck aus dem Fleisch.

Forellenfrikassee mit Basilikum

4 küchenfertige Forellen von je 250 g
1½ Zitronen
⅜ l Wasser
¼ l trockener Weißwein
1 Zwiebel
1 Bund Suppengrün
1 Stengel Petersilie
5 weiße Pfefferkörner
½ Lorbeerblatt
⅛ l Sahne
200 g frische Champignons
60 g Butter
1 Knoblauchzehe
1 bis 2 EL Mehl
frisch gemahlener weißer Pfeffer
1 Prise Senfpulver
1 Eigelb
1 TL Estragonessig
1 Bund Basilikum
E 27 F 26 K 4 kJ 1751 kcal 417

Die Forellen nach Möglichkeit schon beim Fischhändler ausnehmen, filetieren und äußerst sorgfältig und gründlich entgräten lassen, die Fischabfälle jedoch mitnehmen. Die Filets mit etwas Zitronensaft beträufeln und beiseite stellen. Die Fischabfälle abspülen, mit Wasser, Wein, der geschälten, geviertelten Zwiebel und dem geputzten, zerkleinerten Suppengrün in einen breiten Topf geben. Die abgespülte Petersilie, Pfefferkörner, Lorbeerblatt und etwa ½ TL Salz zufügen. Alles zum Kochen bringen und 15 Minuten kräftig kochen lassen. Durch ein Sieb gießen, mit der Sahne vermischen und bei starker Hitze im offenen Topf etwa um die Hälfte einkochen lassen (reduzieren).
In der Zwischenzeit die Pilze putzen, waschen und nach dem gründlichen Abtrocknen blättrig schneiden. Sofort mit dem restlichen Zitronensaft beträufeln, damit sie sich nicht verfärben. 20 g Butter in einer Pfanne erhitzen und die Pilze darin zusammen mit der geschälten Knoblauchzehe braten, bis die austretende Flüssigkeit verdampft ist. Die Knoblauchzehe dann entfernen. Die Forellenfilets leicht salzen, in mundgerechte Würfel schneiden und dünn mit Mehl bestäuben. Die restliche Butter in einer zweiten Pfanne erhitzen und die Fischwürfel bei mittlerer Hitze in etwa 5 Minuten unter häufigem Wenden goldgelb aber nicht braun braten. Mit Pilzen und dem eingekochten Sud mischen. Mit Salz, Pfeffer und Senfpulver würzen, bis kurz vorm Kochen erhitzen und bei sanfter Hitze noch etwa 5 Minuten ziehen aber nicht aufkochen lassen. Das Eigelb mit Essig und etwas Sauce verquirlen und unter Rühren in das Frikassee geben. Basilikum kurz abspülen, sehr gut trockenschwenken und in Streifen schneiden. Unmittelbar vor dem Servieren in das Frikassee geben.
Kopfsalat und neue Kartoffeln mit Petersilie oder körnig gekochter Reis passen besonders gut dazu.

Tip

Anstelle von Basilikum kann man das Forellenfrikassee auch sehr gut mit frischem Estragon oder auch mit Zitronenmelisse zubereiten. Beide harmonieren sehr gut mit dem Fisch.

Saucen

*Sie runden ab, sie ergänzen,
sie vollenden*

Warme Saucen

Béchamelsauce

1 große Zwiebel
60 g roher Schinken oder magerer durchwachsener Speck
30 g Butter, 30 g Mehl
¼ l kochende Milch
¼ l heiße Kalb- oder Rindfleischbrühe
Salz, frisch gemahlener weißer Pfeffer
geriebene Muskatnuß
E 6 F 15 K 10 kJ 858 kcal 205

Die Zwiebel schälen und sehr fein würfeln, den Schinken oder Speck ebenfalls in feine Würfel schneiden. Die Butter in einem Topf erhitzen, jedoch nicht bräunen. Speck- und Zwiebelwürfel darin hellgelb, keinesfalls bräunlich werden lassen. Das Mehl darüberstäuben und unter Rühren ein paar Sekunden am Rande des Herdes (d. h. bei nur schwacher bis mittlerer Hitze durchschwitzen lassen. Kochende Milch und heiße Fleischbrühe unter Rühren zugießen und bei sehr schwacher Hitze 18 bis 20 Minuten leise köcheln lassen. Mit Salz, Pfeffer und geriebener Muskatnuß würzen, dann durch ein feines Sieb passieren. Möglichst bald servieren, ehe sich eine Haut bildet.

Tip

Soll die Béchamelsauce zu deftigen Gerichten (zum Beispiel zu Kohl oder Kartoffeln) gereicht werden, kann man auf das Durchpassieren ruhig einmal verzichten.

Variationen
Die Béchamelsauce (oben das Grundrezept) kann zu vielen Gerichten gereicht werden. Man kann sie aber auch als Grundlage für viele weitere Saucen verwenden, zum Beispiel mit 80 bis 100 g geriebenem Käse (nach dem Passieren) vermischt und mit Eigelb sowie Sahne legiert als Sauce Mornay, für eine Kräutersauce oder für eine dunkle (braune) Sauce. In diesem Fall läßt man das Mehl unter Rühren kräftig bräunen und ersetzt die Milch durch Rotwein, Tomatenmark, beliebigen Fond (Rinderknochen, Wildfleisch u. ä.).

Pilzsauce

60 g roher Schinken oder durchwachsener Räucherspeck
30 g Butter
2 Zwiebeln, 1 Knoblauchzehe
350 g frische Mischpilze
20 g Mehl
⅜ l heiße Fleischbrühe
⅛ l trockener, kräftiger Rotwein
Salz, schwarzer Pfeffer
1 Prise zerriebener Thymian
je 1 Prise Zucker und Paprika edelsüß
3 EL Crème fraîche oder Sahne
½ Bund Petersilie
E 7 F 15 K 10 kJ 880 kcal 210

Den Schinken oder Speck sehr fein würfeln und in einem Topf auslassen. Die Grieben herausnehmen und nach Wunsch aufbewahren (sie können, müssen aber nicht, später unter die Sauce gemischt werden.) Die Butter in das Bratfett geben und erhitzen. Nun die geschälten, gewürfelten Zwiebeln, die geschälte, sehr fein gehackte oder zerdrückte Knoblauchzehe und die geputzten, ebenfalls gehackten Pilze darin unter ständigem Wenden anbraten und leicht Farbe nehmen lassen. Das Mehl darüberstäuben und unter weiterem Rühren ebenfalls bräunen. Mit Fleischbrühe und Wein ablöschen, kräftig durchschlagen und bei schwacher bis mittlerer Hitze mindestens 20 Minuten leise köcheln lassen. Vorher noch mit Thymian, Salz, Pfeffer, Zucker und Paprika würzen. Kurz vor Ende der Garzeit die Crème fraîche oder Sahne einrühren und alles cremig einkochen lassen. Abschmecken und – nach Wunsch – durch ein Sieb passieren. Mit der gehackten Petersilie bestreut servieren.
Die Pilzsauce schmeckt zu allen dunklen Fleischgerichten (in diesem Fall sollte man einen Teil des Fleischfonds untermischen), sie kann aber auch sehr gut zu naturell gekochtem Blumenkohl oder zu Nudeln und Reis gereicht werden.

Hinweis Noch edler, aber auch etwas teurer, wird die Pilzsauce, wenn man sie nur aus Steinpilzen oder Pfifferlingen zubereitet. Und auch Maronen geben ihr ein feines Aroma.

»Unechte« Béchamel mit Wein und Kräutern

100 g durchwachsener Räucherspeck
2 Zwiebeln
1 Knoblauchzehe
je ⅛ l trockener Weißwein und Sahne
Salz
frisch gemahlener weißer Pfeffer
je 1 Prise Zucker und geriebene Muskatnuß
100 g Crème fraîche
je 1 Bund Dill und Schnittlauch
½ Bund Petersilie
E 5 F 35 K 5 kJ 1530 kcal 365

Den Speck sehr fein würfeln und in einem Topf auslassen. Zwiebeln und Knoblauch schälen, Zwiebeln in feine Würfel schneiden, Knoblauch zerdrücken oder ebenfalls sehr fein würfeln. Beides im heißen Speckfett goldgelb werden lassen. Wein und Sahne unter Rühren angießen und mit Salz, reichlich Pfeffer und je einer kleinen Prise Zucker und Muskat würzen. Crème fraîche in die kochende Sauce rühren und alles bei starker Hitze im offenen Topf cremig einkochen lassen. Dill, Schnittlauch und Petersilie abspülen, gut trockenschwenken und sehr fein schneiden. In die Sauce geben, ein paar Minuten ziehen, aber nicht kochen lassen und die Sauce dann sofort servieren.
Diese Béchamel ohne Mehl paßt ganz besonders gut zu kohlenhydratreichen Gerichten, wie zum Beispiel als Sauce zu einem warmen Kartoffelsalat, zu Blumenkohl, Schwarzwurzeln oder Kohlrabi.

Tip

Wer diese Sauce ein wenig »schlanker« wünscht, kann anstelle von Crème fraîche Sahne verwenden oder sogar ganz darauf verzichten. Dann sollte sie aber etwas länger einkochen, damit sie nicht zu flüssig ist. Wenn sie ganz besonders würzig werden soll, kann man ein paar sehr dünne Lauchringe oder etwas gekochten, durchpassierten Sellerie darunterrühren und kräftig durchkochen lassen.

Sauce Hollandaise

2 Eigelb
1 TL Zitronensaft
1 TL kaltes Wasser
200 g kalte Süßrahmbutter
Salz
weißer Pfeffer aus der Mühle
Cayennepfeffer
E 2 F 45 K – kJ 1760 kcal 420

Eigelb mit Zitronensaft und Wasser in Topf oder Schüssel verrühren. In ein heißes Wasserbad stellen und die Masse so lange schlagen, bis sie weißschaumig ist. Dann nach und nach die in kleine Würfel geschnittene, sehr kalte Butter hineingeben. Jeder Butterwürfel soll sich erst ganz mit der Sauce verbunden haben, ehe der nächste hineinkommt. Die fertige Sauce mit Salz, Pfeffer und Cayennepfeffer und eventuell noch mit etwas Zitronensaft abschmecken.
Sauce Hollandaise zu gekochtem, gedünstetem oder gedämpftem Fisch servieren, zu zarten Gemüsen, wie Spargel, Artischocken oder Broccoli, oder zu kurzgebratenem Fleisch.

Sauce mousseline
Aus der Sauce Hollandaise wird eine Sauce mousseline, wenn man unter die oben angegebene Menge noch 100 g steif geschlagene Sahne zieht, sobald die Sauce nicht mehr heiß ist.

Tip

Buttersaucen, die bei der Herstellung zu heiß werden, kann man meist mit etwas kaltem Wasser oder einem Eiswürfel retten. Wenn nicht, wird noch mal ein Eigelb angerührt und mit der geronnenen Sauce aufgeschlagen.

Beurre blanc

Helle Buttersauce

3 EL trockener Weißwein
3 EL Weinessig
2 Schalotten
Salz
weißer Pfeffer aus der Mühle
250 g kalte Süßrahmbutter
E 1 F 50 K 1 kJ 2090 kcal 500

Wein und Weinessig mit den geschälten, ganz fein gehackten Schalotten und 1 Prise Salz auf etwa 1½ EL einkochen lassen. Dann pfeffern und den Topf auf die nur mäßig erwärmte Herdplatte stellen und die kalte Butter flöckchenweise hineinschlagen.
Beurre Blanc wird zu allen gekochten, gedünsteten, gedämpften aber auch in feiner Panade gebackenem Fisch gereicht, außerdem zu zartem Gemüse und Meerestieren.

Beurre noisette

Beurre noisette bedeutet eigentlich Haselnußbutter, nur sind keinerlei Nüsse darin. Der Begriff »noisette« deutet lediglich auf die Farbe der Sauce hin. Frische Süßrahmbutter (Sauerrahmbutter ist für Buttersaucen nicht gut geeignet) wird in einer Pfanne oder einem Topf vorsichtig so lange erhitzt, bis sie nur eben goldbraun geworden ist. Beurre noisette ganz frisch zu gebratenem Fisch servieren. Man rechnet für diese Sauce pro Person etwa 30 bis 20 g Butter.

Meerrettichsauce

3 altbackene Semmeln
gut ¹/₄ l entfettete Rindfleischbrühe (oder Instantbrühe)
Salz, frisch gemahlener weißer Pfeffer, geriebene Muskatnuß
1 kräftige Prise Zucker
¹/₂ bis 1 Zitrone (Saft), 1 TL Butter
100 g frisch geriebener Meerrettich
2 EL Sahne
1 Eigelb
E 5 F 5 K 40 kJ 960 kcal 230

Die Semmeln auf einer Reibe entrinden, in hauchdünne Scheiben schneiden und mit der Brühe begossen quellen lassen. Durch ein feines Haarsieb passieren, erhitzen und mit Salz, Pfeffer, Muskat, Zucker und Zitronensaft würzen. Die Butter in kleinen Flöckchen unterschlagen und den geriebenen Meerrettich unterziehen. In ein heißes Wasserbad oder auf die nur eben warme Herdplatte stellen. Ein paar Eßlöffel Sauce abnehmen, mit Sahne und Eigelb verquirlen und unter Rühren wieder in die Meerrettichsauce geben. Nochmal kurz erhitzen, aber nicht mehr kochen lassen, sonst flockt die Sauce aus. Sofort servieren.
Meerrettichsauce paßt besonders gut zu gekochtem Rindfleisch (zum Beispiel zu Tafelspitz), aber auch zu hartgekochten Eiern, zu gebratenem oder pochiertem Fisch.

Hinweis Nach diesem Rezept kann man die Sauce vielfach variieren: Durch geriebene Äpfel und/oder Mandeln, durch zerdrückten Knoblauch, durch gehackte Kräuter, durch Senf oder durch grünen Pfeffer, um nur einige Beispiele zu nennen.

Senfsauce

30 g Butter oder Margarine
1 kleine Zwiebel, 30 g Mehl
3–4 EL Senf (je nach Schärfe)
³/₈ l heiße Fleischbrühe
Salz, frisch gemahlener weißer Pfeffer
1 kräftige Prise Zucker
¹/₂ Zitrone (Saft)
¹/₈ l Sahne
E 3 F 20 K 10 kJ 1005 kcal 240

Butter oder Margarine in einem Topf erhitzen, die geschälte, geriebene Zwiebel und das Mehl hineingeben und unter Rühren durchschwitzen lassen, bis sich ein weißer Schaum zeigt. Den Senf einrühren, 2 Minuten mitschwitzen lassen, dann die heiße Brühe unter Rühren zugießen. Etwa 5 Minuten bei schwacher Hitze kochen lassen, dabei hin und wieder umrühren, damit sich keine Haut bildet. Mit Salz, Pfeffer, Zucker und Zitronensaft pikant bis scharf abschmecken und nach Wunsch noch etwas Senf zufügen. Die Sahne einrühren und so lange erhitzen, bis die Sauce schön cremig ist. Dann sofort servieren, denn durch längeres Stehen bekommt die Senfsauce leicht eine unappetitliche Haut.

Hinweis Diese Sauce kann durch Zugabe von grünem Pfeffer und einem Bund in feine Röllchen geschnittenem Schnittlauch verändert werden. Und wer sie besonders scharf mag, ersetzt einen Teil des Senfes durch mit Essig und/oder Wein angerührtes Senfpulver.

Kalte Saucen

Mayonnaise

Für 8 Personen
3 bis 4 Eigelb (je nach Größe)
1 kräftige Prise Salz
1 EL Essig oder Zitronensaft
1 bis 2 TL scharfer Senf
$^{1}/_{2}$ l Öl
E 1 F 65 K – kJ 2510 kcal 600

Zum Gelingen der Mayonnaise ist es unbedingt notwendig, daß alle Zutaten die gleiche Temperatur haben, am besten Zimmertemperatur, sonst gerinnt das Eigelb.
Von den Eigelben die weißen Fäden entfernen. Eigelb mit Salz, einigen Tropfen Essig oder Zitronensaft und dem Senf so lange rühren, bis eine schaumige Masse entstanden ist. Man kann zum Rühren sowohl den Schneebesen als auch das Handrührgerät verwenden. Wichtig ist nur, daß immer gleichmäßig gerührt wird. Das Öl anfangs tropfenweise hineingeben, dann in einem ganz feinen Strahl.
Die fertige Mayonnaise mit dem restlichen Essig oder Zitronensaft würzen. Eventuell mit etwas weißem Pfeffer oder Cayennepfeffer abschmecken.

Hinweis Hausgemachten Mayonnaisen kann man ein besonderes Aroma verleihen, wenn man besondere Öle dafür verwendet, zum Beispiel Olivenöl, Mandelöl, Walnuß- oder Haselnußöl.

Tip

Selbstgemachte Mayonnaisen kann man selbstverständlich niemals so lange aufbewahren wie die von der Industrie zubereiteten, die ja Konservierungsstoffe enthalten. Will man sie aber doch ein oder zwei Tage vorher schlagen, müssen sie sehr gut verschlossen im Kühlschrank stehen. Das geht allerdings nur mit der »reinen« Mayonnaise ohne Zusätze von Kräutern, Zwiebeln oder ähnlichen Geschmacksstoffen. Denn sie könnten verursachen, daß die Mayonnaise zerfällt, d. h. daß sich Öl und Ei wieder trennen.

Die oben beschriebene Mayonnaise bildet die Grundlage für verschiedene andere Saucen. Ailloli und Remouladensauce finden Sie auf Seite 172.

Sauce Tartar
Die Mayonnaise mit feingehackter Gewürzgurke, gehackten Kapern und beliebigen Kräutern mischen. Eventuell noch etwas ganz fein geriebene Zwiebel oder gehackte Perlzwiebelchen dazugeben.

Sahne-Mayonnaise
Die Mayonnaise nur mit Zitronensaft, nicht mit Essig zubereiten. Entsprechend einem Viertel ihrer Menge steifgeschlagene Sahne unterziehen und die Sauce mit Cayennepfeffer, Salz und Zitronensaft nachwürzen. Statt geschlagener Sahne kann man auch Crème fraîche unterziehen.

Hamburger Mayonnaise
Die fertige Mayonnaise mit geriebener Zitronenschale und einigen Tropfen Madeira würzen.

Russische Mayonnaise
Eine Sahne-Mayonnaise mit Estragonessig und saurer Sahne oder Crème fraîche bereiten, mit geriebenem Meerrettich abschmecken.

Schinken-Mayonnaise
Die fertige Mayonnaise mit zart geräuchertem und ganz fein gehacktem Schinken und einigen grünen Pfefferkörnern mischen.

Fruchtige Mayonnaise
Für 100 g Mayonnaise 1 säuerlichen Apfel und 1 saftigen Pfirsich pürieren, unter die Mayonnaise heben. Mit Curry, Zitronensaft und einer Prise Zucker würzen.

Oliven-Mayonnaise
100 g Mayonnaise mit 50 g saurer Sahne, 10 gehackten grünen Oliven, 25 g gehackten Mandeln und einigen im Mörser zerdrückten schwarzen Pfefferkörnern mischen. Mit Essig und etwas Zucker abschmecken.

Kaviar-Mayonnaise
Die Mayonnaise mit Zitronensaft zubereiten. Entsprechend einem Drittel ihrer Menge saure Sahne oder Crème fraîche unterrühren. Erst zum Servieren Lachs-Kaviar (Keta-Kaviar) oder deutschen Kaviar unterziehen.

Krabben-Mayonnaise
Für 100 g Mayonnaise 50 g frische oder tiefgekühlte Krabben ganz fein hacken, zusammen mit 1 EL Keta-Kaviar unter die Mayonnaise heben. Mit Zitronensaft, etwas Worcestersauce und 1 Prise Zucker würzen.

Mayonnaise auf schwedische Art
Mayonnaise mit geriebenem Apfel, frischem, geriebenem Meerrettich und etwas Weißwein verrühren. Mit Salz und Zucker abschmecken.

Gribiche-Sauce

Mayonnaise von gekochten Eiern

4 Eier
2 TL scharfer Senf
1 EL Weinessig, Salz
$^{1}/_{4}$ l Olivenöl
je 1 TL gehackter Kerbel und Estragonblätter
je 1 EL gehackte Petersilie und Schnittlauchröllchen
1 TL Kapern
1 kleine Essiggurke
$^{1}/_{2}$ Kästchen Kresse
E 10 F 70 K 2 kJ 2825 kcal 675

Die Eier 4 Minuten kochen, abschrecken, schälen und nach dem Erkalten durch ein Sieb streichen. Mit Senf, Essig und Salz zu einer glatten Masse verrühren, dann tropfenweise das Öl dazugeben. Mit den gehackten Kräutern, Kapern und der ebenfalls ganz fein gehackten Essiggurke mischen. Erst unmittelbar vor dem Servieren die abgespülten, abgetropften Kresseblättchen hineingeben.

Wozu man Mayonnaise reichen kann
Alle hier aufgeführten Mayonnaisen können zu kaltem Fleisch, zu gekochtem oder gedünstetem Fisch, als Fonduesaucen, zu gekochten Eiern, zu gebeiztem oder geräuchertem Fisch serviert werden. Die Gribiche-Sauce ist besonders gut als Dip für alle frischen Gemüsesorten oder gekochte Kartoffeln geeignet.

Pulmonaria officinalis

Ailloli

20 g Weißbrot ohne Rinde
2 EL Milch
4 bis 5 Knoblauchzehen
Salz
2 Eigelb
1/4 bis 3/8 l kalt gepreßtes Olivenöl
1 EL Zitronensaft
weißer Pfeffer aus der Mühle
E 2 F 65 K 4 kJ 2632 kcal 629

Weißbrot mit Milch beträufeln und weichen lassen. Dann mit den geschälten grob gehackten Knoblauchzehen und etwas Salz im Mörser zu einer glatten Masse verarbeiten. Eigelb und 2 EL Öl hineinschlagen, bis sich alle Zutaten verbunden haben. Tropfenweise den Zitronensaft einrühren. Das übrige Öl zuerst tropfenweise, dann in einem dünnen Faden gießend unterschlagen. Mit Salz und Pfeffer abschmecken.
Die Ailloli schmeckt besonders gut zu Fischgerichten, zu Gegrilltem und zu Folienkartoffeln. Aber auch als Sauce für Gemüse-Dips oder zum Fleisch-Fondue ist sie sehr zu empfehlen.

Hinweis Bei der Zubereitung der Ailloli müssen, wie bei allen anderen Mayonnaisen auch, sämtliche Zutaten die gleiche Temperatur – am besten Zimmertemperatur – haben, damit die Sauce nicht gerinnt.

Tip

Bei der Ailloli sind erstklassige Zutaten die wichtigste Voraussetzung. Verwenden Sie dazu stets nur bestes Olivenöl und möglichst sehr frischen Knoblauch. Sind die Zehen schon älter, sollten Sie die grünlichen Triebe entfernen, denn sie schmecken bitter. Das in Milch eingeweichte Weißbrot sorgt dafür, daß diese fettreiche Sauce mehr Festigkeit bekommt und nicht so leicht auseinanderfällt. Stattdessen kann man auch ein paar Eßlöffel Semmelbrösel mit den gehackten Knoblauchzehen mischen und im Mörser zu einer glatten Paste verarbeiten. Danach wird die Sauce wie oben angegeben mit dem Öl schaumig aufgeschlagen.

Remoulade

2 Eigelb
2 EL scharfer Senf
1 EL Zitronensaft
Salz, weißer Pfeffer aus der Mühle
1/4 l Öl (geschmacksneutral)
3 Pfeffergürkchen (Cornichons)
1 EL Kapern
2 Zweige Estragon
1/4 TL Sardellenpaste
1 Bund Kerbel
E 2 F 65 K – kJ 2575 kcal 615

Eigelb mit Senf, Zitronensaft, Salz und Pfeffer glattrühren. Tropfenweise das Öl mit dem Schneebesen unterrühren, bis eine cremige Mayonnaise entsteht. Die Pfeffergürkchen ganz fein würfeln oder hacken. Die abgetropften Kapern, die abgespülten, von den Stielen gezupften Estragonblättchen und den abgespülten, trockengeschwenkten Kerbel ebenfalls hacken. Alles unter die Mayonnaise mischen. Zum Schluß mit Sardellenpaste abschmecken. Zusätzlich kann man die Remoulade mit etwas Gurkenwasser aus dem Glas würzen.

Preiselbeersauce

200 g roh gerührte Preiselbeeren aus dem Glas
1 Msp. Ingwerpulver
je 1/2 TL Senfpulver und Kurkuma
2 EL Orangensaft
1 EL Zitronensaft
1 Glas (2 cl) Cream-Sherry
1 Glas (2 cl) Cognac oder Weinbrand
E 1 F 1 K 7 kJ 145 kcal 35

Die Preiselbeeren mit allen Gewürzen verrühren. Sherry und Cognac zufügen und zugedeckt kalt stellen. Vor dem Servieren nochmal abschmecken.
Zu Roastbeef, kaltem Braten, kaltem Geflügel, Wild und Wildgeflügel, sowie zu Bündner Fleisch oder auch zu rohem Schinken.

Tip

Statt der roh gerührten Preiselbeeren können auch gekochte verwendet werden, doch sollten sie in jedem Fall ungezuckert sein.

Cumberlandsauce

Je 1/2 ungespritzte Zitrone und Orange
1 Schalotte
2 Glas (4 cl) Rotwein
8 EL rotes Johannisbeergelee
1 TL Senfpulver
1 Msp. Ingwerpulver
1 Glas (2 cl) Portwein
Cayennepfeffer
E 1 F – K 35 kJ 630 kcal 150

Die Schalen von Zitrone und Orange ganz dünn schälen und in hauchdünne Streifen schneiden. Mit der ganz fein gewürfelten Schalotte im Rotwein aufkochen und zugedeckt bei milder Hitze 5 Minuten köcheln lassen. Zitronen- und Orangensaft auspressen, mit Johannisbeergelee, Senfpulver und Ingwerpulver verrühren, die Schalenstreifen mit dem Rotwein zufügen und abkühlen lassen. Erst dann mit Portwein und Cayennepfeffer abschmecken.
Die Sauce zu Wild, Wildgeflügel, Filetbraten, kalter Ente oder zu kaltem Kurzgebratenem reichen. Sie paßt aber auch gut zum Fleischfondue.

Stachelbeersauce

500 g grüne Stachelbeeren
50 g Zucker
1/8 l trockener Weißwein oder trockener Sherry (Fino)
50 g Butter
2 kleine Zwiebeln
abgeriebene Schale einer halben unbehandelten Zitrone
2 EL Orangenmarmelade
1 Glas (2 cl) Kirschwasser
Salz, Cayennepfeffer
E 2 F 10 K 35 kJ 1025 kcal 245

Die gewaschenen, abgetropften Stachelbeeren von Stielen und Blüten befreien, zuckern und 30 Minuten ziehen lassen. Wein oder Sherry aufkochen, die Beeren hineingeben und in 15 Minuten bei milder Hitze musig kochen. Indessen die Butter erhitzen und die ganz fein gewürfelten Zwiebeln darin glasig braten. Mit den Beeren sowie Zitronenschale, Orangenmarmelade, Kirschwasser, Salz und Cayennepfeffer abschmecken.
Zu dunklem Fleisch, Leber und gebratenem oder gekochtem Fisch.

Ketchup

Mango-Chutney

3 reife, aber noch feste Mangos
2 rote Chilischoten
4 große Knoblauchzehen
1 frische Ingwerwurzel
100 g kernlose Rosinen
150 g Farin- oder Rohrzucker
¼ l bester Weinessig
1 TL Salz, 1 EL Kurkuma
E 2 F – K 75 kJ 1320 kcal 315

Mangos schälen, das Fruchtfleisch von den Steinen lösen und 500 g abwiegen, dann 1 cm groß würfeln. Chilischoten entkernen und sehr fein schneiden. Die geschälten Knoblauchzehen halbieren, den grünen Mittelkern auslösen, Knoblauch dann fein hacken, nicht pressen! Ingwer schälen, von holzigen Teilen befreien und fein zerkleinern. Rosinen mit kochendem Wasser übergießen und gut abtropfen lassen. Alles mit Zukker vermischt über Nacht ziehen lassen, dann den Essig unterrühren und unter Rühren etwa 30 Minuten sanft köcheln lassen. Nach etwa 15 Minuten salzen und 5 Minuten vor Ende der Kochzeit Kurkuma zufügen. Das Chutney in heiß ausgespülte Gläser füllen, sofort verschließen und kühl und dunkel aufbewahren (bis zu 1 Jahr etwa).
Zu allen exotischen Currygerichten reichen, als Beilage zu kaltem Fleisch, gebratenem Fisch oder Grillgeflügel, sowie zu pikanten Reisgerichten.

Variationen

Pfirsich-Chutney: Statt der Mangos 750 g vollreife Pfirsiche verwenden und zusätzlich 3 EL sehr fein gehackte Petersilie daruntermischen.

Aprikosen-Chutney: 750 g Aprikosenfleisch verwenden, zusätzlich 100 g Pistazienkerne und das Kurkuma durch Senf ersetzen.

Apfel-Chutney: 500 g geschälte, entkernte Äpfel sehr fein würfeln, mit 4 geschälten, entkernten und fein gewürfelten Blutorangen und 150 g Schalottenwürfelchen mischen. Zusätzlich 2 EL gehackte Petersilie und etwas Essig zufügen.

Tomaten-Chutney: 1000 g reife Tomaten häuten, entkernen, fein würfeln und wie beschrieben zubereiten. Statt Kurkuma etwas gemahlenen Piment zufügen.

Tomatenketchup

2000 g vollreife Tomaten
500 g Zwiebeln
6 bis 8 Knoblauchzehen
4 EL grob gehackte glatte Petersilie
3 EL fein geschnittener Dill
Je 1 EL getrocknetes Basilikum und getrockneter wilder Majoran (ersatzweise je 2 EL frische Kräuter)
3 Stengel Blattsellerie, gehackt
100 g Chilischoten
200 g Farinzucker
⅜ l Weinessig, ⅛ l Olivenöl
E 7 F 30 K 80 kJ 2660 kcal 635

Tomaten häuten und von den Stengelansätzen befreien. Geschälte Zwiebeln grob hacken und beides mit den geschälten Knoblauchzehen im Mixer nicht zu fein pürieren. Mit den Kräutern, den geputzten, entkernten und ebenfalls gehackten Chilischoten langsam zum Kochen bringen. Dabei nach und nach den Zucker zugeben. Unter ständigem Rühren so lange einkochen lassen, bis eine breiige Konsistenz entsteht. Öl einmischen, nochmal aufkochen lassen und in vorbereitete Gläser oder Flaschen füllen. Sofort verschließen und kühl und dunkel aufbewahren. (Etwa bis zu 1 Jahr).
Zu Würstchen, Frikadellen, kaltem Huhn, Käseplatten, Spiegel- oder Rühreiern, sowie zu Kurzgebratenem und zu Gegrilltem servieren.

Variation

Paprikaketchup: 2000 g rote Paprikaschoten so lange im auf 250 Grad (Gasherd Stufe 5) vorgeheizten Ofen rösten, bis die Haut völlig schrumplig ist. Die Schoten dann einige Minuten unter einem feuchten Tuch ruhen lassen und anschließend die Haut abziehen (das geht jetzt ganz einfach!) Die Schoten entkernen und die Früchte wie die Tomaten weiterverarbeiten.

Tomaten-Zwiebel-Relish

750 g grüne Tomaten
4 rote Paprikaschoten
750 g Zwiebeln
6 Knoblauchzehen
1 Stück frischer Meerrettich (etwa 6 cm lang)
¼ l Rotweinessig
250 g Farin- oder Rohrzucker
2 TL Salz
½ TL gemahlener Koriander
½ TL Anissamen
3 grüne oder rote Chilischoten
E 6 F 1 K 95 kJ 1780 kcal 425

Die gewaschenen Tomaten fein hakken, nicht entkernen. Paprikaschoten und Zwiebeln putzen, würfeln, Knoblauchzehen durch die Presse drücken oder mit Salz zerquetschen. Den geschälten Meerrettich fein hobeln. Alles mit Essig, Zucker und Salz mischen und über Nacht ziehen lassen. Am nächsten Tag aufkochen und unter Rühren 5 Minuten sprudelnd kochen lassen. Die Hitze dann stark reduzieren, alle Gewürze zufügen und sanft in 30 bis 40 Minuten dicklich einkochen. Pikant abschmecken, in vorbereitete Gläser füllen und sofort gut verschließen. Kühl und nach Möglichkeit dunkel lagern.
Ein Relish serviert man zu allen kalten Fleischgerichten, zu Steaks, Brathähnchen oder gebratenem Fisch.

Variationen

Zwiebelrelish: Die grünen Tomaten je zur Hälfte durch weitere Zwiebeln und rote Paprikaschoten ersetzen. Einige Eßlöffel grob gehackte glatte Petersilie und 2 zerbröselte Lorbeerblätter hinzugeben. Über das in Gläser gefüllte Relish einige Löffel Pflanzenöl träufeln.

Gemüserelish: Je 500 g rote, feste Tomaten, Staudensellerie, grüne Paprika und Zwiebeln mit nur 175 g Zucker zubereiten. Zusätzlich noch einige gelbe Senfkörner und grob gestoßenen schwarzen Pfeffer dazu. Außerdem kann man etwas fein zerschnittenen Lauch, geschälten, zerkleinerten Sellerie oder einen fein gewürfelten Apfel zufügen.

Kalte Saucen

Frankfurter Grüne Sauce

je 1/2 Bund Dill, Schnittlauch
Petersilie, Kerbel, Borretsch, Pimpinelle, 4 Stengel Estragon
je 5 Stengel Liebstöckel und Zitronenmelisse
6 hartgekochte Eigelb
2 TL Senf, Salz
knapp 1/4 l Öl
2 EL Essig, weißer Pfeffer
E 5 F 70 K 2 kJ 2845 kcal 680

Alle Kräuter gründlich abspülen und trockenschwenken. Dill und Schnittlauch fein schneiden. Petersilie, Kerbel, die Blätter von Borretsch, Pimpinelle, Estragon, Liebstöckel und Zitronenmelisse fein hacken. Eigelb durch ein Sieb streichen. Mit Senf und Salz verrühren. Dann tropfenweise mit dem Schneebesen das Öl unterrühren, so daß eine mayonnaiseartige Sauce entsteht. Mit Essig und Pfeffer würzen.

Hinweis Die Sauce wird etwas kalorienärmer, wenn man nur 1/8 l Öl und 250 g saure Sahne verwendet.

Käse-Basilikum-Sauce

4 Knoblauchzehen
2 Bund Basilikum
50 g milder Ziegenkäse
50 g Parmesankäse (am besten am Stück gekauft)
4 EL Pinienkerne
Salz, 8 EL Olivenöl
E 15 F 40 K 5 kJ 1780 kcal 425

Die Knoblauchzehen schälen und grob hacken. Basilikum abspülen, trockenschwenken und die Blätter abzupfen, ebenfalls etwas hacken. Beide Käsesorten in kleine Würfel schneiden. Knoblauch, Basilikum und Käse mit den Pinienkernen, Salz und Öl im Mixer zu einer glatten, dicken Sauce vermischen. Wenn kein Mixer vorhanden ist, die Knoblauchzehen mit Salz und den Basilikumblättern im Mörser zerstampfen, dann nach und nach die Pinienkerne, beide Käsesorten und das Öl dazugeben.
Die Sauce kann man zu Bandnudeln oder auch als Dip servieren. Sie schmeckt aber auch hervorragend zu Steaks und Eiern.

Sauce Vinaigrette

je 1 Bund Petersilie, Kerbel, Schnittlauch
1/2 Bund Dill, 2 Stengel Estragon
2 EL Kapern
1/2 TL Senf
5 EL Kräuteressig
1/8 l Öl, Salz, weißer Pfeffer aus der Mühle
E 1 F 30 K 2 kJ 1255 kcal 300

Alle Kräuter gründlich abspülen und trockenschwenken. Petersilie, Kerbel, Dill und die abgezupften Estragonblättchen fein hacken. Den Schnittlauch in ganz kleine Röllchen schneiden. Die abgetropften Kapern ebenfalls hacken.
Den Senf mit dem Essig glattrühren. Dann mit einem Schneebesen tropfenweise das Öl unterrühren. Mit den Kräutern mischen und mit Salz und Pfeffer kräftig abschmecken.

Hinweis Ein Teil des Öls kann durch Mandel- oder Nußöl ersetzt werden, wodurch die Sauce Vinaigrette ganz besonders würzig wird.

Gurken-Sahne-Dip

½ Salatgurke ohne Kerne, Salz
1 Bund Dill
10 Stengel Brunnenkresse (ersatzweise ½ Kästchen Kresse)
10 frische Minzblättchen
2 Knoblauchzehen
200 g Speisequark
2 Eigelb
2 Becher saure Sahne (je 200 g)
2 EL Zitronensaft
frisch gemahlener schwarzer Pfeffer
E 10 F 15 K 5 kJ 775 kcal 185

Die Gurke ungeschält fein hobeln, mit 1 TL Salz bestreuen und 10 Minuten ziehen lassen. Kräuter abspülen und trockenschwenken. Die Kresseblättchen von den Stielen abschneiden. Dill fein schneiden. Kresse und Minzblättchen fein hacken. Die geschälten Knoblauchzehen durch die Presse drücken. Die Gurkenstücke sehr gut ausdrücken. Quark, Eidotter, saure Sahne und Zitronensaft zu einer glatten Creme rühren. Die restlichen Zutaten hineingeben, und abschmecken.

Petersiliencreme

1 Zwiebel, 1 Knoblauchzehe
2 Bund glatte Petersilie
40 g Butter
¼ l dicke saure Sahne oder Crème fraîche
2 Eigelb, 1 Prise Salz
2 TL Zitronensaft, weißer Pfeffer
je 1 EL Schnittlauchröllchen und gehackte krause Petersilie
E 5 F 30 K 5 kJ 1045 kcal 250

Zwiebel und Knoblauchzehe schälen, Petersilie abspülen, trockenschwenken und alles ganz fein hacken. Die Butter erhitzen, Zwiebel und Knoblauchzehe darin glasig dünsten. Petersilie darin unter Rühren 2 Minuten andünsten. Saure Sahne oder Crème fraîche unterrühren und bis kurz vorm Kochen erhitzen. Eigelb mit Salz und Zitronensaft verquirlen, dann im warmen, nicht zu heißen Wasserbad zur Creme aufschlagen. Dann nach und nach eßlöffelweise die Petersiliensahne unterrühren. Mit Salz und Pfeffer abschmecken und mit den Kräutern bestreuen.

Eier-Kräuter-Dip

2 hartgekochte Eier
1 TL scharfer Senf
⅛ l geschmacksneutrales Öl oder mit etwas Nußöl gemischt
2 EL Essig oder 3 EL Zitronensaft
1 Prise Salz
frisch gemahlener schwarzer Pfeffer
je ½ Bund Kerbel, Petersilie, Schnittlauch
je 3 Stengel Liebstöckel, Pimpinelle und Zitronenmelisse (oder ein Kräuterbouquet, wie es auf Wochenmärkten angeboten wird).
E 5 F 35 K 2 kJ 1425 kcal 340

Eier durch ein Sieb streichen, mit Senf glatt verrühren und tropfenweise das Öl mit einem Schneebesen unterrühren, so daß eine mayonnaiseartige Masse entsteht. Mit Essig oder Zitronensaft, Salz und Pfeffer abschmekken. Alle Kräuter abspülen, trockenschwenken und fein schneiden bzw. hacken. Unter die Eiermayonnaise ziehen. Rasch servieren, damit der intensive Kräutergeschmack nicht verloren geht.

Kräuter

Eine Küche
ohne Kräuter ist wie eine
Suppe ohne Salz

Kräuter

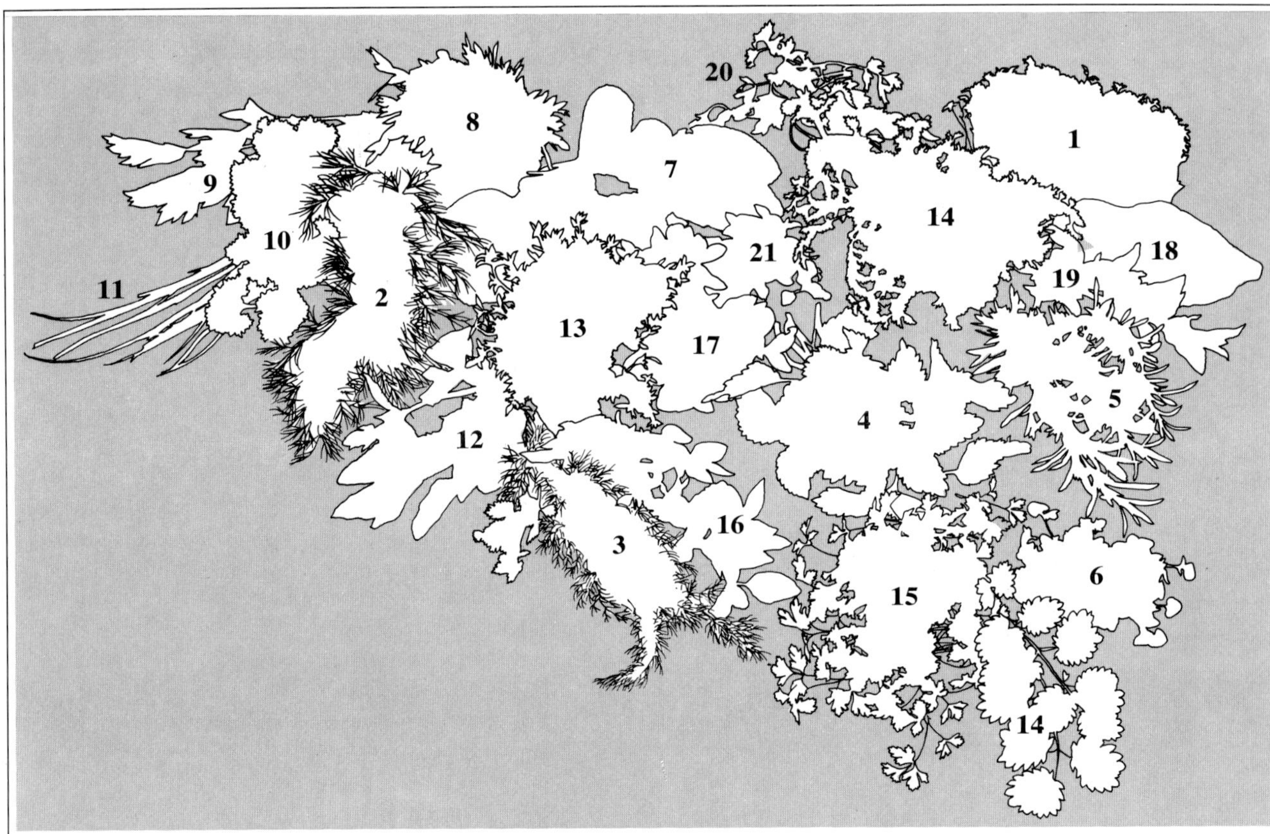

Das Aroma (möglichst) frischer Kräuter ist die Krone aller Würzen und wird heute wieder voll gewürdigt.
Die Zeiten, in denen jede Hausfrau ihr Kräutergärtchen hinter dem Hause hatte, sind zwar leider längst vorbei, aber auch heute braucht niemand auf die frische Würze zu verzichten. Fast alle Kräuter werden auf dem Markt frisch angeboten, viele gibt es tiefgekühlt, gefriergetrocknet oder getrocknet in hervorragenden Qualitäten. Außerdem läßt sich das eine oder andere Kräutlein auf der Fensterbank im Blumenkasten oder im Topf ziehen. Manche kann man auch selber sammeln, z. B. Sauerampfer **(18).**
Auch beim Würzen mit Kräutern sollte man daran denken, daß man lieber am Anfang etwas sparsamer dosieren sollte, um danach durch die Übung das nötige »Fingerspitzengefühl« zu entwickeln.

Basilikum (16) Es ist das ideale Gewürz zu Tomaten, paßt aber auch sehr gut zu Eier- und Kartoffelgerichten, Hackfleisch, wie auch zu Pizza. Sein Geschmack ist würzig-kühl, ein wenig zitronenähnlich. Basilikumblättchen sind sehr zart und empfindlich, fallen darum leicht zusammen. Bei der Verwendung von getrocknetem Basilikum ist daran zu denken, daß es intensiver würzt.

Beifuß Mit seiner leicht bitteren, an Wermut erinnernden Würze, schmeckt Beifuß hervorragend zu deftigen Fleisch- und Geflügelgerichten, wie auch zu Schmalz, Aal oder Kohlgerichten. Er sollte immer sparsam verwendet werden, da er sich beim Garen stark entwickelt. Am besten verwendet man die Rispen mit noch geschlossenen Knospen, von denen man die Blätter abzupft.

Bohnenkraut (8) Kurz vor der Blüte sind die Blättchen am aromatischsten. Sie schmecken dann frisch, würzig und ein wenig pfeffrig. Ganze Stengel läßt man kurze Zeit mitkochen, die frischen Blattspitzen sollte man besser roh über die Gerichte streuen. Bohnenkraut paßt sehr gut zu Bohnen, Aal, Lamm, Schwein und herzhaften Gemüsegerichten sowie zu Eintöpfen. Getrocknetes Bohnenkraut ist nicht mehr ganz so würzintensiv.

Borretsch (7) Man nennt ihn auch Gurkenkraut, denn er schmeckt wie eine Mischung aus Gurken und Zwiebeln, paßt darum besonders gut zu allen frischen Salaten, Saucen und Suppen. Man sollte ihn stets roh verwenden, denn beim Kochen verliert er seine Frische. Will man ihn konservieren, kann man ihn in Essig oder Öl einlegen. Mancherorts kocht man Borretsch auch als Gemüse.

Brunnenkresse (6) Die zarten, kleinen Blättchen schmecken sehr würzig, leicht scharf, ein wenig bitter und ähneln in ihrer Frische zartem Rettich. Man verwendet sie fast ausschließlich kalt, in Salaten, Saucen, als Quarkgewürz, Brotbelag oder Garnitur. Hin und wieder werden sie auch in leichten Saucen erhitzt oder für einen Fischsud kurz mitgekocht. Leider läßt sich die zarte Brunnenkresse nicht trocknen oder für längere Zeit aufbewahren.

Dill (2) Er gehört zu den bekanntesten und beliebtesten Gewürzen, wie Petersilie und Schnittlauch. Man verwendet ihn zu Fischgerichten wie zu Salaten, Saucen und Suppen, zu Quark wie auch zu Kartoffelgerichten. Er schmeckt frisch-aromatisch, ein wenig kümmelähnlich. Man verwendet ihn immer sehr fein geschnitten. Es gibt ihn das ganze Jahr über, teils frisch und auch getrocknet sowie tiefgekühlt. Zum Einlegen verwendet man meist getrocknete Dilldolden.

Estragon Sein beißend-aromatischer, aber sehr angenehmer, leicht bitterlicher Geschmack paßt gut zu Salaten, Geflügel, Lamm und Kalb. Doch auch zu Fisch und zum Einlegen von Sauerkonserven eignet er sich ausgezeichnet. Man sollte ihn nur sparsam verwenden, denn sein Aroma kann sonst aufdringlich wirken.

Fenchel (3) Im Aussehen ähnelt das zarte Kraut dem Dill, im Geschmack dem Anis. Man verwendet Fenchel immer in kleinen Mengen und immer feingeschnitten. Besonders gut harmoniert er mit Kopfsalat, Fisch- und Tomatengerichten. Doch auch zu Quark, Eierspeisen, Gurken und Lammgerichten paßt er ausgezeichnet. Hin und wieder garniert man auch kalte Platten damit.

Kerbel (15) Hin und wieder wird er mit Petersilie verwechselt, seine gefiederten Blätter ähneln der Petersilie. Im Geschmack liegt aber der Unterschied, Kerbel hat ein sehr würziges, leicht anisartiges Aroma, auch sein Geruch ist etwas süßlich. Sehr gern kocht man ihn als Kerbelsuppe, doch auch Quark, Salate und Saucen, Erbsen, Eierspeisen und Fisch bekommen durch ihn eine interessante Note.

Kresse (1) Die winzig kleinen Blättchen sind ausgesprochen würzig, ein wenig scharf im Geschmack und erinnern an Pfeffer. Man sollte sie nur frisch verwenden, was auch keine Schwierigkeit bedeutet, denn man kann sie das ganze Jahr über frisch kaufen. Außerdem lassen sie sich im Blumentopf oder auf feuchter Watte sehr gut selbst ziehen, denn sie brauchen zum Wachstum nur etwa 14 Tage. Man würzt mit Kresse Quark, Eierspeisen, Fisch, Fleisch, Salate und Saucen. Man verwendet sie als Brotbelag wie auch zum Verfeinern von hellen Suppen und Ragouts.

Liebstöckel (9) Diese stattlich wachsende Pflanze nennt man auch Maggikraut, sie ist Bestandteil einer industriellen Würzsauce. Man verwendet die Blätter (manchmal auch die Wurzeln) immer sehr sparsam bei allen Gerichten, die eine kräftige Würze vertragen, beispielsweise bei Suppen, Saucen, Ragouts, Rouladen und Kartoffelgerichten. Die jungen Blättchen gibt man auch gern fein zerschnitten an Salate und junge Gemüse.

Lavendel Bei uns ist er ein wenig aus der Mode gekommen, in südlichen Ländern schätzt man sein herb-bitteres, leicht rosmarinähnliches Aroma dagegen sehr. Besonders gut paßt er zu Lamm- und Fischgerichten, zu Eintöpfen und Kräutersaucen. Eine Spur Lavendel gibt auch Geflügel die besondere Note.

Majoran (21) Er ist ebenfalls sehr aromatisch, schwach brennend und würzintensiv. Man verwendet die kleinen, filzig behaarten Blättchen frisch oder auch getrocknet und zerrieben. Besonders gut harmoniert seine Würze mit Enten- und Gänsebraten, mit Blut- und Leberwürsten, Hackfleisch, Kartoffeln und deftigen Eintopfgerichten mit Hülsenfrüchten.

Oregano (17) Wilder Majoran wird er auch genannt. Er gilt als das typische Pizzagewürz und bereichert viele Tomatengerichte. Sein Duft ist sehr fein, sein Geschmack dagegen kräftig, herb-bitter und ein wenig zusammenziehend. Darum sollte man ihn nur in kleinen Mengen verwenden. Kräftige Braten, Hülsenfrüchte und deftige Salate vertragen sich gut mit Oregano.

Petersilie Man kennt zwei Arten, einmal die Krause **(10)** und die Glatte **(20),** wobei letztere würziger ist. Man verwendet Petersilie frisch, fein gehackt oder in Blättchen als Garnierung. Man läßt sie aber auch am Stengel in Suppen, Saucen und Fonds auskochen. Petersilienwurzel wird geschält oft in Suppen mitgekocht, sie ist ein fester Bestandteil eines Bundes Suppengrün. Getrocknet, gefriergetrocknet und tiefgekühlt gibt es sie ebenso während des ganzen Jahres wie frisch.

Pfefferminze (19) Viele Minzsorten gedeihen bei uns, obwohl sie als Küchengewürz keine sehr große Bedeutung haben. Der größte Teil wird zu Tee, Medikamenten und Spirituosen verarbeitet. Dabei schmeckt ihr frisches, zuerst erwärmendes, dann kühlendes Aroma ausgezeichnet zu Salaten, Pasteten, Fisch, Lamm und feinen Kalbfleischgerichten wie auch zu Innereien. Man sollte sie jedoch, wegen ihrer Würzintensität, immer nur schwach dosiert verwenden.

Pimpinelle (14) Ihr frisches Aroma mit der leichten Gurkennote paßt zu Fleisch-, Fisch- und Eiergerichten gleichermaßen wie auch zu Salaten, Kräutersaucen, zu Aal und als Brotbelag. Hervorragend eignet sie sich auch als Würze für Kräuteressig. Man sollte Pimpinelle niemals aufkochen, nur frisch hat sie ihr volles Aroma.

Portulak Auch ihn sieht man bei uns relativ selten. Dabei passen seine feinen Blättchen besonders gut zu Kopfsalat, Quark, Kräutersuppen und -saucen wie auch zu Tomaten. Man kann ihn auch wie Spinat zubereiten. Wichtig ist jedoch der Zeitpunkt der Ernte. Bis zur Blüte ist das Aroma sehr frisch und aromatisch, später wird es leicht bitter.

Rosmarin (5) Die französische und alle südeuropäischen Küchen kann man sich ohne Rosmarin gar nicht vorstellen. Lamm- und Wildgerichte, Schweinefleisch, Suppen und Saucen, viele Grillspezialitäten sowie Pilze und Tomaten harmonieren besonders gut damit. Man kann ihn mitbraten, kochen oder grillen, man kann ihn aber auch sehr fein zerschnitten roh verwenden. Mit Knoblauch geht er eine ausgesprochen gute Verbindung ein.

Salbei (12) Die winzigen, leicht bitteren Blättchen passen am besten zu Gerichten mit viel Eigenaroma. So zum Beispiel Lamm, Aal, Leber, Gans und Pute. Doch auch Fische, Tomaten, Hülsenfrüchte und Saucen vertragen eine Salbeizugabe. Man verwendet ihn frisch wie auch getrocknet. Außerdem läßt er sich bestens in Essig oder Öl konservieren, wodurch man ihn lange Zeit haltbar machen kann.

Schnittlauch (11) Schnittlauch schmeckt ein wenig scharf auf der Zunge und paßt zu allen Gerichten, die auch mit Zwiebeln gewürzt werden können. Sehr gut harmoniert er mit Eierspeisen, Quark und Fisch, doch auch zu Fleisch, zu Eintöpfen, Aufläufen und Tomaten. Auch als Brotbelag hat er viele Freunde.

Thymian (13) Er ist fester Bestandteil der provenzalischen Kräutermischung. Häufig würzt man mit Thymian Lamm- und Lebergerichte, Rinder-, Hack- und Wildbraten, Kartoffel- und Hülsenfruchtgerichte. Hervorragend ist er aber auch zu Fisch-, Kräutersuppen und -saucen. Beim Grillen kann man ein paar Thymianzweige in die Glut streuen, was dem Grillgut eine aparte Note gibt. Auch Tomaten vertragen eine kräftige Prise Thymian, und häufig gibt er Leberwürsten den würzigen Geschmack.

Tripmadam Das feinsäuerliche, frische Aroma der dickfleischigen Blätter paßt besonders gut zu festen Fischen wie Aal, aber auch zu Schweinebraten und Kartoffelgerichten. Als Suppengewürz, in Rohkostsalaten wie auch im Kräuteressig hat dieses Kraut ebenfalls seine Bedeutung. Die Blättchen werden dazu sehr fein gehackt oder zerdrückt und immer in kleinen Mengen dosiert.

Ysop Auch dieses süß-würzige, leicht bittere Aroma wird heute nicht mehr so stark geschätzt, d. h., man bekommt Ysop fast gar nicht mehr. Sollten Sie mal ein paar Blättchen bekommen, streuen Sie sie fein gehackt über Kartoffel- und Bohnengerichte, Rinderbraten oder Kräutersaucen. Er darf dabei aber niemals kochen, sonst verliert er sein zartes Aroma.

Zitronenmelisse (4) Zerreibt man ein paar Blättchen, riecht es angenehm nach Zitrone, der Geschmack ist ebenfalls leicht zitronig und leicht bitter. Darum paßt sie sehr gut zu Fisch-, Wild- und Pilzgerichten, zu Kalb und Geflügel wie auch zu Salaten, Saucen und in kleinen Mengen auch zu Obstdesserts. Viele Longdrinks werden (wie auch mit Minze) mit Zitronenmelisse garniert. Zitronenmelisse gibt es frisch und getrocknet, kann aber auch sehr gut eingefroren werden.

Gemüse

Farbenfrohe Begleiter können auch die Hauptgerichte sein

Spargel Grundrezept

Pro Person
500 g Spargel
5 g Butter
je 1 Prise Salz und Zucker
Wasser
E 7 F 1 K 10 kJ 335 kcal 80

Den Spargel mit einem sehr scharfen, spitzen Messer oder mit einem speziellen Spargelschäler vom Kopf abwärts dünn schälen. Dabei zum Spargelende hin immer dicker werden, denn alle holzigen und harten Stangenteile müssen entfernt werden; sie können den ganzen Spargelgenuß verderben. Zum Schluß die holzigen Enden abschneiden. Die Stangen portionsgerecht zusammenlegen (die Köpfe jeweils zu einer Seite) und mit einem Faden oder einem Alustreifen zusammenfassen. Die Butter in einem länglichen Topf (oder einem speziellen-Spargel-Kochtopf) schmelzen, aber nicht bräunen lassen. Die gebündelten Spargel hineinlegen und mit Salz und Zucker würzen. Mit so viel heißem Wasser angießen, daß er nicht ganz bedeckt ist. Zugedeckt zum Kochen bringen und je nach Stangengröße (darum immer gleichmäßige Stangen wählen) in 15 bis 25 Minuten gar, aber nicht zu weich kochen lassen. Sehr gründlich abgetropft auf einer vorgewärmten Platte servieren. Dazu wird der Spargel häufig in Servietten gelegt, die das überflüssige Wasser aufsaugen. Außerdem gibt es durchlöcherte Untersätze, die den Saft ebenfalls gut abfließen lassen.

Variationen

Spargel auf norddeutsche Art wird mit rohem Schinken (pro Person 100 bis 150 g), der in dünne Scheiben oder Würfel geschnitten, zusammen mit neuen Kartoffeln und Buttersauce serviert wird. Die Kartoffeln überstreut man dazu mit gehackter frischer Petersilie.

Spargel auf flämische Art verzichtet auf den Schinken und braucht dafür hartgekochte Eier, die zerdrückt und mit zerlassener Butter gemischt werden. Bei der englischen Variante rührt man statt der hartgekochten Eier rohe Eigelb unter die zerlassene Butter.

Spargel auf badische Art ist wohl die üppigste Art, die noblen Stangen zu servieren. Grundsätzlich gehören dazu: gekochter und roher Schinken in dünnen Scheiben, »Kratzete«, Buttersauce (ausgelassene, nicht gebräunte Butter) und Sauce Hollandaise (Rezept Seite 168). Bei großen Spargelessen gibt es aber auch noch Sauce Vinaigrette (Rezept Seite 176) dazu und/oder Sauce Béarnaise und/oder Sauce Choron. Letztere wird manchmal auch durch eine Maltaiser Sauce ersetzt.
Als weitere Beilagen kann man reichen: Lachsschinken, Bündner Fleisch, Räucherlachs, geriebenen Käse. Dazu junge Kartoffeln, die mit Petersilie bestreut sind. Die Spargel werden dazu meistens in der Mitte angerichtet und die Beilagen drumherum angeordnet. Die Saucen reicht man nebenher. Lediglich die einfache Buttersauce wird meistens direkt über die Stangen gegossen.

Kratzete

150 g Mehl
3/8 l Milch, 1 Prise Salz
4 Eier
65 g Butter oder Margarine
E 15 F 25 K 30 kJ 1735 kcal 415

Mehl in eine Schüssel geben und in die Mitte eine Mulde drücken. Milch mit Salz und Eiern hineingeben und mit dem Handrührgerät zu einem glatten, recht dünnen Teig verrühren. Jeweils nur wenig Fett in einer mittelgroßen Pfanne erhitzen und soviel Teig hineingießen, daß der Boden gerade bedeckt ist. Den Teig wie für einen Pfannkuchen auf einer Seite goldgelb backen, dann umwenden und mit Gabel und Eßlöffel in kleine Streifen zerreißen (oder zerkratzen – die Bezeichnung »Kratzete« kommt vom Kratzen der Hühner). Den »zerkratzten« Teig schwenken und ganz knusprig backen. Warmstellen bis alle vier Portionen fertig sind.

Sauce Béarnaise

Béarner Sauce

2 Schalotten, 3 Pfefferkörner
3 EL Estragonessig
1 TL flüssiger Fleischextrakt
3 Eigelb, 1 EL heißes Wasser
100 g Butter
1 TL gehackter frischer Estragon
1 EL gehackter Kerbel
Cayennepfeffer, Salz
E 3 F 25 K 2 kJ 1045 kcal 250

Die geschälten, ganz fein gehackten Schalotten mit Essig und Fleischextrakt aufkochen und um etwa die Hälfte einkochen lassen. Eigelb mit Wasser verquirlen und im heißen, aber niemals kochenden Wasserbad zu einer dicken Crème aufschlagen. Die Butter schmelzen, abschäumen und nach und nach teelöffelweise unter den Eigelbschaum heben. Dann tropfenweise den durchgesiebten Schalottensud einmischen und die Kräuter unterheben. Mit Cayenne und Salz abschmecken.

Sauce Choron
Wenn man die Béarner Sauce mit einem EL sehr gutem Tomatenpüree rot färbt, wird sie zur Sauce Choron.

Sauce Maltaise

Malteser Sauce

150 g Butter
2 Eigelb
2 TL warmes Wasser
1 EL Zitronensaft
2 EL frisch gepreßter Blutorangensaft
Salz, Cayennepfeffer
geriebene oder in winzige Streifchen (Juliennes) geschnittene Schale von einer viertel Blutorange
E 2 F 35 K 1 kJ 1400 kcal 335

Die Butter schmelzen, ohne zu bräunen und abschäumen. Eigelb mit Wasser, Zitronen- und Orangensaft im heißen, aber nicht kochenden Wasserbad dick-schaumig schlagen, dann neben dem Herd teelöffelweise die geklärte Butter einschlagen.
Mit Salz und Cayenne abschmecken und mit der Orangenschale bestreut anrichten. Sofort servieren.

Erbsen auf Hausfrauen Art

1500 g frische Erbsen in der Schote
6 Frühlingszwiebeln mit Lauch
1 kleiner Kopfsalat
1 Bund Kerbel
125 g durchwachsener Speck
1/8 l Crème fraîche
Salz, weißer Pfeffer
1 Prise Zucker
E 15 F 25 K 30 kJ 1675 kcal 400

Die Erbsenschoten aufbrechen und die Erbsen herauslösen. Die Frühlingszwiebeln schälen und vierteln, den Lauch waschen und in etwa 2 cm breite Ringe schneiden. Den Kopfsalat zerpflücken, waschen, trockenschleudern und nudelig schneiden. Den abgespülten, trockengeschwenkten Kerbel hacken. Einen Teil vom Salat und Kerbel zum Garnieren zurückbehalten.
Den Speck fein würfeln und in einem Topf auslassen. Erbsen, Zwiebeln, Lauch, Salat und Kerbel hineingeben und kurz andünsten. Dann mit der Crème fraîche vermischen und bei milder Hitze 10 bis 15 Minuten dünsten lassen. Die Erbsen sollen zwar gar, aber noch beißfest sein. Das Gemüse mit Salz, Pfeffer und Zucker abschmecken und in eine vorgewärmte Schüssel geben. Mit restlichen Kopfsalatstreifen und übrigem Kerbel bestreuen.
Dieses Gericht ist eine vielseitig verwendbare Beilage; es paßt zu allem. Man kann es zu kurzgebratenem Fleisch, zu Leber, Fleischspießchen oder Filetbraten servieren.

Zuckererbsen in Sahne

750 g Zuckererbsen (Zuckerschoten, Mange tout)
1 kleine Zwiebel
50 g Butterschmalz
1 Bund glatte Petersilie
1/8 l Fleischbrühe
1 Becher Sahne (200 g)
1 Knoblauchzehe
Salz
weißer Pfeffer
1/2 Bund krause Petersilie
E 5 F 25 K 15 kJ 1320 kcal 315

Die Zuckererbsen gründlich waschen und entfädeln, dazu die Stielansätze abschneiden und zur Spitze (Blütenende) hin abziehen, dann auch die Spitzen abschneiden.
Die geschälte Zwiebel ganz fein würfeln und in dem heißen Butterschmalz leicht andünsten, jedoch nicht bräunen. Die abgespülte, trockengeschwenkte Petersilie fein hacken und ebenfalls in das Butterschmalz geben. 1 Minute mitdünsten lassen. Dann die nicht abgetropften Zuckererbsen dazugeben. Mit Fleischbrühe und Sahne verrühren und zugedeckt 15 Minuten leise köcheln lassen. Die geschälte Knoblauchzehe durch die Presse drücken und zum Gemüse geben. Mit Salz und Pfeffer abschmecken. Die abgespülte, trockengeschwenkte krause Petersilie ebenfalls hacken. Die Erbsen in eine vorgewärmte Schüssel geben und mit Petersilie bestreut zu Tisch bringen.
Als Beilage zu rohem Schinken, Kalbs- oder Schweineschnitzeln, gebratenem Hühner- oder Puterfleisch oder zu Kalbsbraten, Steaks oder auch zu Hirn und Bries servieren.

Glasierte Möhren

750 g junge, kleine Möhren
100 g Butter
40 g Zucker
Wasser, 1 Prise Salz
E 2 F 20 K 20 kJ 1195 kcal 285

Die Möhren unter fließendem Wasser gründlich abbürsten, wenn nötig ganz dünn schaben – nicht schälen.
50 g Butter in einem Topf erhitzen, den Zucker hineingeben und unter ständigem Rühren karamelisieren lassen. Die Möhren hineingeben und mit soviel Wasser begießen, daß sie eben bedeckt sind. Salzen, einmal sprudelnd aufkochen, dann die Hitze reduzieren und die Möhren zugedeckt langsam garziehen lassen, bis die Flüssigkeit verdunstet ist. Eventuell zum Schluß den Deckel abnehmen. Die restliche Butter neben dem Herd in Flöckchen dazugeben. Den Topf leicht rütteln, damit sich die Butter mit dem sirupartigen Fond verbindet und die Möhren damit überzogen »glasiert« werden.
Glasierte Möhren schmecken zu allen großen Braten, gebratenem Geflügel, pochierten Hühnerbrüstchen, Kalbs- oder Schweineschnitzeln.

Hinweis Auf »moderne Art« kocht man Möhren grundsätzlich so wie oben beschrieben, allerdings ohne den Karamelfond. Junge Möhren kann man im Ganzen garen, ebenso die kleinen, runden Karotten. Größere Möhren werden in Stifte, Scheiben, Kugeln oder eiförmig geschnitten. Man gibt sie mit soviel kaltem Wasser in einen Topf, daß sie nur knapp bedeckt sind. Pro ½ l Wasser gibt man 1 TL Zucker und 50 g Butter dazu. Dann garen wie oben. Man kann sie zusätzlich mit Sahne oder Crème fraîche und Petersilie verfeinern.

Dicke Bohnen in Sahnesauce

900 g tiefgekühlte Dicke Bohnen
Salz
2 Zweige Bohnenkraut
1 kleine Zwiebel
1 Knoblauchzehe
20 g Butter
⅛ l Kochbrühe
¼ l Sahne
geriebene Muskatnuß
1 Prise Zucker
2 EL gehackte glatte Petersilie
oder gehackter Kerbel
E 5 F 15 K 10 kJ 200 kcal 840

Die unaufgetauten Bohnen nach Packungsaufschrift in Salzwasser mit dem Bohnenkraut garen. Abtropfen und ⅛ l durchgesiebte Brühe aufheben.
Die Bohnen etwas abkühlen lassen, dann aus den graugrünen Schalen lösen. Die geschälte und gehackte Zwiebel und die durch die Presse gedrückte Knoblauchzehe in der Butter hell andünsten. Kochbrühe und Sahne langsam einrühren und die Sauce bei starker Hitze cremig einkochen lassen. Mit Salz, Muskatnuß und Zucker abschmecken. Die Bohnen darin erhitzen. Mit Petersilie oder Kerbel bestreut servieren.
Dieses Gemüsegericht kann man zu Rinderfilet oder kurzgebratenem Fleisch, zu Kalbsbraten, Wild- und Wildgeflügel reichen.

Bohnen auf italienische Art

750 g zarte Brechbohnen (möglichst lange, dünne)
Salzwasser
1 Zwiebel
1 Knoblauchzehe
2 Stengel Bohnenkraut
10 Pfefferkörner
50 g frisch geriebener Parmesankäse
50 g Butter
E 10 F 15 K 10 kJ 880 kcal 210

Die Bohnen waschen und putzen, das heißt, von Stengel- und Blütenansätzen und eventuellen Fäden befreien. Die geschälte, halbierte Zwiebel, die geschälte Knoblauchzehe, das abgespülte Bohnenkraut und die Pfefferkörner in reichlich gut gesalzenes Wasser geben. Rasch aufkochen lassen, dann die Bohnen hineinlegen und nach dem Aufkochen bei milder Hitze in 20 Minuten garen. Die Bohnen mit einem Schaumlöffel herausnehmen, unter kaltem Wasser schnell abschrecken und sehr gut abtropfen lassen. Im ausgeleerten Topf kurz trockendämpfen, dann auf einer tiefen, vorgewärmten Platte wie Spargel anrichten und mit dem Parmesan bestreuen. Die Butter leicht bräunen lassen und über die Bohnen gießen.
Als Beilage zu allem kurzgebratenen Fleisch, zu dunklen Braten (z. B. Rinderfilet, Rinderschmorbraten, Sauerbraten, Wildschweinrücken, Reh- oder Hasenrücken), zu dunklem Geflügel wie Gänsebrust oder Ente schmecken diese Bohnen ganz besonders gut.

Variation
In Italien kennt man noch eine andere, sehr würzige Art, die jungen Bohnen zuzubereiten: Geputzte Bohnen in sprudelnd kochendem Salzwasser etwa 10 Minuten kochen, abschrekken und abtropfen lassen. Gehackte Zwiebeln und Knoblauchzehen in Olivenöl glasig braten, die Bohnen zusammen mit gehäuteten, entkernten und gewürfelten Tomaten zufügen und mit Salz, Pfeffer, Bohnenkraut (oder Thymian) und Basilikum würzen. Gardünsten und mit etwas Essig abschmecken.

Prinzeßbohnen im Speckmantel

600 g Prinzeßbohnen
Salzwasser
6 Pfefferkörner
2 Schalotten oder 1 kleine Zwiebel
1 Bund glatte Petersilie
40 g Butter
8 breite Scheiben durchwachsener Speck (mild geräuchert)
E 10 F 40 K 10 kJ 1905 kcal 455

Die Bohnen waschen, putzen und wenn nötig fädeln, nicht brechen. Soviel Salzwasser in einen Topf gießen, daß es gut zweifingerhoch darin steht. Die Pfefferkörner hineingeben, rasch aufkochen lassen, dann die Bohnen einlegen und bei milder Hitze in 15 bis 20 Minuten garen. Anschließend unter kaltem Wasser abschrecken (das bewahrt die grüne Farbe) und gut abtropfen lassen. Den Kochsud durchsieben und aufheben.
Die Schalotten oder die Zwiebel schälen und ganz fein hacken. Die abgespülte, trockengeschwenkte Petersilie ebenfalls hacken. Beides in der heißen Butter glasig dünsten. Die abgetropften Bohnen darin schwenken. Die Speckscheiben in einer großen Pfanne ganz leicht auslassen, herausnehmen und abtropfen lassen. Auf einer Arbeitsfläche ausbreiten und je ein Achtel der Bohnen darin einwikkeln. Die so entstandenen Päckchen in einen großen Topf mit eben den Boden bedeckenden kochendem Bohnensud legen und kurz erhitzen. Gut abgetropft auf einer Platte anrichten. Sehr heiß servieren.
Die Prinzeßbohnen passen hervorragend zu allen Lamm- oder Hammelbraten, zu kurzgebratenem Fleisch wie Rindersteaks, Rinderkoteletts, Schweinefilet oder Lammkoteletts.

Tip

Wer den Speck etwas knuspriger liebt, brät ihn ein wenig länger und verzichtet auf das Erhitzen im Sud. Will man die Bohnen-Pakete grillen, sollte man sie mehrfach mit etwas Öl bestreichen.

Bohnenpüree

500 g zarte grüne Bohnen
Salzwasser
10 cl Crème fraîche (etwa 100 g)
15 g Butter
Salz, frisch gemahlener schwarzer Pfeffer
1 Prise getrocknetes, fein zerriebenes Bohnenkraut
je ½ Bund Petersilie und Kerbel
E 3 F 5 K 7 kJ 375 kcal 90

Die Bohnen waschen und putzen. Dabei darauf achten, daß sie keine Fäden mehr haben. Anschließend ein paarmal durchbrechen. Gesalzenes Wasser etwa zweifingerhoch in einen Topf gießen. Rasch sprudelnd aufkochen, dann die Bohnen hineingeben und nach dem Aufkochen bei milder Hitze in 20 Minuten garen. Die Bohnen gut abtropfen und etwas abkühlen lassen. Durch ein Sieb streichen oder im Mixer pürieren und anschließend durch ein Sieb passieren. Mit Crème fraîche und Butter verrühren und unter ständigem Rühren erhitzen, aber nicht aufkochen lassen. Mit Salz, Pfeffer und Bohnenkraut abschmecken. Petersilie und Kerbel abspülen, trockenschwenken und hakken. Das Püree mit zwei großen Löffeln wie Nockerln (längliche Klöße) abstechen und auf einer vorgewärmten Platte anrichten. Mit den Kräutern bestreut servieren.
Reichen Sie Bohnenpüree als Beilage zu feinen Braten (Kalbsbraten, Roastbeef, Putenbrust oder Wildgeflügel (Wildente, Taube).

Variation
Nur 300 g grüne Bohnen und zusätzlich 200 g junge Bohnenkerne von dicken Bohnen (Pferdebohnen) verwenden. Nach Belieben zusätzlich mit etwas Knoblauch oder Zwiebelsaft würzen. Oder eine geviertelte Zwiebel mitkochen (vor dem Pürieren entfernen). Noch zarter und sahniger wird diese Mischung aus grünen und dicken Bohnen, wenn man dazu die doppelte Menge an dicken Bohnen verwendet, sie kurz blanchiert, kalt abschreckt und dann die weißen Häutchen von jeder einzelnen Bohne abzieht. Danach pürieren wie oben.

Möhrenpüree

600 g Möhren
1 Stückchen Petersilienwurzel (etwa 2 cm lang)
40 g Reis
1 kräftige Prise Salz
60 g Butter
frisch gemahlener weißer Pfeffer
1 Prise Zucker, 5 EL Sahne
E 2 F 15 K 20 kJ 960 kcal 230

Die Möhren und die Petersilienwurzel schaben und nach dem Waschen zerkleinern. Den Reis in einem Sieb unter kaltem Wasser waschen, bis das ablaufende Wasser klar ist. Reis mit Möhren und Petersilienwurzel in einen Topf geben. Salzen, mit Wasser angießen und zusammen mit 20 g Butter weichkochen. Abtropfen lassen, durch ein feines Sieb streichen und mit den Gewürzen und der Sahne im offenen Topf unter Rühren cremig einkochen lassen. Neben dem Herd die Butter in kleinen Flöckchen unterschlagen, bis das Püree locker und schaumig ist. Abschmecken und sofort servieren.

Rosenkohlpüree

600 g Rosenkohl
150 g mehlig kochende Kartoffeln
1 kräftige Prise Salz,
8 EL Sahne
50 g Butter
frisch gemahlener schwarzer Pfeffer
geriebene Muskatnuß
E 7 F 20 K 15 kJ 1150 kcal 275

Rosenkohl putzen, waschen und die Strünke kreuzweise einschneiden, damit sie gleichmäßig garen. Kartoffeln schälen, waschen und zusammen mit dem Rosenkohl in Salzwasser gar kochen. Die Kartoffeln dann herausnehmen, den Rosenkohl abschrekken, abtropfen lassen und beides fein pürieren. Mit der Sahne vermischt bei starker Hitze unter Rühren cremig einkochen lassen. Die Butter in Flöckchen darunterschlagen und das Püree mit Salz, Pfeffer und Muskat abschmecken. Schnell servieren, bevor es eine Haut bekommt.

Hinweis Das Püree sollte so fest sein, daß man es spritzen kann.

Fenchelpüree

600 g Fenchelknollen
40 g Butter
1 Knoblauchzehe
1/8 l Hühnerbrühe
1 Becher Sahne (100 g)
1 Prise Salz, weißer Pfeffer
1 Spritzer Zitronensaft
E 5 F 15 K 15 kJ 920 kcal 220

Die Fenchelknollen von eventuellen welken Stellen säubern, unter kaltem Wasser abspülen und grob hacken. Die Hälfte der Butter in einem Topf schmelzen und die geschälte, gehackte Knoblauchzehe darin glasig, aber nicht braun braten. Gut die Hälfte des Fenchels zufügen, die Hühnerbrühe angießen und den Fenchel weichkochen. Danach durch ein Sieb streichen. Den rohen Fenchel im Mixer pürieren und mit dem gekochten vermischt wieder in einen Topf geben. Unter Rühren cremig einkochen lassen, dann die Butter in kleinen Flöckchen neben dem Herd einschlagen. Mit Salz, Pfeffer und Zitronensaft abschmecken.

Buntes Sommergemüse

6 ganz kleine, runde Artischocken
Saft einer Zitrone
150 g kleine Zwiebeln
2 Knoblauchzehen
200 g Möhren
1 mittelgroßer Kohlrabi von etwa 300 g
3 EL Olivenöl
¼ l trockener Weißwein
¼ l heiße Kalbfleisch- oder Hühnerbrühe
Salz, weißer Pfeffer aus der Mühle
4 Stengel frischer Thymian
E 10 F 8 K 30 kJ 1005 kcal 240

Die Artischocken waschen und gut abtropfen lassen, die Spitzen bis auf ⅔ der Höhe abschneiden. Die Artischocken längs vierteln und das Heu im Inneren sorgfältig entfernen. Welke und grobe Außenblätter abnehmen und Böden und Stengelansätze ganz dünn schälen. Alle Schnittflächen sofort mit Zitronensaft bestreichen, damit sie sich nicht verfärben. Die Zwiebeln schälen und vierteln, die geschälten Knoblauchzehen durch die Presse drücken. Die geschälten Möhren und den geschälten Kohlrabi in etwa 4 cm lange Stifte schneiden. Das Öl in einem Topf erhitzen und das Gemüse darin 5 Minuten andünsten, ohne es jedoch Farbe nehmen zu lassen. Während der letzten 2 Minuten den Knoblauch zufügen. Mit Wein und Brühe ablöschen und zugedeckt zum Kochen bringen. Sofort die Hitze reduzieren oder den Topf halb von der Platte ziehen. Das Gemüse bei schwacher Hitze in etwa 15 Minuten garen. Das Gemüse darf dabei nicht zu weich werden; es soll noch »Biß« haben. Mit Salz und Pfeffer abschmecken und mit Thymian würzen. Einige Thymianblättchen über das fertige Gemüse streuen.
Dieses Gemüse paßt hervorragend zu Kalbfleischgerichten. Man kann es aber auch zu allem Gegrillten und Kurzgebratenem reichen.

Hinweis Auch als Eintopf ist diese Mischung geeignet. Geben Sie zusätzlich ein paar kleine Kartoffeln und junge Erbsen hinein und erhöhen Sie die übrigen Gemüsemengen sowie Wein und Brühe um die Hälfte. Der fertige Eintopf wird mit in Streifen geschnittenem Kochschinken oder Kasseler gemischt.

Tip

Auch kalt schmeckt das Sommergemüse ganz ausgezeichnet. Garen Sie es dazu wie im Rezept angegeben und lassen Sie es im Kochsud erkalten. Würzen Sie es vor dem Servieren noch einmal und reichen Sie es ebenfalls als Beilage zu Fleischgerichten oder aber auch mit frischem Weißbrot als Vorspeise, Imbiß oder kleines Abendessen. Wenn Sie Gemüse mit einer feinsäuerlichen Note lieben, können Sie dieses Gericht zusätzlich mit etwas Zitronensaft und/oder abgeriebener Schale (nur unbehandelte Zitronen verwenden) abschmecken. Und sehr pikant wird's, wenn Sie eine entkernte Chilischote mitgaren oder das Gemüse zum Schluß mit etwas Cayennepfeffer oder Tabascosauce abschmecken.

Überbackener Fenchel

8 kleine Fenchelknollen von je etwa 125 g
1/8 l Rinderbouillon (am besten selbstgekocht)
1/8 l trockener Weißwein
60 g Butter
Salz, geriebene Muskatnuß
weißer Pfeffer aus der Mühle
50 g geriebener Parmesankäse
2 EL Semmelbrösel
E 10 F 15 K 25 kJ 1190 kcal 285

Die Fenchelknollen putzen, dabei die holzigen Blattschichten entfernen und die Wurzelenden abschneiden. Die zarten grünen Blättchen aufheben. Die Knollen halbieren. Die Bouillon mit Weißwein und 20 g Butter aufkochen. Mit Salz, Muskatnuß und Pfeffer abschmecken. Die Knollen mit den Schnittflächen nach unten hineinlegen und zugedeckt etwa 20 Minuten sanft köcheln lassen. Der Fenchel sollte dann aber noch »Biß« haben, darum nach etwa 15 Minuten schon eine Garprobe machen. Den Fenchel in einer flachen, leicht gefetteten, feuerfesten Form anrichten und mit dem gehackten Grün bestreuen.
Den Kochsud bei starker Hitze etwa um die Hälfte reduzieren und über den Fenchel gießen. Parmesan und Semmelbrösel mischen, den Fenchel damit bestreuen. Die restliche Butter in Flöckchen darüber verteilen und die Form in den auf 220 Grad (Gasherd Stufe 3) vorgeheizten Backofen schieben. Etwa 10 Minuten überbacken, bis die Butterflöckchen ganz zerlaufen sind und sich eine goldgelbe Kruste bildet.
Dieses Fenchelgemüse schmeckt besonders gut zu allen kurzgebratenen Fleischstücken und zu gebratenen Fischfilets oder -koteletts.

Tip

Mischen Sie doch einmal in Streifen geschnittenen gekochten Schinken unter den gekochten Fenchel, bevor Sie ihn überbacken oder servieren Sie ihn mit einer Tomatensauce.

Variation
Sehr gut schmeckt der Fenchel auch in einer weißen Sauce. Dazu 20 g Mehl in der restlichen Butter hell anschwitzen, mit dem Kochsud unter Rühren ablöschen und 5 Minuten sanft köcheln lassen. Mit 1/8 l Sahne und dem Fenchelgrün mischen. Zusätzlich noch mit einer Prise Knoblauchsalz oder einigen Tropfen Worcestersauce abschmecken. Über den Fenchel gießen und mit geriebenem Käse (nicht mit Semmelbröseln) bestreut kurz überbacken.

Kohlrabi in Sauerrahmsauce

4 Kohlrabiknollen von je etwa 150 g
3 dünne Lauchstangen
40 g Butter
1 Becher Crème fraîche (20 cl)
Salz
1 Prise Zucker
Cayennepfeffer
1/2 Bund Petersilie
E 5 F 15 K 10 kJ 840 kcal 200

Von den Kohlrabi die zarten Herzblättchen abschneiden und aufheben. Die Kohlrabiknollen schälen und eventuelle holzige Stellen gründlich entfernen. Die Knollen halbieren und in hauchdünne Scheiben schneiden. Den geputzten Lauch gründlich waschen und in etwa 1 cm dicke Ringe teilen. Kohlrabi und Lauchringe 3 Minuten in kochendem Salzwasser blanchieren, in Eiswasser abschrekken und gründlich abtropfen lassen. Die Butter in einem Topf schmelzen, aber keine Farbe nehmen lassen. Die Crème fraîche hineinrühren, so daß eine glatte, sämige Sauce entsteht. Mit Salz und Zucker würzen. Kohlrabi und Lauch hineingeben und zugedeckt bei ganz milder Hitze 10 bis 12 Minuten dünsten. Dann eventuell mit Salz nachwürzen und mit etwas Cayennepfeffer abschmecken. Die gehackte Petersilie und die in dünne Streifen geschnittenen Herzblättchen unter das Gemüse mischen und möglichst sofort servieren.
Dieses Gemüse schmeckt besonders gut zu zarten Fleischgerichten, wie z. B. Kalbsbraten, Kalbsschnitzel, Poularden, aber auch zu gedünstetem oder gebratenem Fisch. Kohlrabi in Sauerrahmsauce bilden aber einen feinen Gegensatz zu deftigen Fleischgerichten, wie z. B. zu Bratwurst oder Frikadellen.

Tip

Kohlrabi kommt sowohl als zarte grüne Treibhausware, als auch als violette Freilandware auf den Markt. Die Qualitäten sind dabei völlig gleich, allerdings ist Treibhauskohlrabi oft etwas zarter im Geschmack und kann darum besonders gut auch als Rohkost serviert werden. Ist der grüne Kohlrabi ganz jung, braucht er nicht einmal geschält zu werden, es genügt, ihn nur gründlich abzubürsten. Wenn die Schale dranbleibt, bleiben auch sehr wertvolle Vitamine enthalten. Ebenso sollte man grundsätzlich nicht auf die zarten Herzblättchen verzichten, sie enthalten nämlich weit mehr Karotin und Vitamin C als die Knollen.

Variation
Statt mit Lauch kann man den in Sahne gedünsteten Kohlrabi auch mit Karottenscheiben und jungen, frisch gepalten Erbsen mischen. Dazu sollten die Karotten aber statt 3 Minuten mindestens 5 bis 6 Minuten vorblanchiert werden, weil sie eine längere Garzeit haben. Die Erbsen können wie der Kohlrabi behandelt werden. Will man Tiefkühlerbsen verwenden, läßt man sie für 3 Minuten in stark sprudelndem Salzwasser (von der Zeit an gerechnet, wo das Wasser wieder kocht) auftauen. Dann abschrecken und vor dem Untermischen gründlich abtropfen lassen.
Die Lauchstangen kann man auch hervorragend durch frische Frühlingszwiebeln ersetzen, die entweder blanchiert oder in der Butter vorgedünstet werden. Das Zwiebelgrün sollte man in diesem Fall in feine Ringe schneiden und zum Schluß zusammen mit dem Kohlrabigrün über das fertige Gericht streuen. Jedoch harmonieren auch Schnittlauch und Petersilie gut mit Kohlrabi.

Broccoli

Grundrezept

1000 g Broccoli, Salz
Wasser, geriebene Muskatnuß
30 g Butter
E 10 F 5 K 10 kJ 545 kcal 130

Den Broccoli von eventuellen Blättern befreien und in, den Strünken entsprechende Stücke teilen. Die Strünke nicht entfernen, sie werden mitverwendet. Eine große Schüssel mit stark gesalzenem Wasser füllen und die Broccoli darin 15 Minuten wässern, damit eventuell vorhandenes Getier herauskommt. Den Kohl gut abtropfen lassen, von den Strünken nur harte Schalenteile abschälen. Das Wasser mit Salz und Muskat würzen und aufkochen. Den Kohl einlegen und zugedeckt bei milder Hitze 25 Minuten kochen lassen. Gut abtropfen lassen und in heißer Butter schwenken.
Der »natur« gekochte Broccoli kann auch mit Sauce Hollandaise (Seite 168), einer Sauce Mornay (Seite 166) oder einer mit gerösteten Mandeln vermischten Béchamelsauce (Seite 166) übergossen oder in Sauce Vinaigrette (Seite 176) angemacht werden.

Broccolipfanne
1 feingehackte Zwiebel, 1 feingehackte Knoblauchzehe und 150 g gewürfelten rohen Schinken in 40 g Butterschmalz andünsten. Den gekochten Broccoli dazugeben, mit frisch gemahlenem Pfeffer würzen. 4 Eier mit ¼ l Sahne, 2 EL gehackter Petersilie, Salz und Paprika edelsüß verquirlen. Über den Broccoli gießen und stocken lassen. Dazu neue, in der Schale gekochte Kartoffeln.

Blumenkohl

Grundrezept

1 Blumenkohl von 750 bis 1000 g
reichlich Wasser
10 g Salz pro Liter Wasser
E 4 F – K 6 kJ 165 kcal 40

Nur ganz weißen Blumenkohl kaufen, schon verfärbter Kohl hat einen strengen Geschmack. Entweder den Innenstrunk ganz abschneiden und den ganzen Kohl 30 Minuten in stark gesalzenem, mit Essig leicht gesäuertem Wasser liegen lassen, oder den Kohl in Röschen teilen, die dann nur für etwa 15 Minuten ins Wasser gelegt werden müssen.
Das gesalzene Wasser aufkochen lassen, den ganzen Kohl oder die Röschen hineingeben und im offenen Topf in 25 bis 30 Minuten mehr ziehen als kochen lassen. Blumenkohl oder Röschen gut abtropfen lassen. Nach Wunsch mit Butter anrichten.

Blumenkohl auf polnische Art
75 g Butter in einer großen, tiefen Pfanne erhitzen, abschäumen und goldbraun werden lassen. 2 EL Semmelbrösel darin rösten und alles über den Kohl gießen. 1 hartgekochtes Ei durch ein Sieb über den Kohl drücken und alles mit einem Eßlöffel gehackter Petersilie bestreuen. Zu Kalbsbraten, Rinderbraten oder Lammbraten servieren. Ansonsten können Blumenkohlröschen ebenso zubereitet werden wie Broccoli und zu den gleichen Gerichten serviert werden.

Pfifferlinge mit Tomaten

500 g Fleischtomaten
1 Knoblauchzehe
2 EL gehackte Petersilie
80 g Butter
500 g Pfifferlinge
Salz, schwarzer Pfeffer
1 Bund Schnittlauch
E 2 F 15 K 5 kJ 710 kcal 170

Die Tomaten häuten und die Kerne herauspressen. Das Fruchtfleisch grob hacken. Zusammen mit der durchgepreßten Knoblauchzehe und der Petersilie in 40 g Butter bei ganz milder Hitze in einer großen Pfanne dünsten lassen. Dabei häufig umrühren. Die geputzten, gewaschenen und abgetrockneten Pilze in der restlichen Butter unter Rühren solange braten, bis alle Flüssigkeit verdampft ist. Mit den Tomaten mischen, salzen und pfeffern und mit fein geschnittenem Schnittlauch bestreut servieren.

Hinweis Auf diese Art lassen sich auch Steinpilze, Maronen oder Champignons zubereiten. Und auch die Austernpilze (auch Kalbfleischpilze genannt) lassen sich sehr gut auf diese Weise zubereiten. Sie kommen in letzter Zeit häufiger auf den Markt, weil sie – ähnlich wie Champignons – gezüchtet werden können. Sie haben einen ausgesprochen intensiven Pilzduft und -geschmack. Bei der Zubereitung sollte man sie mehr dünsten als braten, da sie sonst zu viel Wasser verlieren könnten.

Tip

Einfach zuzubereiten, aber sehr delikat schmecken Pilze in Sahne, wozu sich alle frischen Pilze eignen. Lassen Sie eine gewürfelte Zwiebel in 50 g Butter glasig braten und geben Sie 500 g geputzte, zerkleinerte Pilze hinzu. Braten Sie sie, bis alle austretende Flüssigkeit verdampft ist, und rühren Sie dann 200 g Sahne oder Crème fraîche hinein. Zum Schluß nur noch mit Salz und Pfeffer würzen, abschmecken und mit reichlich gehackter Petersilie bestreuen.

Steinpilze mit Speck

750 g Steinpilze
100 g durchwachsener Speck
2 Zwiebeln
20 g Butter
Salz, frisch gemahlener schwarzer Pfeffer
3 EL gehackte Petersilie
E 5 F 20 K 10 kJ 1045 kcal 250

Die Pilze sorgfältig putzen, ganz kurz waschen, abtropfen lassen und mit Haushaltspapier trocknen. Die Stiele herausdrehen und hacken. Die Köpfe in dünne Scheiben schneiden. Den gewürfelten Speck auslassen und die gewürfelten Zwiebeln sowie die gehackten Stiele darin kurz anbraten. Die Butter darin erhitzen und die Pilzscheiben darin solange unter Rühren braten, bis alle Flüssigkeit verdampft ist. Mit Salz und reichlich Pfeffer würzen und mit Petersilie bestreut servieren.
Als Beilage zu allen Wildgerichten, zu Steaks und Braten oder mit Butterkartoffeln und grünem oder Tomatensalat als Hauptgericht.

Gedünsteter Spinat

1000 g frischer Blattspinat
2 l Wasser, Salz
4 Knoblauchzehen
2 kleine Zwiebeln
50 g Butter
frisch gemahlener schwarzer Pfeffer
geriebene Muskatnuß
E 5 F 10 K 5 kJ 565 kcal 135

Den Spinat waschen und verlesen, dann gründlich abtropfen lassen und die dicken Blattstiele entfernen. Das Wasser mit Salz und den geschälten, in Scheiben geschnittenen Knoblauchzehen aufkochen. Den Spinat hineingeben und 5 Minuten blanchieren. Dann auf einem Sieb abschrekken, abtropfen lassen und leicht ausdrücken. Eventuell Knoblauchstücke entfernen. Die geschälten, fein gehackten Zwiebeln in der Butter goldgelb dünsten. Den Spinat dazugeben und bei milder Hitze 15 Minuten zugedeckt dünsten. Mit Pfeffer, Salz und Muskat abschmecken.

Tip

Den Spinat kann man dann in beliebiger Form servieren. Entweder wie oben beschrieben, nur mit etwas geriebenem Parmesankäse überstreut oder:
300 g Créme fraîche auf etwa die Hälfte reduzieren, mit Pfeffer und Salz abschmecken und diese Sauce mit dem Spinat mischen.
Den wie oben bereiteten Spinat mit 100 g Pinienkernen oder blättrig geschnittenen Mandeln mischen.
Den wie oben bereiteten Spinat in eine gefettete Auflaufform geben, mit einer Mischung aus 50 g Semmelbröseln und 50 g geriebenem Emmentaler Käse bestreuen, mit 20 g Butterflöckchen belegen und 10 Minuten in dem auf 220 Grad (Gasherd Stufe 4) vorgeheizten Backofen gratinieren.
Den wie oben bereiteten Spinat mit Sauce Hollandaise (Rezept Seite 168) übergießen.
Den wie oben bereiteten Spinat mit Sauce Mornay (Rezept Seite 148) begießen und kurz überbacken.

Hinweis Spinat grundsätzlich sofort nach der Zubereitung servieren und möglichst nicht wieder aufwärmen.

Gedünsteter Mangold
Neuerdings findet sich der vor einiger Zeit aus der Mode gekommene Mangold wieder in unseren Gemüsegeschäften. Er kann ebenso angerichtet werden wie Spinat. Lediglich die Zubereitung ist etwas anders: Wie Spinat wird Mangold gewaschen und verlesen. Dann streift man die weißen Stengelteile ab und blanchiert nur das Grün in Salzwasser. Es wird wie Spinat behandelt und weiterverarbeitet. In der Zwischenzeit werden die Stiele in dem Blanchierwasser 15 Minuten gekocht. Abtropfen lassen und mit dem Grün mischen.

Schwarzwurzeln mit Schinken

1000 g Schwarzwurzeln
1 EL Mehl, 2 EL Essig
1 l Salzwasser
gut $^1/_8$ l Milch
1 Zwiebel
30 g Butter, 30 g Mehl
$^1/_4$ l Fleischbrühe
$^1/_4$ l Milch, $^1/_4$ l Sahne
Salz, weißer Pfeffer
geriebene Muskatnuß
1 EL Zitronensaft
1 Prise Zucker
150 g mild geräucherter roher Schinken
E 15 F 40 K 35 kJ 2405 kcal 575

Schwarzwurzeln unter fließendem Wasser abbürsten, dann dünn schälen und in etwa 5 cm große Stücke schneiden. Die Stücke sofort in mit Mehl und Essig vermischtes Wasser legen, damit sie sich nicht verfärben. Das Salzwasser und die Milch aufkochen und die Schwarzwurzeln darin bei milder Hitze zugedeckt je nach Dicke 30 bis 40 Minuten sanft köcheln lassen. Dann gut abtropfen.
Für die Sauce die feingehackte, besser noch geriebene Zwiebel in der Butter hellgelb dünsten. Das Mehl dazugeben und unter Rühren goldgelb schwitzen lassen. Mit Fleischbrühe und Milch aufgießen, 5 Minuten köcheln lassen. Dann erst die Sahne einrühren und die Sauce nochmal kurz aufkochen lassen. Mit Salz, Pfeffer, Muskatnuß, Zitronensaft und Zucker abschmecken. Den Schinken in feine Streifen schneiden und zusammen mit den Schwarzwurzeln in der Sauce erhitzen.
Entweder nur zu rund ausgestochenen Petersilienkartoffeln oder zu gedünstetem oder gedämpftem Fisch servieren.

Variation
Man kann die Schwarzwurzeln auch nur 15 Minuten in dem Salzwasser garen und dann noch etwa 20 Minuten in der Sauce köcheln lassen.

Überbackener Chicorée

8 mittelgroße, gleichmäßige Chicoréestangen
$^1/_4$ l Milch
$^1/_4$ l Wasser, Salz
$^1/_4$ l Sahne
$^1/_4$ l Mornaysauce (Rezept Seite 166)
50 g geriebener Parmesan
50 g geriebener Emmentaler Käse
2 EL Semmelbrösel
40 g Butter
E 15 F 35 K 10 kJ 1800 kcal 430

Chicorée von eventuell welken oder grünlichen Blättern befreien, dann die harten, oft bitteren, Innenkeile herausschneiden. Den Chicorée gründlich waschen und abtropfen lassen. Nebeneinander in einen flachen Topf legen, mit Milch und Wasser begießen und salzen. Im offenen Topf aufkochen, dann zugedeckt bei milder Hitze 20 Minuten sanft köcheln lassen. Die abgetropften Chicoréestangen in einer flachen Auflaufform anrichten, mit der kochenden Sahne übergießen und diese bei starker Hitze um die Hälfte einkochen lassen. Die heiße Mornaysauce darüber gießen. Mit einer Mischung aus beiden Käsesorten, anschließend mit Semmelbröseln bestreuen. Die zerlassene Butter darüberträufeln. In dem auf 240 Grad (Gasherd Stufe 5) vorgeheizten Ofen 10 Minuten gratinieren. Zu Schweinefilet oder gedünstetem Fisch sehr zu empfehlen.

Geschmorter Rotkohl

1000 g Rotkohl
40 g Schweineschmalz
1 kleine Zwiebel
3 säuerliche Äpfel
4 EL Johannisbeergelee
1/8 l Wasser, Salz
2 EL Weinessig
2 Lorbeerblätter
6 Wacholderbeeren
E 3 F 10 K 25 kJ 880 kcal 210

Von dem Kohl die äußeren Blätter entfernen. Den Kohl vierteln und in dünne Streifen hobeln, dabei den Strunk entfernen. Das Schmalz in einem Schmortopf erhitzen, den Kohl hineingeben und rasch gründlich umrühren. Die geschälte Zwiebel reiben, die geschälten, entkernten Äpfel achteln und in je etwa 5 Scheiben schneiden. Mit dem Johannisbeergelee, Salz, Weinessig und Wasser unter den Kohl mischen. Lorbeerblätter und Wacholderbeeren auf den Kohl legen und diesen zugedeckt bei milder Hitze 60 Minuten schmoren. Lorbeer und Wacholderbeeren entfernen.

Weißkohl mit Riesling

1000 g Weißkohl
30 g Butter oder Butterschmalz
2 Zwiebeln
1/2 l Riesling
Salz, weißer Pfeffer aus der Mühle
E 3 F 7 K 10 kJ 857 kcal 205

Von dem Kohl die äußeren Blätter entfernen. Den Kohl vierteln und fein hobeln, dabei den Strunk entfernen. Butter oder Butterschmalz in einem Schmortopf erhitzen, die geschälten, fein gehackten Zwiebeln darin hell andünsten. Den Kohl dazugeben und unter Rühren 5 Minuten anschmoren lassen. Den Riesling angießen. Mit Salz und Pfeffer würzen. Den Kohl im geschlossenen Topf in 10 Minuten halbweich werden lassen. Dann im offenen Topf solange weiterkochen, bis fast alle Flüssigkeit verdampft ist. Mit Salz und Pfeffer nachwürzen und zu hellem Fleisch servieren.

Spitzkohl
Wird auf die gleiche Weise zubereitet wie Weißkohl oder Wirsing.

Wirsing mit Speck

1000 g Wirsingkohl, Salz
50 g geräucherter Schweinebauch
1 Zwiebel
1 Knoblauchzehe
schwarzer Pfeffer aus der Mühle
geriebene Muskatnuß
E 7 F 10 K 10 kJ 625 kcal 150

Den Wirsingkohl in einzelne Blätter zerteilen. Die Stiele herausschneiden. Die Blätter waschen und in starkem Salzwasser einmal sprudelnd aufkochen lassen. Dann in Eiswasser abkühlen, abtropfen lassen und grob hacken. Den fein gewürfelten Speck in einem großen Topf auslassen, die geschälte, fein gehackte Zwiebel und die geschälte, durch die Presse gedrückte Knoblauchzehe darin glasig braten. Den Kohl hinzufügen. Mit Salz, Pfeffer und Muskatnuß würzen und zugedeckt 30 Minuten bei milder Hitze dünsten.
Der Wirsing kann zu hellen und dunklen Braten ebenso gereicht werden, wie zu kurzgebratenem oder gegrilltem Fleisch.

Rosenkohl auf alte Art

1000 g Rosenkohl, Salz
75 g durchwachsener Speck
50 g Butter
1 Zwiebel
1 Scheibe Toastbrot
1 Knoblauchzehe
geriebene Muskatnuß
E 10 F 25 K 20 kJ 1485 kcal 355

Den Rosenkohl putzen, dabei auch die Strünke abschneiden. Kohl waschen und gründlich abtropfen lassen. In stark kochendes Salzwasser geben und zugedeckt bei milder Hitze 15 Minuten kochen lassen. In der Zwischenzeit den Speck fein würfeln und in einem Topf auslassen. Die Hälfte der Butter dazugeben und erhitzen. Die geschälte, fein gehackte Zwiebel darin goldgelb braten. Das Toastbrot rösten, dann auf beiden Seiten kräftig mit der geschälten Knoblauchzehe einreiben. Die restliche Butter in einer Pfanne erhitzen und das in kleine Würfel geschnittene Toastbrot darin solange unter Rühren rösten, bis alle Butter aufgesogen ist. Den Rosenkohl abgießen und in den Topf zu der Speck-Zwiebel-Mischung geben. Kräftig durchschwenken und mit Muskatnuß abschmecken. In eine vorgewärmte Schüssel geben und mit den Brotwürfeln bestreut servieren. Das Gemüse kann zu allen mageren Braten gereicht werden.

Rosenkohl mit Maronen

300 g Maronen (Eßkastanien)
20 g Zucker
½ l heiße Fleischbrühe
60 g Butter
600 g Rosenkohl
Salz, weißer Pfeffer aus der Mühle
2 EL Semmelbrösel
E 10 F 15 K 45 kJ 1485 kcal 355

Die Maronen an den Unterseiten kreuzweise einschneiden. In einen Topf geben und mit soviel kochendem Wasser begießen, daß sie bedeckt sind. 15 Minuten kochen lassen. Abgießen und schälen. Auch die pelzige Innenhaut entfernen. Den Zucker bei nicht zu starker Hitze bräunen und langsam mit der Fleischbrühe verrühren. Die Kastanien hineingeben und in 15 Minuten mehr garziehen als kochen lassen. Die Maronen aus der Brühe nehmen und diese auf etwa ⅓ einkochen lassen. 40 g Butter dazugeben und die Maronen wieder hineingeben. Unter Rühren braunglänzend überziehen. Während die Maronen langsam garen, nebenbei den Rosenkohl putzen, von den Strünken befreien, waschen und abtropfen lassen. In stark kochendes Salzwasser geben und zugedeckt bei milder Hitze 15 bis 20 Minuten kochen. Abtropfen lassen, mit den Maronen mischen, mit Salz und Pfeffer abschmecken. Die restliche Butter erhitzen und die Semmelbrösel darin goldgelb rösten. Über das Gemüse gießen.

Tip

Schneiden Sie die Schnittflächen der Stengelansätze kreuzweise ein, dann garen die Röschen gleichmäßiger.

Gewürze

*Früher nur für Reiche –
wer sie heute
nicht hat, ist arm
dran*

Gewürze

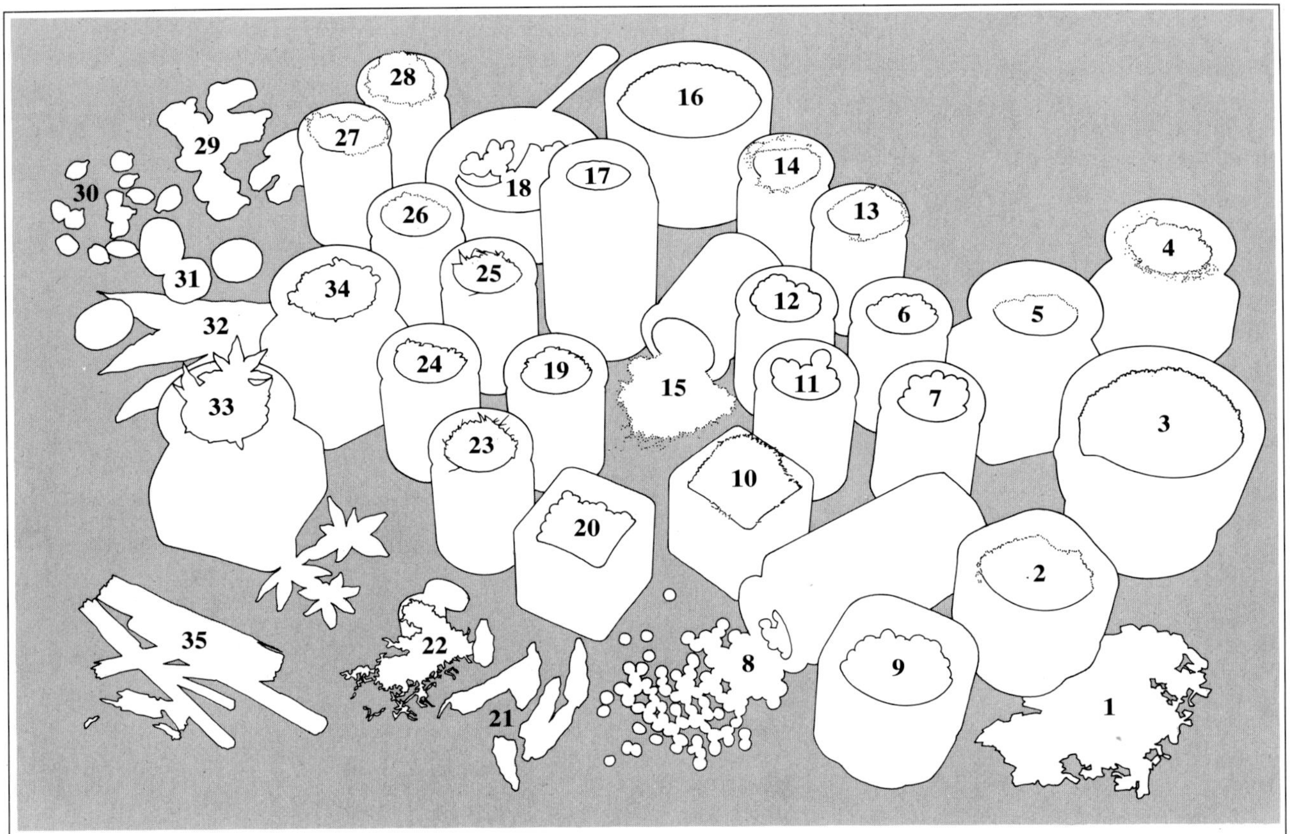

An der Art des Würzens erkennt man den Koch.
Niemand weiß so recht, wann die Menschheit begann, ihre Speisen mit Gewürzen zu verfeinern. Und es ist auch nicht geklärt, ob die Gewürze ihren Weg in die Küche über die Heilkunde nahmen, oder ob die Medizin auf die oft heilsame Wirkung der Gewürze durch Küchenerfahrung und Ernährungsgewohnheiten kam. Wie dem auch sei, die Geschichte der Gewürze ist sehr alt – und leider auch sehr blutig. Galten doch die Gewürze, die Spezereien, als begehrenswerte, wohlstandsbringende Kostbarkeit, so stritten beispielsweise Persien und Arabien um die Kontrolle der »Gewürzstraße«, so versuchten die Händler in Italien ebenso wie die Abnehmer in Deutschland jeweils in ihrem Gebiet ein Monopol zu schaffen, das ihren Reichtum sicherte. Und nicht zuletzt wegen der kostbaren Gewürze wagte man erstmals den Seeweg nach Ostasien um Afrika herum.
Wenn wir heute das eine oder andere Gewürz wünschen, brauchen wir lediglich in ein Kaufhaus oder einen Supermarkt zu gehen und können dort nach Lust und Laune auswählen. Da gilt es, das Riesenangebot richtig zu nutzen und die einzelnen Gewürze, ihre Eigenschaften und vor allen Dingen, ihr Aroma zu kennen.

Anis (23) Das würzig-süße, gleichzeitig aromatisch-frische Aroma der getrockneten Samen schätzt man vor allem in Süßspeisen, Kuchen, Plätzchen und Broten; mancherorts würzt man damit auch Gemüse und Salate. Doch hat Anis seine größere Bedeutung in der Getränkeindustrie.

Cayennepfeffer Dieses scharfe Pulver wird aus den Beerenfrüchten einer paprikaähnlichen Pflanze gewonnen, die man auch Teufelspfeffer oder Chil(l)i nennt. Auch getrocknete Chilischoten **(21)** finden sich im Angebot. In Kürbissen getrocknete Mischungen sind etwas »entschärft«.

Chilipulver (4/5) Um dem reinen Cayennepfeffer die Schärfe zu nehmen, mischte man ihn mit verschiedenen anderen Gewürzen. Je nach Beimischungen gibt es Chilipulver in verschiedenen Farben und Würzstärken. Es ist außerdem Hauptbestandteil vieler Chilisaucen.

Curry (27) Es ist ebenfalls ein Mischgewürz, für das es viele Rezepturen und entsprechend viele Geschmacksrichtungen gibt. Hauptbestandteile sind neben Kurkuma (Gelbwurz), das für die gelbe Farbe verantwortlich ist, Ingwer, Kardamom, Koriander, Kreuzkümmel, Muskatblüte, Nelken, Pfeffer und Zimt. Auch Bockshornklee, Muskatnuß, Senfsamen und andere Gewürze können dabei sein.

Dilldolden Die getrockneten Samenkörner der Dillpflanze mit dem leicht bitteren, kümmelähnlichen Aroma werden teils in Dolden, teils zerteilt in Teilfrüchte angeboten. Man verwendet sie hauptsächlich zum Einlegen von Gurken sowie zum Würzen von Essig oder Öl. Getrocknete Dillspitzen finden Sie unter **(10)**. Näheres über Dillkraut auf Seite 180.

Fenchel (24) Er gehört zu den Doldenblütlern und war schon im alten Ägypten bekannt. Äußerlich ähnelt die Fenchelpflanze dem Kümmmel; sowohl ihre zarten Blätter, vor allem aber ihre getrockneten Samen werden verwendet. Die ganze Pflanze riecht würzig-süß; ihr Aroma erinnert an Anis. Fenchel harmoniert besonders gut mit Fisch, wird auch zum Würzen von Suppen, Saucen und Salaten wie auch zum Backen verwendet.

Ingwer (29) Die getrockneten, brennend-scharf schmeckenden Ingwerwurzeln werden vor der Verwendung zerquetscht oder im Mörser zerstoßen. Man kann ihn auch gemahlen kaufen, doch verliert er dann sehr leicht sein Aroma. Ingwer ist häufig Bestandteil vieler Mischgewürze und Würzsaucen, wird aber auch gern für Obst- und Süßspeisen, Suppen, Saucen und Eingelegtes wie auch zum Backen verwendet.

Kapern (18) Die ungeöffnet geernteten Blütenknospen des Kapernstrauches werden meistens in Salz- oder Essiglake eingelegt angeboten, manchmal auch in Öl. Ihr Aroma ist herbwürzig, ein wenig scharf und leicht bitter. Man verwendet sie zu Salaten, Saucen, Fleisch-, Fisch- und Eiergerichten, wie auch als Garnierung.

Kardamom (30) Die getrockneten Samenkapseln der zur Ingwerfamilie gehörenden Pflanze sollte man niemals gemahlen kaufen, da das Aroma leicht verfliegt. Kardamom schmeckt sehr mild und erinnert ein wenig an Eukalyptus. Bei uns gehört er zu den typischen Weihnachtsgebäck-Gewürzen.

Koriander (6) Die reifen, kugelförmigen getrockneten Samen schmecken süß-aromatisch mit einem Hauch von Orangenschale. Man verwendet ihn hauptsächlich als Spekulatius- und Lebkuchengewürz, zum Brotbacken, zum Einlegen und zur Wurstherstellung. Außerdem paßt er gut zu Fisch, Lamm- und Schweinebraten. Weniger bekannt, aber auch sehr würzig, sind Korianderblätter, die man im Blumentopf selbst ziehen kann. Sie haben ein angenehm-würziges Aroma das frisch – ungekocht – Suppen, Saucen und Salate würzt. Man nennt es auch Cilantro oder chinesische Petersilie.

Kreuzkümmel (25/26) Mit dem normalen Kümmel hat er nur die Namensähnlichkeit gemein. Geschmacklich unterscheiden sich beide sehr stark. Kreuzkümmel, der als ganzes Samenkorn und gemahlen angeboten wird, hat ein eigenartig scharfbitteres, etwas strenges Aroma, das leicht durchdringt. Deshalb sollte man ihn stets sparsam dosieren. Zum Einlegen von Pickles und Chutney sowie zu scharf gewürzten indischen oder mexikanischen Gerichten paßt er sehr gut.

Kümmel (19) Er ist ein typisch deutsches Gewürz, Deutschland und Österreich gehören zu den größten Kümmelverbrauchern der Welt. Sein angenehm aromatischer und leicht beißender Duft und Geschmack passen ausgesprochen gut zu Brot, Kartoffeln, Kohl- und Fleischgerichten, zu Käse und Quark wie auch zu deftigen Saucen, Salaten und Krautgerichten. Die Getränkeindustrie braucht das Kümmelöl zur Herstellung von Likören und Schnäpsen, so beispielsweise für die meisten Aquavitsorten.

Kurkuma (28) Er ist bekannter unter dem Namen Gelbwurz, weil er Currymischungen, Senf und vielen Essiggemüsen die gelbe Farbe verleiht. Sein Geruch erinnert an Ingwer, sein Geschmack ist leicht brennend und ein wenig bitter.

Lorbeer (32) Durch das Trocknen verlieren die zähen, lanzettförmigen Blätter ihre Bitterstoffe, behalten aber das starkwürzige, hocharomatische Aroma. Mit Lorbeerblättern (im Ganzen oder zerrieben) würzt man bei uns Suppen, Saucen, Eingemachtes, Fleisch- und Fischgerichte.

Mohn (3) Die schrotähnlichen geschlossenen Samenkörner mit dem zart-süßen, nußähnlichen Geschmack werden bei uns zur Hauptsache in Süßspeisen und Backwerk verwendet.

Muskatblüte (1/2) Hierbei handelt es sich nicht um die Blüte des Muskatnußbaumes, sondern um die getrocknete Samenhülle; sie ist oft auch als Macisblüte im Handel. Wegen ihres muskatähnlichen, jedoch viel feineren, leicht bitteren Aromas ist sie als Kuchengewürz sehr beliebt. Auch einige Suppen und Wurstwaren vertragen eine Prise oder ein »Blättchen«.

Muskatnuß (31) Die getrockneten Samenkerne des Muskatnußbaumes verwendet man hauptsächlich gerieben, und zwar für helle Fleisch- und Saucengerichte, für Gemüse, Backwaren, Süßspeisen, Wurstwaren und Getränke.

Nelken (34) Kurz vor ihrem Aufblühen pflückt man die Blütenknospen des Gewürznelkenbaumes und trocknet sie, wobei sich die rötliche Farbe ins Dunkelbraune verändert. Sie sind sehr würzig; ihr gewürzhafter, feuriger, fast ein wenig brennender Geschmack paßt hervorragend zu Lebkuchen, Obstgerichten, zu Schweinefleisch, Wild, dunklen Suppen und Saucen wie auch zu Getränken.

Paprika Die gemahlenen, getrockneten, länglichen Früchte der Paprikapflanze werden in verschiedenen Geschmacksrichtungen und Schärfegraden angeboten. Beim Delikateßpaprika **(13)** werden sämtliche Kerne und Trennwände vor dem Mahlen entfernt, was ihn besonders mildaromatisch macht. Edelsüßer Paprika **(14)** dagegen hat einen größeren Samenanteil, was ihn dunkler werden läßt. Sein Geschmack ist ebenfalls mild, weist jedoch eine feine Schärfe auf. Halbsüßer Paprika ist ähnlich, jedoch ein wenig schärfer. Der Rosenscharfe **(15)** ist wesentlich schärfer, da hier Rippen und Kerne in größeren Mengen zugesetzt werden. Der schärfste ist der Scharf-Paprika, der nicht nur mit den eigenen Trennwänden, sondern auch mit Rippen anderer Qualitäten vermischt wird, er hat einen fast brennenden Geschmack und eine bräunliche Farbe. Seit einiger Zeit werden Sorten gezüchtet, die zwar würzig, nicht aber scharf schmecken. Sie eignen sich wegen ihrer guten Verträglichkeit besonders für Diätkost.

Pfeffer Beim schwarzen Pfeffer **(20)** pflückt man die grünen, unreifen Pfefferbeeren und läßt sie trocknen, wodurch sie sich verfärben. Weißer Pfeffer **(12)** reift an der Pflanze, wird rot und anschließend von der getrockneten Außenhaut befreit. Heute wird mehr und mehr grüner, also unreifer Pfeffer angeboten, der in Salzlake eingelegt **(17)** oder auch gefriergetrocknet **(9)** zu haben ist. Der Rosa Pfeffer, der ebenfalls gefriergetrocknet **(8)** oder auch in Lake in den Handel kommt, ist jedoch kein echter Pfeffer, sondern stammt von einer der pfefferähnlichen Pflanzen. Sein Aroma ist ausgesprochen fein und zart.

Piment (7) Er wird auch Nelkenpfeffer genannt und schmeckt wie eine Mischung aus Nelken, Zimt und Muskat. Gemahlen wird er häufig zum Backen, in Suppen, Saucen und Fleischgerichten, im ganzen Korn oft zum Einlegen verwendet.

Safran (22) Er gehört zu den teuersten Gewürzen, da hier nur die Blütennarben der Pflanzen gesammelt werden. Es duftet stark, schmeckt würzigbitter und färbt intensiv gelb. Es gibt ihn in Fäden und gemahlen.

Sesam (16) Die sehr ölhaltigen Früchte sind meistens weiß (manchmal auch rot, braun oder schwarz) und werden meistens zum Backen verwendet. Oft röstet man sie auch, wobei sie ein nussiges Aroma entfalten) und gibt sie dann oft zu Gemüse.

Sternanis (33) Er erinnert mit seiner süßlichen Schärfe ein wenig an Anis und ein wenig an Fenchel. Man verwendet ihn bei uns zum Backen, manchmal auch zu Obstgerichten, vor allem jedoch darf er in der chinesischen Küche nicht fehlen.

Vanille Der appetitlich-aromatische Duft und die süße Würze der Vanille passen besonders gut zu Süßspeisen, Backwerk und Getränken. Man schabt das Mark heraus und/oder läßt die Schoten im Gericht ausziehen. Vanillinzucker enthält synthetische Aromastoffe.

Wacholder (11) Die getrockneten, bläulich- bis braunschwarzen Beeren des Wacholderstrauches schmecken würzig-süß mit einem leicht harzigen Anklang. Sie passen zu Fleisch-, Wild- und Fischgerichten, zum Einlegen wie auch zu Pasteten. Die Getränkeindustrie brennt eine ganze Reihe von Wacholderschnäpsen.

Zimt (35) Sein aromatisch-würziges, süß-brennendes Aroma paßt besonders gut zu Backwerk und Heißgetränken, manchmal auch zu Fleisch. Die Zimtstangen sind die getrockneten, abgeschälten Innenrinden des Zimtstrauches, die auch gemahlen in den Handel kommen.

Beilagen: Kartoffeln Teigwaren Reis

Sie sind der ergänzende Rahmen für Hauptgerichte

Folienkartoffeln

4 gleichgroße, mehlige Kartoffeln
von je etwa 200 g
Öl zum Bestreichen
Salz
E 3 F 1 K 35 kJ 650 kcal 155

Kartoffeln unter fließendem Wasser abbürsten, abtrocknen und über Kreuz nicht zu tief einschneiden. Alufolie in ausreichender Größe zu Vierecken schneiden. Die glatte Seite nach oben legen und ganz dünn mit Öl einfetten und mit etwas Salz bestreuen. Die Folie locker um die Kartoffel hochziehen und oben fest zusammenfalzen. Die Folie darf nicht eng an der Kartoffel anliegen, weil diese sich beim Garen noch ausdehnt. Die Kartoffeln können bei 280 Grad (Gasherd Stufe 7) oder im Holzkohlenfeuer gegart werden. Die Garzeit beträgt etwa 45 Minuten.
Die Kartoffeln aus der Folie nehmen, an der Schnittstelle so aufbrechen, daß eine Höhlung entsteht, diese beliebig mit kalter Butter oder saurer Sahne füllen.
Zu kurzgebratenem Fleisch, gegrilltem Fleisch, Geflügel, Fisch und Würstchen reichen.

Bircher-Benner-Kartoffeln

8 gleichgroße Kartoffeln
(etwa 1000 g)
3 EL Kümmel
1 EL grobes Meersalz
50 g Butter
E 5 F 10 K 35 kJ 1065 kcal 255

Die gründlich unter fließendem kaltem Wasser gebürsteten, abgetrockneten Kartoffeln halbieren. Kümmel und Salz mischen und die Schnittflächen der Kartoffeln in diese Mischung tauchen. Die Kartoffeln auf ein Backblech setzen. Die zerlassene Butter darüber und bei 200 Grad (Gasherd Stufe 3) im Backofen 30 bis 35 Minuten backen. Sofort – noch sehr heiß – zu Tisch bringen. Zu gefülltem Grillbraten oder zur Schweine- oder Kalbshaxe, zu Schweinebraten mit Kruste oder zu Kräuterquark und Salat servieren.

Fächerkartoffeln

12 mittelgroße Kartoffeln
(etwa 1000 g)
Salz
Paprika rosenscharf
Butter oder Margarine zum Einfetten
80 g Butter
E 5 F 20 K 40 kJ 1550 kcal 370

Die gewaschenen Kartoffeln schälen und so in dünne Scheiben schneiden, daß die Unterseiten noch zusammenhängen. Um das zu erreichen, legt man die Kartoffeln zum Schneiden am besten auf einen Eßlöffel.
Die Scheiben leicht auseinanderdrükken und schwach mit Salz und Paprika würzen. Eine große feuerfeste Form oder einen Bräter mit Margarine einfetten. Die Kartoffeln mit der geschlossenen Seite nach unten hineinstellen. Die Butter zerlassen und darübergießen. Die Kartoffeln im Backofen bei 200 Grad (Gasherd Stufe 3) in 45 Minuten garen. Zwischendurch immer wieder mit heruntergelaufener Butter übergießen.
Zu gebratenem, gedünstetem und gebackenem Fisch, zu Wild- und Wildgeflügel und mageren Braten oder Kurzgebratenem sehr zu empfehlen.

Hinweis Kurz vor Ende der Garzeit können die Fächerkartoffeln zusätzlich mit etwas geriebenem Parmesan oder Emmentaler oder mit einer Mischung aus beiden Käsesorten bestreut werden.

Ardenner Kartoffeln

4 gegarte Folienkartoffeln
100 g gekochter Schinken ohne Fettrand
2 EL Schnittlauchröllchen
60 g Butter
Salz
60 g geriebener Emmentaler Käse
E 15 F 20 K 30 kJ 1550 kcal 370

Von den Folienkartoffeln längs einen Deckel abschneiden. Die Kartoffelmasse bis auf etwa 1 cm ausheben und mit einer Gabel fein zerdrücken. Den Schinken fein würfeln und zusammen mit Schnittlauch und Butter unter die Kartoffelmasse mischen.
Die ausgehöhlten Kartoffeln ganz leicht innen salzen, dann die Füllung hineingeben. Mit Käse bestreuen und 10 Minuten bei 260 Grad (Gasherd Stufe 6) überbacken.
Zu gebratenem Geflügel oder Wildgeflügel, zu Geflügelteilen und gebratenem Fischfilet reichen.

Annakartoffeln

750 g mehlige Kartoffeln
75 g Butterschmalz
Salz, Paprika edelsüß
E 3 F 20 K 30 kJ 1340 kcal 320

Die geschälten Kartoffeln in etwa 1 bis 2 cm dicke Scheiben schneiden. In kaltem Wasser zweimal waschen, dann in einem Küchentuch abtrocknen. Einen runden, dickwandigen Brattopf mit Butterschmalz einstreichen. Besonders gleichmäßige Kartoffelscheiben aussuchen und den Topfboden damit belegen. Dabei einen Kranz von sich dachziegelartig überlappenden Scheiben legen. Den nächsten Kranz so legen, daß er auch die Scheiben des ersten etwas überlappt und so fortfahren. Die Kartoffeln dünn mit Salz und Paprika bestreuen. Die restlichen Kartoffelscheiben lagenweise darüber einschichten. Jede Lage mit Salz und Paprika würzen und mit etwas geschmolzenem Butterschmalz beträufeln. Die Kartoffeln in dem gut verschlossenen Topf auf dem Herd kurz erhitzen, dann in den auf 250 Grad (Gasherd Stufe 6) erhitzten Backofen stellen und 35 bis 40 Minuten backen. Mit einer Stricknadel oder einem Holzstäbchen prüfen, ob die Kartoffeln gar sind. Die Kartoffeln auf eine Platte stürzen und sofort auftragen.
Zu Kalbsbraten, Kalbsschnitzel, gedünstetem oder gedämpftem Fisch.

Tip

Die Garzeiten bei allen Kartoffelgerichten können je nach Sorte und Alter der Kartoffeln variieren. Machen Sie darum immer die Probe!

Kartoffelpüree in Variationen

750 g mehlig kochende Kartoffeln
Salz
etwa 1/4 l heiße Milch
40 g Butter
geriebene Muskatnuß
E 5 F 10 K 30 kJ 985 kcal 235

Kartoffeln schälen, waschen und in gesalzenem Wasser gar kochen. Abgießen, trockendämpfen und mit dem Stampfer sehr fein zerdrücken oder durch die Kartoffelpresse drücken. Die heiße Milch nach und nach unterrühren, die Butter zufügen und das Püree locker und duftig schlagen. Mit Salz und Muskat abschmecken.

Extrafeines Püree
Verwenden Sie nur die halbe Milchmenge und gießen Sie ebensoviel Sahne hinzu. Zusätzlich kann noch 1 Eigelb und/oder bis zu 100 g geriebener Käse beigefügt werden. Dann eignet sich das Püree auch hervorragend zum Überbacken. Auch gedünstete Zwiebeln oder Pilze, zerdrückter Knoblauch und gehackte Kräuter geben dem Püree eine besondere Note. Und sehr gut schmeckt es, wenn man Crème fraîche und gehackte hartgekochte Eier zufügt.
E 15 F 20 K 30 kJ 1550 kcal 370

Herzogin-Kartoffeln
Das mit Sahne, Butter und Ei zubereitete Püree wird in einen großen Spritzbeutel gegeben. Durch die Sterntülle große Tupfen auf ein gefettetes Blech spritzen. Die Tupfer mit verquirltem Ei bestreichen und in dem auf 200 Grad (Gasherd Stufe 3) vorgeheizten Ofen etwa 15 Minuten überbacken, bis die Spitzen goldbraun und knusprig sind.

Kartoffelkörbchen
Das wie für die Herzogin-Kartoffeln zubereitete Kartoffelpüree wieder in einen Spritzbeutel mit Sterntülle geben und etwa handtellergroße Kreise auf ein gefettetes Blech spritzen. Jeweils einen Rand kleiner Tupfen daraufsetzen und alles mit verquirltem Eigelb bestreichen. Wie die Herzogin-Kartoffeln überbacken und auf einer vorgewärmten Platte mit jungem Gemüse (fertig gegart und abgeschmeckt) oder Rührei füllen.

Kartoffelkroketten
Das fertige Püree mit 2 Eigelb und 2 bis 3 EL Mehl oder Grieß vermischen. Zu Kugeln von etwa 4 cm Durchmesser oder kleinfingergroßen Rollen formen, in verquirltem Ei und Semmelbröseln oder in Ei und blättrigen Mandeln wenden. Portionsweise im heißen Fritierfett schwimmend ausbacken.

Hinweis Die Nahrungsmittelindustrie hat mittlerweile auch vorgefertigte tiefgekühlte Kroketten entwickelt, die – ohne vorheriges Auftauen – nur noch fritiert werden müssen. Außerdem gibt es Krokettenmasse in Pulverform, die zwar noch angerührt und geformt werden muß, aber gegenüber den tiefgekühlten den Vorteil hat, daß man die Mischung ganz nach Wunsch abändern kann, indem man Kräuter, gehackten Schinken oder gewürfelte hartgekochte Eier und/oder Pilze untermengt.

Rösti

1 kg Kartoffeln, Salz
3 EL Butter, 2 EL Öl
E 5 F 10 K 45 kJ 1255 kcal 300

Die ungeschälten Kartoffeln gründlich waschen und in reichlich sprudelnd kochendes Salzwasser legen. 10 Minuten weiterkochen lassen, dann die Kartoffeln abgießen, kalt abschrecken, sofort abpellen und über Nacht abkühlen lassen. Auf einer Rösti-Reibe oder einer groben Reibe mit tropfenförmigen Öffnungen in Streifchen raffeln. Die Hälfte der Butter in einer schweren Pfanne erhitzen, die Kartoffeln hineingeben, salzen und bei schwacher bis mittlerer Hitze in 15 bis 20 Minuten goldbraun backen. Dazu die Kartoffelstreifen mit einem Spatel oder einem Bratenwender gleichmäßig verteilen und zu einem dicken »Pfannkuchen« zusammendrücken. Wenn die Unterseite braun ist, die Kartoffelmasse auf einen Deckel gleiten lassen, die restliche Butter in der Pfanne erhitzen und nun die zweite Röstiseite garen.

Rösti ist die typische Beilage zu Kalbsgeschnetzeltem. Im Grunde kann Rösti sowohl zu Ragouts oder Frikassees wie auch zu allem kurzgebratenem Fleisch (ohne Panade) gereicht werden. Heute serviert man oft winzig kleine Rösti zu leichteren, oft festlichen Gerichten.

Hinweis Rösti kann man auch mit Speck- oder Zwiebelwürfelchen mischen, mit Knoblauch oder gehackten Kräutern würzen oder zusätzlich mit Schweizer Emmentaler überbacken. Auf Südtiroler Art wird gekochtes, in Streifen geschnittenes Rindfleisch mit den Kartoffeln gemischt.

Bratkartoffeln aus rohen Kartoffeln

1 kg festkochende Kartoffeln
1/8 l Öl
3 große Zwiebeln
2 bis 3 Knoblauchzehen
Salz, frisch gemahlener weißer Pfeffer
1 Bund Schnittlauch
E 5 F 30 K 50 kJ 2115 kcal 505

Die Kartoffeln schälen, waschen und in hauchdünne Scheiben schneiden. (Am besten mit dem Gurkenhobel). Auf einer dicken Lage Haushaltspapier sehr gut trocknen. Indessen die Zwiebeln schälen und in Ringe schneiden. Öl in einer großen, schweren Pfanne sehr heiß werden lassen. Die Kartoffelscheiben darin unter häufigem Wenden kurz anbraten. Die Zwiebeln zu den Kartoffeln geben und unter weiterem Wenden mitbraten. Die Kartoffeln brauchen insgesamt etwa 20 Minuten. Während der letzten Minuten den geschälten und fein gehackten oder zerdrückten Knoblauch untermischen und das Gericht salzen und pfeffern. Auf einer Platte oder in einer Schüssel anrichten und mit Schnittlauch bestreut servieren.
»Rohe« Bratkartoffeln sind eine ideale Beilage zu Spiegeleiern, Hausmachersülze und anderen deftigen Fisch- oder Fleischgerichten.

Hinweis Bratkartoffeln aus rohen Kartoffeln schmecken auch gut in einer Mischung aus Öl und Butter.

Pommes frites

750 g Kartoffeln
Kokosfett oder Pflanzenöl
Salz
E 10 F 20 K 65 kJ 2070 kcal 495

Bei der Kartoffelsorte muß darauf geachtet werden, daß sie mehlig und nicht festkochend ist. Auch Frühkartoffeln sind nicht geeignet. Die Menge des Fettes richtet sich nach der Größe, bzw. Höhe des Fritiertopfes. Halten sie sich dabei bitte genau an die Herstelleranweisungen.
Die Kartoffeln schälen und entweder mit einem scharfen Messer oder einem speziellen Pommes frites-Schneider in etwa 1 cm dicke, 5 cm lange Stifte schneiden. Die Stifte in einer Schüssel so lange unter kaltem Wasser waschen, bis dieses klar abläuft. Die Kartoffeln dann in einem Küchentuch gründlich abtrocknen. Das Fett entsprechend dem Temperaturregler erhitzen. Wenn ein solcher nicht vorhanden ist, wird die Hitze mit einem Kochlöffelstiel aus Holz geprüft: Steigen daran Bläschen hoch, ist das Fett heiß genug. Die Kartoffeln portionsweise in das Fritiersieb geben und solange backen, bis sie eine goldgelbe Farbe haben. Herausnehmen, abtropfen lassen und das Fett noch einmal auf die richtige Temperatur erhitzen. Die Pommes frites wieder hineingeben und nun goldbraun ausbacken. Gut abtropfen lassen, auf Haushaltspapier abfetten und mit Salz bestreut sofort servieren.

Tip

Fritierte Kartoffeln und Saucen vertragen sich nicht, denn sie würden leicht aufweichen. Sie werden darum zu allen Fleischgerichten serviert, die kurzgebraten oder gegrillt sind.

Pommes paille
(Strohkartoffeln) sind ganz zarte, dünne Pommes frites. Man schneidet Sie am besten mit einem im Fachhandel erhältlichen Spezialmesser. Dann werden sie ebenso behandelt wie die Pommes frites.

Pommes gaufrettes
(Waffelkartoffeln) schneidet man mit einem Spezialmesser, das eine wellenförmige Schnittfläche hat. Nach jedem Schnitt über die Kartoffel muß das Messer um 90 Grad gedreht werden, damit die waffelähnliche Form entsteht. Die Zubereitung ist dieselbe wie bei den Pommes frites.

Pommes Chips
Diese Kartoffelscheiben sind etwa 1 mm dick. Für die Chips schneidet man die Kartoffeln am besten mit einem verstellbaren Gurkenhobel. Anschließend werden sie weiter zubereitet wie Pommes frites.

Pommes Soufflés
Diese Kartoffelscheiben sind etwa 3 mm dick. Damit sie sich schön aufblähen können, muß das zweite Fettbad etwas heißer sein als gewöhnlich.

Hinweis: Bei größeren Mengen Portionen 2 Minuten vorbacken, dann herausnehmen und in einem zweiten »Durchgang« in etwa 5 Minuten fertigbacken.

Semmelknödel

6 altbackene Brötchen (Semmeln)
3 EL gehackte Petersilie
10 g Butter
¼ l Milch
3 Eier
Salz, weißer Pfeffer
Salzwasser oder Brühe
E 20 F 35 K 40 kJ 2385 kcal 570

Die Brötchen in kleine Würfel schneiden. Die gehackte Petersilie in der Butter ganz kurz anschwitzen, mit den Brötchenwürfeln mischen. Die Milch bis kurz vorm Kochen erhitzen und über die Brotwürfel gießen. Etwa 10 Minuten quellen lassen. Die mit Salz und Pfeffer verquirlten Eier dazugeben und alles zu einem nicht zu festen Teig verrühren. Sollte der Teig doch zu weich sein, etwas Mehl oder Semmelbrösel einrühren.
Mit nassen Händen tennisballgroße Knödel formen und in der siedenden, aber nicht sprudelnd kochenden Flüssigkeit (Salzwasser oder Brühe) in 20 Minuten garziehen lassen, bis sie nach oben steigen.

Variationen

Tiroler Speckknödel: Für die oben angegebene Menge 200 g durchwachsenen Speck würfeln und in einer Pfanne auslassen. Die Speckgrieben beiseite stellen. Einen Teil des Speckfetts abgießen und in dem restlichen Fett die vorbereiteten Brotwürfel knusprig braun rösten. Dann weiter verfahren wie oben. Die Speckgrieben und frische (statt angedünsteter) Petersilie in den Teig mischen.
Das abgegossene Speckfett sollte man aufbewahren. Denn darin kann man übriggebliebene, in Scheiben geschnittene Knödel braten. Ebenso gut werden sie aber auch, wenn sie in Butter knusprig braun geröstet werden. Mit viel frischer Petersilie bestreut als Beilage servieren oder mit Rührei übergossen und viel Salat dazu als kleinen Abendimbiß.
E 25 F 65 K 40 kJ 3640 kcal 870

Pfälzer Knödel: Die oben angegebene Teilmenge (ohne Petersilie) wird zusätzlich mit 250 g ausgedrücktem Magerquark vermischt und mit etwas Muskatnuß gewürzt. Aus dem Teig mittelgroße Knödel drehen, wie Frikadellen formen und in heißem Schweineschmalz knusprig braun braten. Diese Knödel schmecken besonders gut zu Sauerkraut.
E 35 F 65 K 40 kJ 3810 kcal 910

Niederbayerische Brotknödel: Sie werden ebenso zubereitet wie Semmelknödel, allerdings statt aus Brötchen aus 8 bis 10 Scheiben altbackenem Bauernbrot. Das gewürfelte Brot wird mit ½ l Milch eingeweicht. Damit der Teig die nötige Festigkeit bekommt, wird eine entsprechende Mehlmenge untergeknetet. Gegart werden die Knödel in Salzwasser.
E 10 F 5 K 40 kJ 1045 kcal 250

Tip

Semmelknödel werden fast grundsätzlich zu einem Fleischgericht mit viel Sauce gereicht – zum Beispiel zu Schweinebraten, Gulasch, Sauerbraten und ähnlichem.

Klöße

Thüringer Klöße

1000 g Kartoffeln (nach dem Schälen gewogen)
65 g Grieß
¼ l Milch oder Fleischbrühe, Salz
2 Scheiben Toastbrot
20 g Butter
E 10 F 5 K 60 kJ 1400 kcal 335

Die geschälten Kartoffeln in eine Schüssel mit kaltem Wasser legen, damit sie nicht braun werden. Den Grieß unter Rühren langsam in die kochende Milch oder Fleischbrühe einrieseln lassen und bei ganz schwacher Hitze ausquellen lassen. In der Zwischenzeit die Kartoffeln (nicht zu fein) reiben, in ein großes Mulltuch geben und so stark wie möglich ausdrücken. Kartoffeln und den heißen Grieß gründlich mischen und kräftig salzen. Das Toastbrot in feine Würfel schneiden und in der heißen Butter knusprig braun rösten. Aus dem Teig mit angefeuchteten Händen Klöße von etwa 7 cm Durchmesser formen, 2 bis 3 Brotwürfel in die Mitte drükken und die Klöße nun rollen, bis die Außenschicht ganz glatt und rund ist. Etwa 3 l Salzwasser sprudelnd aufkochen lassen. Alle Klöße einlegen und bei milder Hitze in dem nur eben siedenden Wasser garziehen lassen. Sie sind gar, wenn sie nach oben steigen. Die Garzeit beträgt etwa 20 Minuten.
Zu Sauerbraten oder Rinderschmorbraten und grünen Bohnen oder zu Schweinebraten servieren.

Halbseidene Klöße

1000 g Pellkartoffeln
200 g Speisestärke (am besten Kartoffelmehl)
⅜ l heiße Milch, Salz
2 altbackene Brötchen
40 g Butter
E 10 F 10 K 95 kJ 2200 kcal 525

Die frisch gekochten, kurz abgeschreckten Kartoffeln schälen und noch heiß durch die Presse drücken. Die Speisestärke unter das Kartoffelpüree kneten. Dann erst mit der heißen Milch und viel Salz mischen. Den Teig 15 Minuten quellen lassen. Die Brötchen würfeln und in der heißen Butter rundherum knusprig braun rösten. Aus dem Kartoffelteig um jeweils einige Brotwürfel herum mit angefeuchteten Händen Klöße von etwa 6 cm Durchmesser formen. Etwa 3 l Salzwasser sprudelnd aufkochen lassen. Die Klöße vorsichtig einlegen. Bei milder Hitze in dem nur eben siedenden Wasser in 20 Minuten garziehen lassen.
Zu Wildgerichten, Kalbs- oder Schweinebraten servieren.

Kartoffelklöße halb und halb

1500 g Kartoffeln, Salz
200–250 g Mehl (je nach Kartoffelsorte)
2 kleine Eier
Mehl zum Formen
E 15 F 5 K 110 kJ 2345 kcal 560

750 g Kartoffeln schälen und in wenig Salzwasser in 25 Minuten garkochen. Die übrigen Kartoffeln ebenfalls schälen und fein reiben. In ein Küchentuch geben und so stark wie möglich ausdrücken. Die gekochten Kartoffeln abgießen, ausdämpfen lassen und durch die Kartoffelpresse drücken. Mit den rohen Kartoffeln mischen, Eier und Mehl unterkneten. Den Kartoffelteig mit Salz abschmekken. Mit bemehlten Händen Klöße von etwa 6 cm Durchmesser formen. Etwa 3 l Salzwasser sprudelnd aufkochen, die Klöße darin bei milder Hitze in 20 Minuten garziehen lassen. Sie sind gar, wenn sie nach oben steigen.
Zu allen Gulaschgerichten, Wild- oder Ochsenschwanzragout reichen.

Pfälzer Kartoffelklöße

4–5 altbackene Brötchen (je nach Kartoffelsorte)
½ l Milch
1000 g Kartoffeln, Salz
1 Ei
2 EL gehackte Petersilie
40 g Butter, 20 g Semmelbrösel
E 10 F 15 K 60 kJ 1780 kcal 425

Die Brötchenrinde mit der Küchenreibe entfernen. Die Brötchen in dünne Scheiben schneiden und mit der kochenden Milch übergießen. Quellen lassen. Die Kartoffeln schälen und fein reiben. In ein großes Mulltuch oder Küchentuch geben und so stark wie möglich auspressen. Mit den Brötchen, Salz, Ei und Petersilie vermischen. Aus dem Teig mit angefeuchteten Händen Klöße von 5 cm Durchmesser formen. Etwa 3 l Salzwasser sprudelnd aufkochen lassen und die Klöße einlegen. Bei milder Hitze in dem nur eben siedenden Wasser in 25 bis 30 Minuten garziehen lassen. Die Klöße sind gar, wenn sie nach oben steigen. Die Butter in einer Pfanne bräunen und die Semmelbrösel darin goldbraun rösten. Die abgetropften Klöße auf einer vorgewärmten Platte anrichten und mit Butter und Semmelbröseln übergossen sofort servieren.
Zu Gänse- oder Entenbraten, Kalbshaxe oder Schweinebraten reichen.

Bayerische Kartoffelknödel

Bayerische Kartoffelknödel haben den gleichen Grundteig wie die Klöße halb und halb. Nur wird das Mehl ersetzt durch die Kartoffelstärke, die sich von dem ausgepreßten Kartoffelwasser absetzt und 100 g Semmelbrösel. Zusätzlich können sie mit in Schmalz gebratenen Weißbrotwürfeln gefüllt werden. In den Teig kann man außerdem noch ausgelassene Speckgrieben und 1 geriebene Zwiebel geben.
Bayerische Kartoffelknödel serviert man zu Schweinebraten mit Kruste, zur Schweinshaxe, Kalbshaxe und Wildbraten.
E 20 F 5 K 130 kJ 2760 kcal 660

Tip

Die Bindemittelmenge (Mehl, Stärke, Brot, Grieß, Ei) muß stets auf die verwendeten Kartoffeln abgestimmt werden. Je nach Sorte und Alter variieren Stärkegehalt und Bindefähigkeit ganz erheblich.

Böhmische Knödel

250 g Mehl
1 Ei
10 g Hefe
⅛ l lauwarme Milch
4 Brötchen
1 kleine Zwiebel
40 g Butter
1 EL gehackte Petersilie
1 TL Salz
E 10 F 10 K 70 kJ 1760 kcal 420

Aus Mehl, Ei, der zerbröckelten Hefe und Milch mit den Knethaken des Handrührgeräts einen festen Teig kneten. Mit einem Küchentuch bedeckt 30 Minuten gehen lassen. In der Zwischenzeit die Brötchen in kleine Würfel schneiden und die geschälte Zwiebel fein hacken, noch besser reiben. Die Brötchenwürfel in der heißen Butter goldgelb rösten. Zusammen mit Zwiebel, Petersilie und Salz in den Teig kneten. Aus dem Teig auf der bemehlten Arbeitsfläche eine Rolle von etwa 8 cm Durchmesser formen. In einem großen Topf reichlich Salzwasser zum Kochen bringen. Die Rolle hineinlegen und die Hitze sofort reduzieren.
Das Wasser darf nicht wieder aufkochen. Die Rolle 30 Minuten garziehen lassen, nach 15 Minuten wenden. Mit einem Schaumlöffel herausnehmen, gut abtropfen lassen und 3 bis 4 Minuten ausdämpfen lassen. Dann mit einem dünnen Faden in etwa 2 cm dicke Scheiben schneiden und nach Wunsch mit Schnittlauch bestreuen. Zu allen saucenreichen Gerichten reichen, wie Gulasch, Ochsenschwanzragout, Schmorbraten, Gänse- oder Entenbraten, Schweinebraten.

Hinweis In böhmischen oder Wiener Restaurants werden die Knödelscheiben vor dem Servieren mit in Butter gebräunten Semmelbröseln begossen. Sollten tatsächlich einmal Reste übrigbleiben (was aber eigentlich bei dieser lockeren Beilage nicht zu erwarten ist), schneiden Sie die Knödel in Scheiben und braten Sie diese in viel Butter rundherum goldgelb. Bestreuen Sie sie zum Servieren mit gerösteten Zwiebelwürfeln und servieren Sie sie mit Spiegelei und grünem Salat als kleines, schnelles Hauptgericht. Oder schneiden Sie die Knödel in 1–2 cm große Würfel, braten Sie sie mit Zwiebeln in einer Pfanne an, fügen Sie noch ein paar Gurkenwürfel und oder Champignons zu und übergießen Sie die kräftig durchgebratene Mischung zum Schluß mit verquirlten Eiern. Unter vorsichtigem Rühren stocken, aber nicht trocken werden lassen und mit viel Schnittlauch bestreut servieren. Auch diese »Restverwertung« ergibt mit Salat oder eingelegtem Sauergemüse, wie Perlzwiebeln, Rote Bete oder Mixed Pickles, ein kleines, aber sehr schnelles Hauptgericht.

Tip

Achten Sie beim Garen des Knödels darauf, daß das Wasser nur siedet und niemals sprudelnd kocht, denn dann hält der beste Teig nicht mehr zusammen. Bei nur leicht siedendem Wasser bleibt Ihr Knödel in jedem Fall in der richtigen Form.

Hefeklöße

Für 6 Personen
700 g Mehl
30 g Hefe
1 EL Zucker
¼ l lauwarme Milch
2 Eier
40 g Schweineschmalz
1 Prise Salz
Mehl zum Formen
E 20 F 10 K 95 kJ 2365 kcal 565

500 g Mehl in eine Schüssel geben und in die Mitte eine Vertiefung drücken. Hefe hineinbröckeln, mit Zucker und etwas Milch verrühren. Mit einem Tuch bedeckt an einem warmen Ort 15 Minuten gehen lassen. Dann die restliche Milch, die Eier und das geschmolzene, aber nicht mehr heiße, Schweineschmalz dazugeben. Alles zu einem glatten Teig verkneten, dann erst das restliche Mehl und das Salz unterkneten, kräftig schlagen, bis der Teig sich vom Schüsselrand löst und Blasen wirft. Mit bemehlten Händen daraus Klöße von etwa 4 cm Durchmesser formen und auf ein dünn mit Mehl bestäubtes Holzbrett setzen. Mit einem Tuch bedeckt nochmal in etwa 30 Minuten aufgehen lassen.
Etwa 2 l Salzwasser sprudelnd kochen lassen. Immer so viele Klöße auf einmal hineingeben, daß der Boden bedeckt ist und nur bei schwacher bis mittlerer Hitze sieden lassen. Die Klöße sind nach 10 bis 15 Minuten, wenn sie nach oben steigen, gar. Mit einem Schaumlöffel herausnehmen, sehr gut abtropfen lassen und auf einer vorgewärmten Platte servieren. Hefeklöße kann man als Beilage zu Wildgerichten und Gulasch oder Hasenpfeffer servieren.
Doch auch als Beilage zu Kompotten aller Art, mit Zimt und Zucker bestreut und mit brauner Butter übergossen oder mit Weinschaumsauce sind sie sehr beliebt.

Pflaumenklöße
In jeden Kloß eine Pflaume geben, aus der der Kern entfernt und durch ein Stück Zucker ersetzt wurde. Die Pflaumen aber erst nach dem zweiten Gehen in den Teig drücken und von diesem umhüllen. Gibt man sie vorher in den Teig, ziehen die Früchte Saft und zerstören den Kloß. Pflaumenklöße mit Zucker und Zimt bestreuen und/oder zusätzlich mit brauner Butter übergießen.

Marillenknödel
Aprikosenklöße
Sie werden ebenso zubereitet wie Pflaumenklöße, nur eben mit jeweils einer entsteinten Aprikose gefüllt. Bei den Aprikosen kann auf das Zukkerstück verzichtet werden, darum können sie schon nach dem ersten Gehen mit dem Teig umhüllt werden. Auch sie werden mit Zucker und Zimt und brauner Butter serviert.

Tip

Selbstverständlich können Sie für alle Hefeklöße statt frischer Hefe auch die gut lagerfähige Trockenhefe verwenden. Menge und Verarbeitung sollten dazu immer auf der Tüte nachgelesen werden.

Reis

Reis

Reis kochen, sagen die Asiaten, sei für Europäer ebenso schwierig, wie guten Tee zuzubereiten, denn für beides brauche man eine gehörige Portion Ruhe. Und so ganz unrecht haben sie damit nicht, denn wer Reis im Schnellverfahren (sprich bei zu großer Hitze) gart, darf sich nicht wundern, wenn alle Körnchen aufgeplatzt sind und der Reis »pappig« wird. Darum stellen wir Ihnen hier 2 einfache, aber sichere Methoden (und auf der Seite nebenan eine dritte) vor, so daß Sie niemals mehr in Panik ausbrechen werden, weil der »Reis einfach nicht gelingen wollte.« Grundsätzlich nimmt man für gesalzene Reisgerichte Langkornreis; für Milchreis ist Rundkornreis besser geeignet.

Reis auf chinesische Art

200 g Langkornreis
Wasser, 15 g Salz
E 3 F – K 40 kJ 775 kcal 185

Den Reis in ein Sieb gießen und unter fließendem kalten Wasser so lange waschen, bis die ablaufende Flüssigkeit klar ist. Dabei den Reis zwischendurch hin und wieder mit den Fingern oder mit einem Löffel wenden. Den Reis im Sieb unter mehrmaligem Schütteln sehr gut abtropfen lassen und in einen trockenen hohen Topf geben. Knapp die doppelte Menge kaltes Wasser zugießen, salzen und den Reis bei starker Hitze auf dem Herd so lange kochen, bis die Körner die gesamte Flüssigkeit aufgenommen haben. Nun den Topf sehr gut verschließen und bei sanfter Hitze weitere 20 Minuten quellen lassen (Unsere Großmütter wickelten den Topf dazu in dicke Handtücher und stellten ihn ins Bett; diese Wärme reichte aus). Während dieser Zeit den Reis nicht umrühren

Hinweis Mischen Sie mal 30 g geriebenen Parmesan und 60 g geriebenen Emmentaler, 300 g in Brühe gegarte Erbsen und/oder 200 g fein gehackten gekochten Schinken darunter.

Reis auf indische Art

200 g Langkornreis
3 l Wasser, 15 g Salz
75 g Butter
E 5 F 15 K 40 kJ 1360 kcal 325

Reis abtropfen lassen und mit Wasser und Salz in einen hohen Topf geben. Nach dem Aufkochen 6 Minuten bei starker Hitze kochen lassen, dann das übrige Wasser abgießen und die Butter neben dem Herd untermischen. Zugedeckt etwa 25 Minuten im 175 Grad (Gasherd Stufe 2) heißen Ofen garen.

Variation
Nehmen Sie statt 75 g Butter 100 g, rösten Sie eine Zwiebel und 150 g frische, gehackte Pilze darin an und mischen Sie beides unter den Reis (für besondere Gelegenheiten kann man die Pilze durch 1 frische Trüffel ersetzen). Oder lösen Sie zuerst 1 Döschen Safran (1 g) in der warmen Butter auf. Auch Curry, Ingwer, Knoblauch, gehackte Mandeln oder Pistazien sowie Rosinen eignen sich sehr gut.

Käserisotto

Käsereis auf italienische Art

250 g italienischer Rundkornreis
oder einfacher Langkornreis
50 g Rindermark
50 g Butter
2 kleine Zwiebeln
1/8 l trockener Weißwein
5/8 l Hühnerbrühe
1 Msp. Safranpulver
je 50 g geriebener Parmesan und
Emmentaler Käse, Salz
E 15 F 30 K 30 kJ 1945 kcal 465

Den Reis in einem Küchentuch gründlich abreiben. Das Rindermark fein hacken und in 25 g Butter ausbraten. Feingehackte Zwiebeln darin glasig braten. Reis zufügen und unter ständigem Rühren glasig rösten. Langsam den Wein zufügen. Wenn er völlig aufgesogen ist, 4/8 l Brühe zugießen und den Reis bei schwacher Hitze zugedeckt in etwa 20 Minuten ausquellen lassen. 10 Minuten vor Ende der Garzeit das in der übrigen Brühe aufgelöste Safranpulver untermischen, den Topf wieder schließen und erst vor dem Anrichten Käse und die restliche Butter untermischen. Mit Salz abschmecken.
Dieses Risotto kann mit einem Salat serviert, aber auch als Beilage zu Kalbsschnitzel oder -steaks, zu Kalbs- oder Rinderbraten gereicht werden.

Variation
Risotto als Hauptgericht kann man auch »reicher« machen: 500 g Lamm- oder Schweinefleisch würfeln und in der gesamten Fettmenge (die auch mit Olivenöl variiert werden kann) anbraten. Dann erst Zwiebeln und Reis anbraten. Zusätzlich gehackte Paprikaschoten und abgezogene, entkernte und gewürfelte Tomaten dazugeben.

Pilaw
Pilaw, bei uns auch fälschlicherweise oft Pilaff geschrieben, ist die türkische Zubereitung des Risotto. Nur wird es nicht mit Rindermark, sondern mit 30 g Butterschmalz und 3 EL Olivenöl auf 250 g Reis zubereitet. Neben Zwiebeln kommt noch Knoblauch hinein, der Käse fällt weg.

Pilaw kalifornische Art
Wenn Zwiebeln und Knoblauch angebraten sind, 150 g in Scheiben geschnittene frische Champignons darin braten, bis die Flüssigkeit verdampft ist. Nun den Reis zugeben, wie oben beschrieben mit Hühnerbrühe garen und zusätzlich 100 g Sultaninen und 70 g Tomatenmark untermischen. Mit Chilischoten oder Cayennepfeffer abschmecken.

Hammelpilaw
Von 750 g fettem Hammelfleisch alle Fetteile entfernen und auslassen. Die Grieben entfernen. Das fein gewürfelte Fleisch in dem Fett (evtl. mit etwas Olivenöl) anbraten. Zwiebeln, Knoblauch und Reis auch anbraten, gewürfelte Paprikaschoten und gehackte Tomaten zufügen und nach Belieben mit Käse mischen.

Pilaw mit Geflügelleber
Den Reis wie Risotto garen, aber den Wein durch Brühe ersetzen. 250 g Geflügelleber würfeln und mit 2 Äpfeln in Butter etwa 4 Minuten braten.

Spaghetti mit verschiedenen Saucen

400 bis 500 g Spaghetti
4 bis 5 l Wasser
40 bis 50 g Salz
1 kräftiger Schuß Olivenöl
E 15 F 10 K 80 kJ 2010 kcal 480

Spaghetti nach und nach in das sprudelnd kochende, gesalzene Wasser gleiten lassen und in etwa 12 Minuten »al dente« (das heißt beißfest) kochen, kurz vor Ende der Garzeit das Öl ins Kochwasser gießen. In einen Durchschlag geben, gut abtropfen und etwas ausdämpfen lassen. Man kann die Spaghetti, um ein Zusammenkleben zu verhindern, ganz kurz kalt abschrecken. Bei guten Spaghettisorten und echten italienischen ist das – vorausgesetzt im Kochwasser ist Olivenöl – aber nicht nötig, weil ein dünner Ölfilm die Spaghetti umgibt.

Tomaten-Basilikum-Sauce

1 Dose geschälte Tomaten (800 g)
1 Zwiebel, 2 Knoblauchzehen
4 EL Olivenöl
1 Prise zerriebener (oder fein gehackter frischer) Oregano
1 Bund Basilikum
Salz
schwarzer Pfeffer aus der Mühle
E 3 F 10 K 10 kJ 605 kcal 145

Die Tomaten auf einem Sieb abtropfen lassen, die Flüssigkeit dabei auffangen. Die Tomaten danach sehr fein hacken oder mit einem Kartoffelstampfer zerdrücken. Dabei eventuell vorhandene Stengelansätze entfernen. Zwiebel und Knoblauchzehen schälen, fein hacken und im heißen Öl glasig braten, ohne sie braun werden zu lassen. Mit der Tomatenflüssigkeit ablöschen. Die zerdrückten Tomaten, das Oregano und die Hälfte des Basilikums zufügen. Die Sauce mit Salz und Pfeffer würzen und bei starker Hitze im offenen Topf cremig einkochen lassen. Abschmecken und mit dem restlichen Basilikum zu Tisch bringen. Frisch geriebenen Parmesan dazu reichen.

Hinweis Wer diese Sauce noch etwas kräftiger mag, kann zusätzlich mit einem zerdrückten Sardellenfilet (oder etwas Sardellenpaste) und/oder einer Prise Muskat würzen. Aus frischen Tomaten zubereitet, wird diese Sauce zwar besonders köstlich, nicht aber so rot. Dann gibt man zusätzlich etwas Tomatenmark hinein und läßt es zusammen mit den Zwiebeln und Knoblauchzehen kurz andünsten.

Gorgonzola-Sahne-Sauce

200 g reifer Gorgonzola
1 EL Butter
3/8 l Sahne
Salz, schwarzer Pfeffer aus der Mühle
1 Prise geriebene Muskatnuß
E 10 F 45 K 5 kJ 2010 kcal 480

Gorgonzola mit einer Gabel zerdrükken. Die Butter in einem breiten Topf oder einer Pfanne schmelzen, aber nicht braun werden lassen. Den Käse zusammen mit der Sahne hineingeben und unter ständigem Rühren kochen lassen, bis sie schön cremig ist. Mit wenig Salz (der Käse ist schon leicht salzig), reichlich Pfeffer und eventuell einer Prise Muskat abschmecken. Diese Sauce zusammen mit den Nudeln zu Tisch bringen und eine Pfeffermühle (mit schwarzem Pfeffer) dazu reichen. Oder die Nudeln kurz in der Soße schwenken, auf einem Teller anrichten und pfeffern.

Fleisch-Sauce Bologneser Art

60 g durchwachsener, geräucherter Speck
1 Zwiebel
1 mittelgroße Möhre
1 Stange Bleichsellerie
30 g Butter
2 EL Olivenöl
300 g gemischtes Hackfleisch
1 bis 2 EL Tomatenmark
1/8 l Fleischbrühe
1/8 l Glas Rotwein
6 EL Milch oder Sahne
Salz, frisch gemahlener Pfeffer
1 kräftige Prise zerriebener Oregano
E 20 F 35 K 5 kJ 1780 kcal 430

Speck, die geschälte Zwiebel und Möhre, sowie den geputzten Bleichsellerie in winzige Würfelchen hakken. Butter in einer breiten Pfanne erhitzen und diese Mischung darin unter Wenden in etwa 10 Minuten leicht bräunen. In einen Topf geben. Das Olivenöl in der Pfanne erhitzen und das Hackfleisch darin unter ständigem Rühren anbraten, bis es ganz feinkrümelig ist. Ebenfalls in den Topf geben und bei starker Hitze heiß werden lassen. Tomatenmark, Fleischbrühe und Wein einrühren. Alles aufkochen lassen, dann die Temperatur herunterschalten und die Sauce mindestens 45 Minuten, besser aber 2 bis 3 Stunden bei ganz schwacher Hitze leise köcheln lassen. Dabei hin und wieder umrühren, damit die Sauce nicht anbrennt. Milch oder Sahne einrühren und im offenen Topf unter Rühren kochen, bis sie sich glatt und ganz mit der Fleischsauce verbunden hat. Mit Salz, Pfeffer und Oregano abschmecken und sehr heiß zu den Nudeln reichen.

Hinweis Für diese Sauce, die in Italien Ragù alla bolognese heißt, gibt es viele Variationen: Mit eingeweichten – oder frischen – gehackten Pilzen, in Butter gebratenen Geflügellebern oder gehackter Petersilie. Anstelle von Tomatenmark (oder zusätzlich) kann man geschälte Dosentomaten verwenden und zusätzlich mit Knoblauch und einer Chilischote oder etwas Cayennepfeffer oder – wenn es besonders exklusiv werden soll – mit einer kleinen, gehackten Trüffel würzen.

Spaghetti-Variation
Ganz einfach, aber darum nicht weniger köstlich sind folgende Spaghetti: Reichlich Knoblauchzehen in Scheibchen schneiden und im heißen Olivenöl (am besten kalt gepreßtes grünes) goldgelb – nicht braun, dann werden sie bitter – braten. Ein paar frische, in Ringe geschnittene und entkernte Chilischoten zufügen, die gekochten, gut abgetropften Spaghetti darin schwenken und reichlich schwarzen Pfeffer darüber mahlen. Nach Wunsch mit frischen Basilikumblättern bestreut zu Tisch bringen.

Gnocchi

Gnocchi alla Romana

¼ l Milch
¼ l Wasser
½ TL Salz
250 g grober Grieß
2 Eigelb
80 g Butter
150 g Parmesankäse oder Emmentaler Käse im Stück
E 25 F 30 K 50 kJ 2450 kcal 585

Milch und Wasser mit Salz aufkochen. Den Grieß unter ständigem Rühren in einem dünnen Strahl einlaufen lassen. 10 Minuten bei milder Hitze ausquellen lassen, dabei ständig rühren. Eine große Platte oder ein Brett mit kaltem Wasser abspülen. Teig mit Eigelb verrühren und fingerdick darauf ausrollen. 60 Minuten lang ruhen lassen. Dann kleine Plätzchen oder Halbmonde ausstechen oder den Teig in Vierecke schneiden. Eine feuerfeste Form mit Butter einfetten. Zuerst die Teigreste vom Ausstechen hineinfüllen, dann die Gnocchi dachziegelartig in die Form schichten. Jede Lage mit etwas frisch geriebenem Käse bestreuen. Den restlichen Käse grob raffeln und über die oberste Schicht streuen. Die restliche Butter in Flöckchen darüber verteilen. In dem auf 220 Grad (Gasherd Stufe 4) vorgeheizten Backofen 12 bis 15 Minuten überbacken. Nun sofort servieren, denn abgekühlte Gnocchi schmecken langweilig.
Zu dunklen Ragouts, Gulasch oder gebratenem Wildgeflügel reichen.

Kartoffel-Gnocchi nach Piemonteser Art

1000 g Kartoffeln
60 g Butter
Salz
100 g Mehl
2 Eier
1 l Salzwasser
½ l Milch
50 g geriebener Parmesankäse
E 20 F 25 K 60 kJ 2345 kcal 560

Die gewaschenen Kartoffeln als Pellkartoffeln kochen, kurz abschrecken, pellen und durch die Kartoffelpresse drücken. Mit 10 g Butter verrühren und salzen. Unter Rühren auf dem Herd etwas trocknen lassen. Dann in eine Schüssel geben und mit Mehl und Eiern verkneten. Salzwasser und Milch zum Sieden bringen – nicht sprudelnd kochen lassen. Mit zwei Teelöffeln von dem Teig kleine Nokkerln abstechen und in 6 bis 8 Minuten garen lassen. Das Wasser darf auch dabei niemals sprudelnd kochen, sondern soll lediglich sieden. Mit dem Schaumlöffel herausnehmen, in eine vorgewärmte Schüssel geben. Die restliche Butter zerlassen, über die Gnocchi gießen. Mit Parmesan bestreuen.
Als Beilage zu gebratener Leber oder Leberragout, Lammbraten oder Rouladen.

Variation
Nur 500 g Kartoffeln verwenden, dafür 300 g ausgedrückten Quark und zusätzlich 2 Eigelb in den Teig geben. Diese Gnocchi brauchen nur eine Garzeit von 5 bis 6 Minuten und können mit Käse und Butterflöckchen überbacken werden.

Schwäbische Maultaschen

350 g Mehl
4 Eier
1 EL Essig
4 EL Wasser
1 kleines Paket tiefgekühlter Spinat (150 g)
2 kleine Zwiebeln
1 Knoblauchzehe
40 g Butter
350 g Kalbsbratwurstbrät
1 altbackenes Brötchen
3 EL gehackte Petersilie
Salz
geriebene Muskatnuß
frisch gemahlener Pfeffer
Mehl zum Ausrollen
1 l Fleischbrühe (aus Würfeln)
E 35 F 12 K 70 kJ 2330 kcal 580

Das Mehl sieben und mit zwei verquirlten Eiern, Essig und Wasser zu einem geschmeidigen Teig kneten. Mehrfach auf die Tischplatte »werfen«, um mögliche Luft- oder Mehlbläschen zu entfernen. Der Teig muß völlig glatt sein. Erst dann mindestens 1 Stunde ruhen lassen.

Den Tiefkühlspinat auftauen lassen. Die geschälten Zwiebeln und die Knoblauchzehe hacken und beides in der heißen Butter goldgelb werden lassen. Den Spinat dazugeben und solange unter Rühren dünsten, bis er keine Flüssigkeit mehr hat, dabei aber nicht anbrennen lassen. Etwas abkühlen lassen. Dann mit dem aus dem Wurstdarm gedrückten Brät, dem eingeweichten, ausgedrückten Brötchen, Petersilie, einem Ei und einem Eigelb zur Füllung mischen. Die Füllung mit Salz, Muskatnuß und Pfeffer abschmecken.
Teig in zwei Portionen teilen und jeweils auf einem nur leicht mit Mehl bestäubten Küchentuch so dünn wie möglich ausrollen. Auf einem Teigstück Quadrate von etwa 8 cm markieren. Jedes Quadrat mit etwas Füllung belegen und die Zwischenräume mit leicht verquirltem Eiweiß bestreichen. Das andere Teigstück darüberlegen und zwischen den Füllungshäufchen fest andrücken. Dann die Quadrate ausradeln.
Die Fleischbrühe aufkochen und die Maultaschen portionsweise darin etwa 10 Minuten ziehen lassen. Mit einem Schaumlöffel herausnehmen und gut abtropfen lassen.

Tip

Statt Bratwurstbrät kann man für die Maultaschenfüllung auch angebratene Speckwürfel und gehackten gekochten Schinken verwenden.
Oder man gibt angebratenes Hackfleisch mit vielen frischen Kräutern anstelle des Spinats hinein.

Hinweis Maultaschen kann man auf zweierlei Art servieren: Man kann sie einmal mit in reichlich Butter gerösteten Semmelbröseln übergießen und mit gehackter Petersilie oder Schnittlauchröllchen bestreuen, man kann sie zum anderen aber auch in einer klaren Fleischbrühe servieren. Am besten ist eine selbstgekochte Fleischbrühe (nicht die Kochbrühe verwenden). Dann bestreut man sie mit viel frischer Petersilie und Schnittlauchröllchen.

Teigwaren

Spätzle

500 g Mehl, 1 TL Salz
4–5 Eier, etwa $^1/_{16}$ l Wasser
Salzwasser zum Garen
50 bis 100 g Butter
E 20 F 30 K 90 kJ 3055 kcal 730

Mehl, Salz und Eier verrühren, dabei löffelweise das Wasser zugeben. Den Teig schlagen, bis er Blasen wirft. Ein paar Minuten ruhen lassen. Reichlich Salzwasser gerade eben aufkochen. Das Spätzlebrett (oder ein normales Brett) sowie den Spätzleschaber (oder ein normales Messer) kurz hineintauchen. Den Teig portionsweise auf das Brett, dieses etwas schräg halten und mit dem Messer in schmale Streifen mehr schaben als schneiden und sofort in das Wasser gleiten lassen. Jede Portion leise kochen lassen, bis sie an der Oberfläche schwimmt. Mit einem Schaumlöffel herausheben und sofort in eine Schüssel mit nicht ganz kaltem Wasser legen. Zuletzt alle Spätzle abtropfen lassen. In der heißen Butter kurz erwärmen.

Käsespatzen

1 Rezept Spätzle
Butter zum Einfetten
200 g geriebener Emmentaler Käse
50 g Butter
2 bis 3 große Zwiebeln
E 35 F 40 K 100 kJ 3870
kcal 925

Die fertigen Spätzle schichtweise in eine gut gefettete feuerfeste Form geben. Dabei jede Schicht mit Käse bestreuen. Etwa 20 g Butter in Flöckchen darauf verteilen. Die Spätzle in dem auf 200 bis 220 Grad (Gasherd Stufe 4 bis 5) vorgeheizten Ofen überbacken, bis die obere Käseschicht zu einer bräunlichen Kruste wird. Das dauert etwa 15 Minuten. Indessen die geschälten Zwiebeln in Ringe schneiden und in der restlichen Butter goldgelb braten. Über die Käsespatzen verteilen.

Hinweis Zusätzlich können Sie die Käsespatzen noch recht üppig mit in feine Röllchen geschnittenem Schnittlauch bestreuen.

Spinatspätzle

250 g frischer Spinat, 400 g Mehl
3 Eier, knapp $^1/_8$ l Wasser
Salz, geriebene Muskatnuß
E 15 F 5 K 75 kJ 1735 kcal 415

Spinat verlesen, waschen, gut abtropfen lassen und nicht zu fein pürieren. Mit Mehl, Eiern, Wasser und Gewürzen wie im Grundrezept zubereiten.

Leberspätzle

400 g vorbereitete Leber, 400 g Mehl
2 Eier, 1 bis 2 Bund Petersilie
tropfenweise kaltes Wasser
Salz, schwarzer Pfeffer aus der Mühle
oder geriebene Muskatnuß
E 35 F 10 K 75 kJ 2280 kcal 545

Die Leber durch die feine Scheibe des Fleischwolfes drehen. Mit allen Zutaten unter sparsamer Wasserzugabe zum Teig verarbeiten. Mit Salz, Pfeffer und Muskat würzen und eine Stunde quellen lassen. Dann wie im Grundrezept beschrieben zubereiten.

Nudeln mit Schinken und Ei

Farfalle alla carbonara

400 g Schleifchennudeln (möglichst gemischt, grün, weiß und rot)
Salzwasser
2 EL Olivenöl
125 g mild geräucherter Schinkenspeck
4 Eier
4 EL Sahne
50 g geriebener Parmesankäse
frisch gemahlener schwarzer Pfeffer
E 50 F 40 K 75 kJ 3705 kcal 885

Die Nudeln in das sprudelnd kochende Salzwasser geben und im offenen Topf in etwa 12 Minuten beißfest kochen. Nach 8 Minuten Kochzeit das Olivenöl dazugeben, damit die Nudeln nicht aneinander kleben. Während die Nudeln garen, den ganz fein gewürfelten Speck langsam ausbraten. Die Eier mit Sahne und Käse verquirlen.
Die Nudeln auf einem Sieb gründlich abtropfen lassen, sofort in eine vorgewärmte Schüssel geben und mit den Eiern vermischen. Den heißen Speck darübergießen. Nach Wunsch zusätzlich Parmesan dazu reichen.
Zu Broccoli-Gemüse, Prinzeßbohnen oder in Butter gedünstetem Fenchel gelten diese Nudeln als kleines Hauptgericht; pur sind sie eine reiche Vorspeise.

Grüne Nudeln mit Erbsen

1 Paket tiefgekühlte Erbsen (450 g)
Salzwasser
400 g grüne Bandnudeln (Tagliatelle verdi)
2 EL Olivenöl
2 Becher Sahne (je 200 ml)
frisch gemahlener schwarzer Pfeffer
E 25 F 40 K 90 kJ 3535 kcal 845

Die Erbsen nach Packungsaufschrift in wenig Salzwasser garen. Reichlich Salzwasser sprudelnd aufkochen, die Nudeln hineingeben und im offenen Topf in etwa 15 Minuten »al dente« (d. h. beißfest) kochen. Nach 5 Minuten Garzeit das Olivenöl dazugeben, dadurch kleben die Nudeln nicht aneinander. Die Sahne erhitzen und bei starker Hitze im offenen Topf um etwa ein Drittel einkochen. Die gut abgetropften Erbsen und die ebenfalls abgetropften Nudeln hineingeben. Die Sahne noch einmal aufkochen lassen. Das Gericht mit Salz und Pfeffer abschmecken. Sofort servieren, weil die Nudeln die Sahne rasch aufsaugen.
Zu magerem Kalbsbraten, Kalbs- oder Schweineschnitzeln »natur«, Medaillons von Schweinefilet oder Schweinefilet im Ganzen gebraten sind diese Nudeln eine ideale Beilage.

Hinweis Wenn Sie dieses Gericht während der »Kräutersaison« zubereiten, sollten Sie unbedingt frisches Basilikum oder Kerbel in die Sahne mischen. Außerdem kann man die Sahne mit etwas Knoblauch würzen.

Variation
Mit 150 g gekochtem Schinken gemischt, ist dieses Gericht eine delikate Vorspeise, die man noch mit gehackter Petersilie oder Kresseblättchen bestreuen kann.

Salate

Hier gelangen frische Zutaten zu ihrer höchsten Vollendung

Löwenzahnsalat

300 g Löwenzahn
100 g durchwachsener Speck
1 Zwiebel
2 Scheiben Weißbrot
2 Knoblauchzehen
2 hartgekochte Eier
4 EL Sherry- oder Kräuteressig
1 TL scharfer Senf
Salz
schwarzer Pfeffer aus der Mühle
E 10 F 20 K 15 kJ 1215 kcal 290

Den Löwenzahn verlesen, in reichlich kaltem Wasser gründlich waschen und trockenschwenken oder sehr sorgfältig abtropfen lassen. Den Speck in winzigfeine Würfelchen schneiden und in einer Pfanne unter ständigem Rühren langsam auslassen. Er darf dabei leicht gebräunt werden. Die Zwiebel schälen und fein würfeln. Das Weißbrot von den Rinden befreien und in genauso feine Würfelchen schneiden. Knoblauch schälen, fein hacken oder durch die Presse drücken und mitsamt dem Brot und den Zwiebelwürfelchen im heißen Bratfett goldgelb werden lassen. Mit einem Schaumlöffel die Grieben, Brot- und Zwiebelwürfel herausnehmen und auf einer dicken Lage Haushaltspapier abfetten lassen.
Die Eier schälen und halbieren. Eigelb durch ein Sieb streichen mit Essig, Senf und etwas Bratfett zu einer cremigen Marinade verrühren. Mit Salz und reichlich Pfeffer würzen. Den Löwenzahn auf einer großen Platte anrichten und mit der Marinade begießen. Die Speckmischung in einer trockenen Pfanne nochmal erhitzen und zusammen mit dem gehackten Eiweiß über den Salat geben. Sofort servieren.

Tip

Wer den Gegensatz von kaltem Salat und heißer Marinade liebt, sollte alle Salatzutaten vorbereiten und anrichten und den Essig mitsamt den Gewürzen in das heiße Bratfett rühren. Schnell über den Salat gießen und sofort servieren.

Erbsensalat

300 g frisch gepalte Erbsen oder
dieselbe Menge Tiefkühlware, Salz
150 g Maiskörner aus der Dose
je 1 grüne und gelbe Paprikaschote
1 bis 2 Stengel Bleichsellerie
1 Handvoll Kerbelblätter
2 EL Zitronenessig
weißer Pfeffer aus der Mühle
Cayennepfeffer
1 Prise Zucker
2 EL Öl, 1 EL Walnußöl
1 Chicoreestange
E 5 F 10 K 15 kJ 730 kcal 175

Frische oder unaufgetaute tiefgekühlte Erbsen in sprudelnd kochendem Salzwasser 8 bis 10 Minuten garen lassen. In ein Sieb schütten, unter kaltem Wasser abschrecken, gut abtropfen und abkühlen lassen. Den Mais ebenfalls abtropfen. Die Paprikaschoten putzen, entkernen, abspülen und in feine Würfelchen schneiden. Den Bleichsellerie – wenn nötig – der Länge nach etwas abschaben, um mögliche harte Fasern zu entfernen. Die Stangen danach kurz abspülen, abtropfen lassen und in sehr feine Scheibchen schneiden. Die Kerbelblättchen abspülen und trockenschwenken. Alle Zutaten mischen. Für die Marinade Zitronenessig mit Salz, Pfeffer, Cayennepfeffer und Zucker verrühren und tropfenweise das Öl hineinschlagen. Unter den Salat heben und diesen einige Minuten – doch niemals zu lange – durchziehen lassen. Eine Schale mit den gewaschenen, gründlich trockengeschwenkten Chicoreeblättern auskleiden und den Salat hineinfüllen.

Avocadosalat

200 g grüner Spargel
Salz, 1 Prise Zucker
1 Kleinstdose Palmitos (250 g)
2 EL Kapern
3 Avocados
1½ Zitronen (Saft)
1 Becher Joghurt
frisch gemahlener weißer Pfeffer
1 Prise Zucker, Cayennepfeffer
1 Kästchen Kresse
E 15 F 20 K 13 kJ 1255 kcal 300

Den Spargel von den harten Schnittflächen befreien, unter kaltem Wasser abspülen, nach dem Abtropfen in ca 4 cm lange Stücke schneiden und in sprudelnd kochendes, mit Salz und Zucker gewürztes Wasser geben. Bei schwacher bis mittlerer Hitze 10 bis 12 Minuten garen. Herausheben und abtropfen lassen. Die Palmitos abtropfen lassen und in feine Ringe schneiden. Zusammen mit den Spargelstücken und den abgetropften Kapern in eine Schüssel geben. Zwei Avocados halbieren, entsteinen und schälen. Das Fruchtfleisch in feine Schnitze teilen und sofort mit etwas Zitronensaft bestreichen, damit sie sich nicht braun färben. Ebenfalls zum Salat geben. Für die Marinade das Fruchtfleisch der dritten Avocado fein pürieren, mit dem restlichen Zitronensaft, Joghurt, Salz, Pfeffer, Zucker und Cayennepfeffer kräftig verrühren. Die Kresse abspülen, abtropfen lassen und die Blättchen mit einer Küchenschere abschneiden. Ein paar Blättchen zum Garnieren beiseite legen, die übrigen in die Marinade geben. Den Salat anrichten, die Marinade darübergießen, aber nicht unterheben und mit der restlichen Kresse garnieren. Erst bei Tisch alles miteinander mischen.

Hinweis Dieser Salat muß sehr schnell serviert werden, denn die Avocados werden leicht braun und unansehnlich.

Variation
Herzhafter und kräftiger im Geschmack wird der Avocadosalat, wenn man zusätzlich ein paar Zwiebelröhrchen hineingibt. Teilen Sie sie dazu auch in etwa 4 cm lange Abschnitte und schneiden Sie diese an beiden Schnittkanten mehrfach kreuzweise ein. Legen Sie sie in kaltes Wasser (möglichst mit ein paar Eiswürfeln darin), so daß sich die Schnittflächen sternförmig öffnen. Und wer keine Kalorien zählt, kann zusätzlich ein paar grob gehackte Walnüsse oder Haselnüsse zufügen oder ein paar Tropfen Walnußöl in die Marinade geben. Diese Beimengungen erhöhen den leichten Nußgeschmack der Avocados.

Rote Salate

Radicchiosalat

2 Köpfe Radicchiosalat
1 rote Paprikaschote
1 Bund Radieschen
2 rote Zwiebeln
2 EL Rotweinessig, Salz
schwarzer Pfeffer aus der Mühle
3 EL Öl
1 Knoblauchzehe
½ Kästchen Kresse
E 2 F 10 K 5 kJ 500 kcal 120

Radicchio putzen, waschen, trockenschwenken und in mundgerechte Stücke zerpflücken. Von der Paprikaschote den Stengelansatz abschneiden, Trennwände und Kerne entfernen. Die Schote unter kaltem Wasser abspülen und in feine Ringe schneiden. Die geputzten, gewaschenen Radieschen in Scheiben, die geschälte Zwiebel in Ringe schneiden. Alle Zutaten mischen. Für die Marinade den Essig mit Salz so lange rühren, bis sich das Salz gelöst hat. Reichlich frischen Pfeffer darüber mahlen und tropfenweise das Öl einschlagen. Die Knoblauchzehe schälen und durch die Presse in die Marinade drücken. Über den Salat verteilen und einmal kurz durchmischen. Die Kresse unter kaltem Wasser kurz abspülen, sehr gut abtropfen lassen oder etwas trockenschütteln und die Blättchen mit einer Schere abschneiden. Entweder über den Salat streuen oder auch locker untermischen.
Den Salat möglichst rasch servieren, damit er nicht zusammenfallen kann.

Hinweis Wer's sehr kräftig mag, kann zusätzlich noch ein Stückchen Radicchiowurzel schälen, fein reiben und in die Marinade mischen.

Tip

Zusätzlich kann man einige gehäutete, entkernte und in feine Schnitze geteilte Tomaten untermischen oder – wenn der Salat als kalorienarmes Hauptgericht geplant ist – mit gegartem Rindfleisch in feinen Streifen und/oder hartgekochten Eiern (ebenfalls in Streifen) vermischen.

Bohnensalat

1 Dose rote Bohnen (450 g)
2 frische Tomatenpaprika oder
1 rote Paprikaschote
2 große, vollreife Fleischtomaten
1 rote Zwiebel
1 EL Essig
Salz
schwarzer Pfeffer aus der Mühle
2 EL Chilisauce
1 Knoblauchzehe
2 EL Olivenöl
1–2 Zweige frischer Thymian
2 Stengelchen frisches Basilikum
E 20 F 7 K 65 kJ 1735 kcal 415

Die Bohnen auf einem Sieb gründlich abtropfen lassen. Dann in eine Salatschüssel geben. Aus den Tomatenpaprika die Stengelansätze herausschneiden, Kerne und Trennwände entfernen und die Früchte kurz unter kaltem Wasser abspülen. In etwa bohnengroße Stückchen schneiden. Fleischtomaten mit kochendem Wasser überbrühen, häuten und entfernen. Das Fruchtfleisch auch würfeln und zusammen mit der geschälten, in Würfel geschnittenen Zwiebel unter die Bohnen mischen.
Für die Marinade das Salz unter Rühren im Essig auflösen, reichlich Pfeffer darüber mahlen und die Chilisauce einmischen. Die Knoblauchzehe schälen und fein zerdrücken oder durch die Presse geben und zusammen mit dem Öl unterschlagen. Die Marinade über den Salat geben. Etwa die Hälfte der Thymianblättchen abpflücken und untermischen. Zugedeckt etwa 20 Minuten im Kühlschrank durchziehen lassen.
Den Salat danach nochmal abschmecken und – wenn nötig – nachwürzen. Anschließend mit dem restlichen Thymian und den Basilikumblättchen garnieren.

Hinweis Wenn Sie die knackig-frische Haut der Paprikaschoten nicht lieben, sollten Sie sie zuerst in den heißen Backofen legen. Sobald die Haut Blasen wirft, die Früchte kurz unter kaltem Wasser abschrecken oder kurze Zeit in ein feuchtes Tuch wickeln und danach die Haut abziehen. Danach entkernen.

Rote Bete-Salat

300 g frische Rote Bete
2 säuerliche Äpfel
Saft einer Zitrone
1–2 EL geriebener Meerrettich
1 Becher Joghurt
Salz
weißer Pfeffer aus der Mühle
1 Prise Zucker
E 3 F 2 K 15 kJ 375 kcal 90

Die Roten Bete von Blättern und Wurzelfasern befreien und möglichst dünn schälen. Die Äpfel ebenfalls schälen. Rote Bete und Apfel auf der Gemüsereibe grob raffeln (etwa streichholzdick). Die Äpfel sofort mit Zitronensaft beträufeln, damit sie sich nicht braun färben, dann mit den Rote Beten mischen.

Tip

Etwas milder werden die Roten Bete, wenn man sie vorher kurz kocht. Dazu sehr gründlich waschen und das Laub bis auf 1 cm abschneiden, damit die Knollen nicht »ausbluten«. Mit Wasser bedecken und in etwa 20 Minuten nicht zu weich kochen. Erst danach schälen und weiterverarbeiten.

Für die Marinade den geriebenen Meerrettich mit Joghurt verrühren und mit Salz, Pfeffer und einer kräftigen Prise Zucker pikant würzen. Die Rote-Bete-Apfel-Mischung hineingeben und zugedeckt etwa 15 Minuten im Kühlschrank durchziehen lassen. Nun nochmal abschmecken und eventuell nachwürzen; der Salat soll herzhaft würzig schmecken und eine feine Säure aufweisen.

Variation
Besonders gut, aber auch etwas kalorienreicher, wird der Salat, wenn man einen Teil des Joghurts durch saure Sahne oder Crème fraîche ersetzt. Und wer's noch ein wenig herzhafter möchte, und auch ein leicht »erdiges« Aroma schätzt, kann einen Teil der Roten Bete durch zarten, frischen, fein geraffelten Sellerie ersetzen.

Kartoffelsalate

Kartoffelsalat

750 g festkochende Kartoffeln
Salzwasser
1 EL Kümmel
2 Zwiebeln
1/4 l heiße Fleischbrühe aus Würfeln
schwarzer Pfeffer aus der Mühle
4 bis 5 EL Kräuteressig
3 EL Öl
150 g magerer Räucherspeck
Salz
je 2 EL fein geschnittener Dill und Schnittlauchröllchen
E 5 F 25 K 40 kJ 1735 kcal 415

Die gewaschenen Kartoffeln in dem mit Kümmel gewürzten Salzwasser 25 Minuten als Pellkartoffeln kochen. Abgießen, unter kaltem Wasser abschrecken, abpellen und in Scheiben schneiden. Mit einer geschälten, ganz fein gehackten Zwiebel mischen und mit der heißen Fleischbrühe übergießen. Mit Pfeffer würzen. Mindestens 30 Minuten durchziehen lassen. Dann erst den Essig dazugeben. Das Öl in einer Pfanne erhitzen, den Speck darin auslassen und die zweite geschälte und gehackte Zwiebel darin glasig braten. Über den Salat gießen und diesen nochmal etwa 10 Minuten durchziehen lassen. Dann mit Salz und Pfeffer nachwürzen. Mit den Kräutern servieren.

Hinweis Für Kartoffelsalate verwendet man ausschließlich festkochende Sorten (wie zum Beispiel Bamberger Hörndl oder Sieglinde). Mehlig kochende Sorten (wie zum Beispiel Bintjs oder Désirée) sind ungeeignet; sie zerfallen zu leicht. Besonders bei dem oben genannten Rezept ist auf festkochende zu achten, da sie sonst leicht breiig werden könnten. Denn sie werden noch heiß geschnitten. Bei allen anderen Kartoffelsalaten sollte man die Knollen als Pellkartoffeln kochen, kalt abschrecken und danach völlig (am besten bis zum nächsten Tag) auskühlen lassen. Dann hat man die Sicherheit, daß die Stärke völlig abgebunden hat und die Scheiben oder Würfel nicht mehr »vermatschen«. Selbstverständlich darf man auch diese Salate nicht stark rühren!

Kartoffelsalat, reiche Art

750 g festkochende Kartoffeln
Salzwasser
1 Zwiebel
1 säuerlicher Apfel
150 g gekochtes Rindfleisch oder Brühwürstchen
1/2 kleine Salatgurke
2 kleine Gewürzgurken
2 EL Silberzwiebeln aus dem Glas
1 Bund Radieschen
je 1 Bund Petersilie und Schnittlauch
3 EL Mayonnaise
3 EL Joghurt
1 bis 2 TL Senf
1 EL Kräuteressig
1 kräftiger Schuß Würzflüssigkeit aus dem Gurkenglas
Salz
Pfeffer
Paprika edelsüß
2 hartgekochte Eier
E 20 F 30 K 50 kJ 2365 kcal 565

Die gewaschenen Kartoffeln in dem Salzwasser 25 Minuten als Pellkartoffeln kochen. Abgießen, unter kaltem Wasser abschrecken, abpellen und in Scheiben schneiden. Die geschälte Zwiebel fein hacken. Den geschälten, entkernten Apfel achteln und diese Achtel in hauchdünne Scheiben schneiden. Das Rindfleisch oder die abgezogenen Würstchen in Streifen, die Salatgurke in dünne Scheiben schneiden. Die Gewürzgurken hakken, die Perlzwiebeln halbieren und die gewaschenen Radieschen achteln. Petersilie und Schnittlauch abspülen, Petersilie hacken, den Schnittlauch in Röllchen schneiden. Alles mit den abgekühlten Kartoffelscheiben mischen. Mayonnaise, Joghurt, Senf, Essig und die Würzflüssigkeit zu einer sämigen Marinade verrühren und pikant abschmecken. Unter den Salat ziehen. Diesen gut 30 Minuten durchziehen lassen, dann eventuell nachwürzen. Die hartgekochten Eier abschälen und grob hacken. Locker unter den nachgewürzten Salat heben und diesen danach anrichten. Oder die Eier nach dem Schälen in Schnitze, beziehungsweise Scheiben, schneiden und den Kartoffelsalat damit garniert servieren.

Variationen
Statt der Mayonnaise-Sauce an den Salat eine Marinade aus je 2 EL Crème fraîche und Joghurt, und 1 bis 2 EL Sherry- oder Weinessig geben.

Außerdem können die Zutaten beliebig verändert oder ergänzt werden. Eine sehr gelungene Mischung ist folgende: Neben den Kartoffeln geviertelte Artischockenherzen aus der Dose, 1 in hauchdünne Streifen geschnittene Paprikaschote, 200 g gekochtes Kasseler in Scheiben geschnitten, 4 Stengel Bleichsellerie in dünnen Scheiben, 1 kleine Stange Lauch in Ringen und 60 g gefüllte grüne Oliven (halbiert oder in Scheiben). Unmittelbar vor dem Servieren mit Schnittlauch, Dill und einigen Estragonblättchen (alles fein geschnitten) bestreuen.
Sehr würzig und sehr edel wird er auch, wenn Sie zusätzlich ein paar gedünstete Pfifferlinge oder ein paar blättrige Champignons (frisch oder ebenfalls gedünstet) zufügen.

Anstelle von Rindfleisch oder Brühwürstchen können auch Stückchen von Räucherfisch und/oder Krabben zugefügt werden. Und auch geräucherte, in Öl eingelegte und abgetropfte Muscheln geben ein interessantes Aroma. Bei allen Fischbeimischungen verträgt die Marinade etwas frisch geriebenen Meerrettich und reichlich frischen Dill, der gehackt wird.

Werden die Kartoffeln zusammen mit einem Zweig Liebstöckel gekocht, schmeckt der Salat kräftiger.

Tip

Wählen Sie für Kartoffelsalate nach Möglichkeit nur kleine, möglichst gleichgroße Kartoffeln aus. Erstens schmecken sie besser als die großen, zweitens bekommen Sie auf diese Weise schöne, gleichmäßige Scheiben und drittens brauchen Sie sie ja nicht zu schälen. Beim Pellen ist es ziemlich gleich, ob man große oder kleine Knöllen in Händen hat.

Sommersalat mit Rinderfilet

1 Filetsteak vom Rind (180 g)
2 EL Öl zum Braten
Salz
schwarzer Pfeffer
200 g grüne Bohnen
1 großer Kopf Radicchio
150 g frische Champignons
1 Schalotte
1–2 EL Sherry- oder Kräuteressig
3–4 EL Öl
½ TL Senf
¼ Bund Petersilie
1 Zweig Estragon
nach Wunsch etwas Zitronenmelisse
E 95 F 5 K 10 kJ 1990 kcal 475

Filet auf beiden Seiten sehr stark anbraten, herausnehmen, salzen und pfeffern, abkühlen lassen. Dann in sehr dünne Scheibchen oder Streifen schneiden. Die Bohnen in 4 cm lange Stücke brechen, blanchieren, abschrecken und abtropfen lassen. Geputzten Radicchio waschen, zerpflükken und ein paar schöne Blätter beiseite legen. Champignons blättrig schneiden, Schalotte fein hacken. Für die Marinade Essig mit Salz und Pfeffer verrühren, die restlichen Zutaten (Kräuter gehackt) untermischen. Eine Schüssel oder einen Teller mit Radicchio auslegen, den übrigen Radicchio zerpflückt mit den anderen Zutaten mischen, darauf anrichten und mit der Marinade übergießen.

Rohkost-Hähnchen-Salat

1 Eisbergsalat
¼ Staude Bleichsellerie
1 gekochtes oder gegrilltes Hähnchen
30 g Gartenkresse
2 vollreife Birnen
½ Zitrone (Saft)
1 Becher Joghurt (150 g)
2 EL Crème fraîche
Salz
weißer Pfeffer
Paprika edelsüß
1 Prise Zucker
1 Prise Cayennepfeffer
2 EL grob gehackte gesalzene Erdnußkerne
E 20 F 10 K 10 kJ 920 kcal 220

Geputzten Eisbergsalat zerpflücken, unter kaltem Wasser abspülen und sehr gut trockenschleudern. Die Selleriestangen ablösen, wenn nötig, die harten Außenfasern dünn abschälen. Die Stangen unter kaltem Wasser abspülen, abtrocknen und danach in feine Scheiben schneiden. Das Hähnchen häuten, entbeinen und das Fleisch in mundgerechte Stücke teilen. Zusammen mit der abgespülten, abgetropften Kresse und dem vorbereiteten Gemüse in eine Schüssel geben. Die Birnen (nach Wunsch) schälen, entkernen und in kleine Stücke schneiden. Sofort mit etwas Zitronensaft bestrichen zufügen.
Für die Marinade Joghurt mit Crème fraîche und dem übrigen Zitronensaft verrühren. Mit Salz, Pfeffer, Paprika, Zucker und Cayennepfeffer abschmecken. Den Salat damit anmachen, in einer Schüssel anrichten und vor dem Servieren mit den Erdnußkernen bestreuen.

Hinweis Anstelle von Birnen kann man auch Pfirsiche oder Ananas aus der Dose verwenden.

Zucchinisalat mit Käse

3 mittelgroße Zucchini (etwa 500 g)
4 EL Olivenöl
knapp 1/8 l trockener Weißwein
Salz, schwarzer Pfeffer
2 Zwiebeln
1/2 Kopf Romana-Salat
(ersatzweise Kopfsalat)
1 grüne Paprikaschote
100 g roher oder gekochter Schinken ohne Fettrand
2 Fleischtomaten
1–2 EL Weinessig
150 g weißer Schafskäse
E 15 F 30 K 8 kJ 1550 kcal 370

Die gewaschenen Zucchini von den Stengelansätzen befreien und in etwa 5 mm dicke Scheiben schneiden. Olivenöl und Wein zum Kochen bringen. Die Zucchinischeiben hineingeben, salzen und pfeffern und knapp 5 Minuten kochen lassen. Die Scheiben herausnehmen, den Sud um 1/3 einkochen lassen. Die geschälten Zwiebeln in hauchdünne Ringe schneiden, in einem Sieb mit kochendem Wasser übergießen und abtropfen lassen. Den gewaschenen, trockengeschleuderten Romanasalat fein nudelig schneiden. Die geputzte Paprikaschote und den gekochten Schinken in dünne Streifchen, die von ihrem Stengelansatz befreiten Tomaten in dünne Schnitze schneiden. Alles mit den abgekühlten Zucchinischeiben und den Zwiebelringen mischen. Den inzwischen erkalteten Sud mit dem Essig schaumig schlagen und über den Salat gießen. Den Käse würfeln oder zerbröseln und über den Salat streuen. Dazu schmeckt am besten frisches Weißbrot.

Variation
Statt des Käses kleine, in Knoblauchöl kroß gebratene Weißbrotwürfel über den Salat streuen.

Paprikasalat

200 g gepökelte Rinderzunge
je 1 rote, grüne und gelbe Paprikaschote
1 große weiße Zwiebel
1 kleine Fenchelknolle
1 kleiner oder 1/2 Romanasalat
(ersatzweise Kopfsalat)
2 Fleischtomaten
3 hartgekochte Eier
2 EL Estragonessig
1 TL Senf, 4 EL Öl
Salz, schwarzer Pfeffer
1 TL Paprika edelsüß
Cayennepfeffer
2 EL Kapern
1 Bund Schnittlauch
1/2 Bund Petersilie
E 20 F 35 K 15 kJ 1965 kcal 470

Die Rinderzunge in dünne Streifen schneiden. Die Gemüsesorten vorbereiten, waschen und ebenfalls in Streifen schneiden. Die geschälten Eier in Eiweiß und Eigelb trennen. Eigelb durch ein Sieb streichen und mit Essig, Senf und Öl zu einer glatten Masse verrühren. Mit Salz, Pfeffer, Paprika und Cayennepfeffer würzen. Über den Salat gießen. Kapern und die Kräuter darüberstreuen und den Salat gut durchmischen. Erst unmittelbar vor dem Servieren das gehackte Eiweiß über den Salat streuen. Dazu Stangenweißbrot reichen.

Fleischsalate

Wurstsalat

150 g tiefgekühlte Erbsen, Salz
350 g Fleischwurst
2 Gewürzgurken
1–2 Zwiebeln
1 rote Paprikaschote
60 g Mayonnaise
3 EL Magerjoghurt
1 EL Kräuter- oder Weinessig
frisch gemahlener weißer Pfeffer
1 TL Paprika edelsüß
je 1 Prise Zucker und Curry
1 Spritzer Tabascosauce
½ Bund Petersilie
1 Bund Schnittlauch
E 15 F 35 K 10 kJ 1785 kcal 425

Die unaufgetauten Erbsen in sprudelnd kochendes, gesalzenes Wasser geben und nach Packungsaufschrift garen. Auf einem Sieb unter kaltem Wasser abschrecken, abtropfen und erkalten lassen. Die Fleischwurst abziehen und in sehr feine Streifchen schneiden. Die abgetropften Gurken und die geschälten Zwiebeln ebenfalls in feine Streifen teilen. Die Paprikaschote vom Stengelansatz befreien, Trennwände und Kerne entfernen und die Schote innen und außen unter kaltem Wasser abspülen. Ebenfalls in hauchdünne, fast durchsichtige Ringe teilen. Alle Zutaten locker miteinander mischen.
Für die Marinade die Mayonnaise mit Joghurt und Essig verrühren. Reichlich Pfeffer darüber mahlen und die Sauce mit Salz, Paprika, Zucker, Curry und Tabascosauce pikant bis scharf abschmecken. Die Petersilie abspülen, trockenschwenken und sehr fein hacken. In die Marinade mischen, unter den Salat heben und zugedeckt etwa ½ Stunde im Kühlschrank durchziehen lassen. Dann nochmal abschmecken und mit dem Schnittlauch bestreut servieren.

Tip

Wer diesen Salat als komplette Mahlzeit servieren möchte, kann zusätzlich etwa 250 g gekochte Nudeln untermischen und die Marinadenmenge ein wenig erhöhen.

Rindfleischsalat

300 g gegartes Rindfleisch (Roastbeef oder kalter Braten)
250 g zarte, grüne Bohnen
Salz
8 Artischockenherzen aus der Dose (etwa 200 g)
1 kleine Fenchelknolle
1 Zwiebel
3 EL Wein- oder Kräuteressig
schwarzer Pfeffer aus der Mühle
1 TL Senf
1 Knoblauchzehe
4 EL Olivenöl
2 Stengel Estragon
½ Bund Petersilie
E 30 F 35 K 10 kJ 2050 kcal 490

Das Fleisch von möglichen Fettresten befreien und in feine Streifen schneiden. Die Bohnen putzen, waschen, in etwa 4 cm lange Stücke brechen und in sprudelnd kochendem, gesalzenem Wasser in etwa 10 Minuten beißfest kochen. In einem Sieb abgießen, unter kaltem Wasser abschrecken, abtropfen und erkalten lassen. Die Artischockenherzen abtropfen lassen und der Länge nach je nach Größe halbieren oder vierteln. Die Fenchelknolle von welken Außenschichten befreien. Kalt abspülen und in hauchdünne Streifen, die geschälte Zwiebel in hauchdünne, fast durchsichtige Ringe teilen. Alle vorbereiteten Zutaten in eine Salatschüssel geben und nur lokker miteinander mischen.
Für die Marinade den Essig mit einer guten Prise Salz, Pfeffer und Senf rühren, bis sich das Salz aufgelöst hat. Die Knoblauchzehe schälen und durch die Presse in die Essigmischung geben. Tropfenweise das Öl hineinschlagen. Estragon und Petersilie abspülen, trockenschwenken und fein hacken. In die Marinade geben, locker unter den Salat mischen und zugedeckt etwa 20 Minuten im Kühlschrank durchziehen lassen. Dann erneut abschmecken, wenn nötig nachwürzen und anrichten.
Der Rindfleischsalat kann mit dunklem Brot und gesalzener Butter oder mit Bratkartoffeln als komplettes Abendessen gereicht werden. Er eignet sich aber auch als Teil eines kalten Buffets oder zum Picknick.

Wildsalat

1 kleiner Kopf Endiviensalat
350 g beliebiges gegartes ungespicktes Wildfleisch
100 g frische Champignons
1½ Zitrone (Saft)
Salz, schwarzer Pfeffer aus der Mühle
1 Msp. Senfpulver
3 EL kaltgepreßtes Olivenöl
1 kleine Trüffel aus der Dose
E 30 F 10 K 2 kJ 940 kcal 225

Den Endiviensalat putzen, waschen und nach dem gründlichen Trockenschwenken die dicken Blattrippen entfernen. Die Blätter in etwa 4 cm breite Streifen schneiden. Das Wildfleisch von möglichen Fettresten befreien und quer zur Faser in dünne Scheiben schneiden. Wenn nötig, die Scheiben noch einmal durchschneiden, damit die Stücke nicht zu groß werden. Die Champignons putzen, schnell in kaltem Wasser waschen und gründlich abtropfen. In feine Blättchen schneiden und sofort mit etwas Zitronensaft beträufeln, damit sie nicht braun werden. Endiviensalat mit dem Wildfleisch und den Champignons in einer Schüssel locker mischen. Für die Marinade den restlichen Zitronensaft mit Salz, Pfeffer und Senfpulver verrühren und tropfenweise das Öl hineinschlagen. Die Trüffel abtropfen lassen und die Dosenflüssigkeit ebenfalls in die Marinade gießen. Unter den Salat heben und die Trüffel in hauchdünne Blättchen oder Streifen geschnitten darüber verteilen. Sofort servieren.
Toast oder frisches Stangenweißbrot mit gesalzener Butter sind die idealen Beilagen.

Variationen
Der Wildsalat verträgt gut eine Spur Knoblauch, jedoch darf er niemals aufdringlich schmecken. Reiben Sie darum die Schüssel mit einer halbierten Zehe aus; das gibt ein zartes Aroma, ohne jedoch die Zartheit des Salates zu stören.

Der Salat kann außerdem durch eine oder zwei in hauchdünne Scheibchen geschnittene Stangen Bleichsellerie geschmacklich variiert werden.

Endiviensalat mit Grapefruit

1 Kopf Endiviensalat
1 große Grapefruit
1 Schalotte oder kleine Zwiebel
60 g gehackte Walnußkerne
1 Becher Magerjoghurt (150 g)
1 EL Ketchup
1 TL Walnuß- oder Haselnußöl
Salz, schwarzer Pfeffer
je 1 Prise Zucker und gemahlener Ingwer, 1 TL Cognac
E 5 F 13 K 20 kJ 880 kcal 210

Den Endiviensalat putzen, gründlich waschen und nach dem Abtropfen in etwa 2 cm breite Streifen schneiden. Grapefruit sehr sorgfältig schälen, filetieren, entkernen und die Filets einmal quer halbieren. Schalotte oder Zwiebel schälen und fein hacken. Alle vorbereiteten Zutaten mit den Nüssen in einer Schüssel locker mischen. Für die Marinade Joghurt mit Ketchup und Öl verrühren, und mit Salz, Pfeffer, Zucker, Ingwer und Cognac pikant abschmecken. Über den Salat gießen.

Wintersalat mit Geflügelleber

250 g Geflügelleber
30 g Butter
Salz, schwarzer Pfeffer aus der Mühle
100 g Feldsalat
2 kleine Chicoréestauden
1 Kopf Radicchiosalat
1 kleine Stange Lauch
2 EL Sherryessig (oder sehr guter Weinessig)
4 EL Olivenöl
E 40 F 30 K 5 kJ 1925 kcal 460

Die Geflügelleber von Röhren, Sehnen und Häuten befreien. Mit Haushaltspapier abtupfen und in der heißen Butter auf beiden Seiten insgesamt 3 Minuten braten. Herausnehmen und auf Haushaltspapier abfetten lassen. Dann erst mit Salz und Pfeffer würzen. Den Feldsalat verlesen, in kaltem Wasser sehr gründlich waschen und in einer Salatschleuder trockenschleudern. Aus den Chicoréestauden die bitteren Strünke keilförmig heraustrennen. Die Blätter in Streifen schneiden. Kurz abspülen und sehr gut abtropfen lassen. Den Radicchio putzen, waschen und nach dem Trockenschleudern zerpflücken. Den Lauch in 2 mm breite Ringe schneiden, in einem Sieb gründlich waschen und gut abtropfen lassen. In einer großen Salatschüssel den Essig mit Salz und Pfeffer verrühren. Tropfenweise das Öl unterschlagen und alle Zutaten darunter mischen. Die inzwischen abgekühlte Leber in dünne Scheiben schneiden und darauf anrichten. Ein wenig Marinade vom Schüsselboden abnehmen und über die Leberscheiben tröpfeln, dann sofort servieren.

Tip

Versuchen Sie den Wintersalat auch einmal mit rosa gebratenen Scheiben von Rinderfilet oder Wildfleisch. In beiden Fällen verträgt der Salat etwas kräftigere Würze. Geben Sie darum eine halbe geriebene oder sehr fein gehackte Zwiebel und/oder etwas Knoblauch in die Marinade.

Nizzaer Salat

400 g festkochende Kartoffeln
Salz
400 g feine grüne Bohnen
2 große Tomaten
je 8 grüne und schwarze Oliven
1 Schalotte oder kleine Zwiebel
1 kleines Glas Sardellenfilets
2 EL Kapern
3 EL Rotwein- oder Kräuteressig
Salz, schwarzer Pfeffer aus der Mühle
1 Prise Zucker
5 EL Olivenöl
E 10 F 15 K 30 kJ 1255 kcal 300

Die Kartoffeln in der Schale kochen. Heiß abpellen und kalt in gleichmäßige Scheiben oder Würfel schneiden. Die geputzten, gewaschenen Bohnen in reichlich Salzwasser ca. 10 Minuten kochen, abgießen und in Eiswasser abschrecken. Gründlich abtropfen lassen. Die Tomaten häuten, entkernen und in gleichmäßige Schnitze oder Würfel schneiden. Die Oliven in Scheiben oder Streifen schneiden. Die geschälte Schalotte oder Zwiebel fein hacken oder reiben. Die Sardellenfilets unter kaltem Wasser abspülen, dann gründlich abtropfen lassen. Alle Zutaten und die abgetropften Kapern mischen.
Für die Marinade Essig mit Salz, Pfeffer und Zucker verrühren. Erst dann nach und nach das Öl untermischen. Die Marinade über den Salat gießen und bis zum Servieren etwa 30 Minuten durchziehen lassen.

Bunter Salat mit Frisée

1 Kopf Frisée (krause Endivie)
1 Fenchelknolle
je 1 rote und grüne Paprikaschote
2 Zwiebeln
100 g frische Champignons
2 EL Zitronensaft
2 hartgekochte Eier
2 EL gehackte Petersilie
2–3 EL Weinessig
½ TL scharfer Senf
Salz, schwarzer Pfeffer aus der Mühle
1 Prise Zucker
1–2 Knoblauchzehen
4–5 EL Olivenöl
E 10 F 13 K 15 kJ 920 kcal 220

Den Frisée putzen, waschen und zerpflücken. Dabei alle grünen Teile entfernen. Fenchel und Paprikaschoten putzen, waschen und in Ringe teilen. Das Fenchelgrün dabei entfernen und beiseite legen. Die geschälten Zwiebeln fein hacken oder in hauchdünne Ringe schneiden. Die Champignons putzen, trockenreiben und feinblättrig schneiden. Sofort mit Zitronensaft beträufeln, damit sie sich nicht braun verfärben. Die geschälten Eier in Achtel teilen. Alle vorbereiteten Zutaten und die Petersilie vorsichtig vermischen.
Für die Marinade den Essig zuerst mit dem Senf, dann mit Salz, Pfeffer und Zucker verrühren, bis sich Salz und Zucker gelöst haben. Die geschälten, zerdrückten Knoblauchzehen hineingeben und tropfenweise das Öl unterschlagen. Über den Salat gießen und locker unterziehen. Das Fenchelgrün fein hacken und den Salat damit bestreuen.
Den Salat möglichst sofort servieren, damit er nicht zusammenfällt. Außerdem könnten sonst die Champignons leicht unansehnlich werden.

Deftiger Reissalat

200 g Langkornreis
knapp ½ l Wasser, Salz
1 große Zwiebel
je 1 rote und grüne Paprikaschote
2 Gewürzgurken
1 Apfel
250 g Fleischwurst,
gekochter Schinken
oder Kasseler
10 schwarze Oliven
2 EL Essig
schwarzer Pfeffer aus der Mühle
1 TL Paprika edelsüß
1 Knoblauchzehe
je ½ Bund Petersilie und
Schnittlauch
2 EL Mayonnaise
1–2 EL Ketchup
1 Becher Joghurt
E 15 F 15 K 30 kJ 1360 kcal 335

Den Reis wie gewohnt in gesalzenem Wasser garen, abtropfen und abkühlen lassen. Die geschälte Zwiebel würfeln, die Paprikaschoten putzen, abspülen und nach dem Abtrocknen ebenso wie die abgetropften Gurken und den geschälten, entkernten Apfel in feine Würfelchen schneiden. Die Pelle von der Fleischwurst abziehen. Wurst (oder Schinken oder Kasseler) ebenfalls in Würfelchen teilen und alles miteinander mischen. Die abgetropften Oliven dazugeben. Zur Marinade Essig mit reichlich Salz, Pfeffer und Paprika verrühren, bis sich das Salz gelöst hat. Die geschälte, zerdrückte oder sehr fein gehackte Knoblauchzehe und etwa ⅔ der gehackten Kräuter zufügen, Mayonnaise, Ketchup und Joghurt unterziehen. Pikant bis scharf abschmecken und sorgfältig unter den Salat heben. Zugedeckt für etwa 45 Minuten in den Kühlschrank stellen. Dann nochmal abschmecken und mit den restlichen Kräutern garniert servieren.

Tip

Versuchen Sie diesen Salat doch auch einmal mit Maiskörnern, Pfifferlingen oder Erbsen. Auch Kapern und Perlzwiebeln passen gut dazu.

Reissalat fernöstlich

200 g Langkornreis
knapp ½ l Wasser, Salz
3 Safranfäden
1 EL Curry
10 g getrocknete chinesische Morcheln
1 kleine Dose Bambussprossen
150 g frische Sojabohnenkeimlinge
1 Zwiebel
3 EL Reiswein oder trockener Sherry (Fino)
1 EL Sojasauce
2 EL Essig
weißer Pfeffer aus der Mühle
½ bis 1 TL Sambal Oelek (oder scharfe Chilisauce)
1 Knoblauchzehe
1 Prise gemahlener Ingwer
1 Prise Zucker
5 EL Erdnußöl
2 EL in feine Ringe geschnittenes Zwiebelgrün oder Schnittlauch
E 5 F 5 K 45 kJ 1045 kcal 250

Den Reis im gesalzenen, mit Safranfäden und Curry gemischten Wasser wie gewohnt kochen. Nach Wunsch unter kaltem Wasser abschrecken, dann gründlich abtropfen und abkühlen lassen.
Während der Reis gart, die Pilze in lauwarmem Wasser quellen lassen. Die Bambussprossen abtropfen und in dünne, etwa 2 cm breite Streifen schneiden. Sojabohnenkeimlinge abspülen und abtropfen lassen. Die Zwiebel schälen und in feine Ringe oder Würfel schneiden. Alles mit dem Reis und den abgetropften Pilzen mischen. Für die Marinade den Reiswein (oder Sherry) mit Sojasauce, Essig und nur wenig Salz (die Sojasauce ist gesalzen) verrühren, reichlich Pfeffer darübermahlen und Sambal Oelek oder Chilisauce zufügen. Die geschälte, durchgepreßte Knoblauchzehe, Ingwer und Zucker unterrühren, dann tropfenweise das Öl hineinschlagen. Unter den Salat mischen und zugedeckt etwa 30 Minuten durchziehen lassen. Erneut abschmecken und mit Zwiebelgrün oder Schnittlauch bestreut servieren.

Hinweis Zur Abwechslung kann man den Salat auch mit Krabben oder gegartem Geflügelfleisch zubereiten.

Reissalat mit Kalbfleisch

200 g Langkornreis
knapp ½ l Wasser
Salz
200 g kalter Kalbsbraten
1 Stange Lauch
2 Ananasscheiben aus der Dose
1 Orange
1 EL Mangochutney
1 Tomatenpaprika aus dem Glas
⅛ l Sahne
1–2 EL Ananassaft
1 EL süße Chilisauce
frisch gemahlener weißer Pfeffer
Cayennepfeffer
1 Kästchen Kresse
E 10 F 10 K 25 kJ 980 kcal 235

Tip

Alle Reissalate eignen sich als Bestandteil eines kalten Buffets wie auch zum kleinen Imbiß. Sie sind als Abendessen ebenso beliebt wie zum Picknick. Denn sie alle müssen durchziehen und zerfallen nicht so schnell wie viele andere Salate.

Den gekochten, abgeschreckten Reis abtropfen und erkalten lassen. Kalbsbraten von möglichen Fetträndern befreien und in feine Streifen schneiden. Den Lauch putzen, in Ringe schneiden und in einem Sieb sehr schnell, aber gründlich unter fließendem Wasser waschen und gut abtropfen lassen. Die abgetropften Ananasringe in kleine Stücke schneiden. Die Orange gründlich schälen und die Filets aus den Zwischenhäuten trennen. Dabei entkernen und dann die Filets – je nach Größe – ein- bis zweimal quer durchschneiden. Alle Zutaten miteinander mischen. Das fein gehackte Mango-Chutney und den abgetropften, gewürfelten Tomatenpaprika dazu geben. Sahne mit Ananassaft, Chilisauce, Salz, Pfeffer, Cayennepfeffer und der Hälfte der Kresseblättchen mischen. Locker unter den Salat heben und zugedeckt etwa 30 Minuten marinieren lassen.
Noch einmal abschmecken und mit der restlichen Kresse garnieren.

Skandinavischer Pilzsalat

1 kleiner (oder ½) Kopf Freilandsalat
300 g frische Champignons
1 Zitrone (Saft)
⅛ l Sahne
Salz
weißer Pfeffer aus der Mühle
je 1 Prise Zucker und Senfpulver
½ Zwiebel
½ Kästchen Kresse oder ½ Bund Dill
E 5 F 10 K 5 kJ 565 kcal 135

Den Salat putzen, waschen und die großen Blätter ein wenig zerzupfen. Dabei die dicken Blattrippen entfernen. Die Pilze ebenfalls putzen, kurz waschen und sehr gut trockentupfen. Danach blättrig schneiden und sofort mit etwas Zitronensaft beträufeln, damit sie nicht braun werden. Auf die portionsweise angerichteten Salatblätter verteilen.
Für die Marinade die Sahne zusammen mit dem restlichen Zitronensaft, Salz, Pfeffer, Zucker, Senfpulver und der geriebenen oder winzig kleinen gewürfelten Zwiebel schaumig schlagen. In einem dicken Klecks auf die Pilze verteilen und mit den Kresseblättchen oder dem fein geschnittenen Dill bestreuen. Sofort servieren, damit die Pilze nicht zusammenfallen.

Hinweis Auch Steinpilze sind geeignet: Die in Scheiben geschnittenen Pilze kurz in wenig Butter, Wein, Zitronensaft, Salz und Pfeffer dünsten und gut abtropfen und abfetten.

Rettichsalat

2 große, weiße Rettiche (ca 800 g)
Salz
2 säuerliche Äpfel
½ Zitrone (Saft)
1 kleine Salatgurke
1 Bund Radieschen
1 Bund Dill
2 kleine Borretschblätter
50 g Gorgonzola oder Roquefort
100 g saure Sahne
2 EL Sahnejoghurt
weißer Pfeffer aus der Mühle
1 Spritzer Kräuteressig
1 Prise Zucker
E 5 F 5 K 15 kJ 545 kcal 130

Die Rettiche unter kaltem Wasser gründlich abbürsten, schälen und in hauchdünne Scheiben schneiden oder auf dem Gurkenhobel zerkleinern. In einer Schüssel mit reichlich Salz bestreut etwa 10 Minuten »weinen« lassen, um ihn zu entschärfen.
Die Äpfel (nach Wunsch schälen) vierteln, entkernen und in feine Schnitze teilen, gleich mit Zitronensaft beträufeln, damit sie sich nicht verfärben. Die Gurke und die Radieschen nur waschen, von Blüten und Stengelansätzen (Radieschen auch von den Wurzelenden) befreien und ebenfalls in dünne Scheiben schneiden.
Dill und Borretsch abspülen, trockenschwenken und fein schneiden.
Alle vorbereiteten Zutaten mit den abgetropften Rettichscheiben mischen. Gorgonzola zerdrücken, mit saurer Sahne und Joghurt leicht schaumig schlagen und mit Salz, Pfeffer, Essig und Zucker kräftig würzen. Über den Salat gießen. Sofort servieren und erst bei Tisch mischen. Nach Wunsch noch etwas Pfeffer darüber mahlen.

Spargelsalat

1000 g Stangenspargel
Salzwasser
10 g Butter
1 Prise Zucker
4 hartgekochte Eier
4 kleine Fleischtomaten
2 Frühlingszwiebeln
200 g zart gepökelte Rinderzunge
1 Bund Dill
Salz, weißer Pfeffer aus der Mühle
2 EL guter Weinessig
1 Knoblauchzehe
6 EL Öl
3 EL frisch gepreßter Zitronensaft
E 20 F 30 K 10 kJ 1675 kcal 400

Den sorgfältig geschälten Spargel nach Grundrezept (Seite 184) in wenig Salzwasser mit Butter und Zucker in 20 Minuten beißfest kochen. Dann abkühlen lassen und in etwa 5 cm lange Stücke schneiden. In der Zwischenzeit die geschälten Eier und die gehäuteten, von ihren Stengelansätzen befreiten Tomaten in Scheiben schneiden. Von den Frühlingszwiebeln die Stengel in hauchdünne Ringe schneiden, die Zwiebelchen selber hacken. Die Rinderzunge zuerst in hauchdünne Scheiben, dann in etwa 2 cm breite Steifen schneiden. Den abgespülten, trockengeschwenkten Dill fein schneiden.
Eine Schüssel (am hübschesten sieht eine Glasschüssel aus) zuerst mit den Tomatenscheiben auslegen und mit den gehackten Zwiebeln bestreuen, mit Salz und Pfeffer würzen.
Den Weinessig mit der geschälten, durch die Presse gedrückten Knoblauchzehe mischen und über die Tomaten verteilen.
Darüber die Eischeiben verteilen und ebenfalls schwach salzen.
Zungenstreifen und Spargelstücke mischen und auf die Eischeiben geben. Das Öl mit Zitronensaft verrühren, mit Salz und Pfeffer abschmekken und den Salat damit übergießen. Mit Zwiebelringen und dem gehackten Dill bestreuen. Rasch servieren.
Den Spargelsalat kann man mit frischem Stangenweißbrot und gesalzener Butter als Vorspeise oder als Beilage zu dünnen Kalbsschnitzeln oder Filetsteaks reichen.

Variationen
Statt der einfachen Essig-Zitronensaft-Öl-Marinade eine Salatsauce aus je 3 EL Mayonnaise und saurer Sahne rühren, die mit Salz, Zucker und etwas Cayennepfeffer gewürzt wird.

Zusätzlich noch 150 g frisch gepalte oder Tiefkühl-Erbsen, die nur ganz kurz gegart wurden, an den Salat geben.

Die Zunge durch fein geschnittene Lachsschinkenstreifen ersetzen.

Tip

Es muß nicht teurer Stangenspargel sein, der für diesen Salat benötigt wird. Man kann auch sogenannten Bruchspargel verwenden, der oft sogar sehr viele Kopfstücke enthält. Bei Bruchspargel muß jedoch ganz sorgfältig darauf geachtet werden, daß alle holzigen Teile mit abgeschält werden.

Geflügelsalate

Geflügelsalat mit Mais und Paprika

½ Paket tiefgekühlte Erbsen (150 g)
Salz
je 1 rote und grüne Paprikaschote
2 Fleischtomaten
1 große Zwiebel
1 kleine Dose Maiskörner
1 gegarte Poularde oder
1 Grillhähnchen
2 EL Mayonnaise
1 Becher Joghurt
Saft ½ Zitrone
frisch gemahlener weißer Pfeffer
Paprika edelsüß
je 1 Prise Cayennepfeffer
und Zucker
1 Kästchen Kresse
E 40 F 15 K 25 kJ 1695 kcal 405

Die Erbsen nach Packungsaufschrift etwa 8 Minuten in gesalzenem Wasser kochen, dann in eiskaltem Wasser abschrecken, abtropfen und abkühlen lassen. Die Paprikaschoten putzen, waschen, entkernen und fein würfeln. Die Tomaten mit kochendem Wasser überbrühen, häuten, entkernen und zusammen mit der geschälten Zwiebel in kleine Würfel schneiden. Den Mais in einem Sieb abtropfen lassen. Die Poularde (oder Grillhähnchen) von Haut und Knochen befreien und in mundgerechte Stückchen zerteilen. Für die Marinade Mayonnaise mit Joghurt, Zitronensaft und den Gewürzen gut verschlagen, alle Zutaten untermischen und zugedeckt etwa 20 Minuten durchziehen lassen. Dann noch einmal abschmecken, anrichten und mit den abgespülten, abgetropften Kresseblättchen zierlich garnieren.

Tip

Noch pikanter wird der Geflügelsalat, wenn Sie 1–2 zerdrückte Knoblauchzehen oder eine kräftige Prise Knoblauchsalz, bzw. etwas Knoblauchsaft in die Marinade mischen. Und wer's ganz besonders scharf liebt, gibt zusätzlich etwas Tabascosauce hinein. Doch auch Tomaten- oder Curryketchup passen ausgezeichnet dazu.

Geflügelsalat fernöstlicher Art

2 EL getrocknete chinesische Morcheln
1 Stange Lauch
200 g Sojabohnenkeime
1 kleine Dose Bambussprossen
1 Grillhähnchen fertig gekauft
2 EL Sojasauce
4 EL Reiswein oder trockener Sherry
Salz, schwarzer Pfeffer
je 1 Prise gemahlener Ingwer und Zucker, Sambal Oelek
2 EL Erdnußöl
¼ Kopfsalat
1 Bund Schnittlauch
1 Zwiebel
E 40 F 5 K 15 kJ 1130 kcal 270

Tip

Wenn Sie gerade Glasnudeln im Hause haben, sollten Sie ein paar kochen, in kurze Stücke schneiden und unter den Salat heben. Schmeckt köstlich!

Die Morcheln in lauwarmem Wasser einweichen und quellen lassen. Lauch gründlich waschen und in Ringe teilen. Die Sojabohnenkeime schnell abspülen, dabei eventuell welke Stücke aussortieren und die Keime dann gut abtropfen lassen. Die ebenfalls sorgfältig abgetupften Bambussprossen in sehr feine, etwa streichholzdicke Stifte schneiden. Das Grillhähnchen enthäuten, das Fleisch von den Knochen lösen und in Streifen teilen. Sojasauce mit Reiswein oder Sherry verrühren und mit Salz (vorsichtig, die Sojasauce ist schon gesalzen), Pfeffer, Zucker und Sambal Oelek kräftig würzen. Tropfenweise das Erdnußöl hineinschlagen und alle vorbereiteten Zutaten darin etwa 15 Minuten durchziehen lassen.
In der Zwischenzeit den Salat putzen, waschen und gut trockenschwenken. Schnittlauch in feine Röllchen und die geschälte Zwiebel in hauchdünne, fast durchsichtige Ringe schneiden. Den Geflügelsalat nochmals abschmecken, auf dem Salat anrichten und mit Schnittlauch bestreuen.

Leichter Hähnchensalat

1 Grillhähnchen
1 Salatgurke
200 g frische Champignons
1 Zitrone (Saft)
2 Bund Dill
1 Becher Magerjoghurt
1 Becher Sahnejoghurt
2–3 Knoblauchzehen
Salz, frisch gemahlener schwarzer Pfeffer
1–2 TL Weißweinessig
E 40 F 5 K 8 kJ 1025 kcal 245

Das Grillhähnchen von Haut und Knochen befreien und in gleichmäßige Streifen schneiden. Die Gurke waschen, abtrocknen und ein paar Scheiben zum Garnieren abschneiden und beiseite legen. Die restliche Gurke – wenn nötig – etwas entkernen, dann in feine Stifte teilen. Die Champignons putzen, waschen und blättrig schneiden. Sofort mit Zitronensaft beträufeln, damit sie sich nicht verfärben. Dill unter kaltem Wasser abspülen und trockenschwenken, ein paar Zweige zum Garnieren beiseite legen, den Rest fein schneiden und mit den übrigen vorbereiteten Zutaten mischen.
Für die Marinade Mager- und Sahnejoghurt verrühren. Die Knoblauchzehen schälen und durch die Presse hineindrücken. Alles mit Salz, reichlich Pfeffer und dem Essig fein säuerlich abschmecken und unter den Salat heben. Zugedeckt etwa 20 Minuten im Kühlschrank marinieren, dann kräftig abschmecken und anrichten. Mit den übrigen Gurkenscheiben und dem restlichen Dill garniert sofort servieren, denn dieser Salat sollte immer gut gekühlt gereicht werden.

Tip

Anstelle von Joghurt kann man die Marinade auch mit saurer Sahne und Crème fraîche zubereiten, dann wird sie allerdings etwas gehaltvoller. Als zusätzliche Variante können auch ein paar entsteinte, in Scheiben geschnittene schwarze Oliven untergemischt oder als Garnierung angelegt werden.

Bandnudelsalat mit Thunfisch

250 g Bandnudeln, Salz
2 Bund Basilikum
1 Bund Petersilie
3–4 Knoblauchzehen
15 paprikagefüllte Oliven
200 g Thunfisch in Öl
3 hartgekochte Eier
3 EL Sherry- oder Weinessig
Salz, frisch gemahlener schwarzer Pfeffer, 1 Prise Zucker
3 EL Olivenöl
20 g Pinienkerne
E 30 F 20 K 45 kJ 2070 kcal 495

In Salzwasser gekochte Nudeln abtropfen lassen. Die Kräuter hacken, die Knoblauchzehen und Oliven in Scheiben schneiden. Den Thunfisch abtropfen lassen, zerpflücken und die geschälten Eier würfeln. Alle Zutaten mischen. Essig mit Gewürzen verrühren, nach und nach das Olivenöl einschlagen, unter den Salat heben und zugedeckt 30 Minuten ziehen lassen. Mit gehackten Pinienkernen bestreuen.

Bunter Nudelsalat

250 g Muschelnudeln, Salz
je 150 g gekochte Erbsen und Möhren
1 große Zwiebel
1 Apfel
2 hartgekochte Eier
2 Gewürzgurken
2 Bockwürstchen
80 g Mayonnaise
2 EL Magerjoghurt
1–2 EL Tomatenketchup
frisch gemahlener schwarzer Pfeffer
Paprika edelsüß, Curry
1 Spritzer Tabascosauce
½ Bund Petersilie
E 20 F 35 K 50 kJ 2550 kcal 610

In Salzwasser gegarte Nudeln mit Erbsen und Möhren mischen. Zwiebel, Apfel und Eier schälen und zusammen mit Gurken und gehäuteten Würstchen würfeln. Alles mischen. Mayonnaise mit Joghurt und Gewürzen verrühren und die gehackte Petersilie beifügen. Diese Marinade unter den Salat mischen und 30 Minuten durchziehen lassen. Dann nochmal gut abschmecken und anrichten.

Nudelsalat mit Gemüse

Für 6 Personen
300 g Spaghetti
3 EL Knoblauchessig
1 EL Kräutersenf
1 Msp. Sardellenpaste
Salz, schwarzer Pfeffer
6–7 EL Öl
1 kleine Dose Mais, 2 Zwiebeln
1 rote Paprikaschote
2 Fleischtomaten
1 kleine Staude Bleichsellerie
1 Avocado, 1 Zitrone (Saft)
100 g frische Champignons
E 15 F 25 K 65 kJ 2720 kcal 560

Essig mit Senf, Gewürzen und Öl verrühren. Die in Salzwasser gegarten Nudeln und Mais hineingeben. Zwiebeln, Paprikaschote und gehäutete entkernte Tomaten würfeln, Bleichsellerie in feine Ringe schneiden. Avocado-Fruchtfleisch in Schnitze teilen. Sofort mit Zitronensaft bestreichen. Geputzte Champignons schneiden. Alles sehr locker mischen. Zugedeckt etwa 20 Minuten durchziehen lassen und sofort servieren.

Fischsalat mit Obst

600 g Fischfilet
Salz, 1 Zitrone (Saft)
1/8 l Wasser, 1/8 l Weißwein
frisch gemahlener weißer Pfeffer
1 Lorbeerblatt, 1 Zwiebel
1 Apfel, 1 Orange
1 Banane
2 Ananasscheiben aus der Dose
1/8 l Sahne, 1 Becher Joghurt (175 g)
1 EL Mangochutney
je 1 Prise Zucker, Curry und Zimt
Paprika edelsüß, Cayennepfeffer
1/2 Kopfsalat
30 g geröstete, gesalzene Erdnüsse
E 35 F 15 K 20 kJ 1525 kcal 365

Den Fisch wie im folgenden Rezept garen. Zwiebel, Apfel, Orange und Banane schälen und würfeln. Die abgetropften Ananas in Stücke schneiden und alles mit dem Fisch mischen. Sahne und Joghurt schaumig schlagen, mit gehacktem Mangochutney, Salz, Pfeffer und den übrigen Gewürzen abschmecken und unter den Salat ziehen. Auf den Salatblättern anrichten und mit Erdnüssen bestreuen.

Fischsalat mit Gemüse

600 g Fischfilet
Salz, 1 Zitrone (Saft)
1/8 l Wasser
1/8 l trockener Weißwein
frisch gemahlener weißer Pfeffer
1 Lorbeerblatt
1 Stückchen unbehandelte Zitronenschale
150 g tiefgekühlte Erbsen
100 g frische Champignons
2 hartgekochte Eier
1/4 Kopf Eisbergsalat
1 kleine Dose Spargelspitzen (400 g)
1/8 l saure Sahne
1 Becher Joghurt (175 g)
Cayennepfeffer
1 Spritzer Worcestersauce
1/2 Bund Dill
1 Handvoll Kerbelblätter
E 40 F 10 K 10 kJ 1255 kcal 300

Fischfilet (tiefgekühltes antauen lassen) rundherum salzen und mit etwas Zitronensaft beträufeln. Ein paar Minuten ziehen lassen. Wasser mit Wein, Salz, Pfeffer, dem Lorbeerblatt und der Zitronenschale aufkochen. Den Fisch hineingeben und je nach Dicke der Stücke 6 bis 8 Minuten leise sieden, anschließend im Sud erkalten lassen. Die Tiefkühlerbsen nach Packungsaufschrift garen, kurz unter kaltem Wasser abschrecken, abtropfen und erkalten lassen.
Die geputzten, blättrig geschnittenen Champignons mit dem restlichen Zitronensaft beträufeln, damit sie sich nicht verfärben. Die geschälten Eier achteln. Den geputzten, gewaschenen Eisbergsalat nudelig schneiden und mit der Hälfte eine Salatschüssel auslegen. Den abgetropften, in mundgerechte Stücke zerteilten Fisch mit den übrigen vorbereiteten Zutaten und den Spargelspitzen mischen und in die Schüssel geben. Saure Sahne mit Joghurt schaumig schlagen, mit Salz, Pfeffer, Cayennepfeffer und Worcestersauce abschmecken und mit den gehackten Kräutern mischen. Über den Salat gießen. Mit den übrigen Kräutern garniert anrichten.

Hinweis Als Garnierung kann man zusätzlich etwas Kaviar über den angerichteten Fischsalat streuen.

Zucchinisalat

750 g zarte, nicht zu dicke Zucchini
6 EL Olivenöl
1/2 Zitrone (Saft)
1/8 l trockener Weißwein
1/8 l Wasser
Salz, frisch gemahlener oder grob geschroteter schwarzer Pfeffer
1 Zwiebel
2–3 Knoblauchzehen
1 Msp. Senfpulver
1 Prise Zucker
2 große Fleischtomaten
60 g grob gehackte Walnüsse
2 Scheiben Toastbrot ohne Rinde
1 Bund Petersilie
E 5 F 22 K 20 kJ 1425 kcal 340

Zucchini waschen, von Blüten- und Stengelansätzen befreien und in dünne Scheiben schneiden. 1 EL Öl mit Zitronensaft, Wein, Wasser, Salz und Pfeffer in einem Topf aufkochen, die Zucchinischeiben hineingeben und 2 Minuten garen. Herausheben, abtropfen und erkalten lassen.
Den Kochsud derweil stark einkochen lassen, um das Aroma zu intensivieren. Danach 3 EL abnehmen (der Rest wird nicht weiter verwendet) und 2 EL Öl hineinschlagen. Mit der geschälten, in Ringe geschnittenen Zwiebel, einer zerdrückten Knoblauchzehe, Senfpulver, Zucker, Salz und Pfeffer abschmecken und die Zucchinischeiben hineingeben.
Die Tomaten mit kochendem Wasser überbrühen, häuten, entkernen und in kleine Stücke schneiden. Zusammen mit den Walnüssen unter die Zucchini mischen. Das restliche Olivenöl in einer Pfanne erhitzen und die sehr fein gewürfelten Brotscheiben darin goldgelb rösten. Während der letzten Sekunden die restlichen geschälten und fein gehackten Knoblauchzehen zufügen und ebenfalls gelb werden lassen. Die noch heiße Mischung über dem angerichteten Salat verteilen. Diesen mit gehackter Petersilie bestreuen und sofort servieren. Die Brotwürfelchen dürfen keinesfalls feucht werden oder sogar an den Rändern aufweichen.

Hinweis In feine Ringe geschnittene Oliven passen gut zu dem Salat.

Gemischter Gemüsesalat

1 kleiner Blumenkohl
1 Staude Broccoli
1 junger Kohlrabi, 2 Möhren
200 g frische Spargelspitzen
150 g gepalte frische oder tiefgekühlte Erbsen
125 g zarte grüne Bohnen
100 g frische Champignons
1 1/2 Zitronen (Saft)
Salz, frisch gemahlener weißer Pfeffer
100 g Crème fraîche
1 TL Senf
1–2 Knoblauchzehen
1 Zwiebel
1 Bund gemischte Kräuter
1 Handvoll Kerbel
E 10 F 5 K 20 kJ 710 kcal 170

Blumenkohl und Broccoli putzen, waschen und in kleine Röschen teilen. Kohlrabi schälen und ebenso wie die geschabten Möhren in feine Stifte schneiden. Spargelspitzen und Erbsen abspülen und die Spargelspitzen – wenn nötig – ein wenig schälen. Die Bohnen putzen, waschen und in etwa 4 cm lange Stücke brechen. Das Gemüse nun nacheinander in sprudelnd kochendem Wasser gar, aber in keinem Fall zu weich kochen.
Broccoli, Erbsen und die grünen Bohnen abgießen und in eiskaltem Wasser abschrecken, abtropfen und erkalten lassen.
Die Champignons putzen, waschen, abtropfen und feinblättrig schneiden. Sofort mit etwas Zitronensaft beträufeln, damit sie nicht braun werden. Mit dem abgekühlten Gemüse mischen. Den restlichen Zitronensaft mit Salz und Pfeffer verrühren, bis das Salz gelöst ist. Crème fraîche, Senf, die geschälten, zerdrückten Knoblauchzehen und die geschälte, geriebene oder sehr fein gewürfelte Zwiebel zusammen mit den gehackten gemischten Kräutern unterrühren und kräftig abschmecken. Unter den Gemüsesalat mischen und mindestens 15 Minuten durchziehen lassen. Abschmecken und mit den Kerbelblättchen bestreut servieren.
Dieser Salat schmeckt besonders gut mit gekochtem Schinken als Abendessen, er kann aber auch »solo« als Vorspeise gereicht werden.

Spinatsalat mit Krabben

200 g frischer Blattspinat
6 Artischockenherzen aus der Dose
3 hartgekochte Eier
80 g frische Champignons
1/2 Zitrone (Saft)
150 g frische oder tiefgekühlte Krabben
2 EL Estragon- oder Kräuteressig
Salz, schwarzer Pfeffer aus der Mühle
1 Prise Selleriesalz
1 kräftiger Spritzer Worcestersauce
4 EL Öl
je 1/2 Bund Dill und Schnittlauch
E 15 F 13 K 8 kJ 860 kcal 205

Den Spinat gründlich verlesen, in reichlich kaltem Wasser mehrfach waschen und sehr gut trockenschleudern. Die Artischockenherzen abtropfen lassen und der Länge nach vierteln. Die hartgekochten Eier schälen, in Achtel schneiden und die geputzten, abgespülten und trockengetupften Champignons je nach Größe längs vierteln oder blättrig schneiden. Die Pilze sofort mit Zitronensaft mischen, sonst werden sie braun. Alle vorbereiteten Zutaten mit den Krabben (tiefgekühlte vorher auftauen lassen) mischen.
Essig mit Salz, Pfeffer und Selleriesalz verrühren und mit Worcestersauce kräftig würzen. Das Öl unter ständigem Schlagen einfließen lassen und diese Marinade über den Salat gießen. Nur einmal kurz durchmischen. Mit gehackten Dillspitzen und Schnittlauchröllchen bestreut sofort servieren, damit der Spinat nicht zusammenfallen kann.
Spinatsalat mit Krabben schmeckt als Vorspeise ganz besonders gut, er kann aber auch als kleines Zwischengericht oder als nicht alltägliche Beilage gereicht werden.

Tip

Lassen Sie die Krabben mal mit etwas Worcestersauce und Zitronensaft oder Weißwein beträufelt ziehen, bzw. auftauen, bevor Sie sie unter den Salat heben. Schmeckt prima!

Früchte-Pfeffer-Salat

250 g vollreife Erdbeeren
2 Pfirsiche (oder Nektarinen)
1 EL grüner Pfeffer
1 kleiner Zweig frischer Estragon
1 Zitrone (Saft)
2 EL schottischer Whisky
1 EL Orangenlikör
»Herz« eines Eisbergsalat
1/8 l Sahne
1 kräftige Prise Cayennepfeffer
E 1 F 10 K 10 kJ 585 kcal 140

Die Erdbeeren abspülen. Pfirsiche häuten und halbieren. Die Steine herausnehmen, Fruchtfleisch in feine Schnitze teilen. Zusammen mit dem grünen Pfeffer und den abgepflückten, nur leicht zerkleinerten Estragonblättchen mischen.
Zitronensaft mit Whisky und Orangenlikör verrühren. Die Früchte damit begießen und zugedeckt etwa 30 Minuten im Kühlschrank durchziehen lassen. Mit dem Eisbergsalat anrichten. Steif geschlagene Sahne mit dem Cayennepfeffer pikant abschmecken und dick auf die Früchte tupfen.

Bunter Obstsalat

500 g gemischte frische Früchte, wie z. B. Äpfel, Birnen, Pfirsiche, Kirschen, Trauben, Melonen oder beliebige Beeren
1 bis 2 Zitronen (Saft)
80 bis 100 g Zucker
2 Glas (je 2 cl) Rum, Cognac oder Obstbrand
E 1 F 1 K 40 kJ 730 kcal 175

Die Früchte putzen, waschen und – je nach Sorte – entsteinen, entstielen und, wenn nötig, entkernen. Danach in mundgerechte Stücke, Würfel, Schnitze oder Kugeln (beispielsweise bei Melonen) teilen und alle Früchte, die sich leicht verfärben, sofort mit Zitronensaft beträufeln. Mit Zucker bestreuen und mit dem Alkohol übergießen. Zugedeckt etwa 20 Minuten im Kühlschrank durchziehen lassen, dann erst anrichten.

Hinweis Zum Garnieren entweder frische Sahne mit Vanillezucker steif schlagen und als dicken Tupfen aufsetzen oder Vanilleeis dazu reichen.

Exotensalat

1 kleine Ananas, 1 Mango
2 Kiwis, 1 Banane
6 frische oder eingelegte Kumquats
1 Zitrone (Saft)
1/8 l heller, trockener Portwein
1–2 EL Zucker, 1 Vanilleschote
1 Prise gemahlener Ingwer
E 1 F – K 28 kJ 500 kcal 120

Die geschälte Ananas der Länge nach achteln, den harten Innenkern herausschneiden und das Fruchtfleisch in Würfel schneiden. Die Mango und Kiwis schälen. Das Mangofruchtfleisch in Vierteln vom Stein lösen und wie die Kiwis und die geschälte Banane in Scheiben schneiden. Die entweder gründlich gewaschenen oder abgetropften Kumquats längs halbieren. Alle Früchte mischen und sofort mit Zitronensaft beträufeln.
Für die Marinade den Portwein mit Zucker, dem ausgeschabten Vanillemark und Ingwer verrühren. Über die Früchte gießen und 15 Minuten im Kühlschrank durchziehen lassen. In den Ananashälften servieren.

Mittelmeer-Käsesalat

½ Salatgurke
je 1 rote und grüne Paprikaschote
1 Zwiebel
2 Fleischtomaten
je 50 g gefüllte grüne und entsteinte schwarze Oliven
200 g Gorgonzola
1 Bund Basilikum
1 EL Weinessig
Salz, schwarzer Pfeffer aus der Mühle
1–2 Knoblauchzehen
4–5 EL kaltgepreßtes Olivenöl
E 15 F 30 K 5 kJ 1505 kcal 360

Die Gurke ungeschält in dünne Scheiben, Paprikaschoten und die Zwiebel in hauchdünne Ringe schneiden. Tomaten häuten, in Schnitze teilen und entkernen. Die abgetropften Oliven halbieren. Alle Zutaten mit dem zerbröckelten oder klein gewürfelten Gorgonzola und den Basilikumblättern locker mischen. Essig mit Salz, reichlich schwarzem Pfeffer, den zerdrückten Knoblauchzehen und dem Öl mischen. Über den Salat gießen und sofort servieren.

Hinweis Diesen Salat kann man zusätzlich mit ein paar zerpflückten Blättern von Romana- oder Kopfsalat, mit hartgekochten Eierachteln oder etwas Thunfisch (in Öl) mischen. Und anstelle des Gorgonzolas schmeckt er auch sehr gut mit Schafskäse. In diesem Fall kann das Basilikum durch Dill ersetzt werden.

Nordischer Käsesalat

250 g am Vortag gekochte Salatkartoffeln
250 g mittelalter Gouda
2 rote Zwiebeln
150 g Pökelzunge
2 Gewürzgurken
1 säuerlicher Apfel
1 Becher saure Sahne (200 g)
Salz, schwarzer Pfeffer aus der Mühle
1 Spritzer Worcestersauce
1–2 TL Senf
1 Sardellenfilet
1 EL Kräuteressig
1 Bund Schnittlauch
½ Kopf Salat
E 20 F 25 K 20 kJ 1675 kcal 400

Alle Zutaten in sehr feine, etwa streichholzdicke Stifte schneiden. Zwiebel und den Apfel zuvor schälen und die Gurken abtropfen lassen. Die saure Sahne mit Salz, Pfeffer, Worcestersauce, Senf, dem abgespülten, fein gehackten Sardellenfilet, Essig und dem feingeschnittenen Schnittlauch verrühren. Diese Marinade lokker unterziehen. Den Salat zugedeckt etwa 1 Stunde im Kühlschrank durchziehen lassen, dann abschmecken.

Tip

Wer Sellerie und Käse liebt, sollte einmal den Käse-Waldorfsalat machen: Etwa 300 g jungen Sellerie und 2–3 säuerliche Äpfel schälen und sehr fein raffeln. 150 g Emmentaler, Gouda oder Edamer in winzige Stifte schneiden und alles mit ca. 100 g grob gehackten Walnüssen in einer Marinade aus je 4 EL Mayonnaise und Magerjoghurt, dem Saft ½ bis 1 Zitrone, Salz, Pfeffer und einer Prise Zucker gut durchziehen lassen.

Raffinierte Köstlichkeiten, die nicht viel Zeit kosten •

Eierspeisen

Ungebratene Spiegeleier

gut 1/8 l Hühnerbrühe
1/16 l Madeira
einige Tropfen Worcestersauce
4 sehr frische Eier, Salz
frisch gemahlener weißer Pfeffer
Paprika edelsüß
1 EL gehackte glatte Petersilie
E 6 F 6 K 2 kJ 375 kcal 90

Hühnerbrühe und Madeira in einer großen, beschichteten Pfanne zum Kochen bringen und mit Worcestersauce abschmecken. Die Eier wie Spiegeleier in die Pfanne schlagen und in 4 bis 5 Minuten stocken lassen. Mit wenig Salz (Hühnerbrühe und Worcestersauce sind salzhaltig), etwas weißem Pfeffer und einem Hauch Paprika edelsüß würzen und das Eiweiß während des Garens hin und wieder mit etwas Flüssigkeit begießen. Die Eier auf vorgewärmten Tellern anrichten, mit der stark eingekochten Flüssigkeit umgießen und mit der abgespülten, trockengeschwenkten und sehr fein gehackten Petersilie bestreuen.
Als Beilagen kann man frisches Bauernbrot oder warmen Toast und Butter reichen. Dazu eine Salatplatte oder junges Gemüse, wie gedünsteten Lauch, gedünsteten Fenchel, Prinzeßbohnen oder Zuckererbsen.

Hinweis Wenn's gerade frische Brunnenkresse gibt, richten Sie die Eier damit, statt mit Petersilie, an.

Tip

Achten Sie beim Garen dieser Spiegeleier immer darauf, daß die Flüssigkeit nicht zu stark kocht, denn sie verdunstet sehr schnell. Die Eier könnten dann möglicherweise sogar leicht ansetzen und an der Unterseite hart werden. Um diesem vorzubeugen, kann man einmal eine beschichtete Pfanne wählen und zum anderen einen Stich Butter in der heißen Flüssigkeit auflösen. Diese Fettzugabe erhöht allerdings die Kalorienmenge geringfügig, gibt aber außerdem ein zartes Aroma.

Variation
Anstelle von Madeira kann man diese Eier auch sehr gut in einer Mischung aus Brühe und trockenem Sherry (Fino) oder weißem Portwein zubereiten. Und sollten Sie einmal zufällig etwas Kalbfleischbrühe zur Hand haben, nehmen Sie diese mal statt der Hühnerbrühe. Dieser feine Geschmack paßt vorzüglich dazu.

Pikante Schnee-Eier

4 Scheiben Roggenbrot
40 g Remouladensauce
(Fertigprodukt)
8 Salatblätter
12 dünne Scheiben Roastbeef
4 TL Röstzwiebeln
4 Eier, Salz
40 g Butter
E 25 F 25 K 20 kJ 1735 kcal 415

Die Brotscheiben mit etwas Remoulade bestreichen und mit je zwei gewaschenen, trockengeschwenkten Salatblättern belegen. Darauf je drei von ihrem Fettrand befreite Roastbeefscheiben legen und diese mit der restlichen Remoulade bestreichen. Mit den Röstzwiebeln bestreuen und auf vier Tellern anrichten.
Die Eier sorgfältig trennen, die Eigelb dürfen nicht zerlaufen. Das Eiweiß mit etwas Salz zu sehr steifem Schnee schlagen. Die Butter in einer großen, beschichteten Pfanne zerlaufen lassen. Mit zwei Suppenlöffeln aus dem Eischnee vier Nester formen und in der Butter bei ganz schwacher Hitze so lange braten, bis die Unterseite gestockt ist. Die Nester vorsichtig mit zwei Bratenwendern auf die Brote setzen und jeweils in die Mitte ein Eigelb geben.
Dazu einen frischen Salat servieren.

Variationen
Bestreuen Sie die mit Butter bestrichenen Brotscheiben dick mit fein geschnittenem Schnittlauch und geben Sie die Schnee-Eier darauf.

Heben Sie mageren, in winzige Würfelchen geschnittenen Schinken unter die Eisschnee-Masse, die Sie zusätzlich mit gehackten Kräutern würzen.

Spiegeleier auf Parmaart

30 g Butter, 4 Eier
Salz, 10 cl Crème fraîche
20 g geriebener Parmesankäse
E 10 F 22 K 1 kJ 1045 kcal 250

Die Butter in einer großen, beschichteten Pfanne nicht zu stark erhitzen. Die Eier hineinschlagen und solange braten, bis das Eiweiß gerade eben fest ist. Dann schwach salzen. Die Crème fraîche über die Eier gießen und mit geriebenem Parmesan bestreuen. Einen Deckel auf die Pfanne legen und die Eier solange weiterbraten, bis sich der Käse in der Sahne aufgelöst hat. Das dauert etwa 5 Minuten (je nach Temperatur). Die Eier auf vier vorgewärmten Tellern anrichten und sofort servieren.
Dazu schmecken kroß gebratene Schinkenspeckscheiben, in Butter gedünstete Prinzeßbohnen und Stangenweißbrot ganz besonders gut.

Tip

Beim Würzen der Spiegeleier sollte man stets daran denken, daß nur das Eiweiß bestreut wird, denn Salz (und andere Gewürze) würden auf dem Eigelb weiße Flecken hinterlassen, die nicht sehr appetitlich aussehen.

Variationen
Spiegeleier lassen sich auf mannigfache Weise servieren. Übergießen Sie doch die »natur« gebratenen Eier einmal mit brauner Butter, unter die Sie ein paar Tropfen Essig gemischt haben.

Köstlich sind sie auch auf Florentiner Art: Dazu richtet man sie auf in Butter sautiertem Blattspinat an, übergießt sie mit Sauce Mornay (Rezept Seite 166) und bestreut sie mit geriebenem Käse, den man zusätzlich kurz überbacken kann.

Die berühmten Eier Meyerbeer macht man so: Hauchdünne Lammnieren-Scheiben sekundenlang braten, pfeffern und auf dem stockenden Eiweiß garen.

Eier-Kräuter-Frikassee

8 Eier
200 g Sauerampfer
100 g glatte Petersilie
100 g frischer Dill
4 Schalotten oder kleine Zwiebeln
40 g Butter
20 g Mehl
¼ l heiße Fleischbrühe
1 Becher Crème fraîche (20 cl)
Salz
schwarzer Pfeffer aus der Mühle
1 EL Schnittlauchröllchen
E 20 F 40 K 10 kJ 2070 kcal 495

Die Eier 8–10 Minuten kochen, abschrecken und schälen. Den verlesenen Sauerampfer und die Petersilie getrennt voneinander hacken. Den Dill klein schneiden. Die fein gehackten Schalotten oder Zwiebeln in der nicht zu heißen Butter goldgelb andünsten, dann jeweils die Hälfte der vorbereiteten Kräuter dazugeben und noch etwa 3 Minuten dünsten. Mit Mehl bestäuben und dieses unterrühren. Fleischbrühe und Crème fraîche angießen und alles unter ständigem Rühren 5 Minuten durchkochen lassen. Eventuell noch etwas Fleischbrühe nachgießen. Mit Salz und Pfeffer abschmecken. Die restlichen Kräuter und den Schnittlauch in die Sauce rühren, diese nicht mehr kochen lassen. In die Servierschüssel füllen und die noch warmen, quer halbierten Eier mit dem Eigelb nach oben ringförmig darin anrichten.
Dazu schmecken neue Kartoffeln und ein grüner Salat in Zitronenmarinade oder feine grüne Erbsen besonders gut.

Wachsweiche Eier

Darunter versteht man Eier, die – je nach Größe – 5 bis 6 Minuten gekocht werden, so daß das Eigelb noch fast flüssig, das Eiweiß aber schon ganz fest ist. Wachsweiche Eier können sowohl als Vorspeise, wie als Zwischen- oder Hauptgericht gereicht werden, jedoch niemals mehr als zwei pro Person. Die Eier werden entweder garniert oder weiter zubereitet.

Variationen

Wachsweiche Eier gefüllt: Dazu von unten her eine kleine Öffnung in das geschälte Ei schneiden und vorsichtig das Eigelb auslösen. Statt dessen eine Mischung aus Butter und Leberpastete einfüllen. Die Eier mit einer dicken Panade umhüllen und in der Friteuse goldbraun ausbacken. Dazu eine Remouladensauce (siehe Seite 154) reichen, die mit dem herausgelösten Eigelb vermischt werden sollte.

Tomateneier: Die geschälten Eier in ausgehöhlte Tomaten setzen. 4 gekochte Hühnerbrustfilets im Mixer pürieren, mit etwas Brühe und Weißwein zu einer dicken Sauce aufkochen, mit Salz und Pfeffer würzen und mit ⅛ l geschlagener Sahne mischen. Die Eier mit der Sauce umgossen servieren.

Meerrettich-Eier: Weißbrotscheiben ohne Rinde in Butter knusprig braten, die Eier darauf anrichten und mit Meerrettichsauce (Rezept Seite 169) überziehen.

Rührei auf klassische Art

8 Eier
Salz, weißer Pfeffer aus der Mühle
4 EL Sahne
50 g Butter
E 15 F 25 K 1 kJ 1255 kcal 300

Die Eier mit Salz, Pfeffer und Sahne so lange verrühren, bis sich Eiweiß und Eigelb zu einer fast cremigen Masse verbunden haben. Etwa 30 g Butter in einer großen Pfanne nur schmelzen, nicht zu stark erhitzen. Die Eier hineingeben und bei milder Hitze stocken lassen, dabei ständig von der Mitte her mit einem Holzspatel oder einer Gabel umrühren. Die Eier sollen nicht fester als eine dicke Creme werden, sonst werden sie trokken. Die Pfanne vom Herd nehmen und die restliche, in kleine Stücke geschnittene Butter hineinrühren. Dann rasch servieren.

Hinweis Wer die Rühreier noch kalorienärmer machen möchte, verrührt sie mit Milch statt Sahne oder nimmt zur Hälfte Mineralwasser.

Variationen

Rührei mit Speck: 100 g mild geräucherter, durchwachsener Speck in der Pfanne auslassen, je nach Fettmenge noch etwas Butter dazugeben und die vorbereiteten Eier in die Pfanne gießen und weiter wie oben zubereiten.

Rühreier Antoine: werden aus Rührei mit Speck, wenn man zusätzlich noch einige gehackte Kräuter und Kapern an die Eimasse gibt und diese zum Schluß mit gebräunter Butter übergießt.

Rühreier auf Burgunder Art: vermischt man mit grob gehackten, gedünsteten Schnecken, gebratenen Speckwürfeln, zerdrücktem Knoblauch sowie reichlich frischer, gehackter Petersilie und ein paar gehackten Haselnüssen – eine sehr edle Art, Rühreier auf den Tisch zu bringen!

Rühreier mit Kräutern: sind stets beliebt und ausgesprochen einfach zuzubereiten. Dazu eignen sich alle frischen, gehackten Kräuter.

Rühreier auf Hausfrauenart

150 g tiefgekühlte Erbsen, Salz
150 g junge Möhren
150 g Perlzwiebeln oder Schalotten
150 g Prinzeßböhnchen aus der Dose
80 g Butter, 8 Eier
weißer Pfeffer aus der Mühle
4 EL Sahne
E 20 F 30 K 15 kJ 1760 kcal 420

Die Erbsen nach Packungsaufschrift in ganz wenig Salzwasser garen, die geschälten, in Scheiben geschnittenen Möhren 10 Minuten in kochendem Salzwasser blanchieren, die geschälten Zwiebeln in 20 g Butter hellbraun braten. Die Böhnchen in ihrem Wasser erhitzen. Erbsen, Möhren und Böhnchen getrennt abtropfen lassen und jeweils mit 10 g Butter mischen. Rührei nach Grundrezept zubereiten, bergartig auf einer Platte anrichten und mit dem Gemüse umlegen.

Hinweis Zusätzlich können noch geröstete Weißbrotwürfel in die Eimasse gegeben werden.

Pochierte Eier

Grundrezept

2 l Wasser
2 TL Salz
4 EL Essig
4 große Eier
E 7 F 6 K – kJ 350 kcal 85

Das Wasser mit Salz und Essig sprudelnd aufkochen lassen. Die Eier einzeln in eine Kelle schlagen und vorsichtig, aber rasch in das Wasser gleiten und nur noch sieden, niemals sprudelnd kochen lassen. Nach 3 bis 5 Minuten mit einem Schaumlöffel herausnehmen, kurz unter kaltem Wasser abschrecken und die Ränder mit der Küchenschere rund schneiden. Dann nach Belieben servieren.

Pochierte Eier auf Gemüsepüree

400 g geputzt gewogenes Gemüse, wie Wirsingkohl, Möhren oder Broccoli
1/8 l Fleischbrühe
2 EL Quark
1 EL Butter
2 EL saure Sahne
Salz, weißer Pfeffer
geriebene Muskatnuß
1 EL gehackte Petersilie
1 EL gehackter Dill
4 pochierte Eier
E 12 F 8 K 6 kJ 630 kcal 150

Das Gemüse in der Fleischbrühe zugedeckt nicht ganz weich kochen (Wirsing und Broccoli 10 Minuten, Möhren 20 Minuten). Dann durch die feine Scheibe des Fleischwolfs drehen oder in einem Zerhacker pürieren (man kann das Gemüse auch im Mixer pürieren, dann wird es aber wesentlich musiger). Quark, Butter und saure Sahne mit dem Schneebesen unter das Püree rühren, dieses dabei ganz langsam erwärmen. Mit Salz, Pfeffer und Muskatnuß abschmecken. Wirsing- oder Broccoli-Püree mit Petersilie, Möhrenpüree mit Dill vermischen. Das Püree auf vier Teller verteilen, in die Mitte eine Vertiefung drücken und die pochierten Eier hineingeben. Sofort zu Tisch bringen.

Pochierte Eier »Olivet«

1/2 Rezept Béchamelsauce (siehe Seite 166) jedoch die Milch zur Hälfte durch Sahne ersetzen
500 g Sauerampfer
4 Schalotten
1 Knoblauchzehe
20 g Butter
1/8 l Sahne
Salz, weißer Pfeffer
E 15 F 20 K 10 kJ 1215 kcal 290

Die Béchamelsauce nach Vorschrift zubereiten und warm halten. Den Sauerampfer gründlich waschen, verlesen und abtropfen lassen. Die geschälten Schalotten und die geschälte Knoblauchzehe ganz fein hacken und in der Butter glasig dünsten. Den Sauerampfer dazugeben und im eigenen Saft bei milder Hitze 5 Minuten dünsten. Dann etwas abkühlen lassen und mit dem Wiegemesser wie Spinat zerschneiden. (Man kann ihn auch im Mixer pürieren, dann wird die Masse aber wesentlich feiner). Die Sahne steif schlagen und unter den Sauerampfer ziehen. Mit Salz und Pfeffer abschmecken und das Püree noch einmal erwärmen, aber nicht zu stark erhitzen, damit die Sahne nicht zuviel ihrer Festigkeit verliert.
Das Püree auf vier Teller anrichten, jeweils mit einem Ei belegen und mit der Béchamelsauce umgießen.

Hinweis Statt mit Sauerampfer kann dieses Rezept auch mit Spinat bereitet werden.

Variationen

Pochierte Eier Dubarry: Pikante Torteletts mit Blumenkohlpüree füllen, die verlorenen Eier daraufsetzen und mit Sauce Mornay überziehen (Rezept Seite 166). Anschließend mit geriebenem Käse bestreuen, mit Butter beträufeln und kurz überbacken.

Pochierte Eier mexikanisch: Tomaten, Paprikaschoten und Champignons sehr fein würfeln und in Öl glasig braten, mit Tomatensauce mischen, gar dünsten und die verlorenen Eier darauf anrichten. Diese Gemüsemischung soll kräftig gewürzt sein.

Pochierte Eier »Beaugency«

1/2 Rezept Béarner Sauce (siehe Seite 184)
4 große Artischockenböden aus der Dose
40 g frisches Rindermark
4 pochierte Eier
1 EL gehackte Petersilie
E 10 F 20 K 10 kJ 1130 kcal 270

Die Béarner Sauce zubereiten. Die Artischockenböden in etwas Dosenwasser erhitzen, aber nicht aufkochen lassen. Das Mark vorsichtig von allen Knochensplittern befreien und das dünne Häutchen abziehen. Das Mark in vier gleichgroße Scheiben schneiden und 2 bis 3 Minuten in kochendem Salzwasser blanchieren. Mit einem Schaumlöffel herausnehmen und gründlich abtropfen lassen. Die Artischockenböden ebenfalls gut abtropfen lassen und auf vier vorgewärmten Tellern anrichten. Mit Béarner Sauce füllen und die Eier darüber legen. Jedes Ei mit einer Rindermarkscheibe garnieren und diese mit Petersilie bestreuen.
Dazu frisches Stangenweißbrot reichen.

Hinweis Pochierte Eier, man sagt auch »Verlorene Eier«, schmecken auch in einer Sauce angerichtet sehr gut. Hier eignen sich besonders die Senf- oder Meerrettichsaucen von Seite 169 oder die Pilzsauce, wie auch die unechte Béchamelsauce von Seite 166. Und wer Tomatensaucen mag, sollte einmal die Tomaten-Basilikum-Sauce zu Spaghetti von Seite 218 probieren. In diesem Fall darf sie aber etwas flüssiger sein. Vermischen Sie sie darum mit etwas Rotwein und/oder Sahne, bzw. Crème fraîche.

Tip

Wer pochierte Eier zubereiten will, muß in jedem Fall sehr frische Eier verwenden, nur sie halten beim Eintauchen in den Kochsud die Form. Ältere laufen leicht auseinander.

Omelett natur

Für 1 Person
2 große oder 3 kleine Eier
1 Prise Salz
1 Prise weißer Pfeffer
2 TL kaltes Wasser
10 g Butter
E 3 F 5 K – kJ 250 kcal 60

Eier mit Salz, Pfeffer und Wasser mit einer Gabel kurz verquirlen, so daß Eiweiß und Eigelb gerade miteinander verbunden sind. Ein Omelett darf niemals so lange geschlagen werden wie ein Rührei. Sonst wird die Eimasse zu flüssig und saugt beim Braten zuviel Fett auf.
Die Butter erhitzen, bis sie zu schäumen beginnt. Die Eimasse hineingießen und etwa 3 Minuten stocken lassen. Dabei die Pfanne hin und wieder schräg halten, so daß schon gestocktes Ei in die Mitte gleitet und noch flüssiges Ei den Pfannenboden berührt. Mit einer Gabel oder einem Pfannenmesser die gestockte Masse vorsichtig nach unten schieben. Das Omelett ist fertig, wenn die Unterseite schon fest, die Oberseite aber noch weich ist. Die Pfanne anheben und kräftig gegen den Stiel klopfen, so löst sich das Omelett am besten. Das Omelett vorsichtig zur Hälfte auf einen vorgewärmten Teller gleiten lassen, dann die zweite Hälfte darüber klappen und das Omelett mit einer Serviette in eine brotlaibähnliche Form drücken.
Dazu reicht man Kopfsalat oder feines Gemüse wie junge Erbsen oder Spargel und neue Kartoffeln oder auch nur Weißbrot.

Hinweis Soll das Omelett gefüllt werden, muß diese Füllung unbedingt vor der Zubereitung des Omeletts heiß sein. Das Omelett wird wie oben beschrieben zur Hälfte auf den Teller geschoben, dann mit der Füllung belegt und mit der zweiten Omeletthälfte bedeckt. Füllungsmöglichkeiten sind: Ragout fin, Hühner- oder Kalbsfrikassee, gedünstete Pilze, Gemüse oder Krabben, Fischragout oder Kräuter, wobei letztere teilweise auch mit der Eimasse in die Pfanne gegeben werden können.

Omelett mit feinen Kräutern

Für 1 Person
2 große oder 3 kleine Eier
1 Prise Salz, 1 TL Sahne
je 1 TL frisch gehackte Petersilie, Kerbel und Schnittlauch
10 g Butter
E 3 F 5 K 1 kJ 260 kcal 63

Die Eier wie oben beschrieben mit Salz, Sahne und Kräutern locker mischen, dann ebenso backen wie das Omelett nature.

Tip

Die Eimasse über gedünstete Champignons oder Zwiebeln, über ausgebratenen Speck oder Schinken gießen oder geriebenen Käse (Emmentaler oder Gruyère) oder auch etwas steif geschlagene Sahne unter die Eier heben und wie gewohnt stocken lassen. Zwar reichhaltiger, aber sehr wohlschmeckend.

Gefüllte Eier

Gefüllte Eier können sowohl als Vorspeise, als auch als Imbiß oder Teil eines kalten Buffets serviert werden. Die Menge der hier angegebenen Füllungen reicht jeweils für 8 Eier. Die Nährwerte sind pro Ei berechnet.

Columbus-Ei
1 gekochtes Hühnerbrustfilet
2 Sardellenfilets, 2 EL Kapern
1 kleine Zwiebel
8 Eier
1 EL fein geschnittener Dill
40 g Mayonnaise
1 TL scharfer Senf
Dillzweige zum Garnieren
E 13 F 10 K 1 kJ 630 kcal 150

Hühnerfleisch, gewässerte, abgetropfte Sardellenfilets und Kapern ganz fein hacken. Die Zwiebel reiben. Die Eier längs halbieren, das Eigelb herauslösen und durch ein Sieb streichen. Mit den vorbereiteten Zutaten und dem Dill mischen. In die Eiweißhälften füllen. Mayonnaise und Senf mischen, die Eier damit garnieren.

Russische Eier
8 Eier, 20 g Butter
Zitronensaft, 50 g Kaviar
E 8 F 8 K – kJ 440 kcal 105

Die Eier längs halbieren, das Eigelb auslösen, durch ein Sieb streichen und mit der schaumig gerührten Butter und Zitronensaft mischen. In die Eihälften füllen und mit Kaviar bedecken. Auf Remouladensauce (Rezept siehe Seite 172) anrichten.

Eier Hortense
8 hartgekochte Eier
80 g Gänseleberpastete aus der Dose
Salz, weißer Pfeffer aus der Mühle
40 g geriebener Parmesankäse
40 g Butter
E 10 F 15 K 1 kJ 775 kcal 185

Die Eier längs halbieren. Eigelb mit Gänseleberpastete, Salz und Pfeffer mischen. In die Eiweißhälften füllen, mit Käse bestreuen und mit geschmolzener Butter beträufeln. Im auf 220 Grad (Gasherd Stufe 4) vorgeheizten Ofen 4 Minuten überbacken.

Krabben-Eier
8 hartgekochte Eier
150 g frische Nordseekrabben (gepult)
40 g Butter
Salz, weißer Pfeffer aus der Mühle
1/16 l steif geschlagene Sahne
Petersilie
E 10 F 15 K 1 kJ 775 kcal 185

Die Krabben bis auf 16 Stück ganz fein hacken. Die Eier längs halbieren, das ausgelöste Eigelb durchpassieren mit schaumig gerührter Butter und gehackten Krabben, Salz und Pfeffer mischen. In die Eiweißhälften streichen. Die Sahne durch den Spritzbeutel als kleine Tupfen auf die Eier setzen. Mit je 2 Krabben und Petersilienzweigen garnieren.

Tip

Sollen kalte gefüllte Eier längere Zeit vor dem Servieren zubereitet werden, kann man sie mit einem Weingelee überziehen. Das Rezept dazu finden Sie auf Seite 12 bei den Medaillons.

Eierkuchen mit pikanten Füllungen

Eierkuchen zu backen, ist tatsächlich kinderleicht, denn man braucht nur Mehl mit Eiern, Flüssigkeit und Gewürzen zu verrühren und sie danach in der Pfanne zu backen. Rezepte dafür gibt es viele. Nachfolgend finden Sie eins, das Sie als Grundrezept für viele weitere verwenden können. Es ist sehr einfach und kann durch die Zugabe von Milch oder Sahne statt Wasser verbessert werden. Und wer ganz besonders saftige, feine Eierkuchen möchte, rührt zum Schluß bis zu 40 g flüssige, nicht mehr heiße Butter unter den Teig.

Für die Eierkuchen
150 g Mehl, 3 Eigelb
1 kräftige Prise Salz
1/4 l Wasser
nach Wunsch abgeriebene Schale von einer viertel unbehandelten Zitrone
3 Eiweiß
Butter zum Backen
E 10 F 5 K 25 kJ 795 kcal 190

Mehl in eine Schüssel geben, in die Mitte eine Mulde drücken und die Eigelb mit dem Salz hineingeben. Nach und nach das Wasser zufügen und dabei ständig von der Mitte aus rühren. Nach Wunsch mit der Zitronenschale würzen und diesen Teig nun für etwa 15 Minuten zum Quellen ruhen lassen. In der Zwischenzeit die Eiweiß schnittfest schlagen und locker unterheben. Nacheinander aus dem Teig 8 kleine oder vier große Eierkuchen backen. Dazu die entsprechende Buttermenge in der Pfanne zerlaufen, aber nicht zu heiß werden lassen. Den Teig hineinfüllen und die Unterseite so lange backen, bis der Teig oben gerade fest zu werden beginnt. Den Eierkuchen auf einen Topfdeckel oder einen flachen Teller gleiten lassen und umgewendet wieder in die Pfanne geben. So lange backen, bis die Unterseite goldbraun ist. Die fertigen Eierkuchen aus der Pfanne nehmen und warm stellen, bis alle fertig zubereitet sind. Dann mit der vorher zubereiteten Füllung belegen und schnell servieren.

Gemüsefüllung

1 mittelgroße Aubergine, Salz
1 große Zwiebel, 1 Zucchini
2 Fleischtomaten
1 Knoblauchzehe
2 EL Olivenöl, 1 EL Butter
5 EL Rotwein
schwarzer Pfeffer aus der Mühle
1/2 TL Kräuter der Provence
1 TL grüner Pfeffer
1/2 Bund Basilikum
E 2 F 2 K 10 kJ 290 kcal 70

Die Auberginen waschen und in schmale Streifen schneiden. Mit Salz bestreut ziehen lassen. Die Zwiebel schälen und in Ringe schneiden. Die abgespülte Zucchini ungeschält ebenfalls in Stifte teilen. Die Tomaten häuten, entkernen und in Streifen schneiden. Knoblauch schälen und sehr fein hacken oder zerdrücken. Das Öl in einer großen Pfanne erhitzen und die Butter darin schmelzen. Nacheinander die Zwiebeln, die Zucchini, die trockengetupften Auberginen und die Tomaten darin anschmoren. Alles Gemüse in der Pfanne mischen, den Wein angießen, mit Salz, Pfeffer, den getrockneten Kräutern und dem grünen Pfeffer würzen. Ein paar Minuten leise köcheln lassen. Jeweils auf eine Eierkuchenhälfte verteilen, die zweite darüber klappen und Basilikumblättchen anlegen.

Variation
Besonders schnelle Füllungen bekommen Sie, wenn Sie eine kleine Zwiebel in Butter glasig braten, den Saft einer Zitrone mit etwas Weißwein und Sahne angießen und in kleine Stücke geschnittenen Räucherfisch, wie zum Beispiel Schillerlokken, Bücklinge, Makrelen oder Heilbutt darin erwärmen. Mit Salz, Pfeffer und Cayennepfeffer würzen und mit reichlich frischen Kräutern mischen. Oder erhitzen Sie eine kleine Dose gemischte Früchte mit einem in Stücke geteilten Grillhähnchen (ohne Haut und Knochen) in etwas Butter, würzen Sie es mit Tabascosauce, Senfpulver, Curry und ein wenig Zitronensaft und geben Sie reichlich gehackte Petersilie, Dill und Zitronenmelisse darunter.

Filet-Nieren-Füllung

2 Kalbsnieren von je ca. 200 g
250 g Rinderfilet
80 g frische Champignons
1/4 Zitrone (Saft)
30 g Butter, 2 EL Öl
1 Zwiebel
1 Knoblauchzehe
1/8 l Sahne
Salz, schwarzer Pfeffer aus der Mühle
1 Spritzer Worcestersauce
1 Bund Petersilie
E 58 F 30 K 2 kJ 2195 kcal 525

Die Nieren der Länge nach aufschneiden, von Fett, Röhren und eventuellen Sehnen befreien und für etwa 30 Minuten in kaltes Wasser legen. Das Wasser zwei- bis dreimal erneuern. Die Nieren gründlich abtrocknen und ebenso wie das gehäutete Filet in sehr feine Streifchen (Blättchen) schneiden. Die Butter in einer Pfanne erhitzen und die Nierenscheiben portionsweise darin etwa 1 Minute lang braten, dann sofort herausnehmen und in einem Sieb abtropfen lassen. Den heruntertropfenden Saft dabei auffangen. Das Öl in der Pfanne erhitzen, das Fleisch ebenfalls portionsweise darin 1 bis 2 Minuten braten und auch herausnehmen. Die geputzen, blättrig geschnittenen und mit Zitronensaft beträufelten Pilze zusammen mit den fein gehackten Zwiebeln und dem zerdrückten Knoblauch darin Farbe nehmen lassen, die Sahne angießen und alles mit Salz, Pfeffer und Worcestersauce kräftig würzen. Die Sauce cremig einkochen lassen, Fleisch und Nieren mitsamt dem Fleischsaft hineingeben und zusammen mit der gehackten Petersilie darin erwärmen. Dann auf die Eierkuchen geben, diese zusammenfalten und sofort servieren.

Tip

Wer einen besonders lockeren Eierkuchen bevorzugt, sollte für den Teig statt Wasser (Milch oder Sahne) Mineralwasser verwenden. Dadurch kann man außerdem auch ein paar Kalorien einsparen.

Eierspeisen

Soleier

Für 8 Personen
2 l Wasser, 50 g Salz
die braunen Schalen von 3 Zwiebeln
16 Eier
E 15 F 12 K – kJ 710 kcal 170

Wasser mit Salz und Zwiebelschalen 10 Minuten kochen, erkalten lassen und durchsieben. Eier in 10 Minuten hart kochen auf dem Tisch leicht anklopfen, kalt abschrecken, und in ein großes Glas oder Steingutgefäß legen. Mit der kalten Salzlake begießen (sie müssen ganz bedeckt sein) und mindestens 36 Stunden, aber nicht länger als 5 Tage stehen lassen. Die Eier werden in der Lake zu Tisch gebracht und mit beliebigen würzenden Zutaten sowie Vollkorn-, Knäcke- oder Mischbrot gegessen. Die Eier werden geschält, und längs oder quer halbiert. Man nimmt das Eigelb vorsichtig heraus und gibt in die Höhlung etwas Senf (oder auch Worcestersauce, Tabasco oder Pfeffer). Dann folgen Essig und Öl. Aber auch andere Würzmittel wie Tomatenketchup, Tomatenpüree, Kresse, Sojasauce, Chutneys sind erlaubt. Nun legt man das Eigelb umgekehrt, wieder auf das Ei und verspeist das Ganze in einem Bissen.

Tip

Würzen Sie die Lake einmal mit Ingwerwurzeln, Wein und Weinessig (je 1/4 im Verhältnis zum Wasser), Pfeffer- und Senfkörner, frischen Meerrettich, getrocknete Peperoni oder Lorbeerblättern.

Eier aus dem Egg-Coddler

Der Egg-Coddler kommt, wie man schon an dem Namen erkennen kann, aus England. Es handelt sich um ein kleines Glasgefäß mit Deckel, in dem man 2 kleine oder 1 großes Ei mit verschiedenen Zutaten gemischt im Wasserbad gart. Bevor das Ei hineinkommt, muß der Coddler ausgefettet werden. Dazu stellt man ihn kurz in heißes Wasser, gibt Butter oder Margarine hinein und verteilt sie. Das Ei und die übrigen Zutaten hineingeben, den Coddler verschließen und ins kochende Wasserbad stellen, das bis etwa 1 cm unter den Rand der Form reichen soll. Die Garzeit beträgt – je nach Mischung – 8 bis 10 Minuten.

Variationen

Spinat-Ei: Gegarten Tiefkühlspinat abschmecken, mit Crème fraîche, fein gewürfeltem Schinken und Mandelblättern mischen. Zuerst 1 EL Spinat in den Coddler geben, dann ein kleines Ei, darüber wieder Spinat.

Käse-Ei: 1 EL geriebenen Emmentaler Käse mit 2 EL Sahne verquirlen. Die eine Hälfte in den Coddler geben, darüber das Ei. Mit Muskat würzen und Käse-Sahne bedecken.

Thunfisch-Ei: 1 EL Thunfisch aus der Dose in den Coddler geben, mit Pfeffer und gehackter Petersilie bestreuen. Darüber das Ei gleiten lassen.

Eierstichsalat mit Brunnenkresse

10 Eier
10 EL Milch
Salz, frisch gemahlener weißer Pfeffer, geriebene Muskatnuß
Butter zum Einfetten
60 g frische Brunnenkresse
1 Zitrone (Saft)
1 kleine Zwiebel
2 EL Öl
E 20 F 20 K 3 kJ 1170 kcal 280

Die Eier mit der Milch gründlich verquirlen und würzen. Es dürfen dabei keine Eiweißschlieren mehr zu sehen sein. (Sicherheitshalber kann die Masse zum Schluß durch ein feines Haarsieb passiert werden).
Eine feuerfeste Form sorgfältig mit Butter einfetten und die Eiermasse einfüllen. Die Form darf dabei nur etwa zur Hälfte gefüllt sein, denn der Eierstich geht beim Garen auf. Einen breiten Topf mit so viel kochendem Wasser füllen, daß es bis zur halben Höhe der Form reicht. Die Form hineinstellen, den Topf schließen und in den auf 150 Grad (Gasherd Stufe 1) vorgeheizten Ofen stellen. Den Eierstich in etwa 45 Minuten stocken lassen. Je nach Herdtyp muß die Temperatur variiert werden. Das Wasser darf nur eben sieden, niemals sprudelnd kochen, sonst wird der Eierstich porig. Sobald winzige Bläschen langsam aufsteigen, ist die nötige Hitzegrenze erreicht. Den fertigen Eierstich aus dem Ofen nehmen und am Rand leicht mit den Fingerspitzen lösen oder mit einem Messer am Rand der Form entlangfahren. Den Eierstich auf ein Brett stürzen, abkühlen lassen und in etwa 2 cm lange, knapp 1 cm breite Streifen schneiden. Die Brunnenkresse verlesen, dabei eventuell gelbe Blättchen und zu harte Stengel aussortieren. Die zarte Brunnenkresse kurz in kaltem Wasser abspülen und sehr gut trockenschleudern. Zusammen mit den Eierstichwürfeln in einer Schüssel locker mischen. Für die Marinade den Zitronensaft mit Salz und Pfeffer verrühren, die Zwiebel schälen und sehr fein würfeln und untermischen. Das Öl tropfenweise unterschlagen und über den Salat gießen. Schnell mischen und sofort servieren.
Dieser leichte Salat schmeckt hervorragend als Vorspeise, aber auch mit kräftigem Bauernbrot und gesalzener Butter als kleines Abendessen.

Hinweis Brunnenkresse kann einen scharfen pfeffrigen Eigengeschmack haben. Milder als eine Essig-Öl-Marinade schmeckt eine Salatsauce aus Crème fraîche oder süßer Sahne.

Tip

Wer's besonders würzig mag, kann den Eierstich zusätzlich mit sehr, sehr fein gewürfeltem gekochten Schinken, Pilzen oder gehäuteten, entkernten und sehr gut getrockneten Tomaten (in fast zu Püree verarbeiteten Würfeln) mischen.
Und wenn's mal gerade keine Brunnenkresse gibt, schmeckt's auch mit gemischten Kräutern, mit in Streifen geschnittenem Kopfsalat, Endiviensalat oder zartem Löwenzahn.

Soufflés Aufläufe Gratins

Unter goldener Kruste verbirgt sich ein samtig-zarter Kern

Lasagne in der Form

Für 6 Personen
20 Lasagne-Blätter (ca. 200g)
Salzwasser
etwas Olivenöl
1/2 Paket tiefgekühlte Erbsen (150 g)
2 Möhren
100 g Champignons
1 große Zwiebel
2 Knoblauchzehen
3 EL Olivenöl
200 g gemischtes Hackfleisch
1 kleine Dose geschälte Tomaten (400 g)
Salz
schwarzer Pfeffer aus der Mühle
Cayennepfeffer
zerriebenes Basilikum und Oregano
60 g Butter
100 g gekochter Schinken
50 g Mehl
1/2 l Milch
geriebene Muskatnuß
4 EL gehackte Petersilie
Butter oder Margarine zum Einfetten
250 g Mozzarella (italienischer Büffelmilchkäse)
50 g geriebener Parmesan
6 bis 8 schwarze Oliven
E 30 F 45 K 45 kJ 3035 kcal 725

Die Lasagne-Blätter in sprudelnd kochendem Salzwasser, dem ein Schuß Olivenöl beigefügt wurde, 8 Minuten garen, abgießen. Unter kaltem Wasser abschrecken und nebeneinander auf Haushaltspapier abtropfen und abkühlen lassen.
Die Erbsen unaufgetaut in wenig kochendes Salzwasser geben und 6 Minuten garen, dann kalt abschrecken und gut abtropfen lassen.
Möhren und Champignons putzen, schnell waschen und fein hacken. Die geschälte Zwiebel fein hacken und die geschälten Knoblauchzehen zerdrücken. Das Öl in einem Topf erhitzen. Zwiebeln, Pilze und Möhren darin glasig andünsten, ohne sie Farbe nehmen zu lassen. Knoblauch und Hackfleisch zufügen und weiterbraten, bis das Fleisch bröselig und grau ist. Die zerdrückten Tomaten mitsamt der Dosenflüssigkeit dazugeben. Mit Salz, Pfeffer, Cayennepfeffer und den Kräutern würzen und so weit einkochen, bis kaum noch Flüssigkeit vorhanden ist. Dabei muß sehr häufig umgerührt werden, damit die Masse nicht anbrennen kann.
40 g Butter in einem Topf erhitzen und den fein gewürfelten Schinken darin anbraten, mit Mehl bestäuben, durchschwitzen lassen und mit der Milch unter Rühren aufgießen und zu einer dicken Sauce (Béchamel) einkochen. Mit Salz, Pfeffer und Muskat abschmecken, vom Herd nehmen und mit Petersilie mischen. Eine längliche Auflaufform (14 mal 24 cm) einfetten, eine Schicht Lasagne-Blätter einlegen, darauf eine Schicht Fleischsauce und einen Teil der hellen Sauce (Béchamel) streichen. Alles gleichmäßig mit Erbsen, gewürfeltem Mozzarella und Parmesan bestreuen. Auf diese Weise insgesamt 5 Lagen bilden. Auf die letzte Schicht Sauce zusammen mit den Erbsen, die halbierten, entkernten Oliven streuen, dann mit reichlich Käse und der restlichen, in Flöckchen geschnittenen Butter belegen. 25 bis 30 Minuten in dem auf 220 Grad (Gasherd Stufe 4) vorgeheizten Backofen überbacken. Sofort in der Form servieren. Dazu teilt man den Auflauf mit einem breiten Messer einmal längs und dreimal quer, sodaß man die großen Stücke herausheben kann. Dadurch bekommt jeder von allen Schichten einen gleichmäßigen Teil.
Grüner Salat in einer italienischen Marinade aus Essig, Senf und Olivenöl ist die ideale Ergänzung. Doch auch ein gemischter Salat schmeckt ausgezeichnet dazu. Als Getränk können Sie zwischen einem roten und weißen Landwein (am besten aus Italien) wählen. Doch sollte er in jedem Fall kräftig und schön trocken sein. Ein lieblicher Wein harmoniert nicht gut mit dieser herzhaft-würzigen Spezialität.

Hinweis Dieser Auflauf wirkt optisch besonders interessant, wenn man grüne Lasagne-Blätter verwendet, oder grüne und helle Blätter mischt. Außerdem schmeckt er dadurch noch würziger, denn die grüne Farbe der Lasagne-Blätter stammt von frischem Spinatsaft, mit dem diese Nudeln hergestellt werden. Darum können sie auch bedenkenlos – wenn Sie mal keine grüne Lasagne bekommen – eine Handvoll frischen Spinat putzen, kurz blanchieren, abschrecken und gut abgetrocknet auf die Nudeln schichten.
Selbstverständlich können Sie die grünen Lasagne (Lasagne verdi) auch selbst herstellen: Sieben Sie 200 g Weizenmehl auf die Arbeitsfläche, drücken Sie in die Mitte eine kleine Mulde und geben Sie 1 kleines Ei zusammen mit einer kräftigen Prise Salz, 100 g frischem, im Mixer sehr fein pürierten Spinat und – wenn nötig – ein paar Tropfen Olivenöl hinein. Kneten Sie nun mit den Fingern von außen nach innen alles zu einem sehr glatten Teig. Sobald er völlig glatt ist, muß er noch etwa 15 Minuten kräftig geknetet werden, bis er elastisch und leicht glänzend ist. Lassen Sie ihn nun 30 Minuten unter einer warmen Schüssel ruhen und rollen Sie ihn dann portionsweise so dünn wie möglich auf der nur sehr leicht mit Mehl bestäubten Arbeitsfläche aus und schneiden Sie ihn danach in Platten.
Denken Sie beim Kochen daran, daß diese frischen, ungetrockneten Nudeln nicht so lange garen müssen. Machen Sie am besten zwischenzeitlich die Probe, denn die Garzeit richtet sich teilweise nach der Dicke der Platten.

Variation
Geben Sie mal zusätzlich ein paar Maiskörner, geviertelte Artischokkenherzen oder Streifen von Tomatenpaprika in den Auflauf.

Tip

Schwarze Oliven haben einen besonders intensiven Geschmack, den nicht alle schätzen. Man kann sie getrost – wenn auch nicht ganz stilecht – durch grüne Oliven ersetzen, die mit Pimiento gefüllt sind. Große Olivenliebhaber geben außerdem noch einige, in ganz feine Scheiben geschnittene grüne Oliven mit in den Auflauf. Pro Lage aber höchstens 5 Oliven, damit ihr Aroma nicht dominiert, sondern nur eine Ergänzung bildet.

Gratin dauphinois

750 g mehlig-kochende Kartoffeln
2 Knoblauchzehen
Butter zum Einfetten
Salz, weißer Pfeffer aus der Mühle
geriebene Muskatnuß
½ l Milch
½ l Sahne
1 Ei
125 g geriebener Gruyère oder Emmentaler Käse
70 g Butter
E 10 F 45 K 40 kJ 2615 kcal 625

Die Kartoffeln schälen, waschen und in hauchdünne, gleichmäßige Scheiben schneiden. Auf einer dicken Lage Haushaltspapier sehr gut trockentupfen. Eine große feuerfeste Form mit den halbierten Knoblauchzehen ausreiben und dick mit Butter einfetten. Die Kartoffeln in die Form schichten und dabei jede Lage mit Salz, Pfeffer und Muskat würzen. Die Masse sollte dabei niemals höher als etwa 5 cm sein und bis zum oberen Rand gut 1 cm Platz lassen. Milch und Sahne in einem Topf lauwarm werden lassen und das verquirlte Ei und zwei Drittel des geriebenen Käses hineinrühren. Alles über die Kartoffeln gießen. Den restlichen Käse darüber streuen und die in feine Flöckchen geteilte Butter darüber verteilen; die Form in den auf 200 Grad (Gasherd Stufe 3) vorgeheizten Ofen schieben. 50 bis 60 Minuten backen, bis die Kartoffeln gar sind und der Auflauf eine schöne knusprige Oberfläche aufweist.

Hinweis Noch zarter wird der Gratin, wenn Sie statt der Milch auch Sahne nehmen. Das macht ihn zwar gehaltvoller, aber eben so gut, daß man einfach einmal »sündigen« muß.

Tip

Damit keine Eiweißflocken in der Sahne entstehen, kann man das verquirlte Ei durch ein Sieb geben und den Gratin außerdem bei milder Hitze im Wasserbad garen. Dann muß die Garzeit selbstverständlich entsprechend verlängert werden.

Kartoffelgratin mit Lauch

600 g mehlig kochende Kartoffeln
1 Stange Lauch
30 g Butter
1–2 Knoblauchzehen
¼ l Sahne
2 Eigelb, Salz
frisch gemahlener weißer Pfeffer
1 Prise Cayennepfeffer
70 g geriebener Gruyère oder Emmentaler Käse
E 10 F 33 K 30 kJ 1965 kcal 470

Die Kartoffeln schälen, waschen und mit dem Gurkenhobel in gleichmäßige hauchdünne Scheiben teilen. Auf einer dicken Lage Haushaltspapier sehr gut trocknen. Den Lauch putzen, in etwa 2 mm breite Ringe schneiden und in einem Sieb unter fließendem kalten Wasser gründlich abspülen. Gut abtropfen lassen und ebenfalls in Haushaltspapier oder in einem sauberen Geschirrtuch gründlich abtrocknen. Eine große feuerfeste Form dick mit Butter einfetten. Die Hälfte der Kartoffelscheiben hineinlegen und mit dem Lauch bestreuen. Die Knoblauchzehen schälen und durch die Presse darüber drücken oder sehr fein gehackt gleichmäßig über dem Lauch verteilen.
Die restlichen Kartoffelscheiben darüber schichten. Sahne und Eigelb gründlich verquirlen und mit Salz, Pfeffer und Cayennepfeffer pikant würzen. Über den Gratin gießen und mit dem Käse bestreuen. Die restliche Butter in kleinen Flöckchen darauf verteilen und den Gratin in den auf 200 bis 220 Grad (Gasherd Stufe 3 bis 4) vorgeheizten Ofen auf die mittlere Schiene schieben. 40 bis 45 Minuten backen lassen, dann sofort – noch dampfend – servieren.
Dieser Gratin schmeckt besonders gut zu Lammrücken oder -keule, zu Steaks oder auch zu kräftig gewürzten Geflügelgerichten sowie zu Wild und auch zu Wildgeflügel.

Hinweis Wer's sehr pikant liebt, kann zusätzlich ein paar hauchdünne, nach Wunsch sekundenlang blanchierte, grüne Paprikaringe zusammen mit Kartoffeln und Lauch einschichten.

Schneller Gratin aus gekochten Kartoffeln

500 g gekochte Kartoffeln
2 Zwiebeln
1 Knoblauchzehe
125 g gekochter Schinken
2 Bund Petersilie
50 g Butter
Salz
weißer Pfeffer aus der Mühle
je 1 Prise geriebene Muskatnuß und gemahlener Kümmel
2 EL Crème fraîche
⅛ l saure Sahne
1 Ei
60 g geriebener Gruyère oder Emmentaler Käse
E 15 F 27 K 25 kJ 1715 kcal 410

Die Kartoffeln nach dem völligen Erkalten (am besten schon am Vortag kochen) in dünne Scheiben schneiden. Die Zwiebeln und die Knoblauchzehe schälen, die Zwiebeln in Ringe schneiden, den Knoblauch fein hacken. Den gekochten Schinken (möglichst ohne den Fettrand) in feine Streifen oder Würfel schneiden und die abgespülte, trockengeschwenkte Petersilie fein hacken. 20 g Butter in einer Pfanne erhitzen und die Zwiebeln darin goldgelb braten. Während der letzten Bratsekunden den Knoblauch zufügen. Dann mit den Kartoffelscheiben, dem Schinken und der gehackten Petersilie gründlich mischen. Mit Salz, Pfeffer, Muskat und Kümmel würzen.
Eine feuerfeste Form leicht mit Butter einfetten und die Crème fraîche auf dem Boden verstreichen. Die Kartoffelmischung hineingeben. Saure Sahne mit dem Ei verquirlen, ebenfalls ein wenig würzen und die Hälfte des Käses unterrühren. Über die Kartoffeln gießen und mit dem restlichen Käse bestreuen. Die restliche Butter in Flöckchen darüber verteilen und den Gratin in dem auf 220 Grad (Gasherd Stufe 4) vorgeheizten Backofen auf die mittlere Schiene stellen. 15 bis 20 Minuten backen lassen, bis er eine goldbraune Kruste bekommt. Danach sofort servieren.
Er schmeckt besonders gut zu Steaks und kräftigen, dunklen Braten.

Kohlrabi-Auflauf

500 g Kohlrabi
500 g Kartoffeln
500 g Tomaten
2 bis 3 Zwiebeln
40 g Butter
200 g roher Schinken
Salz
schwarzer Pfeffer aus der Mühle
1 Bund Schnittlauch
1 Bund Petersilie
¼ l Milch, ⅛ l saure Sahne
200 g geriebener Emmentaler Käse
2 Eier
geriebene Muskatnuß
E 35 F 45 K 45 kJ 3120 kcal 745

Die Kohlrabieknollen von den Blättern befreien, dabei die kleinen Herzblättchen aus der Mitte aufbewahren. Kohlrabi und die gewaschenen Kartoffeln schälen, dann ebenso wie die abgezogenen Tomaten in dünne Scheiben schneiden.
Die geschälten Zwiebeln in dünne Ringe schneiden und in 20 g Butter glasig braten. Den Schinken fein würfeln oder in dünne Streifen schneiden.
Eine Auflaufform mit Butter einfetten. Mit Kartoffelscheiben beginnend alle Zutaten lagenweise in die Form schichten. Den Abschluß sollen Kartoffeln bilden. Dabei jeweils die Kartoffeln und Zwiebeln mit etwas Salz, die Kohlrabi und Tomaten mit etwas Salz und wenig Pfeffer bestreuen. Über den Schinken nur ganz wenig Pfeffer geben.
Schnittlauch und Petersilie abspülen und trockenschwenken. Den Schnittlauch in kleine Röllchen schneiden, die Petersilie hacken.
Milch und Sahne erhitzen, den Käse hineingeben und alles so lange rühren, bis der Käse geschmolzen ist. Nicht aufkochen lassen. Die Masse etwas abkühlen lassen. Dann die verquirlten Eier und die Kräuter hineingeben. Mit Salz, Pfeffer und Muskatnuß würzen und über den Auflauf gießen. Danach in dem auf 200 Grad (Gasherd Stufe 3) vorgeheizten Backofen 45 Minuten garen. Nach 25 Minuten die restliche, zerlassene Butter darüberträufeln. Die Kohlrabi-Herzblättchen unter kaltem Wasser abspülen, sehr gut trockenschwenken oder mit Haushaltspapier trockentupfen und in feine Streifen schneiden. Über den Kohlrabi-Auflauf streuen und diesen sofort servieren. Wenn er zu lange steht, könnte sich eine leicht zähe, nicht sehr appetitliche, Haut bilden.
Zu dem Auflauf frisches Weißbrot oder Landbrot reichen.

Variationen
Reduzieren Sie die Kohlrabi-, Kartoffel- und Tomatenmenge ein wenig und geben Sie stattdessen in kleine Röschen geteilten Broccoli hinein. Das gibt ein neues Aroma und zudem eine frische Färbung.

Einen leicht »erdigen« Geschmack bekommt der Kohlrabi-Auflauf, wenn Sie einen kleinen Teil des Gemüses durch rohen Sellerie ersetzen. Er sollte dazu aber in sehr dünne Scheiben geschnitten oder geraffelt werden.

Wenn Sie's deftig-kräftig mögen, nehmen Sie statt des Schinkens einmal geräucherte Gänsebrust.

Moussaka

Griechischer Auberginenauflauf

Für 6 Personen
1000 g kleine Auberginen, Salz
100 g Mehl
gut ¼ l Olivenöl, 3 Zwiebeln
750 g Hackfleisch vom Lamm (ersatzweise Rinderhackfleisch)
2 Knoblauchzehen
500 g Fleischtomaten
2 EL Tomatenmark
4 EL Rotwein
4 EL gehackte glatte Petersilie
schwarzer Pfeffer aus der Mühle
1 kräftige Prise Zimt
2 Eier, ¼ l Sahne
100 g frisch geriebener Parmesan oder Emmentaler Käse
geriebene Muskatnuß
E 30 F 80 K 25 kJ 970 kcal 4060

Die Auberginen längs in etwa 5 mm dicke Scheiben schneiden. Die Scheiben mit Salz bestreuen und 30 Minuten Wasser ziehen lassen. Kurz abspülen, dann mit Haushaltspapier gut abtrocknen. In dem Mehl wenden und immer so viel Olivenöl in eine große Pfanne geben, daß der Boden gut bedeckt ist. Das Öl fast bis zum Rauchpunkt erhitzen und die Auberginenscheiben portionsweise auf beiden Seiten etwa 1 Minute braten. Die fertigen Scheiben auf Haushaltspapier zum Abfetten legen.
Die fein gehackten Zwiebeln in dem restlichen Olivenöl goldbraun anbraten. Das Hackfleisch dazugeben und so lange braten, bis es keinerlei rötliche Färbung mehr hat. Dann erst die durch die Presse gedrückten Knoblauchzehen und die gehäuteten, entkernten und fein gehackten Tomaten dazugeben. Mit Tomatenmark und Rotwein verrühren und unter weiterem Rühren so lange schmoren, bis alle Flüssigkeit verdampft ist. Die Petersilie dazugeben und mit Salz, Pfeffer und Zimt abschmecken. Eier mit Sahne und Käse verquirlen und mit geriebener Muskatnuß würzen. Eine große, aber nicht zu hohe feuerfeste Form zuerst mit einer Lage sich dachziegelartig überlappenden Auberginenscheiben auslegen. Einen Teil des Fleisches darauf streichen. Den Vorgang wiederholen, bis alle Zutaten verbraucht sind. Die letzte Schicht sollten Auberginenscheiben sein. Mit der Käse-Mischung übergießen und im 180 Grad (Gasherd Stufe 2) heißen Ofen 60 Minuten backen.

Hinweis In der angegebenen Menge kann diese Moussaka auch als Vorspeise für 8 bis 10 Personen gereicht werden.

Variationen
Zusätzlich zu den Auberginenscheiben noch Tomatenscheiben und/oder Kartoffelscheiben und/oder Zucchinischeiben in den Auflauf geben. Statt der Eiersauce zum Übergießen, kann auch dicke Béchamelsauce (Rezept Seite 166) verwendet werden. Sie wird dann über jede Lage Auberginenscheiben gestrichen und dick mit geriebenem Käse bestreut.

Wird die Moussaka mit Béchamelsauce zubereitet, kann auf das Hackfleisch verzichtet werden. Statt dessen besteht der Auflauf dann aus mehreren Schichten der obengenannten, vorbereiteten Gemüsesorten.

Chinakohlauflauf

¼ l Béchamelsauce
1 großer Chinakohl (ca. 1000 g)
150 g magerer Schinken
2 Eier, getrennt
Salz, geriebene Muskatnuß
weißer Pfeffer aus der Mühle
150 g geriebener Emmentaler Käse
Butter zum Einfetten
E 25 F 20 K 5 kJ 1295 kcal 310

Die Béchamelsauce nach Rezept Seite 166 zubereiten und etwas abkühlen lassen. Den Chinakohl putzen und wie den Schinken in feine Streifen schneiden. Die Béchamelsauce mit dem Eigelb verfeinern und das zu steifem Schnee geschlagene Eiweiß unterziehen. Mit Salz, Muskatnuß und Pfeffer nachwürzen und mit 100 g Käse mischen.
Eine Auflaufform gut mit Butter einfetten und eine Lage Chinakohl hineingeben. Darüber einige Schinkenstreifen legen. Mit Sauce bestreichen. So fortfahren, bis alle Zutaten verbraucht sind. Den Abschluß soll die Sauce bilden. Den restlichen Käse darüber streuen. Den Auflauf im auf 200 Grad (Gasherd Stufe 3) vorgeheizten Backofen 30 Minuten backen. Sollte die Oberfläche zu braun werden, mit Pergamentpapier abdekken, dann sofort servieren.

Sauerkraut-Auflauf nach badischer Art

600 g Kartoffeln
knapp ¼ l kochende Milch
1 Eigelb
Salz, geriebene Muskatnuß
4 Zwiebeln, 40 g Butter
Margarine zum Einfetten
600 g Sauerkraut aus der Dose
300 g frische Blutwurst
300 g frische Leberwurst
schwarzer Pfeffer aus der Mühle
½ TL gerebelter Majoran
½ TL gerebelter Thymian
E 25 F 70 K 35 kJ 3765 kcal 900

Die Kartoffeln als Pellkartoffeln kochen, abschrecken, schälen und noch heiß durch die Kartoffelpresse drükken. Mit Milch und Eigelb zu einem lockeren Püree verrühren und mit Salz und Muskatnuß abschmecken. Die geschälten, gehackten Zwiebeln in 30 g Butter goldbraun rösten. Eine feuerfeste Form mit Margarine einfetten und ein Drittel des Kartoffelpürees hineinfüllen. Darüber die Hälfte des Sauerkrauts, dann die aus dem Darm gedrückte Blutwurst. Die nächste Schicht ist wieder ein Drittel Kartoffelpüree, das mit dem restlichen Sauerkraut und der aus dem Darm gedrückten Leberwurst bedeckt wird. Die Blutwurst dabei mit etwas Pfeffer, die Leberwurst mit Majoran und Thymian würzen und das Sauerkraut jeweils mit einigen gerösteten Zwiebeln bestreuen. Den Abschluß bildet das restliche Kartoffelpüree, das mit der übrigen Butter (in Flöckchen) belegt wird. Den Auflauf zugedeckt im auf 200 Grad (Gasherd Stufe 3) vorgeheizten Backofen 45 Minuten garen, nach 30 Minuten den Deckel abnehmen, damit die Oberfläche ein wenig bräunen kann. Mit den restlichen gerösteten Zwiebeln und nach Wunsch mit Schnittlauch bestreut servieren.

Kirschenmichel

6 Brötchen, 1/4 l heiße Milch
1000 g dunkle Süßkirschen
70 g Butter, 100 g Zucker
4 Eigelb, 1 TL Zimt
abgeriebene Schale einer halben unbehandelten Zitrone
1 Päckchen Vanillezucker
4 EL Kirschwasser
40 g gehackte Mandeln
4 Eiweiß, Butter zum Einfetten
Semmelbrösel zum Ausstreuen
40 g Puderzucker
E 15 F 30 K 85 kJ 2890 kcal 690

Die Brötchen in 5 mm dicke Scheiben schneiden, quer halbieren und mit der Milch begossen quellen lassen. Kirschen waschen, entstielen und entsteinen. Butter mit Zucker und Eigelb schaumig schlagen, bis sich der Zucker gelöst hat. Mit Zimt, Zitronenschale, Vanillezucker und Kirschwasser abschmecken und die gehackten Mandeln untermischen. Eiweiß zu schnittfestem Schnee schlagen und unterziehen. Eine Form einfetten und mit Bröseln ausstreuen. Abwechselnd die Brötchenmasse und die Kirschen hineinschichten. Den Abschluß bildet eine Schicht Brötchen. Die Eigelbmasse darüber gießen. Den Auflauf 45 Minuten in dem auf 220 Grad (Gasherd Stufe 4) vorgeheizten Ofen backen. Nach 40 Minuten die Hälfte des Puderzuckers und beim Servieren den Rest darüberstäuben.

Quarkauflauf mit Weißweinsauce

Für 8 Personen
250 g entsteinte Backpflaumen
1/8 l trockener Weißwein
1/4 Zimtstange, 3 Nelken
130 g Butter, 150 g Zucker
5 Eigelb, 4 EL Sahne
30 g Grieß, 500 g Quark
5 Eiweiß
Butter zum Einfetten
40 g geriebene Haselnüsse
Für die Sauce:
5 Eigelb, 80 g Zucker
2 EL Zitronensaft
1/4 l trockener Weißwein
E 17 F 25 K 55 kJ 2220 kcal 530

Die Backpflaumen grob würfeln und mit Weißwein, Zimtstange und Nelken vermischt über Nacht quellen lassen. 110 g Butter mit Zucker, Eigelb und Sahne schaumig rühren. Nach und nach den Grieß zusammen mit dem Quark untermischen. Eiweiß zu festem Schnee schlagen und zusammen mit den abgetropften Backpflaumen locker unter die Quarkmasse heben. Eine feuerfeste Form mit etwas Butter einfetten und mit 20 g Haselnüssen ausstreuen. Die Quarkmasse einfüllen, glattstreichen und mit den restlichen Haselnüssen bestreuen. Die übrige Butter in Flöckchen darauf verteilen und 45 Minuten im auf 200 Grad (Gasherd Stufe 3) vorgeheizten Ofen backen.
Für die Sauce etwa 10 Minuten vor Ende der Garzeit Eigelb mit Zucker und Zitronensaft verrühren, nach und nach den Weißwein zufügen. Dann im heißen, aber niemals kochenden Wasserbad unter ständigem Schlagen mit dem Handrührgerät (höchste Stufe) zu einer dickschaumigen Masse aufschlagen. Noch heiß zum Quarkauflauf reichen.

Rhabarberauflauf

500 g roter Rhabarber (Himbeer- oder Blutrhabarber)
4 EL Erdbeer-oder Himbeersirup
350 g reife Erdbeeren
150 g Zucker
1 Glas (2 cl) Himbeergeist
2 Eigelb
1 Päckchen Vanillezucker
1 Prise Salz
75 g Mehl
50 g Speisestärke
abgeriebene Schale einer halben unbehandelten Zitrone
3 Eiweiß
Butter oder Margarine zum Einfetten
20 g Puderzucker
E 7 F 3 K 85 kJ 1695 kcal 405

Die Rhabarberstangen kurz abspülen, dann vom Stielende her die Haut mehr abziehen als abschälen. Die Stangen in etwa 3 cm lange Stücke schneiden und zusammen mit dem Erdbeer- oder Himbeersirup unter ständigem Rühren aufkochen und dann erkalten lassen.
Die abgespülten, gründlich abgetropften Erdbeeren von den Stielen befreien und große Früchte zerschneiden. Mit 50 g Zucker und dem Himbeergeist mischen und zugedeckt mindestens 30 bis 40 Minuten durchziehen lassen.
Eigelb mit dem restlichen Zucker, Vanillezucker und Salz schaumig schlagen. Mehl und Speisestärke sieben und locker unter die Eigelbmasse ziehen. Die Erdbeeren abtropfen lassen und den aufgefangenen Saft in den Teig rühren. Dann erst die Zitronenschale und das zu ganz steifem Schnee geschlagene Eiweiß untermischen. Eine hohe feuerfeste Form einfetten und etwas Teig hineinfüllen, dann lagenweise Rhabarberstücke und Erdbeeren darauf verteilen. Mit dem restlichen Teig bedecken. Den Auflauf in dem auf 200 Grad (Gasherd Stufe 3) vorgeheizten Backofen 35 Minuten backen. Den heißen Auflauf mit Puderzucker bestäuben und sofort servieren.
Dazu halbsteif geschlagene, leicht gesüßte Sahne oder Crème fraîche oder eine warme Weinschaumsauce (siehe rechts) servieren.

Hinweis Schon beim Einkauf des Rhabarbers entscheidet sich das Aroma des Auflaufes, denn nicht jeder rote Rhabarber schmeckt gleich. Man unterscheidet den sehr zarten, milden Himbeerrhabarber und den herberen Blutrhabarber. Der Himbeerrhabarber hat hellrotes Fleisch und grüne Stielenden, den Blutrhabarber dagegen erkennt man am dunkelroten Fleisch und an den roten Stielenden. Und selbstverständlich können Sie für den Rhabarberauflauf auch die grünstieligen Sorten verwenden, die in größeren Mengen angeboten werden. Je nach Sorte und Säuregehalt der Stangen sollten Sie dann mit der Zuckermenge umgehen, sie kann leicht schwanken, denn auch Bodenverhältnisse und Reifegrad spielen eine Rolle. – Übrigens brauchen Sie sehr jungen Rhabarber (wie auch den frühen Treibhausrhabarber) in der Regel nicht abzuziehen. Er wird lediglich unter kaltem Wasser gründlich gewaschen oder abgebürstet.

Variation
Nach diesem Rezept kann man fast alle Früchte der jeweiligen Saison als Auflauf zubereiten. Besonders geeignet sind folgende Kombinationen:
Pfirsiche (oder Nektarinen), Aprikosen und Sauerkirschen;
Helle Süßkirschen mit dunklen Sauerkirschen;
Zwetschgen und Apfelschnitze mit Rosinen und Nüssen;
Himbeeren, Johannisbeeren und Aprikosen;
Äpfel und Birnen mit zuvor in Armagnac oder Birnengeist getränkten (entsteinten) Trockenpflaumen oder Rumtopfzwetschgen.

Weinschaumsauce 1

3 Eigelb
1 Prise Salz
3 Tropfen Zitronensaft
40 g Zucker
1 EL echter Vanillezucker
(siehe rechts »Tip«)
¼ l nicht zu trockener Weißwein
1 TL Himbeergeist oder Kirschwasser
E 3 F 4 K 10 kJ 370 kcal 90

Die Eigelbe mit Salz und Zitronensaft in einer Schüssel verrühren. Die Schüssel in ein warmes, aber nicht kochendes Wasserbad stellen und die Eigelb schaumig schlagen, dabei nach und nach Zucker und Vanillezucker einrieseln lassen. Sobald sich der Zucker gelöst hat, langsam den Wein zugießen. Die Sauce so lange schlagen, bis sie dickschaumig ist. Dann aus dem Wasserbad herausnehmen, Himbeergeist oder Kirschwasser untermischen und die Sauce so lange – möglichst im kalten Wasserbad – weiterschlagen, bis sie abgekühlt ist. Dann sofort zum Auflauf servieren.

Weinschaumsauce 2

6 Eigelb, 1 Prise Salz
1 TL Zitronensaft
30 g Zucker
2 EL echter Vanillezucker
gut ⅛ l halbtrockener Sherry
(oder ein anderer beliebiger Südwein)
E 4 F 8 K 8 kJ 525 kcal 125

Eigelb mit Salz und Zitronensaft in einer Schüssel verrühren. Die Schüssel in ein warmes, aber nicht kochendes Wasserbad stellen und das Eigelb schaumig schlagen. Dabei nach und nach Zucker und Vanillezucker einrieseln lassen. Wenn sich der Zucker gelöst hat, langsam den Sherry hineingießen und weiterschlagen, bis die Sauce dickschaumig ist. Sofort servieren, damit sie schaumig bleibt.

Tip

Echten Vanillezucker macht man am besten selber: Das Mark einer aufgeschnittenen Vanilleschote herausschaben und mit etwa 100 g Zucker mischen. Die Vanilleschote als zusätzlichen Aromaspender mit in den Zucker geben und das Glas luftdicht verschließen, damit das wertvolle Aroma nicht verloren geht. Auf diese Weise können sie alle leeren, d. h. schon ausgeschabten Vanilleschoten weiterverwenden, denn auch sie haben noch eine große Würzkraft, die sich auf den Zucker überträgt.

Soufflés

Soufflés sind hauchzarte Gebilde, die vor allem aus Luft bestehen. Sie gehören zu allen Klassikern der französischen Kochkunst, sind aber viel einfacher herzustellen, als allgemein angenommen und befürchtet wird. Man muß nur einige, allerdings sehr wichtige Grundregeln beachten:
Die Eier für das Soufflé sollen so frisch wie möglich sein.
Der Eischnee muß so fest sein, daß ein Schnitt mit einem Messer sich nicht wieder schließt. Dafür ist es notwendig, das Eiweiß in einem absolut fettfreien Gefäß zu schlagen. Auch einige Tropfen Zitronensaft erhöhen die Festigkeit.
Die Seitenwände der Soufflé-Form müssen ganz gerade sein. Klassische Formen sind aus Steingut, das oft außen gerippt ist. Es eignen sich aber auch Glas- oder Porzellanformen.
Das Soufflé grundsätzlich in der Form, in der es gebacken wurde, auch servieren. Die Formen nie höher als dreiviertelvoll füllen, da die Masse noch erheblich aufgeht.
Soufflés vertragen kein Reduzieren der Backhitze, eher die Temperatur nach dem Einschieben noch um einige Grade erhöhen.
Ebensowenig vertragen Soufflés Zugluft, der kleinste Windhauch läßt sie sofort zusammenfallen. Darum grundsätzlich unmittelbar nach dem Backen mit einer Serviette bedeckt auf den Tisch bringen.
Ein Soufflé ist »perfekt«, wenn es im Inneren noch ein ganz klein wenig feucht ist. Es darf also nicht zu lange gebacken werden.

Käsesoufflé

40 g Butter
200 g geriebener Emmentaler oder Gruyère Käse
30 g Mehl
1/4 l Milch
Salz, weißer Pfeffer aus der Mühle
1 Prise geriebene Muskatnuß
4 Eigelb
6 Eiweiß
1/2 TL Zitronensaft
E 25 F 30 K 10 kJ 2175 kcal 520

Mit 10 g Butter eine große Soufflé-Form einfetten und mit etwas Käse gleichmäßig ausstreuen.
Die restliche Butter schmelzen und das Mehl unter ständigem Rühren 3 Minuten hell anschwitzen lassen. Mit der heißen Milch ablöschen und so lange sanft kochen lassen, bis eine dicke, sämige Sauce entstanden ist. Dabei ständig rühren, damit sie nicht ansetzt. Mit Salz, Pfeffer und etwas Muskat abschmecken. Eigelb in einer Schüssel mit etwas Sauce verquirlen, dann die Sauce damit legieren.
Eiweiß mit Zitronensaft schnittfest schlagen. Etwa 1/8 des Eischnees unter die Sauce ziehen, dann bis auf 1 Eßlöffel den restlichen Käse locker unterrühren. Den übrigen Eischnee zum Schluß unterziehen und alles in die vorbereitete Form geben. Das Soufflé in dem auf 180 Grad (Gasherd Stufe 2) vorgeheizten Backofen 25 bis 30 Minuten backen, bis es etwa 2 cm über dem Rand steht und die Oberfläche leicht gebräunt ist.

Himbeersoufflé

1 Paket tiefgekühlte Himbeeren (250 g)
100 g Zucker
4 Eigelb
1 Päckchen Vanillezucker
30–40 g Speisestärke
5 Eiweiß, 1 Prise Salz
1 TL Zitronensaft
Butter zum Einfetten
Puderzucker zum Bestäueben
E 15 F 5 K 35 kJ 1045 kcal 250

Die aufgetauten, abgetropften Himbeeren mit 25 g Zucker im Mixer pürieren oder durch ein Sieb streichen und dann mit dem Zucker mischen. Eigelb mit dem restlichen Zucker und dem Vanillezucker schaumig rühren, dann nach und nach die gesiebte Speisestärke locker untermischen.
Eiweiß mit Salz und dem Zitronensaft zu schnittfestem Schnee schlagen. Locker unter die Eigelbmasse ziehen und zum Schluß vorsichtig mit dem Himbeerpüree mischen. Eine Soufflé-Form (Durchmesser 14 cm) gut mit Butter einfetten und die Soufflé-Masse hineinfüllen. Im auf 180 Grad (Gasherd Stufe 2) vorgeheizten Backofen 20–30 Minuten backen. Gleich nach dem Einschieben die Temperatur um 10 Grad, nach 15 Minuten nochmal um 10 Grad erhöhen. Das Soufflé mit Puderzucker bestäuben und sofort (möglichst mit einer Serviette bedeckt) auftragen.

Soufflé Surprise

Überraschungssoufflé

Für 6 bis 8 Personen
250 g frische Erdbeeren
150 g Zucker
16 Löffelbiskuits
1 Glas (2 cl) Himbeergeist
4 Eiweiß
1 TL Zitronensaft
40 g gemahlene Mandeln
1 Haushaltspackung Fürst-Pückler-Eiskreme (500 ml)
E 15 F 20 K 95 kJ 2660 kcal 635

Die verlesenen, gewaschenen und von den Stengelansätzen befreiten Erdbeeren halbieren und mit 2 EL Zucker bestreuen. Eine runde, feuerfeste Platte sternförmig mit 8 Löffelbiskuits belegen. Die restlichen Biskuits quer halbieren und zwischen die anderen Kekse legen, so daß ein fast geschlossener Boden entsteht. Darauf die Erdbeeren verteilen und mit Himbeergeist beträufeln. Das Eiweiß mit dem Zitronensaft zu steifem Schnee schlagen, dabei nach und nach den restlichen Zucker einrieseln lassen. So lange schlagen, bis sich der Zucker aufgelöst hat. Die eine Hälfte dieser Baisermasse in einen Spritzbeutel füllen, die übrige mit den gemahlenen Mandeln vermischen. Das Eis in 8 Scheiben schneiden und so auf dem Biskuitboden anrichten, daß die Rundung erhalten bleibt. Darüber das Mandelbaiser streichen. Die restliche Baisermasse durch die Sterntülle dicht an dicht nebeneinandersetzen, so daß die ganze Oberfläche damit bedeckt ist. Das Soufflé in den auf 220 Grad (Gasherd Stufe 4) vorgeheizten Backofen schieben und 3 Minuten überbacken, bis die Spitzen leicht gebräunt sind. Zum Servieren wie eine Torte aufschneiden.

Desserts

Abschluß leicht gemacht mit einem süßen Schlußakkord

Bayerische Creme

Für 6 Personen
¼ l Milch
1 Vanilleschote
1 Prise Salz
6 Blatt weiße Gelatine
4 Eigelb
100 g Puderzucker
¼ l Sahne
E 10 F 27 K 30 kJ 1735 kcal 415

Milch mit der aufgeschnittenen Vanilleschote und dem herausgeschabten Vanillemark langsam aufkochen. Dazu eine kleine Prise Salz zufügen. Die Gelatine nach Packungsaufschrift in kaltem Wasser einweichen.
Eigelb und Puderzucker schaumig schlagen. Die Vanilleschote aus der Milch nehmen und die heiße Milch unter ständigem Rühren mit dem Handrührgerät oder einem Schneebesen langsam in den Eischaum gießen. Diese Mischung bei milder Hitze oder in einem nicht zu heißen Wasserbad so lange schlagen, bis sie weiß und dickcremig wird.
Diese Creme darf nicht aufkochen, sonst gerinnt sie. Die eingeweichte, ausgedrückte Gelatine nach und nach hineinrühren und weiterschlagen, bis sie sich aufgelöst hat. Eine große Schüssel mit Eiswasser füllen und die Creme hineinstellen. So lange weiterrühren, bis sie abkühlt und zu gelieren beginnt. Die Sahne rasch steif schlagen. Die Creme nun in eine Form zum Stürzen oder in die Schüssel, in der sie serviert werden soll, umfüllen und kalt stellen. Kurz bevor die Creme steif wird, die geschlagene Sahne gleichmäßig aber langsam unterziehen. Die Creme erst, wenn sie ganz fest ist, oder nach dem Stürzen, garnieren. Dann sofort servieren.

Variation
Die Creme kann man zusätzlich mit Orangenschale oder Zitronenschale und Orangenlikör verfeinern.
Aromatisieren Sie die Bayerische Creme einmal mit ein paar Tropfen Mandellikör, Rum, Cognac oder Weinbrand. Heben Sie dazu den Alkohol tropfenweise zusammen mit der steif geschlagenen Sahne darunter.

Bayerische Creme mit Stachelbeeren

300 g Stachelbeeren
100 g Zucker
1 Zimtstange, 4 Nelken
⅛ l Weißwein
2 Blatt weiße Gelatine
1 Rezept Bayerische Creme
einige reife Stachelbeeren zum Garnieren
E 10 F 27 K 65 kJ 2345 kcal 560

Die Stachelbeeren waschen. Mit der Küchenschere Stengel und Blütenansätze abschneiden. Die Beeren mit Zucker, Zimtstange, Nelken und Weißwein im geschlossenen Topf in 20 bis 25 Minuten (je nach Reifegrad) weich kochen. Die Zimtstange und die Nelken herausnehmen. Die Beeren durch ein Sieb streichen (oder, etwas abgekühlt, im Mixer pürieren). Die eingeweichte Gelatine ausdrücken und in die noch einmal leicht erwärmten Beeren rühren, bis sie sich ganz gelöst hat. Das Stachelbeermus abkühlen lassen.
Ein Drittel der Bayerischen Creme (unmittelbar nach dem die Sahne untergezogen wurde) in die Servierschüssel oder die Sturzform füllen. Darauf die Hälfte des Stachelbeermuses. Mit einem weiteren Drittel Creme und dem restlichen Stachelbeermus bedecken. Die übrige Creme darüberstreichen. Die Creme nach dem Erkalten, bzw. nach dem Stürzen, mit frischen Stachelbeeren garnieren.

Hinweis Wenn die Stachelbeeren im Mixer püriert werden, empfiehlt es sich, die Masse durch ein Sieb zu streichen, denn die Kerne wirken in dieser zarten Nachspeise störend.

Tip

Stachelbeeren vertragen kräftige Gewürze. Aromatisieren Sie darum mal die pürierten Beeren mit ein paar Tropfen Gin. Oder kochen Sie sie zusammen mit einer Wacholderbeere. Verzichten Sie dann aber ruhig auf die Zugabe von Nelken.

Bayerische Creme mit Johannisbeeren

200 g rote Johannisbeeren
200 g schwarze Johannisbeeren
100 g Zucker
2 Glas (4 cl) Crème de Cassis (schwarzer Johannisbeerlikör)
½ Päckchen rote Gelatine
1 Rezept Bayerische Creme
einige rote Johannisbeeren mit Blättern zum Garnieren
E 12 F 27 K 65 kJ 2365 kcal 565

Die Johannisbeeren gründlich waschen und abtropfen lassen. Dann die Beeren mit einer Gabel von den Stielen lösen. Mit Zucker bestreuen und zugedeckt so lange stehen lassen, bis sich der Zucker gelöst hat und die Beeren Saft gezogen haben. Dann erst mit dem Likör vermischen. Die Gelatine nach Packungsaufschrift quellen lassen, mit nur sehr wenig Wasser erwärmen und auflösen. Unter die Beeren ziehen und in den Kühlschrank stellen, bis der Saft zu gelieren beginnt. In der Zwischenzeit die Creme zubereiten und die Sahne unterziehen. Dann die Hälfte der Creme in die Servierschüssel oder die Sturzform füllen. Die Johannisbeeren darüber verteilen und mit der restlichen Creme bedecken. Erst wenn die Creme ganz fest ist oder gestürzt wurde, mit den abgespülten, sehr gut abgetropften Johannisbeerrispen garnieren.

Variation
Ebenso kann die Creme mit Heidelbeergelee, Brombeergelee oder pürierten Erd- oder Himbeeren (mit etwas Gelatine gebunden) zubereitet werden. Zum Garnieren eignen sich außerdem Kirschen und alle exotischen Früchte, frisch oder ebenfalls als Konserve.
Doch auch kleine oder zerbröselte Makronen mit in Cognac oder Rum gequollenen Rosinen oder Sultaninen passen hervorragend dazu. Und versuchen Sie diese Creme auch einmal mit Früchten aus dem Rumtopf und ein paar Löffeln Rumtopfflüssigkeit. Köstlich schmeckt auch eine kleine Beigabe von zerbröselter Borkenschokolade oder Krokant.

Flambierte Aprikosen

$^1/_8$ l Weißwein
$^1/_4$ Zimtstange
$^1/_4$ Vanilleschote
30 g Zucker
12 große, reife Aprikosen
25 g Butter
50 g Mandelstifte
3 Glas (6 cl) Kirschwasser oder Himbeergeist
E 5 F 12 K 40 kJ 1235 kcal 295

Den Wein mit Zimtstange, Vanilleschote und Zucker zum Kochen bringen und zugedeckt 10 Minuten leicht sieden lassen. In der Zwischenzeit die Aprikosen häuten (am Stengelansatz auf eine Gabel stecken und kurz in kochendes Wasser tauchen, dann läßt sich die Haut ganz leicht abziehen), halbieren und entsteinen. Zimtstange und Vanilleschote aus dem Wein nehmen, die Aprikosen hineinlegen und 5 Minuten pochieren. Danach herausheben und abtropfen lassen. Die Butter in einer Flambierpfanne oder einer sehr flachen, feuerfesten Form auf dem Rechaud erhitzen. Die Aprikosen und die Mandelstifte darin braten, bis die Mandeln ganz leicht gebräunt sind. Kirschwasser oder Himbeergeist in einer Kelle erwärmen, über die Aprikosen gießen, anzünden und brennend zu Tisch bringen.

Tip

Die flambierten Aprikosen sollten Sie einmal zu Vanille- oder Schokoladeneis servieren. Auch zu Crèpes schmecken sie hinreißend.

Feigen mit Himbeermus

8 reife Feigen
2 Glas (4 cl) Kirschwasser
1 Paket tiefgekühlte Himbeeren (400 g)
1 EL Zitronensaft
50 g Zucker
$^1/_4$ l Schlagsahne
$^1/_2$ Päckchen Vanillezucker
2 EL Puderzucker
E 5 F 25 K 50 kJ 1925 kcal 460

Die Feigen schälen, halbieren und in eine Schüssel legen. Mit Kirschwasser beträufeln und zugedeckt 60 Minuten in den Kühlschrank stellen. In der Zwischenzeit die nach Packungsaufschrift aufgetauten Himbeeren mit Zitronensaft und Zucker im Mixer pürieren. Die Sahne steif schlagen, dabei nach und nach Vanille- und Puderzucker einrieseln lassen, dann über die Feigen ziehen und das Himbeerpüree vorsichtig darüber gießen. Dazu nicht zu süße Waffeln reichen.

Variation
Anstelle von Schlagsahne kann man auch leicht angetautes, schaumig geschlagenes Vanilleeis über die Feigen verteilen. Und wer's besonders üppig liebt, mischt Eiskugeln unter die Feigen, gibt die Sahne darüber und begießt alles mit der Himbeersauce. Himmlisch süß wird's, wenn man die mit Kirschwasser aromatisierten Feigen in kleine Baisernester oder -torteletts legt und sie mit dem Himbeerpüree und der Sahne serviert. Und auch dazu schmeckt Vanille- oder Schokoladeneis köstlich.

Grießschnitten

½ l Milch
1 Prise Salz
40 g Zucker
20 g Butter
100 g Grieß
40 g gemahlene Mandeln
2 Eier
abgeriebene Schale einer halben unbehandelten Orange
30 g Semmelbrösel
60 g Butter zum Braten
E 13 F 40 K 35 kJ 2121 kcal 506

Milch mit Salz, Zucker und der Butter aufkochen. Grieß und Mandeln einstreuen und unter Rühren 10 Minuten quellen lassen. Vom Herd nehmen und vier bis fünf Eßlöffel Grießbrei mit einem Ei und der Orangenschale in einem Becher verquirlen. In den Grießbrei rühren und alles noch 10 Minuten ruhen lassen. Dann auf eine kalt abgespülte Platte streichen und nach dem Erkalten in acht Vierecke oder Romben schneiden. Die Grießschnitten in dem zweiten, verquirlten Ei und den Semmelbröseln panieren und in der heißen Butter von beiden Seiten goldgelb braten. Dazu serviert man Kompottfrüchte aller Art, frisches, gezuckertes Obst oder eine Sauce aus pürierten frischen Früchten der Jahreszeit.

Milchreis

½ l Milch
1 Prise Salz
60 g Butter
½ Vanilleschote
die hauchdünn geschälte Schale ½ unbehandelte Zitrone
70 g Zucker
125 g Milchreis (Rundkorn)
1–2 TL Zimt
E 5 F 35 K 30 kJ 1965 kcal 470

Milch mit Salz, 10 g Butter, der aufgeschnittenen Vanilleschote sowie der Zitronenschale und 30 g Zucker aufkochen. Den in einem Küchentuch abgeriebenen Reis hineingeben, unter Rühren einmal sprudelnd aufkochen lassen. Dann auf die niedrigste Heizstufe stellen und den Reis je nach Temperatur und Korngröße 40–60 Minuten ausquellen lassen. Zitronenschale und Vanilleschote herausnehmen.
Den Reis in einer tiefen Schüssel anrichten. Die übrige Butter bei nicht zu starker Hitze goldbraun werden lassen. Den restlichen Zucker mit dem Zimt mischen. Den Reis mit Butter umgießen und mit der Zucker-Zimt-Mischung bestreuen. Entweder warm oder abgekühlt servieren.

Variation
Zusätzlich kann man gehackte Mandeln oder Rosinen in den Reis geben. Die braune Butter und die Zucker-Zimt-Mischung können durch beliebiges Kompott ersetzt werden. Sehr gut paßt Apfelkompott dazu, das in manchen Gegenden gleich untergemischt wird. Auch dann würzt man dieses Dessert meistens mit etwas Zimt. Soll der Milchreis kalt serviert werden, kann man kurz vor dem Anrichten etwas Schlagsahne unterheben. Und Kinder lieben es, wenn im heißen Milchreis Schokoladenstreusel langsam schmelzen.

Joghurt-Charlotte

Für 8 Personen
4 Eiweiß
1 Prise Salz, 125 g Zucker
4 Eigelb
150 g Mehl, 1 Msp. Backpulver
Butter oder Margarine zum Einfetten
1 Glas Johannisbeergelee (450 g)
Zucker zum Bestreuen
9 Blatt weiße Gelatine
3 Eigelb
125 g Zucker
Saft und abgeriebene Schale einer unbehandelten Zitrone
1/8 l trockener Weißwein
2 Becher Joghurt (je 175 g)
3 Eiweiß
1/4 l Sahne
20 g gehackte Pistazien
E 13 F 50 K 60 kJ 3200 kcal 765

Für den Biskuit Eiweiß mit Salz zu steifem Schnee schlagen und dabei nach und nach den Zucker einstreuen. Sobald die Masse schnittfest ist, die verquirlten Eigelb und anschließend das mit Backpulver gemischte Mehl locker unterheben. Ein gefettetes Backblech mit Pergamentpapier belegen, einfetten, den Teig darauf verstreichen und das Papier am offenen Blechrand hochfalzen, damit der Teig nicht herunterfließt. Im auf 200 Grad (Gasherd Stufe 3) vorgeheizten Ofen in 10 bis 15 Minuten hellgelb backen.
Das Johannisbeergelee glattrühren und ein Küchentuch auf die Arbeitsfläche legen. Mit Zucker bestreuen. Die Teigplatte auf das Tuch stürzen, das Pergamentpapier abziehen und das Gelee sehr schnell auf dem Teig verstreichen. Sofort – der Teig muß noch heiß und weich sein – mit Hilfe des Tuches zur Rolle aufwickeln und abkühlen lassen. Anschließend in feine Scheiben schneiden.
Für die Füllung die Gelatine in kaltem Wasser einweichen. Eigelb mit Zucker, Zitronensaft und -schale schaumig schlagen. Weißwein und Joghurt dazugeben und alles weiterschlagen, bis sich der Zucker gelöst hat. Die ausgedrückte, in wenig heißem Wasser (laut Packungsvorschrift) aufgelöste Gelatine einmischen und die Masse im Kühlschrank gelieren lassen. Sobald sich beim Durchrühren »Straßen« zeigen, das zu steifem Schnee geschlagene Eiweiß und die Hälfte der geschlagenen Sahne unterziehen. Eine glatte, runde Schüssel mit Biskuitscheiben auskleiden, die Creme einfüllen und alles im Kühlschrank 1 bis 2 Stunden fest werden lassen. Dann die Schüssel ganz kurz in heißes Wasser tauchen und die Charlotte auf eine Platte stürzen. Mit der restlichen Schlagsahne und gehackten Pistazien nach Belieben garnieren.

Hinweis Die Joghurt-Füllung kann auch ohne die Biskuithülle als »Solo-Creme« gereicht werden. Wenn diese Creme nicht gestürzt werden soll, kann man bedenkenlos auf 2 bis 3 Blatt Gelatine verzichten.

Schokoladen-Charlotte

Für 8 Personen
3 Blatt weiße Gelatine
5 Eigelb
70 g Zucker
1 gehäufter EL Instantkaffee
Saft und abgeriebene Schale einer unbehandelten Orange
1 Glas (2 cl) Orangenlikör
je 100 g Vollmilch- und bittere Schokolade
2 EL Wasser
80 g Butter
5 Eiweiß, 1 Prise Salz
1/4 l Sahne
28 Löffelbiskuits
Orangenlikör zum Anfeuchten
1 EL Vanillezucker
1 EL Schokoladenstreusel
E 10 F 30 K 50 kJ 2200 kcal 525

Gelatine in kaltem Wasser einweichen. Eigelb mit 50 g Zucker, dem Kaffepulver sowie der abgeriebenen Orangenschale schaumig schlagen. Den Orangensaft und -likör tropfenweise dazugeben. Alles in ein warmes Wasserbad stellen und so lange schlagen, bis die Masse dickschaumig ist. Nun ins kalte Wasserbad stellen und unter ständigem Schlagen (damit's keine Haut gibt) erkalten lassen.
Die Schokolade zerbröckeln und mit dem Wasser im heißen Wasserbad schmelzen lassen. Unter Rühren auf Handwärme abkühlen lassen, dann flöckchenweise die Butter zugeben. Dabei kräftig rühren, damit sich Schokolade und Butter gründlich verbinden. Dann löffelweise in den Eigelbschaum geben. Die ausgedrückte Gelatine in ganz wenig heißem Wasser (laut Packungsaufschrift) auflösen und locker, aber gründlich in die Schokoladenmasse mischen. Eiweiß mit Salz zu steifem Schnee schlagen, dabei nach und nach den restlichen Zucker einrieseln lassen. 1/8 l Sahne ebenfalls steif schlagen und zusammen mit dem Eischnee in die schon leicht erstarrte Schokoladenmasse rühren. Die Löffelbiskuits mit Orangenlikör tränken und eine runde Charlottenform oder eine runde Schüssel damit auskleiden. Die Schokoladencreme einfüllen und in 2 bis 3 Stunden im Kühlschrank erstarren lassen. Unmittelbar vor dem Servieren die restliche Sahne mit dem Vanillezucker steif schlagen und in einen Spritzbeutel mit Sterntülle füllen. Die Charlotte stürzen und mit Sahnetupfen und Schokoladenstreusel garnieren.

Hinweis Zusätzlich kann man die Charlotte mit in hauchdünne Streifen geschnittener Schale einer unbehandelten Orange garnieren. Und auch eingelegte Kumquats (Zwergorangen) oder frische Orangen sowie kandierte Orangenscheiben schmecken hinreißend dazu.

Tip

Wer (als Anfänger) noch etwas Angst vor dem Stürzen der Charlotte hat, kann sich mit einem einfachen Trick helfen: Füllen Sie die Creme – ohne die Löffelbiskuits – in eine glatte Schüssel mit senkrechtem Rand und lassen Sie sie im Kühlschrank völlig fest werden. Halten Sie die Form dann kurz vor dem Servieren für einige Sekunden in heißes Wasser, stürzen Sie die Creme, bestreichen Sie sie dünn mit Schlagsahne und »kleben« Sie dann die Biskuits an den Rand – das ist kinderleicht!

Himbeeren Romanow

500 g frische Himbeeren
40 g Zucker
2 Glas (4 cl) Curaçao, ¼ l Sahne
40 g Puderzucker
ausgeschabtes Mark einer viertel Vanilleschote
E 3 F 20 k 30 kJ 1340 kcal 320

Die Himbeeren verlesen, vorsichtig waschen, gründlich abtropfen lassen, dann entstielen. Mit Zucker bestreut so lange ziehen lassen, bis sich der Zucker aufgelöst hat. 12 besonders schöne Beeren zum Garnieren zurückbehalten. Die übrigen Beeren mit dem Curaçao übergießen und zugedeckt etwa zwei Stunden im Kühlschrank durchziehen lassen.

Tip

Statt Curaçao kann man die Himbeeren auch mit süßem Portwein vermischen. Ebenso lassen sich Erdbeeren oder Brombeeren zubereiten.

Die sehr gute gekühlte Sahne steif schlagen, dabei nach und nach den Puderzucker einrieseln lassen und das Vanillemark dazugeben.
Etwa die Hälfte der Himbeeren in hohe Bechergläser geben und darauf mit dem Spritzbeutel eine Schicht Sahne verteilen. Die übrigen Beeren darüber streuen und die restliche Sahne als dicke Haube darüber spritzen. Jeden Becher mit drei Himbeeren garnieren.
Dazu fertig gekaufte Hohlhippen oder Waffelröllchen reichen.

Pfirsich auf griechische Art

4 reife, aber feste Pfirsiche
2 Glas (4 cl) Kirschwasser
4 bis 5 vollreife Feigen
40 g Zucker
1 TL Zitronensaft
1 Becher Sahne (200 g)
125 g Walderdbeeren oder sehr kleine Gartenerdbeeren
20 g Mandelstifte
E 5 F 20 K 50 kJ 1715 kcal 410

Die Pfirsiche kurz in kochendes Wasser legen, abziehen, halbieren und entsteinen. In eine Schüssel legen und mit dem Kirschwasser übergießen. Zugedeckt zwei Stunden im Kühlschrank durchziehen lassen. Die Feigen schälen und vierteln. Mit dem Zucker, Zitronensaft und dem von den Pfirsichen abgegossenen Kirschwasser im Mixer pürieren.
Die Sahne steif schlagen und mit dem Feigenpüree mischen. Dann in einen Spritzbeutel füllen.
Die Erdbeeren waschen, abtropfen lassen und entstielen. Die Mandelstifte in einer beschichteten Pfanne ohne Fettzugabe goldbraun rösten.
Je zwei Pfirsichhälften mit den Schnittflächen nach oben auf einem Glasteller anrichten. Das Feigen-Sahne-Püree in hohen Hauben hineinspritzen und jeweils mit einem Kranz von Erdbeeren garnieren. Die Sahne mit den Mandelstiften bestreuen.
Nach Wunsch können Mandelmakronen dazu gereicht werden.

Hinweis Anstelle von Mandeln kann man auch Pistazien verwenden.

Rote Grütze

750 g frische Himbeeren oder Erdbeeren
(oder ersatzweise je 375 g Tiefkühlfrüchte)
60 g Zucker
½ Vanilleschote
65 g Sago
20 g Mandelstifte
½ l frische Sahne
E 6 F 40 K 45 kJ 2430 kcal 580

Die Beeren verlesen und waschen, dann erst von den Stengelansätzen befreien. Tiefkühlbeeren auftauen lassen. Die Beeren im Mixer pürieren, mit dem Zucker und der aufgeschnittenen Vanilleschote langsam aufkochen lassen. Dann die Vanilleschote entfernen. Das Sago unter ständigem Rühren in das Fruchtmus einrühren und bei ganz milder Hitze ausquellen lassen. Sago setzt leicht an, darum die Hitze nie zu stark werden lassen und die Grütze häufig umrühren. Die fertige Grütze in eine Glasschale oder in Portionsschälchen füllen, abkühlen und anschließend im Kühlschrank erkalten lassen. Vor dem Servieren mit Mandelstiften bestreuen. Die gut gekühlte Sahne wird in einem Krug getrennt gereicht.

Hinweis Die Rote Grütze gehört in die große Familie der Flammeris. Flammeris sind ganz einfach Süßspeisen, bei denen Milch, Fruchtsäfte oder Wein, mit Stärke, Grieß, Reis, Sago, Mehl oder Puddingpulver angedickt werden. Im allgemeinen Sprachgebrauch werden sie meistens fälschlich Pudding genannt.

Caramelcreme

Crème au caramel, einfach

150 g Zucker
2 EL Wasser
Butter zum Einfetten
½ l Milch
½ Vanilleschote
2 Eier, 2 Eigelb
3 Blatt weiße Gelatine
1 EL Rum, ⅛ l Sahne
1 TL Vanillezucker
E 10 F 20 K 70 kJ 2155 kcal 515

75 g Zucker in einem Emaille- oder Edelstahltopf mit dem Wasser mischen. Unter ständigem Rühren schmelzen und dunkel karamelisieren lassen. Vier Portionsförmchen unten gut mit Butter einfetten und soviel Karamelmasse hineingeben, daß der Boden eben bedeckt ist. Die Milch mit der aufgeschnittenen Vanilleschote aufkochen und die restliche Karamelmasse darin auflösen. Die Milch 10 Minuten stehen lassen.
Eier und Eigelb mit dem übrigen Zucker schaumig rühren. In ein nicht zu heißes Wasserbad stellen und unter ständigem Schlagen die lauwarme Milch ohne die Vanilleschote einlaufen lassen, so daß eine dickliche, sehr schaumige Creme entsteht. Die eingeweichte, ausgedrückte Gelatine in wenig Wasser auflösen und in die Creme rühren. Zum Schluß tropfenweise den Rum dazugeben. In die Förmchen füllen und kalt stellen.
Die Sahne mit dem Vanillezucker steif schlagen. Die Förmchen ganz kurz in heißes Wasser tauchen, die Creme auf Glasteller stürzen und mit Sahnetupfen garnieren.

Zabaglione

Italienische Weinschaumcreme

5 Eigelb
75 g Zucker
10 g echter Vanillezucker
Saft und geriebene Schale
einer halben unbehandelten Zitrone
1/8 l Marsalawein
einige dunkle Weintrauben zum Garnieren
E 4 F 7 K 55 kJ 1275 kcal 305

Die Eigelb mit Zucker und Vanillezucker solange schaumig rühren, bis der Zucker ganz gelöst ist. Die Schüssel dann in ein warmes Wasserbad stellen und unter ständigem Schlagen langsam Zitronensaft und -schale sowie den Marsalawein dazugeben. Die Creme solange schlagen, bis sie dick und fest geworden ist. Dann sofort in Portionsschälchen füllen und mit den gewaschenen, sehr gut abgetrockneten und nach Wunsch entkernten Weintrauben garnieren. Rasch auftragen, damit der zarte Schaum nicht zusammenfällt.
Anstelle von Trauben reicht man sie auch oft mit Beeren, doch ist sie auch »pur« ein wahrer Genuß!

Hinweis Marsala ist ein schwerer, alkoholreicher Süßwein aus Sizilien. Nach 200 Jahren großer Beliebtheit (vor allem in England) lange Zeit vergessen, wird er heute wieder geschätzt. Marsala gibt es in verschiedenen Qualitätsstufen und mit verschiedenen Beimischungen. Für die Zabaglione eignet sich sehr gut der Marsala all uovo, der Marsala mit Ei. Er ist besonders schwer, süß und cremig und gibt dem Dessert dadurch ein volles, sehr harmonisches Aroma. Zabaglione wird fast immer heiß, sofort nach der Zubereitung serviert. Wenn Sie Gegensätze lieben, sollten Sie sie mal mit Eis anrichten: Geben Sie dazu Speiseeis, in Kugeln oder in Würfel geschnitten, in hohe Dessertgläser, gießen Sie die Creme darüber und servieren Sie das Dessert sofort, denn das Eis darf noch nicht geschmolzen sein. Besonders eignen sich dazu leichte, sehr frische Eissorten, wie Zitronen-, Pistazien- oder Beereneis.

Orangencreme

4 Blatt weiße Gelatine
1/4 l frisch gepreßter Orangensaft
2 Eigelb
75 g Zucker
1/4 l Sahne
2 Glas (je 2 cl) Orangenlikör
1 unbehandelte Orange
E 5 F 20 K 30 kJ 1380 kcal 330

Die zusammengerollte Gelatine 10 Minuten in kaltem Wasser einweichen. Den Orangensaft erwärmen und die gut ausgedrückte Gelatine darin unter Rühren lösen, abkühlen lassen. Eigelb mit Zucker schaumig rühren und mit der kalten, aber noch nicht völlig erstarrten Geleemasse vermischen. Die Sahne steif schlagen, mit dem Orangenlikör parfümieren und unter das Gelee ziehen, sobald dieses fest zu werden beginnt. In einer Schüssel anrichten und im Kühlschrank ganz fest werden lassen. Die Orange unter heißem Wasser gründlich abbürsten und abtrocknen, die Schale dann abreiben. Die Orange sorgfältig schälen und in dünne Scheiben schneiden. Diese als Kranz um die Orangencreme legen und die abgeriebene Schale in die Mitte streuen.

Variationen
Wenn Sie fein-säuerliche Desserts lieben, können Sie den Orangensaft teilweise durch Grapefruit- oder Zitronensaft (frisch gepreßt) ersetzen.

Geben Sie einmal kleine Orangenstücke hinein und erhöhen Sie dann die Gelatinemenge ein wenig.

Tip

Besonders locker wird die Orangencreme, wenn man die beiden übrig bleibenden Eiweiß zu schnittfestem Schnee schlägt und mit der Sahne locker unterhebt. Sollten Sie gerade frische Blutorangen bekommen, verwenden Sie die mal für dieses feine Dessert; sie geben nicht nur eine leuchtendrote Farbe sondern auch ein äußerst feinwürziges Aroma.

Honig-Eis mit Kiwipüree

2 Eier
3 Eigelb
1 EL echter Vanillezucker
1/4 l Sahne
gut 1/8 l Milch
150 g dunkler Bienenhonig
5 Kiwis
2 EL Himbeergeist
2 EL Mandellikör
E 10 F 25 K 55 kJ 2090 kcal 500

Tip

Anstelle von Kiwipüree kann man das Honig-Eis auch sehr gut mit einem Püree aus frischen Brombeeren servieren. Pürieren Sie dazu 400–500 g vollreife Brombeeren und streichen Sie sie möglichst durch ein Sieb, um die Kerne zu entfernen. Vermischen Sie sie ebenfalls mit Himbeergeist und Mandellikör und süßen Sie das Püree nach Geschmack. Zur Dekoration sollten Sie dann auch ein paar frische Brombeeren anlegen.

Eier und Eigelb mit dem Vanillezukker solange schaumig rühren, bis sich der Zucker ganz gelöst hat. Sahne und Milch bis gerade eben vor dem Kochen erhitzen und unter kräftigem Schlagen in einem dünnen Strahl in den Eierschaum gießen. Dann den Honig dazugeben und unter Rühren auflösen. Die Masse in eine Metallschüssel umfüllen und im Kühlschrank abkühlen lassen.
Dann im Gefrierfach fest werden lassen. Dabei häufig umrühren, damit sich keine großen Eiskristalle bilden können.
Vier Kiwis schälen und im Mixer pürieren. Mit Himbeergeist und Mandellikör abschmecken. Die fünfte Kiwi schälen und in Scheiben schneiden. Das Honig-Eis mit dem Eisportionierer oder einem großen Löffel in 4 Glasschälchen füllen, mit dem Püree begießen und mit den Kiwischeiben garnieren.
Zu diesem Dessert kann man einen gut gekühlten, nicht zu trockenen Sekt servieren.

Kaffee-Parfait

150 g Zucker, 1/8 l Wasser
4 TL lösliches Kaffeepulver
4 EL kochendes Wasser
1/4 l Sahne
1 EL Krokant (Fertigprodukt)
4 Eigelb
1 Glas (2 cl) Kaffee- oder Kakaolikör
Mokkabohnen zum Garnieren
E 5 F 25 K 40 kJ 1735 kcal 415

Den Zucker in einen Emaille- oder Edelstahltopf schütten. Unter Rühren langsam erwärmen, dabei nach und nach das Wasser angießen. Der Zucker darf nicht bräunen. Wenn er ganz geschmolzen ist, lauwarm halten. Das Kaffeepulver in dem kochendem Wasser auflösen und erkalten lassen. Die Sahne steif schlagen, den Krokant zwischen zwei Stücken Pergamentpapier mit einem Nudelholz fein zerdrücken. Eigelb in einer Schüssel verrühren, dann im lauwarmen Wasserbad schaumig schlagen, dabei nach und nach den Zuckersirup einrühren, so daß eine dicke, weißcremige Masse entsteht. Die Schüssel anschließend auf gestoßenes Eis setzen und die Eigelbmasse kaltschlagen. Dabei tropfenweise den Kaffee dazugeben. Zum Schluß Sahne, Likör und Krokant unterheben. Die Masse in vier Formen verteilen und im Gefrierfach des Tiefkühlschrankes in 2 bis 2 1/2 Stunden gefrieren lassen. Das Parfait soll zwar fest, aber doch cremig sein. Auf Glasteller stürzen und mit Mokka-Bohnen garnieren.

Orangen-Champagner-Sorbet

140 g Zucker
1/4 l frisch gepreßter Orangensaft
Saft einer Zitrone
1/4 l gut gekühlter Champagner oder Sekt
1 Eiweiß
150 g Erdbeeren
E 1 F – K 45 kJ 795 kcal 190

Den Zucker in einen Emaille- oder Edelstahltopf schütten. Unter ständigem Rühren erwärmen, dabei nach und nach etwas Orangensaft dazugeben. Sobald sich der Zucker gelöst hat, den Topf vom Herd nehmen. Den Zuckersirup so lange weiterrühren, bis er erkaltet ist, dabei nach und nach den restlichen Orangensaft und den Zitronensaft dazugeben. Diese Lösung in eine weite Schüssel gießen und 30 Minuten in das Gefrierfach des Kühlschranks stellen. Dann mit einem Schneebesen langsam den Champagner oder Sekt unterrühren. Wieder 30 Minuten in das Gefrierfach stellen. Das Eiweiß steif schlagen und unterziehen. Das Sorbet jetzt noch 30 bis 45 Minuten gefrieren lassen. Dabei häufiger mit einer Gabel umrühren. Sorbets sollen nicht zu fest, sondern nur etwa halbfest sein. Das Sorbet rasch in vier Cocktailschalen verteilen und mit tiefgekühlten oder nur leicht angetauten Erdbeeren garnieren.

Hinweis Servieren Sie das Orangen-Champagner-Sorbet einmal als kleine Erfrischung zwischendurch: Einfach in Sektgläser geben und mit eiskaltem Champagner oder Sekt aufgießen. Mit Strohhalm und Löffel reichen.

Brombeeren Astoria

4 große, säuerliche Äpfel
1/8 l Weißwein
4 EL Zucker
1/2 TL Zimt
350 g frische Brombeeren
150 g Aprikosenmarmelade
1 Glas (2 cl) Kirschwasser
25 g blättrige Mandeln
5 g Butter
1/4 l Sahne
20 g Puderzucker
1 Päckchen Vanillezucker
E 5 F 25 K 75 kJ 2345 kcal 560

Die Äpfel schälen, aushöhlen und in einen Topf stellen. Wein angießen und mit einer Mischung aus Zucker und Zimt bestreuen. Zugedeckt 10 Minuten sanft köcheln lassen. Die Äpfel abtropfen, auf Glastellern anrichten und abkühlen lassen.
Die Brombeeren waschen, verlesen und gründlich abtropfen lassen. Die Aprikosenmarmelade durch ein Sieb streichen, leicht erwärmen und dabei mit dem Kirschwasser verrühren.
Einige Brombeeren zum Garnieren zurückbehalten, die übrigen mit der Marmelade vermischen und in die Äpfel füllen. 30 Minuten in den Kühlschrank stellen.
In der Zwischenzeit die Mandeln in der heißen Butter goldbraun rösten und abkühlen lassen. Die Sahne steif schlagen, dabei nach und nach Puderzucker und Vanillezucker einrieseln lassen. Die Sahne in einen Spritzbeutel mit Sterntülle füllen.
Die Äpfel mit einer dicken Sahnehaube bedecken und mit den Mandeln bestreuen. Mit den zurückbehaltenen Brombeeren garnieren.

Heidelbeereiscreme

400 g frische Heidelbeeren
100 g Zucker
2 Eigelb
1 EL Zitronensaft
1/2 Glas (2 cl) Crème de Cassis (schwarzer Johannisbeerlikör)
2 Eiweiß
1/8 l Sahne
100 g Heidelbeeren zum Garnieren
E 5 F 10 K 50 kJ 1340 kcal 320

Die Heidelbeeren waschen, verlesen und gut abtropfen lassen. Mit dem Zucker mischen und so lange stehen lassen, bis sie Saft gezogen haben und der Zucker sich aufgelöst hat. Den Saft abgießen. Eigelb mit Zitronensaft schaumig rühren, dann mit dem Heidelbeersaft mischen und in einem warmen (aber nicht zu heißen) Wasserbad zu einer dicken Creme aufschlagen. Mit den Heidelbeeren und dem Likör mischen und 30 Minuten ins Gefrierfach des Kühlschranks stellen. Eiweiß zu einem steifen Schnee schlagen, die Sahne ebenfalls steif schlagen. Beides vorsichtig, aber gründlich mit der Heidelbeercreme mischen. Die Creme mit Alufolie bedecken und mindestens 2 Stunden im Gefrierfach fest werden lassen. Dabei häufiger mit einer Gabel durchziehen, damit sich keine großen Eiskristalle bilden.
Die restlichen Heidelbeeren ebenfalls schnell in kaltem Wasser so waschen, verlesen und abtropfen lassen. Erst danach entstielen. Das Eis mit einem Eisportionierer in Glasschalen füllen und mit den Heidelbeeren garnieren.

Welfenspeise

Für den Flammeri
40 g Speisestärke
1 Prise Salz
½ l Milch
1 Vanilleschote
40 g Zucker
4 Eiweiß

Für die Welfencreme
4 Eigelb
80 g Zucker
1 TL Speisestärke
2 EL Zitronensaft
¼ l trockener, kräftiger Weißwein
E 6 F 5 K 70 kJ 1505 kcal 360

Die Speisestärke mit einer Prise Salz und etwas kalter Milch in einem Becher glattrühren. Die restliche Milch in einen Topf geben, die Vanilleschote aufschneiden und das Mark herausschaben. Mark und Schote zusammen mit dem Zucker in die Milch geben und diese zum Kochen bringen. Sobald sich kleine Blasen zeigen, die angerührte Speisestärke unter Rühren hineinfließen lassen und unter weiterem Rühren einmal kräftig aufkochen lassen. Eiweiß mit einer Prise Salz zu schnittfestem Schnee schlagen und locker unterziehen. Den Topf ins kalte Wasserbad stellen und den Flammeri abkühlen lassen. Dabei häufig umrühren, damit sich keine Haut bildet. Danach die Vanillestange herausnehmen und den Flammeri kurz vor dem Erstarren in eine Schüssel oder in Gläser füllen.
Für die gelbe Schicht die vier Eigelb mit dem Zucker in einer Metallschüssel schaumig schlagen. Nach und nach die Speisestärke zusammen mit Zitronensaft und Wein zufügen und die Schüssel ins heiße, aber nicht kochende Wasserbad stellen. Weiterschlagen, bis die Creme dicklich wird und kurz vorm Kochen ist. Jedoch darf sie niemals tatsächlich kochen, sonst flockt das Ei aus.
Die Schüssel aus dem heißen Wasserbad nehmen und in ein kaltes Wasserbad stellen. Weiterschlagen, bis sie völlig erkaltet und immer noch schön schaumig ist. Dann gleichmäßig auf der weißen Flammerimasse verteilen und bis zum Servieren in den Kühlschrank stellen.
Jedoch sollte die Welfenspeise niemals zu lange aufbewahrt werden, die gelbe Weinschaummasse würde ihre zarte Luftigkeit einbüßen.
Aus diesem Grund sollte man auch höchstens den Flammeri am Vortag zubereiten, schließlich dauert es relativ lange, bis er kalt ist. Die Welfencreme kann dann noch schnell kurze Zeit vor dem Servieren geschlagen werden.

Tip

Wenn's einmal sehr schnell gehen soll, kann man auch den weißen Flammeri mit fertig gekauftem Puddingpulver zubereiten und in einer Schüssel oder in Formen abkühlen lassen. Die gelbe Weinschaummasse darf dann ausnahmsweise einmal aus fertiger Weincreme oder fertiger Weinsauce (im Handel gibt es dafür verschiedene Produkte) nach Packungsaufschrift hergestellt werden.

Brotpudding

60 g geriebenes Vollkornbrot
100 g altbackenes Weißbrot ohne Rinde
80 g Makronen
⅛ l Milch, 150 g Butter
100 g Zucker, 4 Eigelb
1 Päckchen Vanillezucker
1 Orange (Saft und Schale)
1 Glas (2 cl) Orangenlikör
40 g fein gehackte oder gemahlene Mandeln
4 Eiweiß, 1 Prise Salz
Butter oder Margarine zum Einfetten
Semmelbrösel zum Ausstreuen
E 10 F 50 K 60 kJ 3140 kcal 750

Das Vollkornbrot zusammen mit dem in feine Würfel geschnittenen Weißbrot sowie den zerbröselten Makronen in eine Schüssel geben und mit der heißen Milch übergossen quellen lassen.
Indessen die Butter schaumig rühren und nach und nach Zucker, Eigelb und Vanillezucker zufügen. Weiterrühren, bis der Zucker gelöst ist.

Tip

Der Brotpudding kann auf vielfache Art und Weise geschmacklich variiert werden. Ersetzen Sie einmal die Mandeln durch Pistazien, Hasel- oder Walnüsse. Oder geben sie zusätzlich ein paar in Rum, Cognac oder Obstwasser gequollene Rosinen und etwas fein gewürfeltes Zitronat hinein. Und wenn Sie's etwas alkoholischer mögen, können Sie ein paar sehr gut abgetropfte Rumtopffrüchte hineinmischen oder sie auch mitsamt ihrer Flüssigkeit anstelle der Weinschaumsauce reichen. Einen interessanten Gegensatz bekommt man außerdem, wenn man Eiskugeln zum noch dampfenden Brotpudding reicht.

Orangensaft und Schale zusammen mit dem Orangenlikör, den Mandeln und dem eingeweichten Brot unterheben und alles gründlich miteinander vermischen. Eiweiß mit einer Prise Salz zu schnittfestem Schnee schlagen und locker unterziehen.
Eine Puddingform innen gut mit Butter oder Margarine einfetten und sorgfältig mit Semmelbröseln ausstreuen. Die Puddingmasse einfüllen (die Form soll nur zu gut ¾ gefüllt sein) und gut verschließen. Ins siedende, nicht sprudelnde Wasserbad (es soll etwa bis zur halben Formhöhe reichen) stellen und 40 bis 45 Minuten garen lassen. Die Form öffnen, den Pudding ein paar Sekunden ausdampfen lassen. Dann auf eine vorgewärmte Platte stürzen.
Dazu schmeckt eine Weinschaumsauce (siehe Seite 274) ganz besonders. Aber auch eine Vanillesauce (aus dem Päckchen, verfeinert mit Sahne und Vanillelikör) oder erhitzter, mit Honig und Orangenlikör gewürzter Orangensaft sind gute Begleiter.

Hinweis Es macht gar nichts, wenn vom Brotpudding etwas übrigbleibt. Lassen Sie das Stück abkühlen und schneiden Sie es wie einen Gugelhupf zum Nachmittagskaffee oder -tee auf. Steifgeschlagene, mit Vanillezucker und/oder Orangenlikör parfümierte Sahne schmeckt gut dazu.

Kirschsülze

2 Päckchen weiße Gelatine
1 Glas Kaiserkirschen (Einwaage etwa 460 g)
2–3 EL Zucker
1 Stückchen ungespritzte Zitronenschale, (etwa 3 cm lang)
¼ l Roséwein
¼ l Kirschsaft
Saft einer Zitrone
2 Tropfen Bittermandelöl
2 Glas (je 2 cl) Kirschwasser
⅛ l Sahne
1 Päckchen Vanillezucker
2 EL Pistazien
E 10 F 15 K 50 kJ 1610 kcal 385

Die Gelatine in kaltem Wasser nach Packungsaufschrift quellen lassen. Die Kirschen zum Abtropfen auf ein Sieb geben und den Saft dabei auffangen. Anschließend den Saft mit Zukker und Zitronenschale unter Rühren erhitzen, bis sich der Zucker gelöst hat. Die Zitronenschale nun wieder herausnehmen.
Die Gelatine ausdrücken und unter Rühren im heißen Saft auflösen. Wein, Kirschsaft und Zitronensaft mitsamt Bittermandelöl und Kirschwasser einrühren und sehr kräftig abschmecken. (Beim Gelieren läßt die Würzintensität nach.) Bis zum Gelieren in den Kühlschrank stellen und unmittelbar bevor die Masse steif wird, etwa die Hälfte davon in eine schön geriffelte Puddingform geben. Die Hälfte der Kirschen zufügen und kalt stellen, bis die Oberfläche gerade anzieht. Die restlichen Kirschen mit dem übrigen Gelee einfüllen und alles im Kühlschrank schnittfest werden lassen. Vor dem Servieren die Form sekundenlang in heißes Wasser halten und die Sülze auf eine Platte stürzen. Sahne mit Vanillezucker steif schlagen, in einen Spritzbeutel mit Sterntülle geben, die Sülze damit garnieren und mit Pistazien verzieren. Möglichst sofort zu Tisch bringen oder bis zum Servieren wieder in den Kühlschrank stellen.

Variationen
Die Kirschsülze kann auch in mehreren kleinen Förmchen zubereitet werden, z. B. Ringförmchen, die nach dem Stürzen mit je einer Eiskugel (Vanille-, Pistazien- oder Zitroneneis) gefüllt werden.

Statt der Sahne können Sie auch Crème fraîche verwenden. Und sehr fein sind auch Weinschaumsauce oder Zabaglione dazu (Seite 274, 288).

Anstelle von Kirschen kann man für dieses erfrischende Dessert auch Beeren oder zu Kugeln ausgestochenes Melonen-Fruchtfleisch nehmen.

Tip

Es kann passieren, daß die Sülze erstarrt, während die erste Hälfte (mit den Kirschen) im Kühlschrank fest wird. Stellen Sie dann die restliche Masse in ein warmes Wasserbad und rühren Sie solange, bis sie wieder gießfähig ist. Sie muß jedoch wieder abgekühlt sein, bevor sie auf das feste Gelee kommt, denn sonst wird dessen Oberfläche wieder weich und die Kirschen sinken trotzdem nach unten.

Rhabarber-Erdbeer-Grütze

¼ l Wasser
3 EL Himbeersirup
½ Vanilleschote
1/2 Zimtstange
40 g Sago
750 g roter Rhabarber
400 g Erdbeeren
40 g Zucker
abgeriebene Schale einer halben unbehandelten Zitrone
¼ l Sahne oder Crème fraîche
E 5 F 20 K 40 kJ 1550 kcal 370

Das Wasser mit dem Himbeersirup, der aufgeschnittenen Vanilleschote und der Zimtstange aufkochen. Sago einstreuen, unterrühren und bei ganz milder Hitze 15 Minuten lang quellen lassen. Dabei häufig umrühren, da Sago sehr leicht ansetzt.
In der Zwischenzeit den Rhabarber (wenn nötig) schälen und in etwa 2 cm breite Stücke schneiden. Die gewaschenen, abgetropften Erdbeeren entstielen und halbieren oder vierteln (je nach Größe). Beide Früchte in den Topf geben und sanft köcheln lassen, bis das Sago ganz aufgequollen ist. Dabei immer wieder umrühren. Vanilleschote und Zimtstange entfernen. Die Grütze mit dem Zucker süßen und die Zitronenschale dazugeben. Die Grütze in vier kleine, mit kaltem Wasser ausgespülte Förmchen geben, abkühlen lassen und dann für 2 Stunden in den Kühlschrank stellen.
Die Grütze auf tiefe Glasteller stürzen und mit der gut gekühlten Sahne umgießen oder mit einem dicken Klecks Crème fraîche garnieren. Man kann sie aber auch getrennt dazu reichen.

Hinweis Grütze mit Sago ist etwas langwierig in der Zubereitung. Mit Speisestärke geht es schneller. Dazu werden Rhabarber und Erdbeeren in der Wasser-Sirup-Mischung aufgekocht und mit 40 g in kaltem Wasser angerührter Speisestärke gebunden. Oder man kocht nur den Rhabarber, bindet ihn mit Speisestärke und gibt erst dann die vorbereiteten Erdbeeren dazu.

Marinierte Erdbeeren

500 g kleine Erdbeeren
50 g Zucker
1 TL Vanillezucker
1 Honig- oder Netzmelone
3 Glas (6 cl) Kirschwasser oder Himbeergeist
1 Becher Sahne (200 g)
30 g Puderzucker
E 3 F 15 K 40 kJ 1320 kcal 315

Erdbeeren mit Zucker und Vanillezucker vermischt 30 Minuten ziehen lassen. Von der Melone einen Deckel abschneiden. Die Melonenkerne herausschaben, dann vorsichtig das Fruchtfleisch herausheben. Ganz fein würfeln. Mit den Erdbeeren (einige zurücklassen) und 5 cl Kirschwasser oder Himbeergeist mischen. Alles in die Melone füllen. Den Deckel wieder aufsetzen und die Melone 2 bis 3 Stunden stark durchkühlen lassen. Dann die Sahne steif schlagen, mit Puderzucker und dem restlichen Alkohol mischen. Die Melone anrichten. Mit der Sahne und den restlichen Erdbeeren garnieren.

Menüs für alle Gelegenheiten

Bunte Variationen zum Kombinieren

Pökelzunge in Zitronensauce

500 g ferig gekaufte Pökelzunge
200 g kleine Champignonsköpfe aus der Dose
20 g Butter
1/8 l Sahne
1 Päckchen Helle Sauce
1 Eigelb
1 unbehandelte Zitrone
Salz
1 TL grüner oder rosa Pfeffer aus dem Glas
E 25 F 35 K 5 kJ 1885 kcal 450

Die Zunge in dünne Scheiben schneiden (oder schon vorgeschnitten kaufen). Die Champignons abtropfen lassen und das Wasser auffangen. Die Champignons in der heißen Butter rundherum leicht braun anbraten. Das Champignonwasser auf 1/8 l auffüllen. Mit der Sahne zum Kochen bringen und die Helle Sauce einrühren. Je nach Packungsaufschrift etwa 1 Minute kochen lassen. Das Eigelb mit etwas Sauce verrühren und die Sahnesauce damit legieren. Von der abgewaschenen Zitrone die gelbe Schale hauchdünn abschneiden. Die Zitrone auspressen. Die Sauce mit Zitronensaft und Salz würzen. Pökelzungenscheiben und Champignons darin erwärmen, die Sauce dabei aber nicht aufkochen lassen. Die Zitronenschale in ganz feine Streifen schneiden. Mit dem Pfeffer mischen und über die Zunge streuen.
Als Beilagen Reis aus dem Kochbeutel und Kopfsalat in einer ganz leichten Essig-Öl-Marinade mit vielen Kräutern servieren.

Hinweis Nach demselben Rezept lassen sich ebensogut dünne Scheiben von gekochtem Schinken oder Kasseler zubereiten.

Tip

Selbstverständlich können Sie auch tiefgekühlte oder gefriergetrocknete Champignons verwenden. Und am besten schmeckt's natürlich mit frischen.

Putengeschnetzeltes in Kräutersauce

4 Putenschnitzel von je 125 g
50 g Butter
2 Päckchen tiefgekühlte gemischte Kräuter (je 25 g)
1 Zwiebel, 20 g Mehl
1/8 l Wasser, 1/8 l Weißwein
1/8 l saure Sahne
Instant Fleischbrühe
schwarzer Pfeffer aus der Mühle
4 hartgekochte Eier
E 40 F 30 K 10 kJ 2030 kcal 485

Die Putenschnitzel in dünne Streifen schneiden und in 30 g Butter rundherum leicht bräunen lassen. Die Kräuter antauen lassen. Die fein gehackte Zwiebel in der restlichen Butter goldgelb dünsten, 1 Päckchen Kräuter dazugeben und alles noch 3 Minuten dünsten. Mit Mehl bestäuben und unter Rühren weitere 2 Minuten dünsten. Zuerst mit warmem Wasser, dann mit Weißwein ablöschen. 5 Minuten kochen lassen. Die saure Sahne hineinrühren und das gebratene Fleisch dazugeben. Bis kurz vorm Kochen erhitzen. Mit Instant Fleischbrühe und Pfeffer abschmecken. Die Eier schälen und grob hacken. Erst unmittelbar vor dem Servieren zusammen mit den restlichen Kräutern in die Sauce geben.
Dazu Rösti (Tiefkühlprodukt oder Halbfertigprodukt) servieren. Das Rösti sollte nebenher gebraten werden, damit es gleichzeitig fertig wird.

Variationen

Putergeschnetzeltes mit Pilzen: Das Fleisch wie oben vorbereiten und zusammen mit der Zwiebel etwa 300 g geputzte Pilze anbraten. Mit etwas Fleischbrühe und Wein loskochen, Sahne oder Crème fraîche einrühren und die Flüssigkeit cremig einkochen lassen. Das Fleisch zufügen und in diesem Fall auf die Eier verzichten.

Putergeschnetzeltes mit Curryfrüchten: Anstelle der Zwiebel eine kleine Dose gemischte Früchte anbraten, etwas Dosenflüssigkeit, Wein und Sahne angießen, mit Curry und Zitrone würzen.

Schinken in Burgundersauce

1/4 l heiße Fleischbrühe (Instant)
2 dicke Scheiben gekochter Schinken von je etwa 250 g
20 g Butter
1 kleine Zwiebel oder 2 Schalotten
1/8 l Rotwein (Burgunder)
1 Schachtel dunkle oder Pfeffer-Sauce
1 TL Worcestersauce
2 EL Crème fraîche
6 Pfeffergürkchen (Cornichons)
2 EL blättrig geschnittene Mandeln
E 25 F 40 K 10 kJ 2155 kcal 515

Die Fleischbrühe bis kurz vorm Kochen erhitzen und die halbierten Schinkenscheiben darin erwärmen. In der heißen Butter die gehackte Zwiebel oder die gehackten Schalotten hellbraun braten. Den Wein angießen, aufkochen und das Saucenpulver einrühren. Nochmals kurz aufkochen lassen. Dann unter Rühren die heiße Schinkenbrühe dazugeben und aufkochen. Mit Worcestersauce und Crème fraîche verfeinern. Den Schinken auf einer tiefen Platte anrichten und mit einem Teil der Sauce begießen. Mit gehackten Pfeffergürkchen und Mandeln bestreuen. Die restliche Sauce getrennt servieren und ebenfalls mit etwas Gurke und Mandeln bestreuen.
Als Beilage in Butter erhitzte Artischockenböden oder -herzen aus der Dose und frisches Weißbrot reichen. Die Artischocken kann man sofort mit dem Schinken anrichten. Auf diese Art bekommt man eine zusätzliche Garnierung.

Tip

Noch würziger, leider auch etwas teurer, wird der Schinken in Burgundersauce, wenn man zusammen mit den Zwiebeln oder Schalotten 2 Handvoll Pfifferlinge mitschmort. Frische müssen dazu vorher gründlich geputzt und von allen Erdresten gesäubert werden, während man die Pilze aus der Dose lediglich gut abtropfen läßt. Außerdem passen dann Petersilie und Knoblauch dazu.

Grüne Nudeln mit Muschelragout

500 g grüne Nudeln
3 l Salzwasser
20 g Butter
1 kleine Zwiebel
1 Knoblauchzehe
1/8 l Fleischbrühe
1 kleines Päckchen tiefgekühltes Balkangemüse (300 g)
1 große Dose Naturmuscheln (500 g)
1 Päckchen Helle Sauce
1/8 l saure Sahne
1 Glas (2 cl) Pernod oder anderen Anisschnaps, Salz
2 feste Tomaten
2 EL geriebener Emmentaler Käse
E 35 F 15 K 125 kJ 3330 kcal 795

Die Nudeln in dem kochenden Salzwasser in etwa 15 Minuten beißfest kochen. In der Zwischenzeit für das Ragout die Butter erhitzen, die gehackte Zwiebel und die ebenfalls gehackte Knoblauchzehe darin goldgelb dünsten. Mit Fleischbrühe auffüllen und zum Kochen bringen. Das Balkangemüse darin 8 Minuten garen. Die Muscheln abgießen und 1/8 l Sud abmessen. Zum Gemüse geben und aufkochen. Die Helle Sauce einrühren und nochmal 1 Minute kochen lassen. Dann die Muscheln darin erhitzen. Mit saurer Sahne und Pernod verfeinern. Mit Salz nachwürzen. Die Tomaten häuten, entkernen und fein würfeln. Die abgetropften Nudeln ringförmig in einer großen Schüssel anrichten und das Ragout in die Mitte füllen. Mit Tomaten und Käse bestreut sofort servieren.
Dazu Kopfsalat in einer Senf-Essig-Öl-Marinade servieren.

Hinweis Wenn Sie ein paar Tropfen Öl ins Kochwasser geben, kleben die Nudeln nicht so leicht aneinander.

Bismarckheringe mit Kräuter-Apfel-Quark

125 g Speisequark
2 EL Zitronensaft
2 säuerliche Äpfel
1 Gewürzgurke
1 Paprikaschote
1 kleine Zwiebel
1 Päckchen tiefgekühlte gemischte Kräuter (25 g)
1/8 l Sahne, Salz
Paprika edelsüß
schwarzer Pfeffer aus der Mühle
4 Bismarckheringe von je 200 g
E 45 F 45 K 15 kJ 2780 kcal 665

Den Speisequark mit Zitronensaft schaumig rühren. Die geschälten, entkernten Äpfel grob raffeln und sofort unter den Quark mischen. Die Gewürzgurke und die von Kernen und Rippen befreite Paprikaschote fein würfeln, die geschälte Zwiebel hakken oder reiben. Zusammen mit den etwas angetauten Kräutern unter den Quark rühren. Die Sahne halbsteif schlagen und locker, aber gründlich unter den Quark ziehen. Den Quark mit Salz, Paprika und Pfeffer pikant würzen. Die Bismarckheringe auf einer tiefen Platte anrichten und mit einem Teil der Quarkmischung garnieren. Den restlichen Quark getrennt reichen.
Als Beilage sind Pellkartoffeln ganz besonders gut geeignet.

Roter Bohnen-Topf

1 kleines Paket tiefgekühlte grüne Bohnen (300 g), Salz
375 g Rinderhackfleisch
1 Zwiebel, 1 Knoblauchzehe
3 EL Olivenöl
1 große Dose Baked Beans in Tomatensauce (800 g)
100 g eingelegte rote Paprikaschoten aus dem Glas
2 EL Tomatenpüree
Tabascosauce
1 Schuß kräftiger Rotwein
2 EL gehackte Petersilie
E 45 F 15 K 70 kJ 2555 kcal 610

Die unaufgetauten grünen Bohnen nach Packungsaufschrift in wenig Salzwasser garen. Das Hackfleisch zusammen mit der gehackten Zwiebel und der durch die Presse gedrückten Knoblauchzehe in dem Olivenöl unter ständigem Rühren braten, bis das Fleisch ganz gar ist. Die grünen Bohnen abtropfen lassen. Mit dem Fleisch und den Bohnen aus der Dose mischen. Langsam erhitzen, aber nicht aufkochen lassen. Die abgetropften Paprikaschoten fein hacken und in den Bohnentopf geben. Mit Tomatenpüree, Salz, Tabascosauce und einem Schuß Rotwein abschmecken. Mit Petersilie bestreut servieren. Dazu frisches Stangenweißbrot.

Tip

Will man den Bohnen-Topf als deftigen Eintopf reichen, füllt man die Mischung mit heißer Fleischbrühe auf, gibt ein paar gekochte, gewürfelte Kartoffeln oder gekochte Nudeln hinein und würzt entsprechend kräftiger. Unmittelbar vor dem Servieren wird noch ein Klecks saure Sahne oder Crème fraîche darauf gesetzt.

Blut- und Leberwurst-Pfanne

400 g frische Blutwurst
400 g Leberwurst (beides lose oder im Darm)
40 g Schweineschmalz
1 TL getrockneter Majoran
schwarzer Pfeffer aus der Mühle
1 Msp. Knoblauchpulver
2 säuerliche Äpfel
50 g Röstzwiebeln (Fertigprodukt)
E 25 F 95 K 10 kJ 4290 kcal 1025

Blut- und Leberwurst wenn nötig aus den Därmen lösen. In zwei Pfannen nur jeweils soviel Schweineschmalz zerlassen, daß der Boden gerade bedeckt ist. Beide Wurstsorten getrennt bei nicht zu starker Hitze so lange braten, bis die Unterseite leicht kroß ist. Die Leberwurst mit Majoran, die Blutwurst mit Pfeffer und Knoblauchpulver nachwürzen. Dann herausnehmen und warm stellen. Inzwischen die Äpfel schälen und mit dem Apfelausstecher entkernen. Die Äpfel in 5 mm dicke Scheiben schneiden und in dem restlichen Schmalz auf beiden Seiten bräunen. Beide Wurstsorten nebeneinander auf einer großen, vorgewärmten Platte anrichten. Mit den Apfelringen belegen. Mit Röstzwiebeln bestreuen.
Dazu Kartoffelpüree aus der Packung servieren.

Gebackene Käseschnitzel

4 dicke Scheiben Käse (Gouda oder Edamer) von je 125 g
4 Scheiben gekochter Schinken von je etwa 50 g
4 Salbeiblättchen (ersatzweise ½ TL getrockneter Salbei)
4 EL Mehl
2 Eier
8 EL Semmelbrösel
Fritierfett
E 20 F 20 K 30 kJ 1630 kcal 390

Die Käsescheiben entrinden und vorsichtig jeweils eine Tasche hineinschneiden. Die Schinkenscheiben zusammenklappen mit je 1 Salbeiblatt füllen (oder etwas Salbei hineinstreuen) und in die Käsescheiben schieben. Wenn nötig, die gefüllten Schnitzel mit Spießchen zustechen. Rundherum in Mehl wenden. Überschüssiges Mehl abklopfen. Die Käsescheiben zuerst in verquirlten Eiern, dann in den Semmelbröseln wenden. Die Panade gut andrücken.
Das Fritierfett auf 170 bis 180 Grad (je nach Fettart) erhitzen (wenn kein Thermometer oder Thermostat vorhanden ist, einen Holzlöffelstiel in das Fett halten, bilden sich Bläschen, ist das Fett heiß genug). Jeweils 2 Käseschnitzel einlegen und in 2 Minuten knusprig braun braten. Gut abtropfen und auf einer dicken Lage Haushaltspapier abfetten lassen. Dann auf vorgewärmten Tellern anrichten, so bleiben sie heiß, bis die restlichen Schnitzel fertig sind.
Als Beilage Preiselbeerkompott aus dem Glas, Endiviensalat in einer Joghurt- oder Saure-Sahne-Marinade und frisches Bauern- oder Stangenweißbrot servieren.

Tip

Man kann die Schinkenscheiben auch dünn mit Senf bestreichen und mit einer Mischung aus gehackten frischen Kräutern und zerdrücktem Pfeffer sowie einer Spur Knoblauch bestreuen, bevor man sie in die Käsetaschen füllt und gart.

Kalbfleischrouladen

4 Kalbsschnitzel von je 125 g
Salz, schwarzer Pfeffer
150 g frischer Schafskäse oder Mozzarella
4 EL gehackte Frühlingszwiebeln (ersatzweise das Gelbe vom Lauch, in ganz dünne Ringe geschnitten)
4 EL Mehl
Fritierfett
E 27 F 13 K 5 kJ 1045 kcal 250

Die Kalbsschnitzel so dünn wie möglich klopfen. Mit Salz und Pfeffer bestreuen. Den Käse in dünne Scheiben schneiden und das Fleisch so damit belegen, daß zum unteren Ende ein breiter Rand frei bleibt. Mit Frühlingszwiebeln oder mit Lauchringen bestreuen. Die Rouladen zu dem unbelegten Rand hin aufrollen und mit Rouladennadeln oder Zahnstochern zustecken. In Mehl wenden und das überflüssige Mehl vorsichtig abklopfen. Das Fritierfett auf 170 bis 180 Grad erhitzen (siehe Käseschnitzel) und die Kalbsrouladen darin 6 bis 7 Minuten fritieren. Gut abtropfen lassen und sehr heiß servieren.
Dazu eine beliebige Kräuter-, Joghurt oder Buttersauce oder eine pikante Tomatensauce aus dem Glas servieren. Auch mit Sardellenpaste verrührte Butter schmeckt dazu. Außerdem Salzkartoffeln und grüne Bohnen oder Broccoligemüse (Tiefkühlware, dann geht's besonders schnell).

Variationen
Füllen Sie die Kalbfleischrouladen doch einmal mit Bananen. Würzen Sie die Scheiben dazu mit Salz, Pfeffer und Curry. Streichen Sie etwas sehr fein gehacktes Mangochutney darüber und legen Sie je ein in der Größe zurechtgeschnittenes Stück Banane (vorher mit Zitronensaft bestrichen) darauf. Aufrollen, zustekken und wie im Rezept garen.

Natürlich können Sie die Rouladen auch nach Art des Cordon bleu füllen: Je eine Scheibe gekochten Schinken und Emmentaler Käse (beides ohne Ränder) hineinlegen, aufrollen und wie oben angegeben garen.

Hähnchenkeulen mit Ingwersauce

4 tiefgekühlte Hähnchenkeulen von je 180 g
3 EL Erdnußbutter
¼ l Fleischbrühe
3 kandierte Ingwerpflaumen
1 TL Ingwersirup
1 EL Orangenmarmelade
2 EL gehackte Mandeln
Salz
1 TL Paprika rosenscharf
4 EL Mehl
½ TL Ingwerpulver
Fritierfett
E 30 F 10 K 15 kJ 1170 kcal 280

Tip

Nach diesem Rezept können auch andere Geflügelteile (Hühnerbrüstchen, Putenschnitzel oder -keulen) zubereitet werden.

Die Hähnchenkeulen über Nacht im Kühlschrank auftauen lassen. Am nächsten Tag die Erdnußbutter in der Fleischbrühe bei nicht zu starker Hitze unter Rühren auflösen. 2 Ingwerpflaumen fein hacken, die dritte in dünne Scheiben schneiden und zum Garnieren beiseite legen. Gehackten Ingwer mit der Orangenmarmelade und den Mandeln in die Sauce geben. Eventuell mit Salz nachwürzen. Die Sauce heiß halten, aber nicht kochen lassen.
Die Hähnchenkeulen mit Haushaltspapier gründlich trockentupfen. Mit Salz einreiben. Paprika, Mehl und Ingwerpulver mischen und die Hähnchenkeulen darin wenden. Die Panade leicht andrücken.
Das Fritierfett auf 170 bis 180 Grad erhitzen (siehe Käseschnitzel) und jeweils 2 Hähnchenkeulen darin 12 bis 15 Minuten fritieren. Warm stellen, bis die übrigen fertig sind. Die Keulen auf Haushaltspapier abfetten lassen, auf einer Platte anrichten und mit den Ingwerscheiben belegen. Die Sauce getrennt reichen.
Als Beilagen Reis (aus dem Kochbeutel), gewürfelte, mit Zitronensaft beträufelte Banane und Rosinen.

Festliches Menü

Gebackene Austern
Carpet bag-Steak mit Kartoffelbällchen »Neapel« und Spargel
Gefüllte Ananas

Gebackene Austern

24 frische Austern (fest verschlossen, sonst sind sie nicht genießbar)
50 g Butter, 50 g Semmelbrösel
1 Glas (2 cl) Pernod
weißer Pfeffer aus der Mühle
3 EL gehackte Petersilie
E 20 F 13 K 20 kJ 1190 kcal 285

Die Austern öffnen. Das macht man am besten, indem man die jeweilige Auster in eine gefaltete Serviette mit der flachen Seite nach oben und dem Gelenk nach vorne auf die Arbeitsfläche legt. Die Auster gut festhalten und mit der Spitze des Austernmessers in die kleine Gelenköffnung fahren. Dann läßt sich die Auster durch Drehen des Messers leicht öffnen. Den Muskel durchtrennen und die obere Schalenhälfte abheben. Das Wasser abgießen aber aufheben. Die Auster aus der Schale lösen.
Eine feuerfeste Form einfetten und ausstreuen. 12 Austern hineinlegen. Mit etwas Pernod und etwas Austernwasser beträufeln. Mit Pfeffer würzen. Die restlichen Semmelbrösel mit 2 EL Petersilie mischen und die Hälfte davon auf die Austern streuen. Dann mit einigen Butterflöckchen belegen. Die restlichen 12 Austern darüber verteilen und wie beschrieben vorbereiten. In dem auf 240 Grad (Gasherd Stufe 4) vorgeheizten Ofen 10 Minuten überbacken.
Dazu Brot und trockenen Weißwein.

Tip

Sie können die Austern auch in ihrer Schale servieren. Dazu nach dem Öffnen und Entbarten wieder in die Schale zurücklegen und auf ein mit Salz bedecktes Blech stellen. Mit Zitronensaft beträufeln, sparsam mit Semmelbröseln bestreuen, mit Butterflöckchen belegen und überbräunen.

Gefülltes Rumpsteak

1 Rumpsteak von 700 g ohne Fettrand
2 kleine Zwiebeln
100 g Tatar (Schabefleisch)
1 Eigelb, Salz
schwarzer Pfeffer aus der Mühle
1 Prise Paprika rosenscharf
1 Prise gerebelter Thymian
100 g magerer gekochter Schinken
125 g kleine, feste Champignonköpfe
1 EL gehackte Petersilie
1 EL gehackter Kerbel
(ersatzweise 1/2 TL getrockneter)
4 EL Öl, 20 g Butter
E 40 F 50 K 3 kJ 2680 kcal 640

In das Rumpsteak von der Seite her mit einem scharfen Messer eine Tasche schneiden. Die geschälten Zwiebeln fein hacken. Eine Zwiebel mit Tatar, Eigelb, Salz, Pfeffer, Paprika und Thymian vermischen. Die Steaktasche damit rundherum »auskleiden«. Schinken und Champignons fein hacken. Mit der zweiten Zwiebel, Petersilie, und dem Kerbel mischen. Ebenfalls in das Steak füllen. Zunähen und im rauchheißen Öl rundherum 5 Minuten braun anbraten. Dann herausnehmen und das Öl neben dem Herd etwas abkühlen lassen. Das Steak mit Salz und Pfeffer einreiben. Die Butter in dem Öl erhitzen. Das Steak darin bei nicht zu starker Hitze in 15 bis 20 Minuten gar schmoren. Einige Minuten ruhen lassen, dann erst aufschneiden.
Dazu serviert man Kartoffelbällchen »Neapel« und Spargel. Als Getränk paßt ein kräftiger Rotwein.

Kartoffelbällchen »Neapel«

100 g Makkaroni
1 l Salzwasser
500 g geschälte Kartoffeln (ohne Schale gewogen)
40 g Butter
40 g Mehl
1/4 l Sahne
100 g gekochter Schinken ohne Fettrand
2 EL gehackte Petersilie
Salz, geriebene Muskatnuß
Öl oder Pflanzenfett zum Fritieren
E 13 F 45 K 50 kJ 2825 kcal 675

Makkaroni in Salzwasser 10 Minuten kochen, abschrecken, abtropfen und abkühlen lassen. Kartoffeln als Salzkartoffeln kochen, abgießen, ausdämpfen lassen und durch die Kartoffelpresse drücken. Butter und Mehl verkneten und nun sofort in die heißen Kartoffeln rühren. Dann erst die Sahne unterrühren. Den Schinken fein hacken, zusammen mit der Petersilie in das Püree geben. Das Püree mit Salz und Muskatnuß abschmekken. Die abgekühlten Makkaroni in etwa 3 mm dicke Stücke schneiden. Aus dem Püree Kugeln von etwa 4 cm Durchmesser formen und in den Makkaroni gründlich wenden.
Das Fett in der Friteuse auf 170 bis 180 Grad erhitzen. Die Kartoffelbällchen darin in 4 bis 5 Minuten knusprig braun ausbacken.

Gefüllte Ananas

1 reife Ananas
1 Glas (2 cl) Kirschwasser
1 Glas (2 cl) Maraschinolikör
150 g tiefgekühlte Himbeeren
1 EL Vanillezucker
1/2 Haushaltspackung Vanilleeis
150 g blaue Trauben
E 10 F 10 K 65 kJ 1675 kcal 400

Bei reifen Ananas lassen sich die inneren Schopfblätter leicht herauszupfen. Ananas längs halbieren und den harten Kern herausschneiden. Das Fruchtfleisch mit einem Kartoffelbohrer bis auf etwa 1 cm auslösen. Beide Ananashälften kalt stellen. Die Fruchtkugeln mit Kirschwasser und Maraschinolikör mischen und zugedeckt 2 Stunden im Kühlschrank durchziehen lassen.
Himbeeren mit dem Vanillezucker aufkochen, durch ein Sieb streichen und ebenfalls 60 Minuten kühlen.
Das Vanilleeis antauen, die Ananashälften damit auskleiden. 30 Minuten in das Gefrierfach des Kühlschranks stellen. Die Ananaskugeln abtropfen. Den Saft mit Himbeerpüree mischen, auf das Vanilleeis geben und mit Ananaskugeln und entkernten Trauben füllen.
Dazu kann man einen halbtrockenen Sekt, ein Gläschen Likör servieren.

Festliches Menü

Schneckensalat
Gefüllte Kalbsbrust mit glasierten Möhren und Petersilienkartoffeln
Kullerpfirsich

Schneckensalat

24 Schnecken aus der Dose
je 8 Artischockenböden und -herzen aus der Dose
2 Schalotten, 20 g Butter
6 EL Weißwein, 2 EL Essig
3 EL Öl, 1 EL Mandelöl
Salz, weißer Pfeffer aus der Mühle
je 2 EL gehackte Petersilie und Kerbel
E 40 F 20 K 15 kJ 1715 kcal 410

Schnecken, Artischockenböden und -herzen abtropfen lassen. Schneckenwasser auffangen. Die Schnecken zusammen mit den geschälten, gehackten Schalotten in der Butter unter Rühren anbraten, aber nicht Farbe nehmen lassen. Artischockenböden und -herzen vierteln. Mit Weißwein, Essig und Öl zu den Schnecken geben. Würzen und zugedeckt 5 Minuten dünsten lassen. Im Kühlschrank 2 Stunden durchkühlen lassen. Mit den Kräutern bestreuen.
Dazu warme Cocktailbrötchen und einen trockenen Weißwein reichen.

Gefüllte Kalbsbrust

1000 g Kalbsbrust ohne Knochen
3 hartgekochte Eier
4 EL beliebige gehackte Kräuter
75 g gekochter Schinken
4 EL Semmelbrösel
Salz, weißer Pfeffer aus der Mühle
1/2 l Kalbsbrühe (selbstgekocht)
1/2 l Weißwein
2 Bund Suppengrün, 1 Zwiebel
1 Lorbeerblatt, 4 Nelken
6 Pfefferkörner
E 40 F 20 K 12 kJ 1675 kcal 400

In die Kalbsbrust vom Fleischer eine Tasche einschneiden lassen. Das Fleisch mit Haushaltspapier abreiben. Aus den gehackten Eiern, den Kräutern, dem gewürfelten Schinken und Semmelbröseln eine Füllung zubereiten. Mit Salz und Pfeffer würzen. In die Tasche geben, den einen Fleischlappen darüberziehen und unter die Füllung schieben.
Die Kalbsbrust zusammenrollen und mit Rouladengarn umwickeln. Kalbsbrühe und Wein in einem großen Topf lauwarm werden lassen. Das Suppengrün, die mit Lorbeerblatt und Nelken gespickte Zwiebel und die Pfefferkörner hineingeben. Die Kalbsbrust einlegen und die Brühe langsam bis kurz vorm Kochen erhitzen und abschäumen. Zugedeckt 90 Minuten leise simmern lassen. Das Fleisch abgetropft vor dem Aufschneiden etwa 5 Minuten ruhen lassen. Mit glasierten Möhren (Rezept Seite 187) umlegen und mit etwas Brühe übergießen.

Kullerpfirsich

Für dieses Dessert pro Person einen gründlich abgeriebenen Pfirsich mit einer Gabel mehrmals einstechen, in ein bauchiges Glas legen und mit gut gekühltem trockenen Sekt auffüllen.

Festliches Menü

Gänseleber in Portwein
Lachsforelle im Teigmantel
Fruchtsahne

Gänseleber in Portwein

2 frische Gänselebern von je 200 g
2 Glas (2 cl) Cognac
1 TL Pastetengewürz
100 g Schinkenspeck, in hauchdünne Scheiben geschnitten.
20 g Butter, 1/8 l trockener Portwein
1/8 l Kalbsjus, 2 EL Crème fraîche
2 EL Preiselbeeren aus dem Glas
1 EL fein geschnittene Orangenschale
Salz, weißer Pfeffer aus der Mühle
E 20 F 20 K 10 kJ 1295 kcal 310

Die Lebern häuten, mit Cognac und Pastetengewürz einreiben, in Alufolie wickeln und 6 bis 8 Stunden im Kühlschrank durchziehen lassen. Gut abreiben. Die Lebern würfeln und mit dem Speck umwickeln. In der heißen Butter rundherum in 2 Minuten anbraten. Mit dem Portwein begießen und zugedeckt bei milder Hitze 5 Minuten schmoren lassen. Warm stellen. Den Schmorfond entfetten, mit Kalbsjus, Crème fraîche und Preiselbeeren mischen und bis kurz vorm Kochen erhitzen. Mit Salz und Pfeffer abschmecken. Die Leberstücke von dem Speck befreien, mit Sauce begießen, mit Orangenschale bestreuen. Dazu frisches Stangenweißbrot.

Lachsforelle im Teigmantel

1 Lachsforelle von etwa 750 g
150 g frische Krabben
2 hartgekochte Eigelb
50 g Butter
Salz, weißer Pfeffer aus der Mühle
je 1 EL gehackte Petersilie und Schnittlauchröllchen
1 Paket tiefgekühlter Blätterteig (300 g), Mehl zum Ausrollen
E 30 F 40 K 25 kJ 2510 kcal 600

Die Lachsforelle schon beim Händler so ausnehmen lassen, daß außer den Innereien auch das Grätengerüst herausgenommen wurde. Den Fisch abspülen und die Flossen abschneiden. Die Krabben im Mixer pürieren, die Eigelb durch ein Sieb streichen. Die Butter schaumig rühren und mit Krabben, Eigelb und den Kräutern mischen. Mit Salz und Pfeffer abschmecken. Den Fisch damit füllen. Die Blätterteigplatten auf der bemehlten Arbeitsfläche zu zwei Rechtecken ausrollen. Den Fisch auf die eine Teigplatte legen, den Teig am Fisch entlang mit Eiweiß bestreichen und mit der zweiten Platte bedecken. Die Fischform nachmodellieren. Mit etwa 15 mm Abstand den Teig rund um den Fisch abschneiden und die Ränder mit einer Gabel festdrücken. Den Fisch in dem auf 200 Grad (Gasherd Stufe 3) vorgeheizten Backofen 35 Minuten backen.
Dazu zarten grünen Salat reichen.

Fruchtsahne

Für dieses Dessert werden beliebige frische oder tiefgekühlte Früchte püriert und mit Schlagsahne vermischt.

Festliches Menü

Gefüllte Artischocken
Filet Wellington mit Preiselbeersauce und Salat
Mousse au chocolat

Gefüllte Artischocken

Für 6 Personen
6 junge zarte Artischocken
3 Schalotten, 30 g Butter
3 EL gehackte Petersilie
2 EL gehackter Sauerampfer
100 g gekochter Schinken ohne Fettrand
3 hartgekochte Eier
1 Kästchen Kresse
schwarzer Pfeffer aus der Mühle
12 hauchdünne Schinkenspeckscheiben
1/8 l trockener Weißwein
1 EL Tomatenpüree
1/8 l Crème fraîche
E 13 F 25 K 15 kJ 1445 kcal 345

Die Artischocken putzen und vorsichtig auseinanderbiegen. Das Heu innen entfernen. Die Artischocken gründlich waschen und abtropfen lassen. Die geschälten, fein gehackten Schalotten in der Butter glasig werden lassen. 2 EL Petersilie und den Sauerampfer dazugeben. Unter Rühren noch 2 Minuten dünsten. Den Schinken und die geschälten Eier hacken. Mit den gedünsteten Kräutern, der restlichen Petersilie und den Kresseblättchen mischen. Die Füllung mit Pfeffer abschmecken und in die Artischocken geben. Die Artischocken vorsichtig zusammendrükken, mit den Speckscheiben umwikkeln und diese mit Holzstäbchen feststecken. In einer feuerfesten Form rundherum leicht anbraten. Mit Weißwein, Tomatenpüree und der Hälfte der Crème fraîche auffüllen und zugedeckt bei milder Hitze 20 Minuten dünsten. Die Artischocken auf einer Platte anrichten. Die Sauce mit der restlichen Crème fraîche verrühren und über die Artischocken gießen. Als Beilage frisches Stangenweißbrot und als Getränk einen trokkenen Weißwein oder einen gut gekühlten Sherry fino dazu reichen.

Filet Wellington

Für 6 Personen
1 Paket tiefgekühlter Blätterteig (300 g),
750 Rinderfilet
30 g Kokosfett, Salz
schwarzer Pfeffer aus der Mühle
2 Zwiebeln
50 g Butter
250 g frische Champignons
250 g Kalbsleber
1 TL gerebelter Majoran
1 EL gerebelter Thymian
1 EL gehackte Petersilie
2 EL Semmelbrösel
2 EL Madeira
Mehl zum Ausrollen
1 Eigelb zum Bestreichen
E 35 F 33 K 25 kJ 2320 kcal 555

Den Blätterteig nach Vorschrift auftauen lassen. In der Zwischenzeit das Filet, wenn nötig, häuten und mit Haushaltspapier abtupfen. Das Kokosfett sehr heiß werden lassen und das Filet darin rundherum 10 Minuten anbraten. Abkühlen lassen. Dann erst mit Salz und Pfeffer einreiben.
Die geschälten, fein gehackten Zwiebeln in 25 g Butter goldgelb andünsten. Die geputzten, gewaschenen und abgetropften Champignons in Scheiben schneiden und zu den Zwiebeln geben. Solange unter Rühren braten, bis sie keine Flüssigkeit mehr abgeben.
Die Leber abspülen, trockentupfen und von Haut und Röhren befreien. In etwa 1/2 cm große Würfel schneiden und in der restlichen Butter 2 Minuten braten. Mit der Zwiebel-Champignon-Mischung, den Kräutern, Semmelbröseln und Madeira zu einer geschmeidigen Farce verrühren. Mit Salz und Pfeffer abschmecken. Den Blätterteig auf der bemehlten Arbeitsfläche zu einem Rechteck ausrollen, das groß genug ist, um das Filet darin einschlagen zu können. Etwas Teig zur Garnierung zurückbehalten. In die Mitte des Teiges knapp 2/3 der Füllung verstreichen.
Das Filet darauflegen und mit der restlichen Füllung bestreichen. Jetzt den Teig so an dem Fleisch hochziehen, daß auch die Seiten von Füllung umhüllt werden. Den Teig oben übereinanderschlagen und mit dieser Seite nach unten auf ein kalt abgespültes Backblech legen. Aus dem restlichen Teig kleine Sternchen oder Halbmonde ausstechen und das Filet damit garnieren. Den Teig mit dem verquirlten Eigelb bestreichen. In dem auf 200 Grad (Gasherd Stufe 3) vorgeheizten Backofen 40 Minuten bakken. Einige Minuten ruhen lassen, dann in Scheiben schneiden.
Als Beilagen Preiselbeersauce (siehe Seite 173) und Salat reichen, zum Beispiel Romana- und Radicchio-Salat gemischt in einer Himbeeressig-Marinade. Das passende Getränk ist ein nicht zu schwerer Rotwein.

Mousse au chocolat

Für 6 Personen
100 g Zartbitterschokolade
50 g Vollmilchschokolade
50 g Mokkaschokolade
4 Eigelb
1 TL Pulverkaffee
1 EL Vanillezucker
4 Eiweiß, 1 TL Zitronensaft
1/4 l Sahne
2 Tropfen Mandelaroma
1 EL Birnengeist
12 Mokkabohnen aus Schokolade
E 8 F 28 K 23 kJ 3245 kcal 775

Alle drei Schokoladensorten zerbrechen und im warmen Wasserbad unter ständigem Rühren schmelzen lassen. Eigelb mit Pulverkaffee und Vanillezucker schaumig schlagen. Langsam in die Schokolade rühren, die aber nur noch lauwarm sein darf. Eiweiß mit dem Zitronensaft zu ganz steifem Schnee schlagen. Die gut gekühlte Sahne ebenfalls steif schlagen. Von der Sahne etwa 1/3 zur Garnierung zurückbehalten. Die restliche Sahne vorsichtig unter die Schokolade ziehen, anschließend das Eiweiß untermischen. Die Mousse mit Mandelaroma und Birnengeist parfümieren und im Kühlschrank etwa 2 Stunden gut durchkühlen lassen. Unmittelbar vor dem Servieren mit Sahnetupfen und Mokkabohnen garnieren. Zur Mousse au chocolate kann ein gut gekühlter, halbtrockener Sekt gereicht werden.

CHANDON
ROZÈS
1978
70 cl

Das große kalte Büfett

Rezepte für 12 Personen
Das große, kalte Büfett soll sozusagen das Diner an der Tafel ersetzen und wird darum mit der gleichen Speisefolge bestückt: Vorspeisen, Zwischengerichte, Hauptgang und Dessert. Die einzelnen Gerichte werden auch in dieser Reihenfolge aufgebaut. Es kann also beliebig aus Gerichten dieses Buches zusammengestellt oder mit diesen ergänzt werden. So wichtig wie die Frage: Welche Gerichte werden serviert, ist die Frage nach den Getränken. Sowohl Alkoholisches wie Nichtalkoholisches sollte reichlich vorhanden sein: Trockener und lieblicher Sekt, trockener und milder Weißwein, eventuell gut gekühlter Rosé- oder ein nicht zu schwerer Rotwein, Orangensaft (mit einem Eisbehälter in der Nähe), Mineralwasser, Tonicwater, Tomaten- oder Gemüsesaft. Zur Begrüßung kann sowohl trockener Sherry oder Portwein, als auch Sekt oder Champagner oder ein (nicht zu süßer und vor allen Dingen nicht zu schwerer) Cocktail gereicht werden.

Kalte Tomatensuppe

250 g Zwiebeln oder Schalotten
3 bis 4 Knoblauchzehen
40 g Butter
20 g Mehl
20 g Paprika edelsüß
3 Dosen geschälte Tomaten (je 800 g)
Instant Fleischbrühe
1 Prise Zucker
schwarzer Pfeffer aus der Mühle
¾ l Sahne
40 g blättrig geschnittene Mandeln
4 EL Schnittlauchröllchen
E 5 F 25 K 10 kJ 1235 kcal 295

Zwiebeln oder Schalotten schälen und fein hacken, ebenso die geschälten Knoblauchzehen. In der heißen Butter glasig dünsten. Mit Mehl und Paprika bestäuben und dieses unter Rühren solange anschwitzen, bis es ganz mit dem Fett verschmolzen ist. Mit der Flüssigkeit von den Tomaten ablöschen, aufkochen und 5 Minuten kochen lassen. Dann die fein gehackten Tomaten dazugeben. Mit Instant Fleischbrühe, Zucker und Pfeffer pikant abschmecken. Die Suppe abkühlen lassen. Die Sahne halbsteif schlagen und gut die Hälfte in die Suppe rühren. Die übrige Sahne ganz steif schlagen und erst unmittelbar vor dem Servieren als Haube auf die Suppe geben. Jeweils die Hälfte der Mandeln und des Schnittlauchs vorher in die Suppe rühren. Den Rest auf die Sahne streuen.
Dazu Käsestangen (selbst gebacken oder fertig gekauft) bereitstellen.

Hinweis Wer die Suppe ganz pikant möchte, würzt zusätzlich mit Worcester- oder Tabascosauce oder ersetzt einen Teil des Dosentomatensaftes durch Sangrita (Fertigprodukt) oder Sangrita picante (Fertigprodukt). Auch durch einen Schuß Gin oder Wodka bekommt sie ein raffiniertes vorzügliches Aroma.

Eisberg-Schinken-Salat

3 Köpfe Eisbergsalat
200 g frische Champignons
6 Stangen Bleichsellerie
2 kleine Stangen Lauch
2 rote Paprikaschoten
250 g gekochter Schinken ohne Fettrand
1 Bund Radieschen
100 g Mayonnaise
2 Becher Joghurt
1 Schalotte
Salz
weißer Pfeffer
Cayennepfeffer
1 Prise Zucker
6 Sardellenfilets
2 EL Kapern (non paraille)
2 EL gehackte Petersilie
E 7 F 12 K 5 kJ 670 kcal 160

Von den Eisbergsalaten die Strünke abschneiden, dabei dürfen aber die Blätter nicht auseinanderfallen. Die Salatköpfe auseinanderbiegen und die inneren Blätter vorsichtig herausschneiden. Die nun wie eine Rosette geformten äußeren Blätter und die getrennten inneren Blätter gründlich waschen und abtropfen lassen. Die inneren Blätter zerpflücken. Die geputzten Champignons in hauchdünne Scheiben schneiden. Den geputzten Bleichsellerie und die gewaschenen weißen Teile des Lauchs, die geputzten Paprikaschoten und den Schinken in feine Streifen, die Radieschen in Scheiben schneiden. Alles gut mischen und in die Eisbergsalatköpfe füllen. Mayonnaise mit Joghurt glattrühren. Die sehr fein gehackte Schalotte in diese Sauce geben. Mit Salz, Pfeffer, Cayennepfeffer und Zucker abschmecken. Die Sauce über die Salatzutaten gießen. Mit gewässerten, halbierten Sardellenfilets, abgetropften Kapern und Petersilie garnieren.

Hinweis Zusätzlich kann man diesen Salat auch mit gehackten hartgekochten Eiern bestreuen.

Palmito-Cocktail

1 große Dose Palmitos (Palmherzen)
100 g Crème fraîche
2 cl Cognac
2 Becher Joghurt
1 EL Tomatenpüree
2 EL Orangensaft
Salz, Cayennepfeffer
1 Prise Zucker
200 g hauchdünn geschnittenes Bündner Fleisch
schwarze Pfefferkörner
E 10 F 7 K 5 kJ 525 kcal 125

Die Palmitos abtropfen lassen und in etwa 3 cm lange Stücke schneiden. Auf einer tiefen Platte anrichten. Aus Crème fraîche, Cognac, Joghurt, Tomatenpüree und Orangensaft eine Cocktailsauce rühren. Mit Salz, Cayennepfeffer und Zucker pikant würzen. Über die Palmitos gießen. Die Fleischscheiben auf derselben Platte anrichten und mit dem zerstoßenen Pfeffer nur sehr sparsam bestreuen.

Tip

Verfeinern Sie den Palmito-Cocktail durch die Zugabe von Papayas: Die Früchte werden dazu geschält, entkernt und in Schnitze geteilt, die man noch einmal halbieren kann.

Hummerkrabben »Chantilly«

500 g frische oder tiefgekühlte Hummerkrabben (gekocht)
3 EL Zitronensaft
1/8 l Sahne
100 g Mayonnaise
2–3 EL trockener Sherry (Fino)
Salz, Cayennepfeffer
Paprika edelsüß, 1 Prise Zucker
je 1 Spritzer Worcestersauce und Weißweinessig
2 EL rote oder grüne Pfefferkörner
E 8 F 10 K 1 kJ 545 kcal 130

Die frischen oder aufgetauten Krabben ganz kurz abspülen, dann mit Zitronensaft beträufelt 10 Minuten stehen lassen. In eine Glasschüssel füllen. Die Sahne steif schlagen und mit der Mayonnaise gründlich mischen. Mit Sherry, Salz, Cayennepfeffer, Paprika und Zucker würzen und mit Worcestersauce und Essig kräftig abschmecken. Über die Krabben geben und mit roten oder grünen Pfefferkörnern bestreuen.

Forellen in Aspik

1 l selbstgekochte Fischbrühe (aus Fischabfällen)
1/8 l trockener Weißwein
2 Bund Suppengrün
10 Pfefferkörner
Salz
6 küchenfertige Forellen von je etwa 350 g
1 Eiweiß
6 Blatt weiße Gelatine
1 gekochte Möhre
6 Stengel glatte Petersilie.
E 20 F 3 K 3 kJ 500 kcal 120

Fischbrühe und Weißwein mit dem geputzten Suppengrün und den Pfefferkörnern 10 Minuten köcheln lassen. Salzen. Die gewaschenen, abgetropften Forellen vorsichtig einlegen und bei ganz milder Hitze 15 Minuten sieden, nicht kochen lassen. Die Fische herausheben und vorsichtig die Haut abziehen, dabei die Köpfe aber dranlassen. Die Fische mit einem feuchten Tuch bedecken und zum Abkühlen in den Kühlschrank stellen.
Den Fischsud bei starker Hitze um die Hälfte einkochen lassen. Dann nochmal abschmecken.
Das Eiweiß halbsteif schlagen und zusammen mit der zerstoßenen Eischale in den Sud rühren. Den Sud wieder aufkochen. Sobald der Schaum nach oben steigt, den Topf für einige Minuten vom Herd nehmen. Diesen Vorgang noch zweimal wiederholen, dann haben sich alle Schwebestoffe mit dem Eischaum verbunden. Ein Haarsieb mit Filterpapier auslegen und den Sud hindurchlaufen lassen. Die Gelatine 10 Minuten kalt einweichen, dann in etwas Fischsud vorsichtig erwärmen und auflösen. In den übrigen Sud geben und kalt stellen. Sobald das Aspik zu erstarren beginnt, einen »Spiegel« auf die Servierplatte gießen und erstarren lassen. Die Fische darauflegen und mit ganz wenig Aspik überziehen (sollte es zwischendurch fest geworden sein, muß man es im Wasserbad kurz erwärmen, damit es wieder gießfähig wird.
Die Möhre mit einem Buntmesser in kleine Scheiben schneiden. Die Petersilie zerpflücken. Damit die Fische und den Spiegel beliebig garnieren und mit restlichem Aspik überziehen.

Der große Braten

Er kann ganz nach persönlichem Geschmack ausgewählt werden, jedoch sollte das Fleisch niemals zu fett sein, da man es ja kalt ißt.
Sehr gut passen ein kalter Rehrücken mit Maronenpüree (Seite 90) und Preiselbeer- oder Cumberlandsauce (Seite 173) oder eine kalte gefüllte Kalbsbrust (Seite 306) mit zwei verschiedenen Mayonnaisen (Seite 170) oder auch ein Rinderfilet im Speckmantel (Seite 91) mit Petersiliencreme (Seite 177). Ist die Gästezahl besonders hoch, können auch zwei Braten angerichtet werden.
Selbstverständlich eignet sich auch Geflügel für ein kaltes Büfett, wie zum Beispiel ein Babyputer oder auch (wenn's rustikaler ist) Hähnchenteile. Wichtig ist dabei nur, daß auch diese Fleischstücke nicht zu fett sein dürfen.

Die Käseplatte

Von jeder der bei uns typischen Käseart (siehe Käsewarenkunde Seite 346) sollte zumindest eine Sorte vertreten sein, zum Beispiel ein Hartkäse, ein Frischkäse, ein Edelpilzkäse usw.). Die Platte wird je nach Jahreszeit mit Weintrauben, Birnen, Äpfeln, frischen oder getrockneten Feigen, Nüssen, Bleichsellerie, Gurken, Radieschen und ähnlichem Beiwerk bunt garniert.
Dazu reicht man in einem Korb verschiedene Brotsorten und möglichst auch Butter, die auf einem Eisbett angerichtet wird. Zusätzlich können Cocktailbrötchen, große Salzstangen und Chips gereicht werden.

Das Dessert

Es kann eine der mit Gelatine gefestigten Cremes sein, die wir in diesem Buch vorgestellt haben. Es kann aber auch »nur« aus frischen Früchten mit Sahne oder Caramelsauce bestehen. Diese Sauce (siehe unten) paßt besonders gut zu Erdbeeren, Kiwifrüchten, frischen Pfirsichen und Aprikosen und zu Orangen- oder Mandarinenschnitzen.

Caramelsauce

400 g Zucker
1/4 l Milch
1/2 l Sahne
1/2 TL Zimt
1 Hauch geriebene Muskatnuß
3 Glas (6 cl) Cognac oder Orangenlikör (Cointreau oder Grand Marnier)
E 2 F 13 K 35 kJ 1130 kcal 270

Den Zucker langsam in einem Topf unter ständigem Rühren schmelzen und dann bräunen lassen. Die kochende Milch in einem dünnen Strahl einlaufen lassen und diese Mischung nochmal aufkochen. Den Topf vom Herd nehmen und die Sahne hineinrühren.
Die Sauce mit Zimt, Muskatnuß und Cognac oder Cointreau abschmekken. Nur auf Zimmertemperatur abkühlen lassen.

Mitternachtsmenü

Schildkrötensuppe »Lady Curzon«
Russenplatte mit Dillsahne
Gefüllte Täubchen
Stilton mit Portwein

Wer zum Beispiel nach einem festlichen Theater- oder Opernabend noch liebe Freunde zu einem delikaten Mitternachtsimbiß einladen möchte, muß diesen sorgfältig vorbereitet haben. Denn einmal haben Gäste und Gastgeber zumindest Appetit, zum anderen kann und will jedoch niemand so spät noch lange in der Küche stehen. Außerdem ist das Mitternachtsmenü das beste, das wie »gerade hingezaubert« wirkt. Alle Rezepte hier lassen sich gut vorbereiten. Während die wenigen, unumgänglichen notwendigen Vorbereitungen getroffen werden, wird den Gästen ein Cocktail oder ein Glas Sekt kredenzt.

Schildkrötensuppe »Lady Curzon«

10 cl Sahne
½ TL Zitronensaft
1 Dose Schildkrötensuppe
5 cl trockener Sherry (Fino)
Curry zum Bestäuben
E 5 F 15 K 10 kJ 835 kcal 200

Die Sahne steif schlagen und mit dem Zitronensaft mischen. In vier Portionen teilen und in Alufolie oder kleinen Plastikbehältern in den Kühlschrank stellen. Sobald man zu Hause eingetroffen ist, den Backofen auf 200 Grad (Gasherd Stufe 3) vorheizen. Die Suppe auf dem Herd rasch erwärmen und mit dem Sherry abschmecken. In vier kleine Suppentassen füllen und je eine Sahneportion darauf legen. In dem heißen Backofen etwa 4 Minuten überbacken. Mit etwas Curry bestäubt zu Tisch bringen und eventuell Käsegebäck (Fertigprodukt) dazu reichen.

Hinweis Die Suppe kann auch sekundenlang unter dem heißen Grill überflämmt werden, bis sie Farbe bekommt.

Russenplatte mit Dillsahne

100 g mild geräucherter Stör
100 g Räucherlachs
50 g Keta-Kaviar (Lachskaviar)
1 kleines Gläschen echter Kaviar
10 cl Crème fraîche
1 EL tiefgekühlter Dill
Zitronensaft, 1 Prise Zucker
E 15 F 15 K 2 kJ 880 kcal 210

Stör und Räucherlachs schon in hauchdünne Scheiben geschnitten kaufen. Auf einer Platte anrichten. Auf der einen Seite den roten Keta-Kaviar, auf der anderen Seite den russischen Kaviar anlegen. Crème fraîche mit Dill und Zitronensaft mischen und mit Zucker abschmecken. Dazu gibt es kleine Cocktailbrötchen, trockenen Champagner oder Wodka.

Gefüllte Täubchen

4 küchenfertige Täubchen mit Herz und Lebern, 1 altbackenes Brötchen
2 Schalotten
½ Päckchen tiefgekühlte gemischte Kräuter
40 g Butter, 2 Eigelb
Salz, weißer Pfeffer aus der Mühle
geriebene Muskatnuß
8 hauchdünne, fette Speckscheiben
1 Bund Suppengrün
¼ l heiße Hühnerbrühe
⅛ l trockener Weißwein
3 Blatt weiße Gelatine
2 EL Pistazienkerne
2 hartgekochte Eier
E 40 F 30 K 13 kJ 2070 kcal 495

Herzen und Lebern aus den Täubchen nehmen und fein hacken. Die Täubchen innen und außen abspülen und trockentupfen. Das Brötchen in kaltem Wasser einweichen. Die Schalotten fein hacken und mit den Kräutern vermischen. 20 g Butter erhitzen, zuerst die Herzen und Lebern darin kurz Farbe nehmen lassen, dann die Schalotten und Kräuter dazugeben. Unter Rühren 3 Minuten dünsten. Abkühlen lassen und mit dem ausgedrückten, fein zerpflückten Brötchen und den Eigelben mischen. Mit Salz, Pfeffer und Muskat abschmecken. Die Täubchen damit füllen und in je zwei Speckscheiben wickeln. Mit Rouladengarn umbinden. Die restliche Butter in einem Bräter erhitzen und die Täubchen darin rundherum kurz anbraten. Dann das geputzte, klein gewürfelte Suppengrün dazugeben und noch etwa 4 Minuten mitbraten. Die Hälfte der Fleischbrühe und den Wein angießen und die Täubchen zugedeckt 15 Minuten schmoren.
Die Vögel herausnehmen und vom Speck befreit abkühlen lassen. Die restliche Fleischbrühe zum Schmorfond geben und diesen gut um ⅓ einkochen.
Die Gelatine 10 Minuten in kaltem Wasser einweichen. Den Schmorfond durchsieben, gründlich entfetten und die ausgedrückte Gelatine darin auflösen. Im Kühlschrank erkalten, aber nicht erstarren lassen. Die Täubchen anrichten, mit Pistazien und Eischeiben garnieren und mit dem Gelee überziehen. Wieder in den Kühlschrank stellen und etwa 30 Minuten vor dem Servieren herausnehmen. Dazu frisch geröstetes Weißbrot servieren. Als Getränk ist ein leichter Rotwein oder ein Rosé zu empfehlen.

Stilton mit Portwein

Am besten kaufen Sie einen etwa 400 g schweren blauen Stilton (es gibt auch »unmarmorierten«) direkt in einem Tongefäß. Er bleibt frisch und saftig darin. Vielfach wird in die Mitte des Käses ein Loch gebohrt und mit Portwein oder Madeira gefüllt. Der Engländer aber lehnt diese Methode ab, ebenso wie das auf dem Kontinent gebräuchliche Aushöhlen des Käses mit einem Löffel oder einer kleinen Schaufel. So wird nämlich zuerst der zarte, weiche Mittelteil genossen, während der ohnehin etwas trocknere Rand noch stärker austrocknet.
Die klassische Art Stilton zu essen ist folgende: Den Käse auf eine Platte stürzen, von oben her Viertel markieren und dann in Scheiben abschneiden. Zu dem Käse reicht man trockene, nicht mit Salz bestreute Cräcker und als »Begleiter« natürlich trockenen Portwein oder Madeira. Auch ein Burgunder paßt dazu.

Menü unter 800 Kalorien pro Person

Tomatencocktail
Schweinefilet mit grünem Spargel
Buttermilchgelee

Tomatencocktail

$^1/_2$ l Tomatensaft
1 Eigelb
8 cl Wodka oder Gin
4 Eiswürfel
Salz, schwarzer Pfeffer aus der Mühle
Selleriesalz, je 1 kräftiger Spritzer Tabasco- und Worcestersauce
$^1/_2$ Bund Dill
E 2 F 1 K 5 kJ 364 kcal 87

Tomatensaft mit dem sorgfältig getrennten Eigelb, Wodka oder Gin und Eiswürfeln in einen Shaker geben. Salz, reichlich Pfeffer, eine Prise Selleriesalz, Tabasco- und Worcestersauce zufügen und den Shaker gut schließen. So lange schütteln, bis die Shakeraußenwände beschlagen sind und sich die Mischung mit dem Ei gründlich verbunden hat. In vier Gläser abseihen und mit dem sehr fein geschnittenen Dill bestreut servieren.

Tip

Zusätzlich kann dieser Drink mit etwas Zitronensaft und oder abgeriebener Zitronenschale gewürzt werden.

Schweinefilet mit grünem Spargel

500 g Schweinefilet
1 Eiweiß
1 TL Speisestärke
4 EL Sojasauce
2 EL Reiswein oder trockener Sherry
800 g grüner Spargel, Salz
3 EL Öl
$^1/_8$ l heiße Fleischbrühe
$^1/_2$ Zitrone (Saft)
frisch gemahlener schwarzer Pfeffer
Sambal Oelek oder Cayennepfeffer
200 g Langkornreis
E 30 F 18 K 43 kJ 1950 kcal 466

Das sorgfältig gehäutete Schweinefilet mit einem feuchten Tuch abwischen, dann gut trocknen und mit einem sehr scharfen Messer in hauchdünne Scheiben schneiden (wenn die großen Scheiben aus dem Filetkopf geschnitten werden, müssen sie halbiert werden. Eiweiß mit Speisestärke, Sojasauce und Reiswein oder Sherry gut mischen und leicht schaumig schlagen. Die Filetstücke hineingeben und zugedeckt etwa 30 Minuten durchziehen lassen. Den grünen Spargel von den holzigen Endstücken befreien und die unteren Stangenteile – wenn nötig – schälen. Die Spargelstangen in etwa 3 cm lange Stücke schneiden und in sprudelnd kochendem, gesalzenem Wasser 3–5 Minuten (je nach Stangendicke) blanchieren, unter eiskaltem Wasser abschrecken und sehr gut abtropfen lassen.
Das Öl portionsweise in einer breiten Pfanne mit schwerem Boden erhitzen und nach und nach das Fleisch darin nur wenige Sekunden lang braten. Jeweils wieder herausheben und auf einem Sieb (einen Teller darunterstellen) abtropfen lassen. Dann den Spargel in das restliche Fett geben und ebenfalls unter ständigem Wenden etwa 2 Minuten braten. Das Fleisch mit dem abgetropften Bratensaft untermischen, kurz erhitzen, die Fleischbrühe mitsamt dem Zitronensaft zufügen. Bei sehr starker Hitze in 1–2 Minuten bis auf einen kleinen Rest einkochen lassen, mit Salz, schwarzem Pfeffer und Sambal Oelek oder Cayennepfeffer und nach Wunsch noch mit ein paar Tropfen Sojasauce und/oder Reiswein abschmecken und sofort servieren.
Während das Fleisch durchzieht, den Reis wie gewohnt in gesalzenem Wasser kochen (siehe dazu auch Seite 216) und als Beilage servieren.

Hinweis Wer beim Tomatencocktail auf die Hälfte des Wodkas oder Gins verzichtet, darf sich zusätzlich $^1/_8$ l sehr trockenen Weißwein (gelbes Weinsiegel) genehmigen. Und wer nur gewürzten Tomatensaft (völlig ohne Alkohol) trinkt, erlaubt sich damit $^1/_4$ l Weißwein, ohne über 800 Kalorien zu kommen.

Buttermilchgelee

3 Blatt rote Gelatine
2 Blatt weiße Gelatine
$^1/_4$ l Buttermilch
$^1/_2$ Zitrone (Saft und abgeriebene Schale)
40 g Zucker
1 Prise Salz
2 cl Himbeergeist
$^1/_8$ l Sahne
200 g frische oder tiefgekühlte Himbeeren.
E 6 F 10 K 17 kJ 782 kcal 187

Die Gelatine (rote und weiße) nach Packungsaufschrift in kaltem Wasser quellen lassen.
Buttermilch mit Zitronensaft und -schale, Zucker, Salz und Himbeergeist schaumig schlagen. Die Gelatine ausdrücken und mit ein paar Tropfen heißem Wasser bei sehr schwacher Hitze (oder noch besser im Wasserbad) auflösen und unter Rühren abkühlen lassen. Sie muß dieselbe Temperatur haben wie die Buttermilchmischung, sonst geliert die Gelatine zu schnell und zieht Fäden. Ein paar Eßlöffel Buttermilch in die Gelatine rühren und diese Masse dann in einem dünnen Strahl unter ständigem Rühren in die übrige Buttermilch fließen lassen. In eine kalt ausgespülte Ringform (oder eine andere beliebige Form) gießen und zum Gelieren in den Kühlschrank stellen. Das dauert etwa 3 Stunden.
Kurz vor dem Servieren die Sahne steif schlagen und die Früchte schnell unter kaltem Wasser abspülen. Sehr gut abtropfen lassen und entstielen. Die Geleeform sekundenlang in heißes Wasser tauchen und das Gelee auf eine Platte stürzen. Mit Sahne und den Früchten garnieren und möglichst rasch servieren.

Tip

Wer auch beim Dessert Kalorien sparen möchte, ersetzt den Zucker durch Süßstoff. Auch die Sahne und die Früchte können damit leicht gesüßt werden. Jedoch ist es nicht nötig, wenn die Himbeeren vollreif sind.

Menü unter 600 Kalorien pro Person

Hühnerbrühe mit Ei und Gemüse
Gefüllte Paprikaschoten
mit Salat und Kartoffeln
Kirschquark

Hühnerbrühe mit Ei und Gemüse

100 g sehr feine grüne Bohnen
Salzwasser
1 l Hühnerbrühe (Instant)
1 Fleischtomate (150 g)
1 hartgekochtes Eigelb
E 1 F 1 K 2 kJ 92 kcal 22

Die Bohnen von Blüten und Stengelansätzen befreien, wenn nötig fädeln und in hauchdünne Scheibchen schneiden. In sprudelnd kochendem Salzwasser 3 bis 5 Minuten blanchieren, in einem Sieb unter kaltem Wasser abschrecken und abtropfen lassen. Die Brühe in einem Topf zum Kochen bringen. In der Zwischenzeit die Tomate mit kochendem Wasser überbrühen, häuten, entkernen und in winzige Würfelchen schneiden. Zusammen mit den Bohnen in der Brühe erhitzen, in eine Terrine oder in vier Suppentassen geben und das Eigelb durch ein grobes Sieb darüberdrücken. Sofort servieren.

Tip

Manche Instantsuppen brauchen nicht mehr nachgewürzt werden, sollte es doch der Fall sein, eignen sich Salz, Pfeffer, Paprika edelsüß und ein paar Tropfen Worcester- oder auch Sojasauce.

Gefüllte Paprikaschoten

4 grüne oder rote Paprikaschoten
30 g roher Schinken
1 Zwiebel
2 EL Öl
30 g Langkornreis
gut 1/8 l heiße Fleischbrühe
300 g Maiskörner aus der Dose
1/2 Grillhähnchen
Salz
Paprika edelsüß
frisch gemahlener weißer Pfeffer
1 Bund Petersilie
2 EL Sahne
500 g Kartoffeln
E 25 F 10 K 45 kJ 1590 kcal 380

Von den Paprikaschoten einen Deckel abschneiden, Trennwände und Kerne herauslösen und die Früchte abspülen. Gut abtropfen lassen. Für die Füllung Schinken und die geschälte Zwiebel würfeln. Den Schinken in einer Pfanne auslassen, die Zwiebelwürfel darin glasig braten, das Öl darin erhitzen und den Reis unter Rühren darin glasig, aber nicht braun braten. Die heiße Fleischbrühe angießen und den Reis bei sehr schwacher Hitze in 15 Minuten fast gar quellen lassen. Vom Herd nehmen und in eine Schüssel geben. Den abgetropften Mais zusammen mit dem gehäuteten und in kleine Würfel geschnittenen Hähnchenfleisch zufügen, mit Salz, Pfeffer und Paprika pikant würzen und die fein gehackte Petersilie untermischen. In die Paprikaschoten füllen, diese in eine feuerfeste Form stellen und die Deckel wieder auflegen. Die übrige Fleischbrühe angießen. Die Form gut verschlossen in den 220 Grad heißen Ofen stellen und die Schoten etwa 45 Minuten garen. (Wenn nötig – je nach Größe der Form – kann etwas Wasser angegossen werden). Zum Schluß die Sahne einrühren und die Flüssigkeit in der offenen Form ein wenig einkochen lassen. Während die Paprikaschoten garen, die Kartoffeln schälen und wie gewohnt in gesalzenem Wasser kochen. Abgießen, trockendämpfen und zusammen mit den gefüllten Paprikaschoten anrichten.
Als Beilage dazu brauchen Sie nur noch einen Salat zu servieren: 1 Kopf Salat (250 g) putzen, abspülen und sehr gut trockenschleudern oder abtropfen lassen. Für die Marinade 1 Becher Magerjoghurt (150 g) mit dem Saft einer halben oder einer ganzen Zitrone, Salz, frisch gemahlenem weißen Pfeffer und ein paar Tropfen flüssigem Süßstoff verrühren und etwas schaumig schlagen. Den Salat in einer Schüssel anrichten, die Marinade darüber verteilen und alles mit 1 EL in feine Röllchen geschnittenem Schnittlauch bestreuen.
E 2 F 1 K 2 kJ 88 kcal 25

Tip

Mittlerweile werden auch viele fertige Salatsaucen im Handel angeboten. Wer also etwas Zeit sparen möchte, kann auch diese verwenden. Da sie fast (!) alle Nährwertangaben auf ihren Etiketten haben, kann danach die Kalorienmenge genau berechnet werden. Und wer auf die Kartoffeln verzichten möchte, kann sogar einen Löffel Sahne in die Salatsauce mischen (oder aber sich 1/8 l trockenen Weißwein, ein kleines Bier (0,2 l) oder 0,3 l Diätbier erlauben!)

Kirschquark

200 g Magerquark
1 kleine Dose Sauerkirschen (mit etwa 200 g Fruchteinwaage)
flüssiger Süßstoff nach Geschmack
1 EL Crème fraîche (20 g)
E 10 F 9 K 10 kJ 690 kcal 165

Den Quark in eine Schüssel geben und die Kirschen auf einem Sieb abtropfen lassen, den Saft dabei aber auffangen. Den Saft nach und nach in den Quark fließen lassen und dabei ständig mit dem Handrührgerät (oder im Mixer) schaumig schlagen. Mit Süßstoff abschmecken und die Kirschen (ein paar zum Garnieren zurücklassen) schnell unterheben. Zum Schluß Crème fraîche unterziehen und das Dessert in vier kleinen Schälchen anrichten. Mit den übrigen Kirschen garnieren.

Hinweis Angerührter Quark darf nie lange stehen, sonst tritt der »Saft« aus. Dieses Dessert sollte besonders kurz vor dem Essen angerührt werden, da auch die Kirschen »ausfärben«. Damit sich keine häßlichen Ränder bilden, sollte man erst unmittelbar vor dem Servieren mit den Kirschen garnieren.

Menü unter 500 Kalorien pro Person

Melone mit Schinken
Gemüseeintopf mit Hack
Apfelschaum

Melone mit Schinken

1 kleine Honigmelone (500 g)
100 g Lachsschinken
E 5 F 7 K 7 kJ 480 kcal 115

Die Melone in Viertel oder Achtel schneiden und zusammen mit dem in dünne Scheiben geschnittenen Schinken auf vier Tellern anrichten. Eventuell mit grobem Pfeffer bestreuen.

Gemüseeintopf mit Hack

1½ l warme Fleischbrühe (Instant)
300 g Kartoffeln
1 kleiner Blumenkohl (400 g)
je 200 g Möhren und Porree
100 g gepalte oder TK-Erbsen
250 g Tomaten
Salz, schwarzer Pfeffer
Cayennepfeffer, 20 g Butter
1 Zwiebel, 1 Knoblauchzehe
250 g gemischtes Hackfleisch
2 EL gehackte Petersilie
E 17 F 21 K 30 kJ 1272 kcal 304

Fleischbrühe mit geschälten, gewürfelten Kartoffeln zum Kochen bringen. Blumenkohl putzen und in Röschen teilen, Möhren schaben und in Scheiben schneiden. Beides zu den gerade kochenden Kartoffeln geben und etwa 15 Minuten kochen lassen. Den Lauch putzen, in Ringe schneiden und sehr gründlich waschen. Zusammen mit den Erbsen (tiefgekühlte nicht auftauen) nach etwa 10 Minuten in den Topf geben. Die Tomaten häuten, entkernen und würfeln. Zusammen mit den Gewürzen untermischen und 5 Minuten sieden. Zwischendurch die Butter in einer breiten Pfanne erhitzen, die geschälte, gewürfelte Zwiebel und den gehackten Knoblauch mit dem Hackfleisch darin anbraten. Im siedenden Eintopf noch 5 Minuten ziehen lassen und mit Petersilie bestreuen.

Apfelschaum

250 g Apfelmus aus dem Glas
1 unbehandelte Zitrone (Saft und abgeriebene Schale)
3 Eiweiß, 1 Prise Salz, 10 g Zucker
E 3 F – K 14 kJ 293 kcal 70

Apfelmus mit Zitronensaft und -schale verrühren. Eiweiß mit einer Prise Salz zu schnittfestem Schnee schlagen. Nach und nach den Zucker einrieseln lassen und danach ganz locker unter das Apfelmus heben. Entweder sofort servieren oder bis zum Servieren in den Kühlschrank stellen. Das Dessert darf aber niemals zu lange aufbewahrt werden, sonst setzt sich der Eiweißschaum ab.

Tip

Zusätzliche Kalorien können hier gespart werden, wenn man die Fettränder vom Lachsschinken entfernt und den Zucker im Dessert durch etwas flüssigen Süßstoff ersetzt.

Die gebräuchlichsten Fachausdrücke

Ablöschen a) Eine → Mehlschwitze nach und nach mit Flüssigkeit aufgießen. b) Beim Dünsten oder Schmoren Flüssigkeit zugießen. c) Bratfond unter Rühren mit Flüssigkeit loskochen.

Abschäumen Beim Kochen von Fleisch- und Hühnerbrühen, Marmelade oder Gelee den sich nach dem ersten Aufkochen bildenden Schaum vorsichtig aber gründlich mit einem Schaumlöffel abheben, um das Kochgut »klar« zu halten (besonders wichtig bei Dampfdrucktöpfen, da der Schaum sonst die Düse verstopft).

Abschrecken Gekochte oder kurz in kochendem Wasser → blanchierte Nahrungsmittel rasch in Eiswasser tauchen oder kalt überbrausen. Dadurch wird der Kochvorgang abrupt unterbrochen, um in bestimmten Fällen die Weiterverarbeitung zu erleichtern. Zum Beispiel bei gekochten Eiern, Hirn oder Kalbsbries, Tomaten und bestimmten Obstsorten, damit sie sich leichter pellen, häuten oder schälen lassen. Bei grünen Gemüsesorten, die anschließend in Butter geschwenkt werden, wendet man diese Methode an, um die Farbintensität zu erhalten. Nudeln, die sofort und heiß serviert werden, brauchen nicht abgeschreckt zu werden. Damit sie nicht zusammenkleben (und um ein Überschäumen des Kochwassers zu verhindern) gibt man etwas Öl ins Kochwasser, Nudeln und andere Teigwaren, die etappenweise zubereitet (z. B. Spätzle oder Knöpfli) oder später kalt in Salate gegeben werden, schreckt man ab, damit sie rasch abkühlen und während des Abkühlens nicht zusammenkleben.

Al dente Ist italienisch und heißt »beißfest«. Die Italiener kochen vor allem Nudeln »al dente«, Spaghetti in etwa 10 bis 12 Minuten, Makkaroni in etwa 12 bis 15 Minuten. Bei speziellen italienischen Teigwaren, wie Ravioli, Tortellini, Lasagnenudeln, sollte man sich nach den Packungsaufschriften richten. Ebenso wird aber auch Gemüse »al dente« gekocht.

Anbraten Fleischstücke (evtl. auch Pilze und Zwiebeln) bei großer Hitze in sehr heißem Fett rundherum rasch bräunen, damit sich die Poren schließen und der Saft nicht auslaufen kann. Anbraten ist meist die Vorstufe zum Schmoren (siehe Gartechniken).

Andünsten Insbesondere Gemüse, aber auch (für Schonkost) helles Fleisch und Fischfilets in nicht zu heißem Fett bei milder Hitze wenden, so daß sich zwar die Poren schließen, das »Gargut« jedoch keine Farbe nimmt. Dann mit Flüssigkeit angießen.

Anschwitzen Mehl (oder auch Paprikapulver) in heißes Fett geben und unter Rühren ganz vom Fett durchtränken lassen. Helle (Mehl-)Schwitzen brauchen nur wenige Minuten, für dunkle muß das Mehl eine kräftige Farbe bekommen. Wichtig ist dabei jedoch, daß es nur bräunt, nicht aber anbrennt. Ebenso kann man für »abgebrannte« Suppen auch Grieß oder Haferflocken anschwitzen. Nach dem Anschwitzen wird grundsätzlich unter *ständigem Rühren* nach und nach mit einer Flüssigkeit aufgegossen, in der das Mehl (oder anderes) dann ausquellen kann.

Arrosieren (französisch arroser = begießen). Im Inneren eines kräftig angebratenen Fleischstücks beginnt der durch die Kruste eingeschlossene Fleischsaft während des Garens zu kochen. Dabei entwickelt sich Dampf, der nach außen zu dringen versucht, wodurch sich in der Kruste kleine Risse bilden. Um diese Risse rasch wieder zu schließen, wird mit Bratensaft arrosiert, was außerdem die Krustenbildung fördert.

Ausbeinen Geflügel – aber auch Fleisch und Wildfleisch – so von den Knochen lösen, daß die Fleischfasern möglichst nicht verletzt werden und das Fleischstück seine ursprüngliche Form behält.

Bardieren Mageres Fleisch (insbesondere Geflügel, Wild und Rinderbraten) oder Fische mit Speckscheiben umwickeln, damit das Gargut a) saftig bleibt und b) den zarten Rauchgeschmack des Specks etwas übernimmt. Ersetzt häufig das Spicken, bei dem die Fleischfasern leicht verletzt werden können.

Beizen Fleisch, Wild, Geflügel, Fisch oder Gemüse in eine Mischung aus Essig oder Rotwein (meist aufgekocht und wieder abgekühlt) oder Buttermilch, Gewürzen und Kräutern einlegen, um a) den Geschmack zu beeinflussen und b) bestimmte Nahrungsmittel mürbe zu machen. (Siehe auch unter Wildbret Seite 339). Die Beize kann auch als Schmorflüssigkeit oder Saucengrundlage verwendet werden. In der Beize wird grundsätzlich *nicht* serviert (Gegensatz: → Marinade).

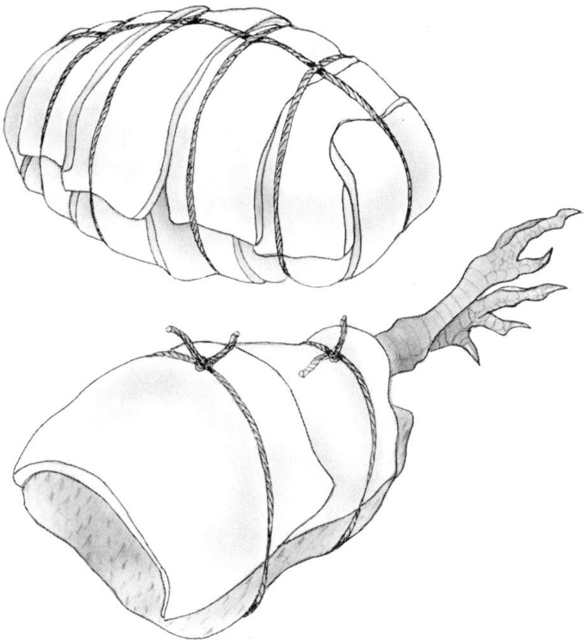

Beim Bardieren kann das ganze Geflügel rundherum von Speckscheiben umwickelt werden, oder man belegt – wie z. B. bei Fasan oder Puter – nur die Brust und/oder die Keulen.

Binden Suppen und Saucen mit Mehl, Speisestärke, Sahne oder Eigelb sämig machen. Mehl und Speisestärke werden mit Wasser glattgerührt, dann in die Flüssigkeit gegeben und kurz aufgekocht.
Eigelb wird mit etwas Sauce oder Suppe verquirlt und dann neben dem Herd in die nicht mehr kochende Flüssigkeit gerührt. (Beim Aufkochen würde es gerinnen.) Saure Sahne darf ebenfalls nicht in kochende Flüssigkeit gegeben werden, wohl aber → Crème fraîche und süße Sahne.

Blanchieren Rohe Nahrungsmittel (vor allem Obst und Gemüse, aber auch Innereien) mit kochendem Wasser übergießen (oder in einem Drahtkorb in kochendes Wasser tauchen) und kurz darin ziehen lassen oder in kurzer Zeit im Wasser bis zum Kochen bringen, dann abgießen und → abschrecken. Bei Obst oder Gemüsen, die anschließend tiefgekühlt werden, wird auf diese Weise die Tätigkeit der → Enzyme gestoppt und eine Verfärbung verhindert.

Blausud Fischsud mit einem Essigzusatz, in dem Karpfen, Aal oder Forellen »blau« gekocht werden. Der Essig färbt die dünne (leicht verletzliche) Schleimschicht der Fische blau.

Bouquet garni Aus dem Französischen übernommene Bezeichnung für einen Gewürz- und Kräuterstrauß, der Petersilie, Blatt- oder Knollensellerie, Lauch, Thymian und Lorbeerblatt enthält und in Bouillons mitgekocht (und vor dem Anrichten wieder entfernt wird. Wird auch getrocknet in Mullbeutelchen angeboten (siehe Seite 327).

Crème fraîche Eine ursprünglich nur in Frankreich hergestellte, dicke Sahne mit leicht säuerlichem Geschmack, die in Fettstufen von 28 bis 40% angeboten wird. Um die Haltbarkeit zu verlängern, wird gelegentlich ein Bindemittel zugefügt. Crème fraîche eignet sich für kalte und warme Saucen und kann durch Kochen → eingedickt werden.

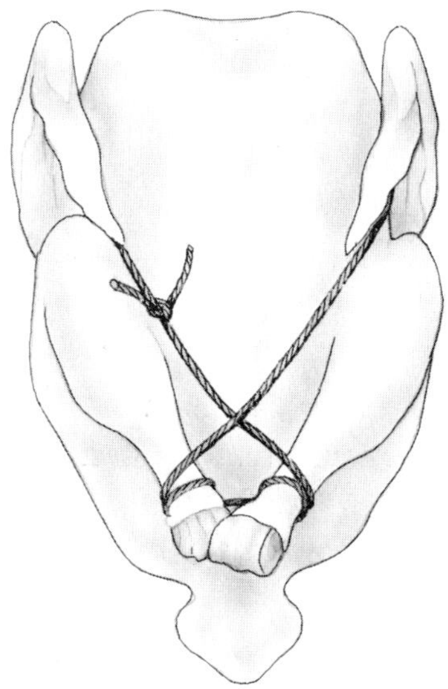

Bei dressiertem Geflügel werden Flügel und Keulen auch beim Braten auf dem Spieß gleichmäßig gegart.

Dressieren Geflügel vor dem Braten in eine gefällige Form binden (siehe Zeichnung). Sind nur die oberen Flügelhälften noch an dem Tier, kann man die Keulen auch »dressieren«, indem man die untere Bauchhaut quer etwa 3 cm einschneidet und die gekreuzten Keulen unter der Haut hindurchsteckt. Das Bindegarn wird zum Servieren entfernt.

Einbrenne Eine Mischung aus Fett und Mehl → anschwitzen und je nach Verwendungszweck eine helle oder dunkle Farbe nehmen lassen. Langsam und unter ständigem Rühren mit heißer Flüssigkeit aufgießen. Einbrennen sind Grundlage von Saucen und Suppen. Auch → Mehlschwitze genannt.

Eindicken (oder einkochen) Brühe, Sud oder Sauce so lange bei verhältnismäßig starker Hitze im offenen Topf einkochen, bis die gewünschte Konsistenz erreicht ist, wird auch → *reduzieren* genannt.

Entbeinen Rohe oder gekochte Fleischstücke oder Geflügel vom Knochen lösen.

Entfetten Von Saucen oder Brühen überschüssiges Fett abnehmen. Saucen, die rasch serviert werden sollen, läßt man neben dem Herd etwas abkühlen, das Fett setzt sich oben wie eine dünne Haut ab und kann leicht abgehoben werden, wenn man den Topf etwas schräg hält. Fettreste werden mit Lösch- oder Haushaltspapier »aufgesogen.« Ebenso wird bei Brühen verfahren, die unmittelbar nach dem Kochen aufgetragen werden. Andernfalls läßt man sie ganz erkalten und hebt dann das erhärtete Fett ganz ab.

Enzyme In allen Lebensmitteln enthaltene Eiweißstoffe, die bestimmte chemische Reaktionen auslösen, lenken oder beschleunigen können (z. B. Vitamine oder Aromastoffe abbauen). Sie sind wenig kälte-, aber sehr hitzeempfindlich, bei etwa 50 bis 60 Grad C lassen ihre Aktivitäten erheblich nach.

Farce Füllung für Fleisch, Fisch, Geflügel oder Gemüse, die aus Fleisch, Fisch, Gemüse, Brot, Kräutern, Bratwurstmasse oder Kartoffeln bestehen kann. (farcieren = füllen)

Filetieren Fischfleisch (nach dem Ausnehmen) vorsichtig je Seite im ganzen Stück oder zur Hälfte (Filet) von den Gräten lösen. Zuvor kann der Fisch auch gehäutet werden.

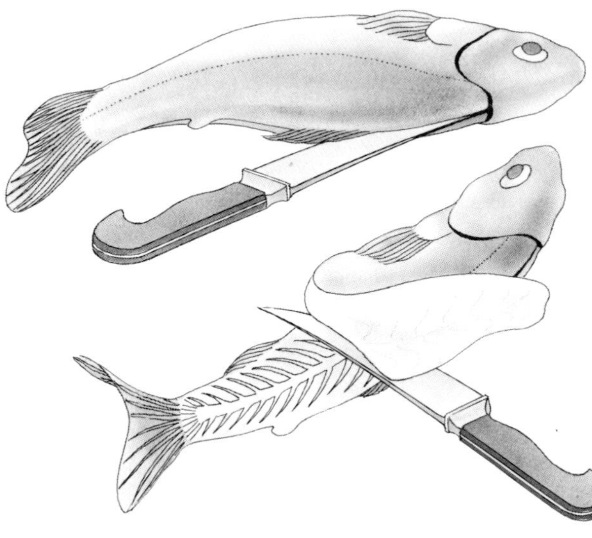

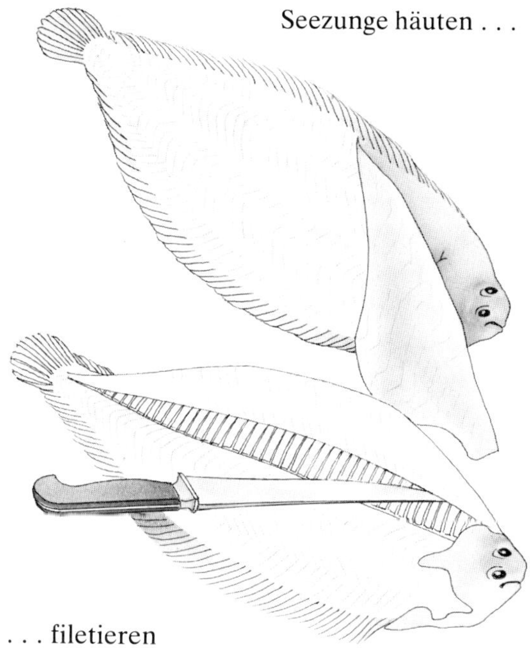

Normalerweise wird eine ganze Fischhälfte (siehe oben) als Filet von den Gräten gelöst, bei Plattfischen (darunter) geht man von der Mitte aus und bekommt so im Ganzen vier Stücke (siehe Seite 345).

Filtrieren Brühe (oder auch Fritierfett) durch ein sauberes Mull- oder Leinentuch, eine Filtertüte oder einen Milchfilter gießen, um sie von Kochrückständen zu »säubern«.

Fines Herbes Mischung feiner Kräuter in verschiedenen Zusammensetzungen für Suppen, Saucen oder Salate. Werden auch als getrocknete Mischung angeboten.

Flambieren (französisch flamber = abflammen) Eine Speise mit hochprozentigem (mehr als 50 %), aromatischem Branntwein (z. B. Weinbrand, Cognac, Kirschwasser, Rum, Whisky) übergießen und ihn anzünden. Oder den Branntwein in einer Kelle erwärmen und anzünden, dann brennend über eine Speise gießen (die Kelle beim Anzünden schräg über die Speise halten). Zum Flambieren eignen sich besonders kleine, zarte Fleisch- und Geflügelteile, Innereien und gekochte Desserts (wie → Puddings).

Flammeri Das, was meistens fälschlich als → Pudding bezeichnet wird. Ein Flammeri ist jedoch eine Süßspeise aus Flüssigkeit (wie Milch, Obstsaft, Wein), in der grundsätzlich ein Bindemittel (wie

Kleines Küchenlexikon

Grieß, Speisestärke, Reis, Sago oder Grütze) gekocht, bzw. ausgequollen wird. Flammeri kann beliebig mit Eigelb und/oder geschlagenem Eiweiß verfeinert werden. Er wird stets kalt serviert.

Fleischextrakt Industriell hergestellte, stark eingedickte Fleischbrühe von fast pastenartiger Konsistenz. 30 bis 40 kg Fleisch ergeben 1 kg hocharomatischen Extrakt. Wird zum Verfeinern von Suppen und Saucen verwendet.

Fond (französisch = Grundlage) Flüssigkeit oder stark konzentrierter Fleischsaft. Entsteht beim Kochen, Braten oder Dünsten von Fisch, Fleisch, Wild und Gemüse, kann aber auch aus gerösteten Knochen, Gemüsen und Zwiebeln gesondert zubereitet werden. Fond sollte grundsätzlich als Saucenbasis zu dem jeweiligen Gericht verwendet werden.

Garnieren (französisch garnir = ausstatten) Ein Gericht mit rohem oder gekochtem Gemüse, Champignons, Kräutern, Zitronen, Eiern u. ä. be- oder umlegen. Garnierungen werden in Scheiben, Achteln, Schnitzel, Röschen oder andere gefällige Formen geschnitten (siehe Zeichnungen)

Zitrone

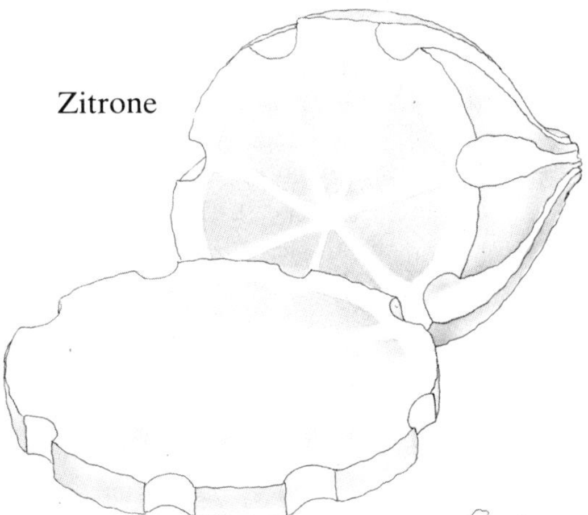

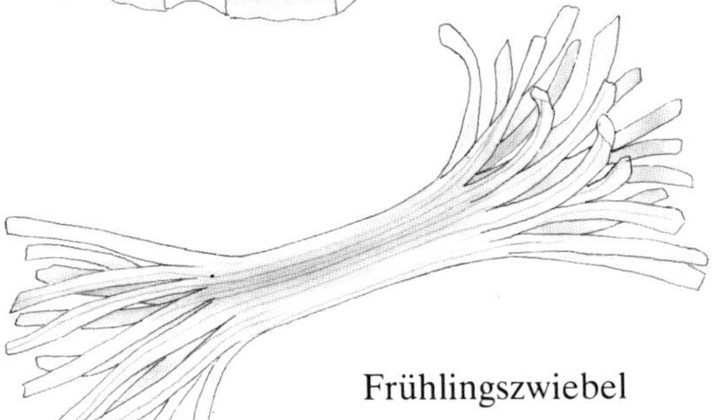

Frühlingszwiebel

Zuchtchampignon

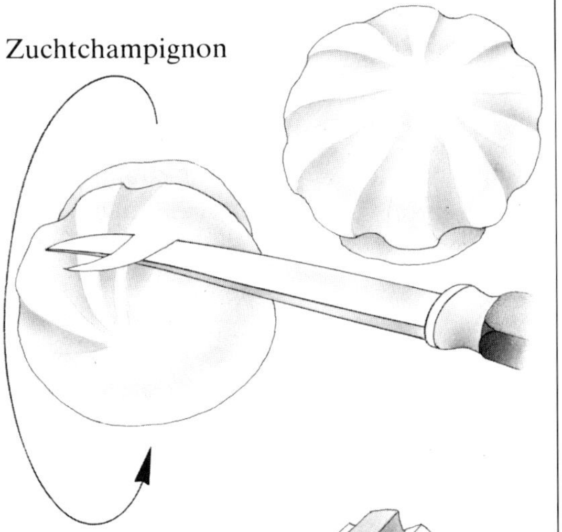

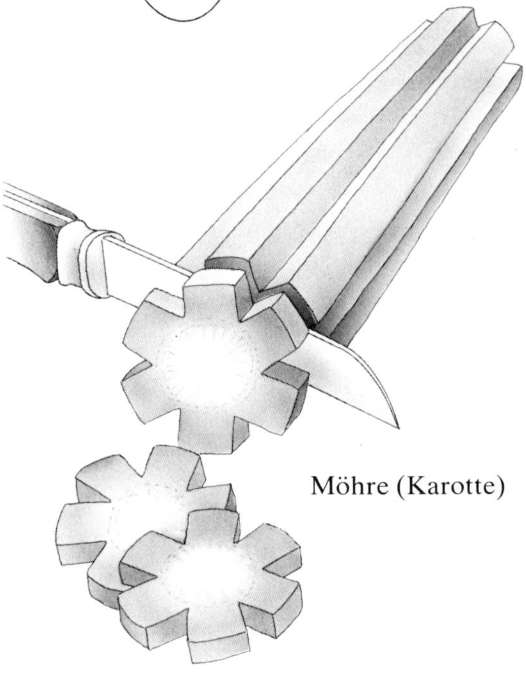

Möhre (Karotte)

Radieschengarnierer

Garnitur Ist die Beilage eines Gerichtes, aber auch Einlage von Suppen oder Saucen. »Klassische« Garnituren geben vielen Gerichten ihren Namen. Garnituren werden benannt nach:
1. Standes-, Rang- und Berufsbezeichnungen (auf kaiserliche Art, nach Botschafterart, nach Hausfrauen-, Gärtnerinnen- oder Bäckerinnenart u. ä.)
2. Landschafts- oder Ortsnamen (z. B. auf florentiner Art, auf Burgunder Art, auf ungarische Art, auf Nizzaer Art usw.)
3. berühmten Persönlichkeiten (Bismarck, Mozart, Talleyrand, Nelson, Dubarry, Carême usw.)
4. Phantasiebezeichnungen (köstliche Art, Glücksbringerart, auf Frühlingsart, auf Lieblingsart usw.)

Garprobe Bei großen Fleischstücken notwendig. Nicht durchgebratenes Fleisch gibt auf Druck nach, und beim Einstechen tritt roter Fleischsaft aus. Durchgebratenes Fleisch ist nicht mehr elastisch, beim Einstechen fließt klarer Saft heraus.

Glace (französisch = Erstarrtes) a) Dick eingekochter Fleischsaft, der beim Erkalten fest wird. b) Eingekochte Zuckerlösung, die ebenfalls erstarrt, wenn sie abkühlt. c) Küchenfranzösische Bezeichnung für Speiseeis.

Glacieren Speisen mit Fleisch-Glace, Zuckerlösung, Fett- oder Schokoladenglasur überziehen.

Gratinieren Speisen bei starker Oberhitze im Grill oder Backofen → überbacken.

Hachée (Haschee) Gericht aus feingehacktem Fleisch, Innereien, Fisch oder Gemüse. Kann auch als → Farce oder Umhüllung (unter einem Teigmantel) verwendet werden.

Instant (englisch = augenblicklich) Industriell hergestellte pulverisierte Lebens- und Genußmittel (Kaffee, Tee, Fleischbrühe, Geflügelbrühe, Saucenpulver, Mehl), die sich in kalter oder warmer Flüssigkeit auch ohne Kochen sofort und vollständig klumpenfrei auflösen.

Julienne Ganz fein geschnittene Streifen von Gemüse, aber auch von Fleisch, Käse oder den Schalen von Zitrusfrüchten. Letztere werden für Süßspeisen oder Gelees verwendet, die übrigen meistens als Suppeneinlage oder Garnierung von Fleisch- oder Fischgerichten.

Jus (französisch = Brühe) Entfetteter Bratensaft, der beim Erkalten geleeartig erstarrt. Jus kann aus angerösteten Kalbsknochen und Suppengrün gesondert zubereitet werden, um damit Bratensaucen zu verfeinern oder kalten Braten zu überziehen. Jus ist aber auch die Bezeichnung für den reinen Bratensaft.

Karamelisieren Zucker unter ständigem Rühren bei nicht zu starker Hitze schmelzen und eine hellbraune Farbe nehmen lassen. Mit Fett- oder Flüssigkeitsbeigabe wird daraus *Karamel*. Mit karamelisiertem Zucker kann man Speisen färben, mit Karamel werden Süßspeisen verfeinert.

Klären (klarifizieren) Alle trübenden Bestandteile aus Fisch- oder Fleischbrühen entfernen. a) mit *Eiweiß*: Eischnee mit etwas Brühe vermischen, unter ständigem Rühren die gesamte Brühe dazugeben und aufkochen lassen. Dann durch ein Mulltuch oder einen Milchfilter seihen. b) mit *Klärfleisch*: Mageres, durchgedrehtes Rindfleisch und ungeschlagenes Eiweiß in die Brühe geben, diese aufkochen und dann ebenfalls durchseihen.

Kräutersträußchen → bouquet garni

Legieren Suppen oder Saucen mit Eigelb oder Sahne → binden. Andere Bezeichnung: *Liieren.*

Limonen Sehr würzige, kleine Zitronenart mit dünner, glatter Schale. Ihre »Schwester« ist die aus Ostasien stammende, heute vorwiegend aus den USA kommende *Limette*, deren Schale ebenfalls sehr dünn und grün (am würzigsten) bis grünlich-gelb ist. Aus Limetten wird der für Mix Drinks gerne verwendete Lime Juice gewonnen.

Marinade Ist ebenso wie die → Beize eine den Geschmack von Lebensmitteln verbessernde, mit Gewürzen und Kräutern vermischte säuerliche Flüssigkeit. Jedoch wird Mariniertes im Gegensatz zu Gebeiztem in der Marinade serviert. Auch Salatsaucen werden häufig als Marinade bezeichnet. Typische Marinadengewürze sind: Schalotten (besser als Zwiebeln), Knoblauch, Dill, Petersilie, schwarzer und weißer Pfeffer, Cayennepfeffer, Ingwer, gemahlener Koriander, Rosmarin und Thymian.

Mazerieren Früchte oder Gebäck (z. B. Biskuits) mit Alkohol tränken – vor allem für Süßspeisen.

Mehlschwitze → Einbrenne

Kleines Küchenlexikon

Mirepoix Gewürfeltes Suppengemüse (wie Zwiebeln, Lauch, Karotten, Petersilienwurzel, Sellerieknolle), meist in ausgelassenen Speckwürfeln angeröstet (oder in Schmalz, Butterschmalz, Margarine), das zum Aromatisieren von dunklen Saucen und gebundenen Suppen, aber auch als Bratfondgrundlage für dunkles Fleisch und kräftige Fische verwendet wird. Gelegentlich wird Mirepoix zusätzlich mit Lorbeerblatt und Thymian gewürzt. Vor dem Servieren grundsätzlich durchseihen.

Nappieren (französisch nappe = Tischtuch) Eine Fleisch-, Fisch-, Gemüse- oder Süßspeise mit Sauce, Gelee, Sahne oder Guß überziehen. Besonders für Gerichte eines kalten Büffets geeignet, weil durch das Nappieren das Austrocknen der Oberfläche verhindert wird.

Naturell (oder nature) Bezeichnung vor allem von flachen Fleischstücken (Schnitzeln, Steaks, Geflügelfilets) oder Fischfilets, die ohne → Panade, nur gewürzt, gebraten werden.

Netz Schweine- oder Lammnetz ist die dünne, von Fettadern durchzogene Haut, die die Därme dieser Tiere umschließt (von anderen Tieren wird es nicht verwendet). Wird besonders in der französischen Küche zum Einschlagen von Filets und mageren Braten benutzt. Das Fleisch kann darunter mit einer Farce bestrichen werden. Man gart es bei etwa 200 Grad im Backofen ohne Flüssigkeitsbeigabe. Das Netz löst sich beim Braten zu einer knusprigen Kruste auf. Im Netz gebratenes Fleisch entwickelt ein besonders intensives Eigenaroma. – Das Netz wird auch als Naturhülle für luftgetrocknete Schweinswürste benutzt.

Nockerl (süddeutsch = kleine Klöße)

Nonpareilles (französisch = nicht vergleichbar oder Perlchen) a) Qualitätsbezeichnung für besonders kleine Kapern; b) winzige bunte Zuckerkügelchen, die über Gebäck oder Süßspeisen gestreut werden.

Obers In Österreich und z. T. auch in Süddeutschland gebräuchliche Bezeichnung für Schlagsahne.

Oxtail (englisch = Ochsenschwanz) Eine Bezeichnung, die sich auf »feinen« Speisekarten findet, ebenso wie

Oyster (englisch = Auster)

Palatschinken Den Crèpes (siehe Rezeptteil) ähnliche dünne Eierkuchen nach österreichischer Benennung, die mit Marmelade, Konfitüre, süßen oder pikanten Quarkmischungen oder Fleischfarcen gefüllt und bisweilen auch zusätzlich noch → überbakken werden.

Panade (aus dem Französischen für = Brotbrei) Umhüllung für Fleisch, Fisch, Gemüse, Obst, Eier und geformtes Kartoffelpüree, die meist aus drei Schichten besteht: Mehl, gewürztem, verquirltem Ei und Semmelbröseln (Paniermehl). Gewürzte Panadenmischungen gibt es als Fertigprodukt.

Parfümieren Süßspeisen oder Obstsalate mit Likören, anderem aromareichen Alkohol oder Aromastoffen (z. B. Orangenöl, Rosenöl) verfeinern.

Parieren (französisch = herrichten) Fleisch- oder Fischstücke vor der Zubereitung von Haut, Sehnen und Fett befreien und gleichmäßig zurechtschneiden. Medaillons z. B. werden zusätzlich auch mit Garn rund gebunden.

Passieren Fertige Speisen (z. B. Obst, Gemüse oder Saucen) durch ein Sieb streichen.

Pökeln Fleisch oder Geflügel roh in eine Kochsalzlösung einlegen oder mit Pökelsalz einreiben, um es a) haltbarer zu machen und b) den Geschmack zu verändern (z. B. Kasseler, Schinken, Eisbein, Gänsekeulen).

Pudding Süße oder pikante Speisen, die außer den übrigen Zutaten grundsätzlich ein Getreideprodukt und Eier enthalten und – in eine spezielle Puddingform gefüllt – im kochenden Wasserbad gegart werden. Wegen des sogenannten Puddingpulvers werden → Flammeris oft fälschlich als Pudding bezeichnet.

Pürieren Gemüse, Kartoffeln, Obst oder auch gekochtes weißes Fleisch zu Püree (Mus) verarbeiten. Dazu entweder durch ein Sieb streichen, mit dem »Kartoffelstampfer«, dem Pürierstab des Handrührgeräts oder im Mixer (Kartoffeln nicht) zerkleinern. Kleinere Mengen (z. B. Sardellenfilets) werden im Mörser püriert.

Reduzieren → einkochen

Reibbrot Semmelbrösel (Paniermehl) zum Panieren.

Relevé (französisch relever = wieder aufrichten) Appetitanregendes Zwischengericht, das meist nach der Suppe gereicht wird.

Sautieren (französisch sauter = schmoren) Kleine, sehr zarte, in Würfel oder dünne Scheiben geschnittene Fleischteile rasch anbraten und mit wenig Flüssigkeit kurz schmoren. Erst nach dem Garen würzen.

Spicken a) Mageres Fleisch oder ganze Fische mit Hilfe einer Spicknadel mit bleistiftdicken Speckstreifen durchziehen, um das Austrocknen beim Braten zu verhindern und das Speckaroma in das Fleisch einziehen zu lassen. Häufig wird der Speck zuvor in aromatischen Alkohol eingelegt. Da die Spicknadel aber die Fleischfasern verletzen kann, wird statt dessen heute mehr → bardiert. b) Zur Geschmacksverbesserung Trüffel-, Sardellen- oder Hartkäsestreifen oder halbierte Knoblauchzehen in kleine Einschnitte von Fleisch oder Fisch stecken.

Sud Gut gewürzte Brühe, in der Fleisch, Fisch oder Gemüse gekocht werden. Um Fischsud zu bereiten, verwendet man Fischabfälle (Kopf, Flossen, Schwanz) und Suppengrün.

Suppengrün Meist fertig zu kaufende Zusammenstellung von je einem Stück Möhre (Gelbe Rübe), Sellerie, Lauch und Petersilienwurzel. Zusätzlich können noch ein Stück weiße Rübe und einige Petersilienstengel dazu kommen. Suppengrün ist als gefriergetrocknete und tiefgekühlte Mischung fertig im Handel. Dann in Mullbeutelchen oder gefalzten Filtertüten mitkochen.

Tranchieren Appetitliches Zerteilen von Fleisch und Geflügel in Einzelportionen oder Scheiben (siehe Seite 333, 336, 338-341).

Überbacken → Gratinieren. Dazu wird das Gericht meist entweder mit geriebenem Käse oder einer Käse-Semmelbrösel-Mischung und Butterflöckchen oder einer Eier-Käse-Sahne-Mischung bedeckt.

Überglänzen → Glacieren (auch *überziehen).*

Wasserbad Ein Topf mit heißem Wasser, in dem ein kleineres Gefäß hängt oder steht. In dem kleinen Gefäß werden Speisen gegart oder zubereitet, die der direkten Strahlungshitze des Herdes nicht ausgesetzt werden dürfen (z. B. Eierstich, Buttersaucen, aufgeschlagene Cremes).

Wurzelwerk → Suppengrün, das in dieser Zusammenstellung auch zum Würzen von → Beizen verwendet wird.

Würzsaucen Industrielle Fertigprodukte in verschiedenster Zusammensetzung, die zur Geschmacksabrundung von Saucen, Suppen, Salaten, Ragouts und pikanten Cocktails verwendet werden. Bekannteste Beispiele: Maggiwürze, Worcestersauce, Tabascosauce, Sojasauce, Herbadox.

Zerlassene Butter Bei milder Hitze geschmolzene Butter, die gründlich abgeschäumt und ganz klar in einem kleinen Butterpfännchen zu Fisch und feinem Gemüse gereicht wird.

Ziehen lassen Speisen, wie zarten Fisch, Knödel, Klöße u. ä. im nicht kochenden Wasser bei Temperaturen zwischen 75 und 95 Grad C garen.

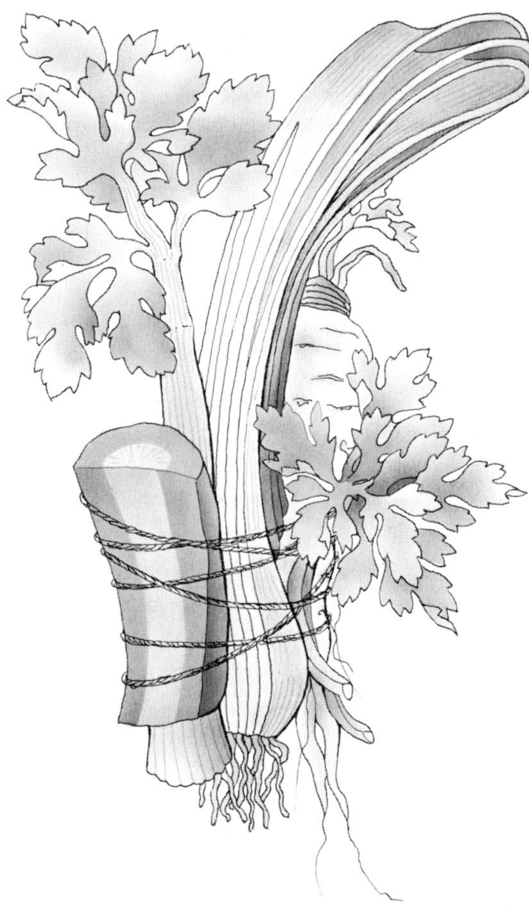

Bouquet garni (siehe Seite 322)

Kleines Küchenlexikon

Tricks und Tips der guten Küche

Wie Gutes noch besser wird

- Große Braten werden besonders mürbe, wenn man gleich nach dem Anbraten 1 Glas Weinbrand, Cognac oder (bei Wild) Wacholderschnaps darübergießt. Dann erst den Schmorfond angießen.
- Beim Würzen mit Paprikapulver dieses unmittelbar in das Bratfett rühren, nur so entfaltet es sein Vitamin A und seine Aromastoffe voll und hat, mit Flüssigkeit verrührt, eine leicht bindende Fähigkeit.
- Für kurzgebratenes Fleisch nur Fett verwenden, das sich stark erhitzen läßt (Öl- oder Pflanzenfett); dann schließen sich die Poren schneller und das Fleisch bleibt saftiger. Außerdem erst nach dem Braten mit Salz und Pfeffer würzen, denn besonders Salz läßt den kostbaren Fleischsaft austreten.
- Blumenkohl bleibt beim Kochen schön weiß, wenn dem Kochwasser etwas Zucker oder ein kleiner Schuß Essig oder Zitronensaft beigegeben wird.
- Avocados, die zu Püree verarbeitet werden, behalten ihre Farbe, wenn man das Püree mit Zitronensaft oder Essig anrührt und zusätzlich bis zum Servieren den Avocadokern in dem Püree liegen läßt.
- Kohlgerichte sind leichter verdaulich, wenn man einige alte Brotrinden oder Brotkanten mitkocht, die natürlich vor dem Servieren entfernt werden.
- Bratwürste in Naturdarm platzen nicht, wenn sie vor dem Braten kurz in kochende Milch gelegt wurden. Dann gut trockenreiben. Sie werden besonders knusprig, wenn man sie nach der halben Bratzeit zweimal dünn mit hellem Bier bestreicht.
- Teigwaren werden besonders delikat, wenn dem Kochwasser je Liter 5 bis 6 Tropfen Tabascosauce oder 1 Thymianzweig beigegeben werden.
- Tiefgekühlte Leber wird nach dem Auftauen beim Braten schneller hart als frische. Um das zu verhindern, legt man sie 30 bis 40 Minuten in Milch. Auf diese Weise kann auch Schweine- und Rinderleber der etwas strenge Geschmack genommen werden.
- Wer ganz sichergehen will, daß er zartes Fleisch serviert, bestreut es mit Fleischzartmacher (Mürbmacher). Dieser besteht aus Papain, einem eiweißabbauenden Enzym, das aus der Papayafrucht gewonnen wird. Große Braten werden 1 bis 2 Stunden, flache Fleischstücke etwa 20 Minuten vor dem Braten »behandelt«.

Kleine Küchenkniffe und Pannenhilfe

- Kartoffelpuffer bekommen eine besonders leckere Farbe, wenn eine rohe, geriebene Möhre unter den Teig gemischt wird.
- Teigwaren und Reis kochen nicht über, wenn dem Kochwasser ein Schuß Öl beigefügt wird.
- Pellkartoffeln schmecken besser, wenn sie vor dem Kochen jeweils mit einem etwa 2 cm langen Schnitt versehen werden. Damit große Kartoffeln durch und durch garen, sticht man sie vor dem Kochen einige Male mit einem Zahnstocher ein.
- Versalzene oder zu scharfe Salatsaucen mit Sahne, niemals mit Wasser verdünnen.
- Versalzene Suppen, Saucen und Eintöpfe kann man mit einigen Eßlöffeln gekochtem Reis, einigen rohen Kartoffelscheiben oder altbackenem Brot, die man mitkochen läßt, entschärfen. Kartoffel- und Brotscheiben vor dem Servieren entfernen.
- Bei angebranntem Fleisch diese Stellen sofort abschneiden und das Fleisch in einem anderen Topf weiterbraten.
- Bei wem Löwenzahn im Garten wächst, sollte ihn mit einem Dachziegel bedecken, dann bleicht er und gibt einen vorzüglichen Salat.
- Mayonnaise und Holländische Sauce gelingen nur, wenn das Eigelb ganz frisch ist. Test: Das Ei aufschlagen und auf einen Teller gleiten lassen. Beim frischen Ei ist das Eigelb hoch gewölbt und dicht vom Eiweiß umschlossen. Man kann auch eine Schüttelprobe machen: Das Ei ist alt, wenn es »blubbert«.
- Man kann Salatöl auf Vorrat mit Kräutern parfümieren. In ein geschmacksneutrales Öl wie z. B. Soja- oder Maiskeimöl gibt man frische, gewaschene, trockengeschwenkte Kräuter und geschälte ganze Knoblauchzehen. Geeignet sind Estragon, Rosmarin, Salbei, Thymian oder Lavendel (aber nur frisch, nicht getrocknet). Dieses Öl nicht zum Kochen, sondern nur für Salate nehmen, denn Hitze zerstört das Aroma.
- Man sollte sich echten Vanillezucker selbst machen und als Vorrat halten. Dazu schlitzt man eine frische Vanilleschote (im Glasröhrchen zu kaufen) der Länge nach auf und steckt sie in ein mit Zucker gefülltes Schraubdeckelglas. Auf eine Tasse Zucker rechnet man zwei bis drei Vanilleschoten. Auf diese Weise kann man Zucker auch mit (unbehandelten) Orangen und Zitronen parfümieren. Pro Tasse Zucker die Schalen von 2–3 Früchten abreiben.

Mengen und Maße

Kalorien und Joule

Eine Kalorie (Abkürzung cal.) ist die Wärmemenge, die notwendig ist, um 1 g reines Wasser von 14,5 Grad C um 1 Grad C zu erwärmen. 1000 cal. ergeben eine »große Kalorie« oder Kilokalorie (Abkürzung kcal).
Kilokalorien sind der Maßstab für den Energiebedarf des Menschen, den er durch Nahrungsaufnahme deckt. Der tatsächliche Energiebedarf richtet sich nach ganz individuellen Voraussetzungen: Die Körpergröße, das Alter, das Geschlecht und die Art der Tätigkeit. Der Energieumsatz eines liegenden, ruhenden Menschen ist wesentlich niedriger als der eines körperlich schwer arbeitenden. Die Nahrungsmittel liefern jeweils unterschiedliche Kalorienmengen. 1 g Fett 9,3 kcal, 1 g Eiweiß 4,1 kcal, 1 g Kohlenhydrate ebenfalls 4,1 kcal.
Etwas exakter ist die Energiemessung nach Joule (Abkürzung J), bzw. Kilojoule (kJ) (benannt nach dem englischen Physiker James Prescott Joule, 1818–1889). Das Joule umfaßt alle Energieformen einschließlich der Wärmeenergie. 1 kcal entspricht 4,186 kJ, oder 1 kJ entspricht 0,24 kcal.

Nährstoffe und Energiezufuhr

Pro kg Körpergewicht rechnet man mit einem täglichen Bedarf von 0,9 g Eiweiß, 1,0 g Fett und 5–6 g Kohlenhydrate.
Eine körperlich leicht arbeitende Person von 60 kg Körpergewicht brauchte demnach täglich 54 g Eiweiß, 60 g Fett (einschließlich der versteckten Fette in Nahrungsmitteln wie z. B. Wurst) und 300–360 g Kohlenhydrate. Das entspricht einer täglichen Energiezufuhr von 8300–9300 kJ bzw. 2000–2250 kcal.

Mengen und Maße

1 Liter ist 10 Deziliter (dl) = 100 Zentiliter (cl) = 1000 Milliliter (ml) = 4 Tassen nach amerikanischer Gewichtseinheit (1 Tasse oder cup = 250 ml).
1 Liter (l) Wasser wiegt 1000 g.
1 normaler Eßlöffel faßt etwa 10 ml = 1 cl
1 kleines Schnapsglas faßt etwa 20 ml = 2 cl
1 Kilogramm ist 10 Dekagramm (dkg nach österreichischer Bezeichnung) = 1000 g = 32 Unzen (oz) = 2 Pfund (nach amerikanischer Bezeichnung).

	1 gestr. Teelöffel	1 gestr. Eßlöffel	1 Tasse
Backpulver	3 g	–	–
Butter oder Margarine	5 g	15 g	–
Crème fraîche	4 g	10 g	125 g
Grieß	5 g	15 g	120 g
Haferflocken	–	8 g	70 g
Honig	12 g	30 g	
Joghurt	8 g	20 g	175 g
Käse, gerieben	5 g	15 g	100 g
Kakao	2 g	6 g	75 g
Marmelade und Gelee	10 g	25 g	–
Mayonnaise	10 g	30 g	240 g
Mehl	3 g	10 g	80 g
Mandeln und Nüsse, gerieben	6 g	20 g	150 g
Öl	4 g	10 g	75 g
Pflanzenfett	5 g	15 g	–
Puderzucker	3 g	10 g	85 g
Reis	8 g	20 g	175 g
Sahne	4 g	10 g	125 g
saure Sahne mit Bindemittel	8 g	20 g	175 g
Salz	5 g	15 g	–
Semmelbrösel	4 g	10 g	120 g
Speisestärke	5 g	15 g	100 g
Wasser	5 g	15 g	175 g
Zucker	5 g	15 g	120 g

Fürs schnelle Abmessen

Wer mit Teelöffeln (TL), Eßlöffeln (EL) oder Tassen abmißt, kann nur bei festen Stoffen exakt das Gewicht bestimmen, bei flüssigen hängt das Gewicht vom Fettgehalt, von der Zusammensetzung und ähnlichem ab. Dennoch kann man diese Hilfsmittel getrost verwenden, wenn man nicht gerade streng Diät halten muß. Man sollte jedoch der Ausgewogenheit wegen für ein bestimmtes Gericht jeweils das gleiche Gerät zum Abmessen verwenden.

»Mengen-Lehre« für eine Person

Man rechnet im Durchschnitt pro Person bei
Suppen als Vorspeise 1/4 l, als Hauptgericht 1/2 l
Suppeneinlagen Reis 20 g, Teigwaren 30 g, Gemüse 50 g
Vorspeisensalate 150 g
Saucen Je nach Gericht 1/16 bis 1/8 l

Kleines Küchenlexikon

Fleisch Kurzgebratenes oder Gegrilltes 150 bis 200 g, für Schmorgerichte und Braten 120 bis 150 g ohne Knochen, 150 bis 200 g mit Knochen
Hackfleisch Für Tatar oder Hackepeter 175 bis 200 g, für Hackfleischgerichte 100 bis 150 g
Fisch Für Fischfilet 150 bis 200 g, bei ganzen Fischen 250 bis 300 g, Portionsfischen 1 Fisch (z. B. Forelle, Makrele)
Gemüse Als küchenfertige Beilage (TK-Kost, Konserve) 150 g, ungeputzt bis 250 g.
Als Hauptgericht (z. B. Stangenspargel) 400 bis 500 g küchenfertig.
Kartoffeln, Reis, Teigwaren Als Beilage 50 bis 60 g (Rohgewicht) Teigwaren und Reis, 250 g Kartoffeln (ungeschält).
Als Hauptgericht 100 bis 125 g Teigwaren oder 80 g Reis. Für Kartoffelgratins 300 bis 350 g Rohware und für Pellkartoffeln mit Quark 400 bis 500 g.
Geflügel Als großer Braten oder zu einem Gericht verarbeitet 250 bis 300 g (mit Knochen). Bei gebratenem oder gegrilltem Hähnchen ohne Füllung ein halbes.
Salate und Rohkost Für gemischte Salatteller 40 bis 50 g Gemüse je Sorte, für eine Normalportion je nach Art 100 bis 150 g, bei Kopfsalat 1/4 Kopf.
Desserts Bei frischem Obst 150 bis 200 g, für Obstkompott 125 g Früchte und knapp 1/16 l Dünstflüssigkeit. Für Cremespeisen, Puddings, Gelees oder Flammeris 1/8 l Grundflüssigkeit, für Quarkspeisen etwa 65 g und Flüssigkeit zum Glattrühren. Bei Käse etwa 150 g in verschiedenen Sorten.

Zum Binden von 1 Liter Flüssigkeit braucht man

	für Suppen	für Brei	für Speisen zum Stürzen
Gelatine			16 Blatt oder 2 Päckchen
Graupen	70 g	150 g	–
Grieß	50 g	100 g	100 bis 125 g
Grütze	60 g	125 g	–
Haferflocken	60 g	125 g	–
Mehl	50 g	120 g	–
Reis	40 bis 80 g	200 g	250 g
Sago	40 g	–	100 bis 125 g
Speisestärke	30 g	60 g	90 g

Um **Saucen** zu binden, benötigt man je Liter Flüssigkeit 60 bis 100 g Mehl oder 40 g Speisestärke.

Fette in der Küche

Außer in Spezialtöpfen oder unter dem Grill ist es nicht möglich, ohne Fett ein Stück Fleisch saftig zu braten. Jedoch nicht zum Braten allein ist Fett nötig: Durch Fettbeigaben verkürzt sich der Garvorgang allgemein, und daß der berühmte »Stich Butter« so mancher Sauce und manchem Gemüsegericht den letzten Pfiff gibt, ist allgemein bekannt.
Fette werden im Körper ebenso wie Kohlenhydrate und Eiweiß in Wärme umgesetzt. 1 g Fett jedoch liefert dem Körper 9,3 kcal, 1 g Eiweiß oder Kohlehydrate dagegen nur 4,1 kcal. Der Mensch von heute, der weniger körperliche, dafür mehr geistige Arbeit leistet, hat einen täglichen Durchschnittsbedarf von 1 g Fett je Kilogramm seines Gewichtes, jedoch nicht mehr als 70 g. Nach dem 40. Lebensjahr vermindert sich dieser Bedarf sogar noch um etwa ein Drittel. Bei exakter Bedarfsberechnung dürfen nun aber nicht nur Streich-, Brat- und Backfette berücksichtigt werden. Viel »gefährlicher«, weil nicht zu erkennen, sind die sogenannten versteckten Fette, die sogar in manchen Brot- und Gemüsesorten, in Eiern, Käse, Wurst, Fleisch, Fisch und in besonders hohem Maße in Nüssen, Knabbergebäck und ähnlichem enthalten sind.
Wenn auch viele Ernährungswissenschaftler – mit Recht – darüber klagen, daß die meisten Menschen zuviel Fett zu sich nehmen, können wir doch nicht ganz darauf verzichten. Denn die in etlichen Fettsorten enthaltenen *lebenswichtigen Fettsäuren* Linol- und Linolensäure können vom menschlichen Organismus nicht selber gebildet, sondern müssen mit der Nahrung aufgenommen werden. Fehlen sie über einen längeren Zeitraum, kann es zu schweren Mangelerkrankungen, wie Wachstumsstillstand, Nierenschäden oder Hautkrankheiten kommen.
Von besonderer Bedeutung für die Gesundheit sind diese beiden Fettsäuren, die als *essentielle, mehrfach ungesättigte* oder *hochungesättigte* Fettsäuren bezeichnet werden, auch deshalb, weil sie den Cholesteringehalt des Blutes günstig beeinflussen können. Cholesterin kommt in allen Körperzellen vor; es ist am Aufbau der Zellmembran beteiligt. Aus Cholesterin werden im Körper Gallensäuren, Hormone und das Vitamin D gebildet. Einerseits baut der Körper selbst Cholesterin auf, andererseits wird es ihm

mit vielen Nahrungsmitteln, wie zum Beispiel Butter, fettem Fleisch, Innereien, fettem Käse zugeführt. Es kann aber – im Übermaß vorhanden – häufig als ein Begleitsymptom von Arterienverkalkung und Herzinfarkt festgestellt werden, ob eine Mitursache ist nicht geklärt. Empfehlung: Eine ausgewogene Mischung von essentiellen und gesättigten Fettsäuren zu sich nehmen. Essentielle Fettsäuren sind besonders reichlich in Sonnenblumen-, Soja-, Maiskeim- und Weizenkeimöl enthalten.

Man unterscheidet zwei Gruppen von Fetten:
Pflanzliche Fette Sie werden aus Kokosnüssen, Früchten der Ölpalme, Sojabohnen, Erdnüssen, Baumwollsamen, Nüssen, Leinsamen, Oliven, Getreidekeimlingen und sogar aus Weintraubenkernen gewonnen. Sie werden zu Ölen verarbeitet, zu Margarine, Plattenfett oder weicherem »Soft«-Fett.
Tierische Fette Ihre Grundsubstanz ist einmal die Milch, aus der Butter, Butterschmalz und Sahne gewonnen werden, zum anderen sind es die Fettschichten von Schlachttieren, die zu Speck, Schmalz und Talg verarbeitet werden.

Fette haben unterschiedliche Schmelzpunkte. Je niedriger der Schmelzpunkt, um so größer die Verdaulichkeit.
Schmelzpunkte verschiedener Fette Margarine, Butter, Butterschmalz, tierisches Schmalz, Palm- und Kokosfett schmelzen bei 36 Grad C.
Speck und Talg schmelzen bei 45 bis 50 Grad.
Die *Hitzegrade* liegen jedoch viel höher. Fette, die frei von Wasser, Eiweiß und anderen Stoffen sind (z. B. Öle, Schmalz, Butterschmalz, Plattenfett oder »Soft«-Fett) können auf 190 bis 220 Grad erhitzt werden, ehe sie rauchen und verbrennen. Darum eignen sie sich besonders zum Braten, Anbraten und Fritieren. Sie sollten jedoch (außer Fritierfett) nur einmal verwendet werden. Auch Fritierfett filtert man am besten nach jedem Gebrauch. Es darf grundsätzlich nur mit der gleichen Fettsorte aufgefüllt werden und muß nach etwa sechsmaligem Gebrauch erneuert werden.
Eiweißhaltige Fette, wie Butter und Margarine, sollten nie höher als auf 120 Grad C erhitzt werden, denn schon bei 100 Grad C beginnen die Eiweißteilchen zu bräunen. Will man diese Fette heißer werden lassen, sollte man den sich bildenden Schaum abheben. Da sie außer Eiweiß auch Wasser enthalten, spritzen sie beim Braten, was man jedoch zu einem Teil verhindern kann, wenn man etwas Salz in das noch nicht ganz heiße Fett streut. Im allgemeinen eignen sie sich besser als Streichfett, zum Backen, zum Dünsten und zum Verfeinern von Speisen.
Aufgeschlagene Buttersaucen werden, um ein Überhitzen des Fettes zu verhindern, grundsätzlich im Wasserbad oder »neben dem Herd« zubereitet. Letzteres bedeutet, daß eine heiße Flüssigkeit von der Heizquelle gezogen und dort mit Butter oder Margarine »aufgeschlagen« wird, wobei die Sauce zwischendurch hin und wieder auf die mäßig heiße Heizstelle gegeben werden kann.

Salatöl mit Kräutern (siehe Seite 328)

Kleines Küchenlexikon

Fleisch

Das Rind

Der Vorfahre aller Rinder ist der Ur oder Auerochse, der schon vor etwa 8000 Jahren in Kleinasien als Haustier gehalten wurde. Die verschiedenen Rassen, die aus unzähligen Kreuzungen entstanden sind, verteilen sich heute über alle fünf Erdteile. Während in den USA, Australien und Argentinien, den »klassischen« Rindfleischländern, riesige Herden ausschließlich als Schlachtvieh aufgezogen werden, wird in Europa meist die sogenannte Zweinutzungszucht betrieben, d. h. Rinder gezüchtet, die sowohl gute Milchlieferanten sind, als auch ein schmackhaftes Fleisch haben. Geschlachtet werden vor allem Jung-Ochsen und die weiblichen Tiere, die nicht zur Erhaltung des Bestandes notwendig sind. Das beste Schlachtalter liegt etwa bei 2 Jahren, aber auch das Fleisch von älteren Tieren und alten Milchkühen kommt in den Verkauf. Rindfleisch ist von kräftig roter Farbe und hat gelblichweißes Fett. Je heller das Fett, um so jünger das Tier.

1. Nacken (Hals, Kamm, Halsgrat) Für Schmorgerichte (Gulasch, Rollbraten) besonders geeignet, wird z. T. auch zu Hackfleisch verarbeitet.

2. Fehlrippe (Zungenstück, Zungengrat, Siegelstück) Das Fleisch braucht eine verhältnismäßig lange Garzeit, daher als Suppen- und Schmorfleisch (Gulasch, Sauerbraten) besonders geeignet, wird ebenfalls z. T. als Hackfleisch verarbeitet.

3. Hochrippe (Hohe Rippe, Zwischenrippenstück) Ergibt wegen seines zarten Fleisches und einem hohen Fettanteil ein sehr gutes Kochfleisch. Das Fleisch junger Tiere liefert zarte Steaks, die sich besonders zum Grillen vorzüglich eignen.

4. Roastbeef (Lendenstück, Rostbraten) Für große Braten und Fondue geeignet. Zum Kurzbraten wird das Fleisch in Rumpsteaks oder Entrecôtes geschnitten. Roastbeef mit Knochen und Filet wird in Porterhouse- und T-Bone-Steaks zerteilt.

4a) Filet (Lende, Lungenbraten) Es ist das zarteste und teuerste Fleisch, wird als Braten oder in Scheiben (Filetsteaks, Chateaubriand, Tournedos, Medaillons, Filetspitzen) zubereitet.

5. Hüfte und Hüftdeckel Hüfte, auch Blume genannt, wird meist als Bratenstück verwendet. Es

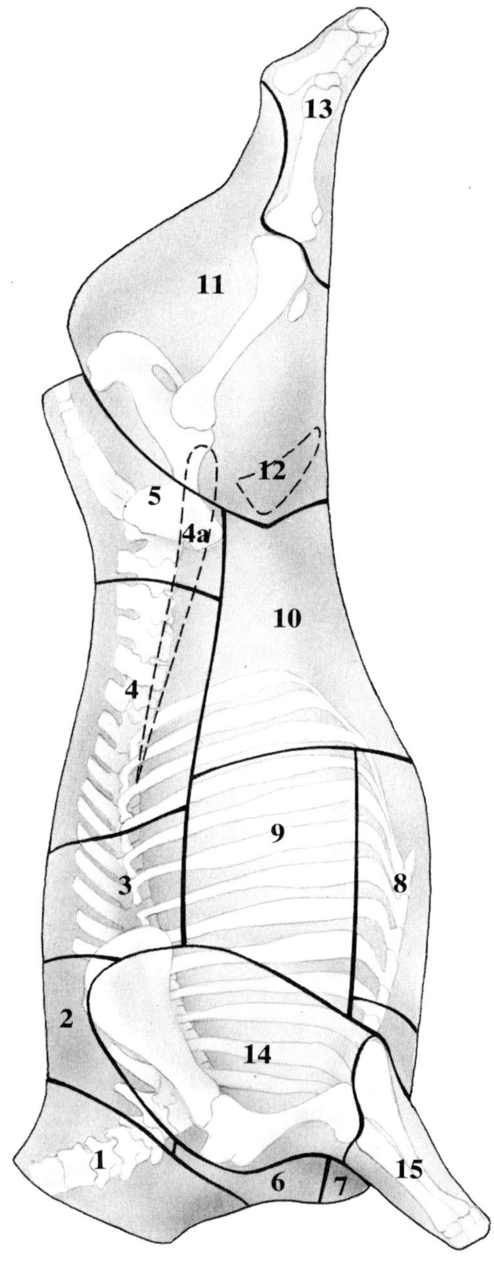

1 Nacken
2 Fehlrippe
3 Hochrippe
4 Roastbeef
4a Filet
5 Hüfte und Hüftdeckel
6 Abgedecktes Leiterstück
7 Brustspitze
8 Brustkern
9 Querrippe
10 Bauchlappen
11 Keule
12 Bürgermeister- oder Pastorenstück
13 Hinterhesse
14 Schulter
15 Vorderhesse

können auch Rouladen und – von jungem abgehangenen Fleisch – Scheiben zum Kurzbraten daraus geschnitten werden. Der Hüftdeckel hat etwas trokkeneres Fleisch und muß daher als Braten bardiert oder gespickt werden. Gut als Schnetzel- oder Ragoutfleisch geeignet.

6. Abgedecktes Leiterstück Sehr gutes Suppenfleisch (wird »wie gewachsen«, also mit Fett und Knochen, angeboten), kann auch zu Schmorgerichten und Eintöpfen verwendet werden.

7. Brustspitze (Kern) Knochenloses, sehr preiswertes Fleisch, das ausschließlich zum Kochen geeignet ist. Aus dem gekochten Fleisch können Salate bereitet werden.

8. Brustkern wird »wie gewachsen« als Kochfleisch angeboten, zum Braten meist als Rollbraten und auch als gepökelte Rinderbrust.

9. Querrippe (Zwerchrippe, Leiterstück, Spannrippe, Flachrippe, Federstück) Wird meist »wie gewachsen« angeboten und eignet sich hervorragend zum Kochen von Brühe (klare Bouillon und deftige Suppen) und in Eintöpfen.

10. Bauchlappen (Flanke, Lappen, Nabel) Ist etwa zu einem Drittel von Rippen durchzogen und wird vorwiegend als Kochfleisch verwendet. Der dickere Fleischteil (von jungen Tieren) kann als Ragout oder Gulasch zubereitet oder zu Hackfleisch verarbeitet werden.

11. Keule Sie besteht aus Rouladenstück, Oberschale (Kluft), Unterschale (Schwanzstück), Schwanzrolle (runder Riemen) und Kugel (Blume, Rosenspitz, Huft, Sternrose).
Das Rouladenstück liefert Steaks, Rouladen und Rollbraten. Die Oberschale ist ebenfalls als Braten, aber auch zum Schmoren geeignet. Sie ergibt gutes Fondue- und Schabefleisch (Tartar). Unterschale und Schwanzstück werden häufig gepökelt oder als Gulasch angeboten. Wird das Schwanzstück gebraten, sollte man es spicken oder bardieren, sehr geeignet für Schmorbraten (Sauerbraten). Die Kugel liefert Braten und Schmorbraten, Rouladen und Steaks.

12. Bürgermeister- oder Pastorenstück Wird als Schmorbraten oder Sauerbraten oder in Würfeln als Gulasch oder Ragout verwendet.

13. Hinterhesse (Beinfleisch) Wird mitsamt dem Markknochen in Scheiben geschnitten und als Suppenfleisch verwendet.

14. Schulter (Bug) Besteht aus Falschem Filet (Schulterspitze), Bugschaufel- oder Ministerstück, Mittelbug (Schaufel- oder Blattdeckel) und Dickem Bugstück. Sehr kräftiges Fleisch, das sich hervorragend zum Schmoren eignet (Rouladen, Sauerbraten, Gulasch, Ragouts). Falsches Filet wird häufig als Tatar, das Bugschaufelstück als Kochfleisch angeboten.

15. Vorderhesse (Beinfleisch) Wird wie die Hinterhesse in Scheiben geschnitten als Suppenfleisch verwendet.

Tranchierschnitte

T-Bone-Steak

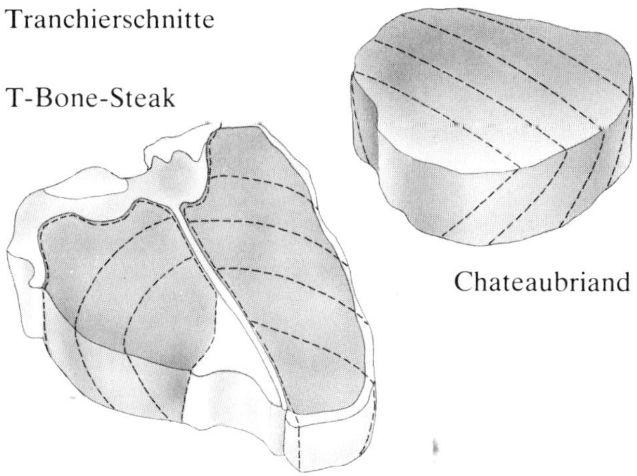

Chateaubriand

Das perfekte Steak

	Garzeiten in Minuten je Seite			
Steakdicke:	2 cm	3 cm	4 cm	5 cm
blau raw bleu	1	1½ bis 2	2½ bis 3	4 bis 5
Rosa bis blutig rare saignant	2	3	3½ bis 4	6½
rosa rare-medium à point	2 ½	3½	4½ bis 5	7
hellrosa medium demi anglais	3	4	5½ bis 6	8
durchgebraten well done bien cui	4½ bis 5	5 bis 5½	6	9
Hitze:	sehr stark	stark	mittel	mittel

Kleines Küchenlexikon

Das Kalb

Kälber sind noch nicht geschlechtsreife Rinder. Ihr bestes Schlachtalter liegt zwischen 4 und 10 Wochen. Älter als 3 Monate sollten sie generell nicht werden. Die Fleischqualität hängt weitgehend von der Fütterung ab. Kälber, die mit eiweißreicher Milchnahrung aufgezogen wurden, liefern ein ganz besonders helles, zartes Fleisch. Weidekälber, die etwa im Alter von 8 Wochen feste Nahrung zu sich nehmen, haben dunkleres Fleisch.

1. Nacken (Hals) Stark von Knochen und Sehnen durchzogenes Fleisch. Zum Kochen von Fleischbrühe, für Frikassee, Ragout, Gulasch und Eintopfgerichte geeignet.

2. Vorderes Kotelettstück Umfaßt die vorderen fünf Rippen. Wird in Scheiben als Kotelett gebraten oder als ganzer Braten ausgelöst.

3. Kotelett-Mittelstück Mageres, zartes Fleisch, das als Koteletts kurzgebraten oder gegrillt wird. Ohne Knochen liefert es einen besonders guten Braten.

4. Kotelett-Hinterstück Wird ausgelöst als Braten verwendet. Mit Knochen meist als Koteletts zum Kurzbraten oder Grillen.

5. Rücken (Nierenstück) Das besonders magere Stück wird meist in Koteletts oder Schnitzel zerteilt. Man kann es aber auch entbeint als Braten oder Rollbraten zubereiten.

5a) Filet (Lende) Es reicht bis in die Hüfte (6.) hinein. Der vordere Filetteil wird in Scheiben als Medaillons gebraten. Das hintere Ende kann als Braten zubereitet oder in Scheiben geschnitten und zu Medaillons gebunden werden.

6. Hüfte (Frikandeau, Blume) Das sehr zarte Fleisch ergibt erstklassige Bratenstücke, aber auch Steaks.

7. Keule Sie besteht aus Oberschale, Unterschale (Unterspelte) und Kugel (Rose, Nuß). Oberschale und Kugel sind sehr zartfleischig und ergeben erstklassige Braten. Aus der Kugel werden Schnitzel geschnitten. Die Unterschale hat gröberes Fleisch. Sie eignet sich für Fleischspieße, Geschnetzeltes, Gulasch, Rouladen und als Braten, wenn das Fleisch gespickt oder bardiert wird.

8. Vorder- und Hinterhaxe Beide haben von Sehnen durchzogenes, gelatinehaltiges, kräftiges Fleisch. Es eignet sich zum Kochen von Fleischbrühe, jedoch

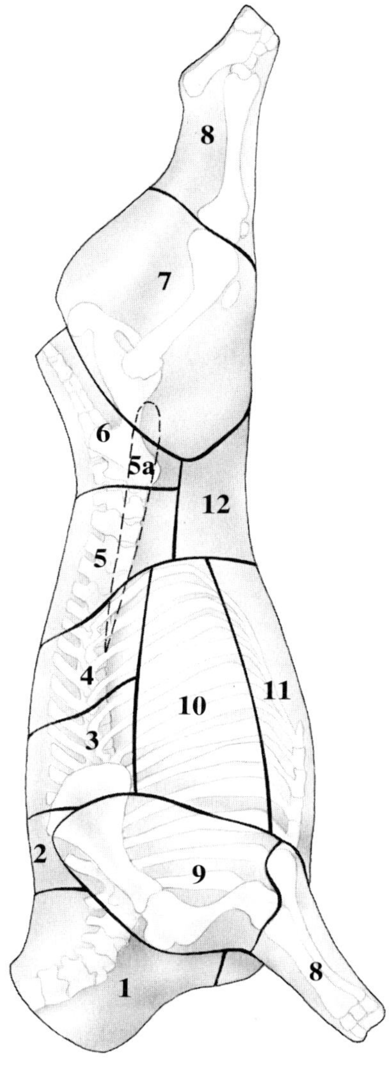

1 Nacken
2 Vorderes Kotelettstück
3 Kotelett-Mittelstück
4 Kotelett-Hinterstück
5 Rücken
5a Filet
6 Hüfte
7 Keule
8 Vorder- und Hinterhaxe
9 Schulter
10 Querrippe
11 Brust
12 Flanke

auch zum Braten, Grillen und Schmoren. Beinscheiben zum Schmoren (z. B. für Osso buco) läßt man besser aus der Hinterhaxe schneiden.

9. Schulter (Bug, Schaufel, Blatt) Ergibt ein gutes Schmorfleisch für Gulasch und Ragouts, kann für Ragout fin und Frikassee gekocht werden. Zum Braten als Fleischspießchen, gerollte Schulter, Geschnetzeltes.

10. Querrippe Das Fleisch ist stark von Fett und Bindegewebe durchzogen und hat dadurch einen kräftigen Geschmack. Wird meist geschmort oder gekocht.

11. Brust Das Fleisch ist stark von Fettschichten durchsetzt. Im vorderen Teil liegen Brustbein und Rippen, im hinteren nur knorpelige Rippenspitzen. Ergibt eine gute Brühe, wird aber auch als Ragout, Rollbraten, gefüllte Kalbsbrust geschmort oder in Scheiben gegrillt.

12. Flanke Die Unterbauchwand hat einen starken Bindegewebsanteil. Das Fleisch kann als Rollbraten, in Scheiben oder Würfeln geschmort werden und wird häufig zu Hackfleisch verarbeitet.

Das Schwein

Schon der Steinzeitmensch aß Schweinefleisch, wenn auch »nur« von einem Wildschwein, das er zuvor recht mühevoll erlegt hatte. Vermutlich waren es die Chinesen, denen es gelang, aus dem Wild- ein Hausschwein zu machen. Die Beliebtheit dieses Tieres rund um den ganzen Erdball ist sicher zu einem großen Teil auf seine Anspruchslosigkeit zurückzuführen. Es ließ und läßt sich mit einfachen Mitteln füttern, und wenn – in früheren Zeiten – zum Winterbeginn das Futter knapp wurde, wurde das Tier geschlachtet. Das Fleisch haltbar zu machen, war kein Problem, spätestens seit Beginn unserer Zeitrechnung ist in Europa das Einpökeln und Räuchern von Schweinefleisch bekannt. Gerade geräuchert bietet uns das Schwein eine unvergleichliche Köstlichkeit: Den Schinken, der in einigen Landschaften zu den Spezialitäten zählt.

1. Kopf Er kommt selten oder nur auf Vorbestellung in den Handel. Hirn und Zunge werden getrennt verkauft. Das Kopffleisch wird zu Sülze verarbeitet.

2. Rückenspeck Dünne Fettschicht ohne Fleischanteil, mit gewachsener Schwarte. Wird geräuchert

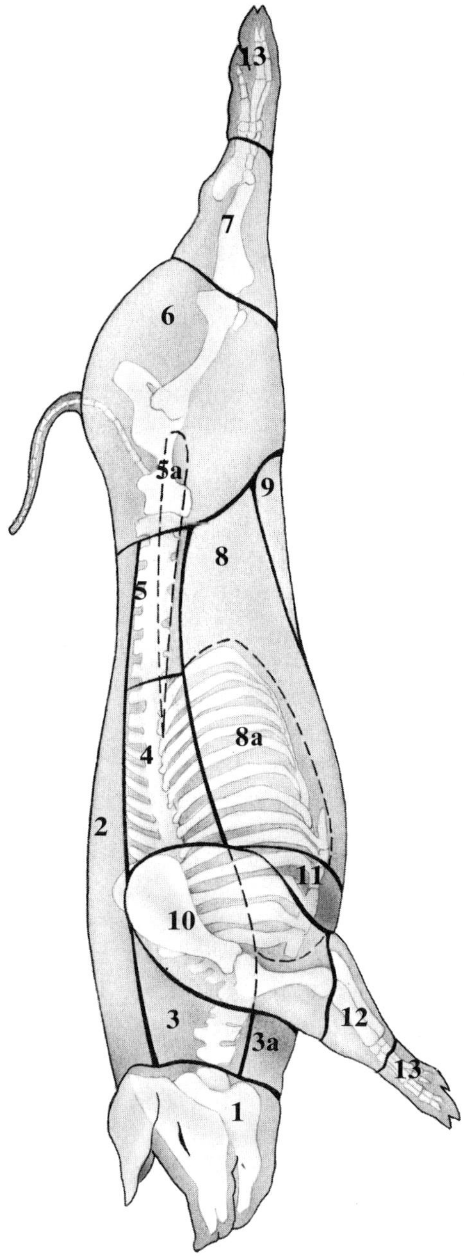

1	Kopf	7	Eisbein
2	Rückenspeck	8	Bauch
3	Nacken	8a	Rippen
4	Kotelettstück	9	Flomen
5	Filetkotelettstück	10	Schulter
5a	Filet	11	Brustspitze
6	Schinken	12	Eisbein
		13	Spitzbein

und ungeräuchert (grün, frisch) verkauft. Als Bratfett für Schmorgerichte verwenden oder als Speckfett auslassen.

3. Nacken (Kamm, Halsgrat, Hals) Stark von Fett durchzogenes Fleisch, das sich – gut gewürzt – besonders zum Grillen oder Braten in Scheiben eignet. Kann jedoch im Ganzen oder in Würfeln geschmort werden. Gepökelt kommt es als Kasseler Nacken in den Handel.

4. Kotelettstück (Karbonade, Carrée) Das sehr zarte Fleisch wird entweder als ganzes Stück zum Braten oder in Scheiben zum Kurzbraten angeboten. Gepökelt und geräuchert als Kasseler Rippenspeer bekannt, der sowohl gekocht (eher garziehen lassen), als auch gebraten werden kann.

5. Filetkotelettstück Kann gebraten, geschmort oder auch gargezogen werden. Als kurzgebratene Filetkoteletts in Scheiben mit dem darunterliegenden Filet, als Lummerbraten mit oder ohne Knochen. Das Kernfleisch wird durch schwaches Salzen und Räuchern zu dem zarten *Lachsschinken.*

5a) Filet (Lende, Lumme) Sich nach hinten verdickendes, längliches Fleischstück von besonderer Qualität. Kann im Ganzen gebraten oder zu Medaillons geschnitten kurzgebraten werden. Eignet sich hervorragend als Fonduefleisch.

6. Schinken (Keule) Ist als Frischfleisch nur selten auf dem Markt, dann unterteilt in Hüfte, Ober- und Unterschale und Nuß (Maus, Kugel). Das magere, zarte Fleisch kann als großer Braten (manchmal als Schinkenrollbraten), als Schnitzel, als Fonduefleisch und Grillfleisch (Spießchen) verwendet werden. Meist wird die Keule aber zu Räucherschinken verarbeitet, indem sie gepökelt und geräuchert (oder an der Luft getrocknet) wird. *Knochenschinken* ist der ganze Schinken einschließlich Schwarte, Speck und Knochen. *Nuß- oder Mausschinken* wird aus dem so benannten Fleischstück hergestellt. Fleisch der Ober- und Unterschale wird in Garn gebunden oder im Netz als *Rollschinken* angeboten. *Gekochter Schinken* wird nur mild gepökelt und geräuchert, dann in Sud gegart.

7. Eisbein (Haxe, Schinkenbein, Dickbein) Mageres Fleischstück von kräftigem Geschmack. Von dicker Schwarte umgeben, die zum Grillen oder Braten eingeritzt werden muß. Gepökeltes Eisbein kann in Sauerkraut oder deftigen Eintöpfen gargezogen oder als Surhaxe geschmort werden.

8. Bauch (Bauchfleisch, Wammerl, Bündel) Es gibt mageren Bauch und fetten Bauch. Ersterer wird zum Kochen als Wellfleisch, zum Braten und Grillen als »Falsches Kotelett« (im Ganzen oder in Scheiben) angeboten, oder mild gepökelt und geräuchert als magerer Speck. Fetter Bauch wird im allgemeinen stets geräuchert und gepökelt und wird auch als durchwachsener Speck bezeichnet. Zum Braten oder Grillen in sehr dünne Scheiben schneiden. Zum Kochen in Eintöpfen und deftigen Suppen.

8a) Rippen Sie liegen hinter dem mageren Bauch und werden manchmal zum Grillen, Braten oder Kochen ausgelöst. Sie sind aber auch mit dem Bauchfleisch verbunden erhältlich. Gepökelt und geräuchert als ausgelöste Rippchen eignen sie sich besonders zum Kochen in deftigen Gerichten (Erbsensuppe, Sauerkraut).

9. Flomen Reines Fett, das ohne Schwarte verkauft wird. Ausgelassen zu Schweineschmalz. Mit dünnen Scheiben magere Braten bardieren.

10. Schulter (Bug, Vorderschinken, Schaufel, Blatt) Schulterfleisch ist grobfaserig, muß daher langsam gegart werden, entweder braten oder schmoren. Wird häufig schon als Rollbraten angeboten. Für Gulasch und kräftige Ragouts. Aus schwach gepökelter Schulter wird gekochter Vorderschinken bereitet. Die oberen Schulterstücke kommen gepökelt und geräuchert als Schäufele auf den Markt (zu Sauerkraut).

Keule tranchieren

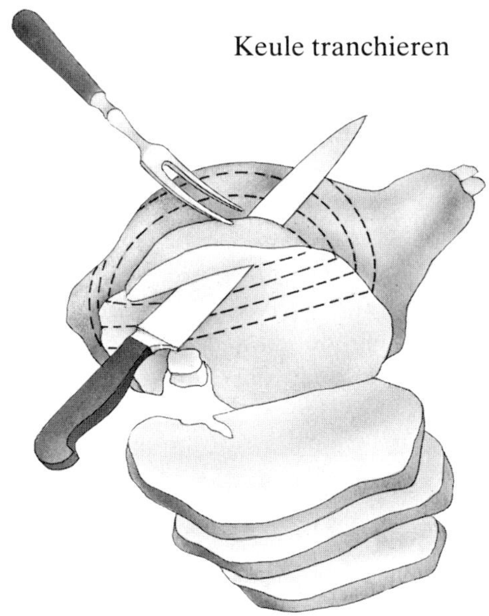

11. Brustspitze (Dicke Rippe) Liegt innen hinter der Schulter und ist verhältnismäßig grobfaserig. Zum Kochen in Eintopfgerichten oder gewürfelt zum Schmoren (Gulasch oder Ragout) geeignet.
12. Eisbein (Vorderhaxe) Ist etwas kleiner als die Hinterhaxe, wird aber wie diese zubereitet.
13. Spitzbein (Pfote) Es hat einen hohen Gelatineanteil, darum gut für Gelees und Sülzen zu verwenden. Gibt aber auch Schmorgerichten intensiven Geschmack. Langsam und lange gargezogenes Spitzbein kann paniert und gebraten werden.

Hammel und Lamm

Hammel und Lamm gehören in Süd- und Südosteuropa, ebenso wie in Nordafrika und Vorderasien sowohl in die Alltags- wie auch – als besonders guter Braten – in die Festtagsküche. Deutsche und Nordeuropäer dagegen genießen das sehr schmackhafte, außerordentlich bekömmliche und gesunde Fleisch nur in Maßen. Allerdings steigt der Verbrauch, zwar langsam, aber stetig. Das ist einmal auf die Förderung der Schafzucht in Deutschland, zum anderen auf die erleichterten Importmöglichkeiten für neuseeländisches und australisches Lammfleisch zurückzuführen. Inländische Schafe sind vor allem als schlachtfrische Osterlämmer sehr begehrt, während importiertes Fleisch das ganze Jahr über tiefgefroren sowohl als Lamm- wie als Hammelfleisch auf den Markt kommt.
Schafzucht wird auch hierzulande vorwiegend als Weidezucht betrieben, im allgemeinen gehen die Tiere sogar von Frühling bis Herbst auf Wanderschaft. Dadurch bekommen sie ein besonders schmackhaftes, fettarmes Fleisch, das keineswegs das von vielen abgelehnte tranige Aroma hat. Ebenso ist tiefgekühltes Importfleisch nur von allerbester Güte, allerdings sollte man Hammelfleisch etwas stärker würzen als Lammfleisch. Besonders geeignete Gewürze sind Knoblauch, Thymian, Rosmarin, Oregano und schwarzer Pfeffer. Lammfleisch hat eine matt-hellrote, Hammelfleisch eine kräftige rote Farbe. Je weißer das Fett, um so jünger war das Schlachttier. Lamm- und Hammelgerichte sollten stets ganz heiß genossen werden, weil das kalte Fett leicht talgig schmeckt.

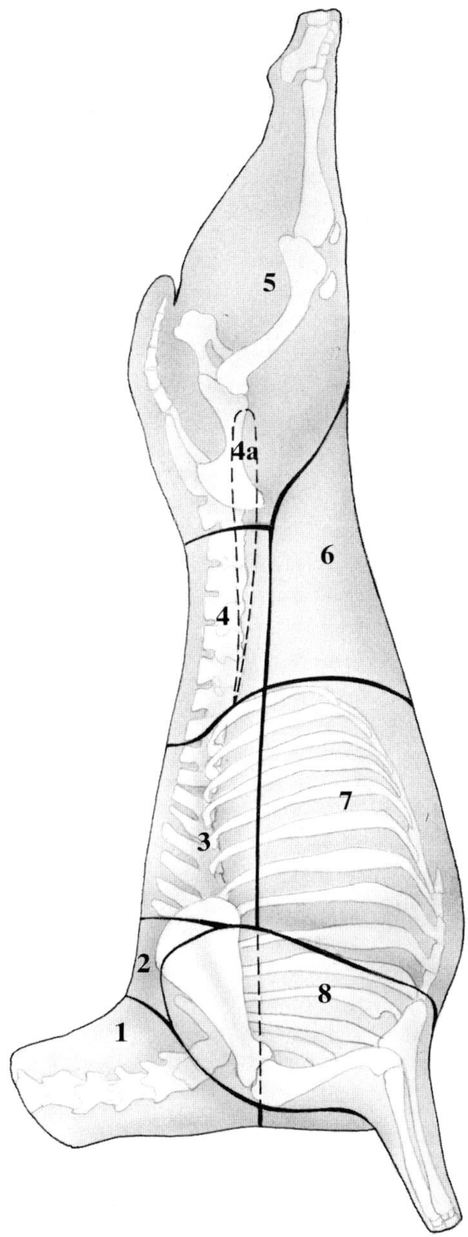

1 Hals
2 Kamm
3 Rippenstück
4 Lendenkotelett
4a Filet
5 Keule
6 Dünnung
7 Brust
8 Schulter

Kleines Küchenlexikon

1. Hals (Nacken) Beim Hals handelt es sich um von Fett durchzogenes Fleisch, das sich sowohl zum Kochen in Eintöpfen als auch zum Schmoren von Ragouts eignet. Wird zum Teil auch für Hackfleischgerichte mit Lamm (aus der süd- und südosteuropäischen Küche) verwendet.
2. Kamm Das ebenfalls noch fettdurchzogene Kammfleisch kann gekocht, geschmort und – in Scheiben oder im Ganzen – gebraten und gegrillt werden. Ideal zum Grillen auf dem Holzkohlengrill. Gerade weil es fettreich ist, hat es ein besonders gutes Aroma.
3. Rippenstück (Kotelettstück) Das zarte Lammrippenstück wird gerne als ganzer Braten angeboten, in Doppelkoteletts gehört es in die ganz feine Küche und kann sowohl kurzgebraten wie gegrillt werden. Hammelrippenstück wird fast ausschließlich als Doppel- oder Einzelkoteletts angeboten. Man sollte die Koteletts vor dem Braten oder Grillen mit einigen Knoblauchstiften spicken.
4. Lendenkotelett (Nieren- oder Sattelstück) Wird vorwiegend als ganzer Braten angeboten, oder in zarten Doppelkoteletts zum Kurzbraten oder Grillen.
4a) Filet Das Filet wird in der Regel nicht ausgelöst, sondern bleibt vor allem bei Koteletts an den Fleischscheiben.
5. Keule (Schlegel) Keule im Ganzen ergibt einen ganz hervorragenden Braten, der vielerorts das österliche Festessen schlechthin ist. In England serviert man es mit einer Pfefferminzsauce; die klassische Beilage sind grüne Bohnen.Gewürfelt eignet sich das Fleisch zum Schmoren und Kochen, in feine Scheiben geschnitten kann es auch gegrillt werden.
6. Dünnung Die nicht sehr dicken Fleischteile eignen sich hervorragend als Rollbraten, können jedoch auch als Ragout geschmort oder in Eintöpfen gekocht werden.
7. Brust Brust ist stark von Fett durchzogen und wird häufig mit Knochen »wie gewachsen« angeboten. In einzelne Rippchen zerteilt, gibt sie eine besonders deftige Einlage für Eintöpfe und kräftige Suppen; geschmort oder gegrillt paßt sie zu pikanten Bohnengerichten.
8. Schulter (Bug, Blatt, Schaufel) Das sehr würzige Fleisch mit Knochen ergibt einen sehr guten Braten. Schulter kann jedoch auch im Stück oder in Würfeln geschmort werden.

Rehrücken tranchieren

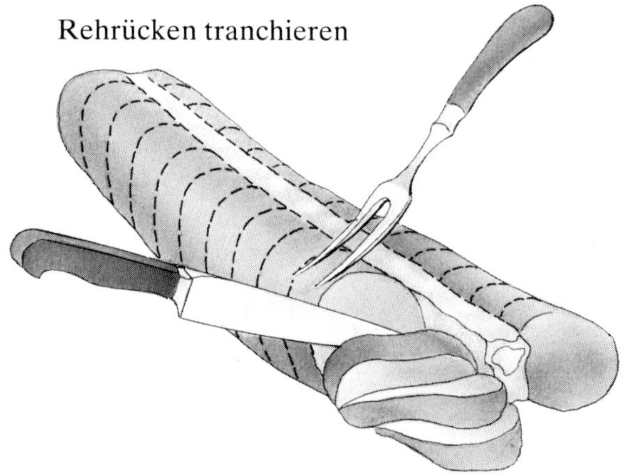

Wildbret

Als Wild bezeichnet man alle auf »freier Wildbahn« erlegten Tiere.
Man unterscheidet Haarwild, wie Rehe, Hirsche, Hasen und Wildkaninchen und Federwild, wie Rebhühner, Fasane, Wildenten und Wildtauben. Die Jagdgesetze legen fest, wann welches Wild gejagt werden darf; daher gibt es für bestimmtes Wildbret seit jeher eine Saison. Durch das Tiefgefrieren ist Wild heute das ganze Jahr hindurch im Angebot. Auch wer keine Beziehung zur Jagd hat, kann heute ohne weiteres Wild in den Speisezettel einplanen; es kommt küchenfertig auf den Markt.
Wildbret gewinnt heute, im Zeitalter des Ernährungsbewußtseins, eine besondere Bedeutung. Man kann damit rechnen, daß das Fleisch weder durch eine bestimmte Art der Fütterung noch durch Hormonbeigaben beeinflußt ist. Da Wild nicht gemästet wird, besteht Wildbret aus reichlich Muskelfleisch und enthält wenig Fett. Wildbret ist eiweißreich, kalorienarm und – da es feinfaserig und bindegewebsarm ist – leicht verdaulich. Es eignet sich daher auch sehr gut für Schlankheitsgerichte. Weil Wildfleisch besonders fettarm ist, muß es auch besonders gut abgehangen sein (etwa 8–10 Tage). Das berühmte Hautgout, von Kennern früher angeblich sehr geschätzt, gilt heute als ausgesprochen gesundheitsschädlich. Denn dieser »typische« Wildgeschmack entsteht lediglich durch Zersetzung des Fleischeiweiß bei überlangem Abhängen. Früher war das notwendig, um das Fleisch mürbe zu machen. Heutzutage wird Wild weitgehend tiefgekühlt angeboten, wobei es schon durch die Kälte eine Art Garungsprozeß durchläuft, denn extrem niedrige Temperaturen wir-

ken zartmachend auf die Fleischfasern. Damit auch das Fleisch nicht mehr ganz junger Tiere wirklich ganz mürbe wird, legt man es in eine würzige → Beize, die außerdem – auch bei Tiefkühlfleisch – den Geschmack positiv beeinflußt. Für eine Rotweinbeize werden 1 Teil Wasser, 1 Teil Essig und 2 Teile Rotwein mit Ingwer, Wacholderbeeren, Thymian, 1 Zwiebel, 1 Knoblauchzehe, einigen Piment- und Pfefferkörnern, 1 Gewürznelke und 1 Lorbeerblatt 10 Minuten gekocht und nach dem Abkühlen über das Fleisch gegossen. Ebenso bereitet man eine Essigbeize aus Essig und Wasser halb und halb. Sehr wohlschmeckend wird Wild auch durch Beizen in Buttermilch, der man Wacholderbeeren, Piment- und Pfefferkörner, 1 Gewürznelke, 1 Lorbeerblatt, Zwiebelringe und zerdrückte Koblauchzehe beigibt und die man kalt über das Fleisch füllt.
Das Fleisch muß stets völlig von der Beize bedeckt sein, zugedeckt kalt gestellt und täglich gewendet werden; es kann bis zu 8 Tagen gebeizt werden. Bei Buttermilchbeize muß die Buttermilch jedoch nach 2–3 Tagen erneuert werden.
Zusätzlich zum Beizen wird sowohl frisches wie tiefgekühltes Fleisch vor dem Braten oder Schmoren → bardiert oder → gespickt. Wildbret sollte übrigens niemals gekocht werden (außer zu Brühen, bei denen das Fleisch nicht weiter verwendet wird), weil dadurch sein besonderes Aroma verlorengeht. Es wird stets nur sparsam gewürzt. Außer Salz und frisch gemahlenem Pfeffer passen folgende Gewürze dazu: Piment, Wacholder, Lorbeerblatt, Koriander und Thymian.
Das Fleisch älterer Tiere wird am besten geschmort. Ein Schuß Wacholderschnaps, Kümmel oder Korn an den Schmorfond gegeben, macht das Fleisch zart und schmackhaft.

Hasenrücken tranchieren

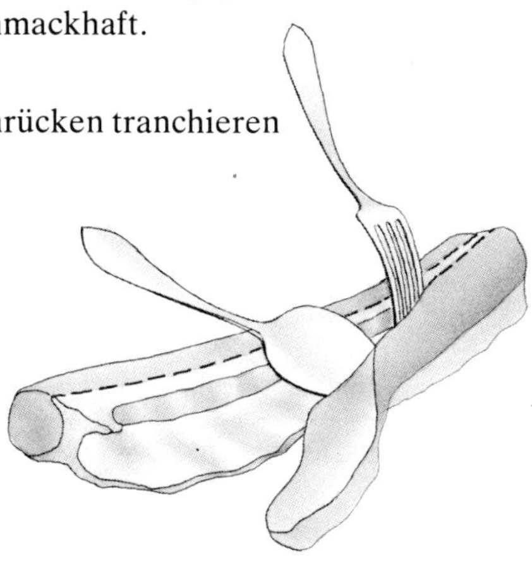

Innereien

Sie sind besonders reich an Nährstoffen und Vitaminen und darum für die Ernährung wertvoller als Muskelfleisch.
Bries (Kalbsmilch, Kalbsmilcher) ist die Thymusdrüse des Kalbs. Wird – meist paniert – gebraten oder für Frikassee gargezogen.
Herz wird von Schwein, Lamm, Rind, Kalb und gelegentlich auch von Hühnern und Puten angeboten. Wird meist als Ragout zubereitet. Schlachttierherzen können auch im Ganzen – gefüllt – oder in Scheiben geschnitten gebraten werden.
Hirn von Kalb und Lamm wird von Feinschmeckern bevorzugt. Schweine- und Rinderhirn kommt vorwiegend in Wurstmasse. Hirn kann gargezogen oder zart gebraten werden. Es muß ganz frisch sein, da leicht verderblich.
Leber von Kalb, Schwein, Rind und Lamm, gelegentlich auch von Hühnern. Eine ganz besondere Delikatesse ist Gänseleber, die bei uns aber nur selten schlachtfrisch angeboten wird. Je jünger das Schlachttier, um so zarter die Leber. Leber wird gebraten oder → sautiert. Sie sollte niemals gekocht werden (auch nicht die gelegentlich als Innerei mitgelieferte Leber von Suppenhühnern), weil sie beim Kochen bitter wird.
Lunge (Beuscherl) wird vor allem in der süddeutschen Küche verwendet. Dann meist »in Sauer« gekocht mit einer pikanten, säuerlichen Sauce.
Magen (genauer Vormagen: Kutteln, Fleck, Pansen) wird in Frankreich, Südeuropa und Österreich zu pikanten Gerichten verarbeitet, bei uns nur in einigen Landschaftsküchen bekannt. Braucht extrem lange Garzeiten und wird in kleine Streifen geschnitten, meist in würziger Sauce oder als Ragout serviert.
Nieren von Schwein, Kalb, Rind und – von Feinschmeckern besonders geschätzt – Lamm sind im Angebot. Müssen sehr gründlich vorbereitet (gewässert) werden, dann entweder halbiert oder in dünne Scheiben geschnitten nur kurz → sautieren.
Zunge von Rind, Schwein und Kalb (wird meist als Pökelzunge angeboten) muß stets gekocht werden. Dann erst lassen sich die harte Haut und eventuell noch anhängende Schlundteile mühelos entfernen. Zunge kann als kalter Aufschnitt oder in Scheiben geschnitten in einer dunklen Madeirasauce serviert werden.

Geflügel

Ganz sachlich ist das Wort Geflügel lediglich die Bezeichnung für geschlachtetes Hausgeflügel: Hühner, Enten, Gänse, Puter und Haustauben. Alle anderen gefiederten Leckerbissen sind → Wildgeflügel.
Geflügel wird in den Handelsklassen A, B und C angeboten. Bei Handelsklasse A sollen der Körperbau gut entwickelt und Brust und Keulen vollfleischig sein. Der Fettansatz soll am ganzen Körper gleichmäßig – bei Hähnchen und Puten leicht, bei Enten und Gänsen stärker – ausgebildet sein.
Brat- und kochfertiges Geflügel ist vollständig ausgenommen, und die Innereien sind verpackt eingelegt.

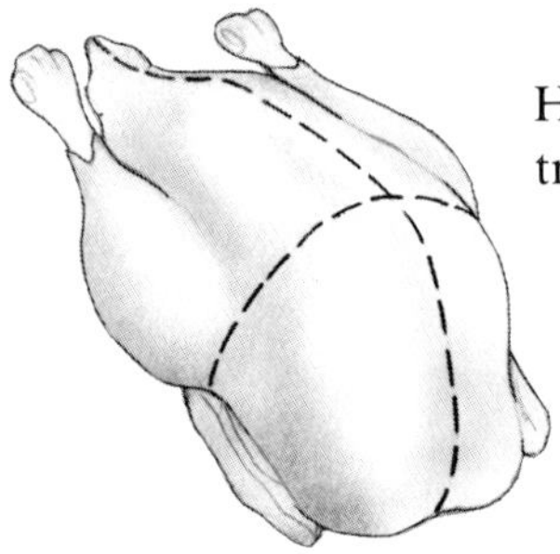

Hähnchen tranchieren

Das Huhn
Seine Heimat soll in Südostasien liegen, heute jedoch gehört es in fast allen Ländern der Erde zu den von Köchen besonders geschätzten Grundzutaten. Das Huhn hat eben eine Menge guter Eigenschaften.
Zum einen ist es dank moderner Massenaufzucht verhältnismäßig preiswert. Sein helles, eiweißreiches, fettarmes Fleisch läßt sich hervorragend mit anderen Zutaten kombinieren, da sein Fleisch keinen sehr ausgeprägten Eigengeschmack hat (was Feinschmekker hingegen oft bemängeln und auf die köstlichen Scharrhühner hinweisen, wie sie vor allem in bestimmten Regionen Frankreichs gezüchtet werden – dann jedoch nicht mehr zum preiswerten Geflügel gerechnet werden können).
Ein Huhn hat in jedem Lebensalter eine andere Benennung. Junge Tiere, die nicht älter als 6 Wochen werden dürfen, kommen als Stubenküken (im Norden) oder Mistkratzer (im Süden) auf den Markt. Mit etwa 7 Wochen ist aus dem Küken ein Brathähnchen oder eine Poularde (Junghuhn) geworden. Das Hähnchen wiegt bratfertig zwischen 700 und 1150 g, die Poularde zwischen 1150 und 1500 g. Was diese Altersgrenze dann überschreitet, wird zuerst Legehuhn und später – nach mindestens einem Jahr – Suppenhuhn. Womit es dann die Grundlage bildet für köstliche Brühen und nicht minder köstliche Salate.
Für Hühner und Hähnchen gibt es eine unendliche Fülle von Zubereitungsmöglichkeiten. Generell jedoch sollte man davon ausgehen, daß ein auf einem Bauernhof aufgewachsenes Tier, das von Körnerfutter, Insekten und Würmern lebte, meist ein so delikates Fleisch besitzt, daß es in Butter gebraten, nur mit Salz und Pfeffer und vielleicht ein wenig Petersilie gewürzt am besten schmeckt, während Massenzucht-Produkte mit einer Würzfüllung oder einem kräftigen Schmorfond versehen werden sollten.

Die Ente
»Eine Ente ist für einen zuviel und für zwei zuwenig«, sagen die Chinesen, in deren Küche die Ente eine ganz besondere Stellung einnimmt. Und damit haben sie nicht ganz unrecht. Denn fast alle Entenarten besitzen einen sehr großen Fett- und Knochenanteil. Man kann den »Wert« einer Ente jedoch steigern, indem man sie roh entbeint und mit einer kräftigen Füllung ausstattet. Dann reicht sie gut für vier bis fünf Personen.
Enten kommen als »Frühmastenten«, »Junge Enten« und »über ein Jahr alte Enten« auf den Markt. Frühmastenten sind jedoch oft noch sehr fleischarm. Nach 3 bis 4 Monaten haben sie ihre beste Größe erreicht, dann wiegen sie etwa 1500 bis 1800 g und sind besonders aromatisch. Die Schlachtzeit liegt meist im Herbst und Winter, denn zwischen September und Januar ist das Fleisch am wohlschmeckendsten.
Das Braten von Enten ist nicht ganz unproblematisch, weil das Brustfleisch am besten schmeckt, wenn es noch eine Spur rosa ist. Dann aber sind die Schenkel oft noch nicht gar. Entweder man deckt die Brust für eine gewisse Zeit ab oder man trennt die Schenkel ab, brät sie 10 bis 15 Minuten länger und reicht sie getrennt.
»Über ein Jahr alte Enten« haben ihre Jugendfrische verloren. Sie schmecken streng und manchmal sogar tranig. Man kann sie jedoch einpökeln und für Eintöpfe oder andere deftige Gerichte verwenden.

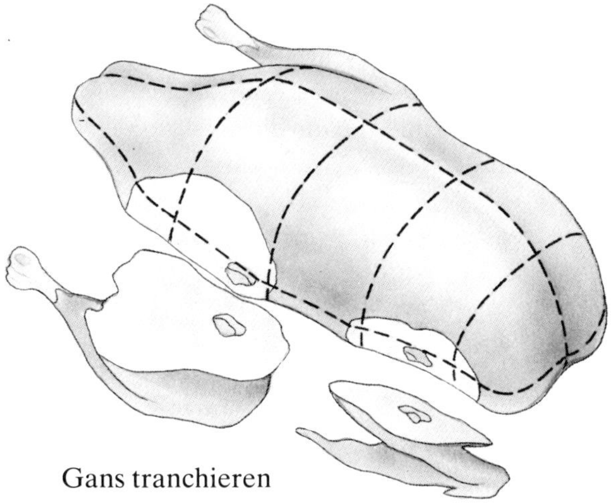

Gans tranchieren

Die Gans
Sie ist sozusagen das Traditionsgeflügel schlechthin. Trotz des Siegeszuges, den Puterfleisch seit einigen Jahren in Mittel- und Nordeuropa angetreten hat, hat die Gans ihre Bedeutung als winterlicher Festtagsbraten nicht verloren. In Deutschland ist sie das älteste gezähmte Geflügel überhaupt. Schon um 1500 v. Chr. wurde sie als Hausgeflügel gehalten. Auch sie kommt heute, wie Huhn und Ente, nur selten als Frischgeflügel auf den Markt. Sie wird vorwiegend als Tiefkühlware angeboten. Die bevorzugten Importländer sind Polen und Ungarn, wo zu einem großen Teil noch die traditionelle Hafermast gebräuchlich ist. Qualität und Art des Futters sind für den Geschmack des Fleisches von großer Bedeutung! »Frühmastgänse« werden nach einer Schnellmast in einem Alter unter 5 Monaten geschlachtet. Sie wiegen dann etwa 4 Kilo. Älter als 8 bis 9 Monate sollten Gänse grundsätzlich nicht sein, weil sie danach ein zähes Fleisch bekommen. Durch stundenlanges Schmoren im geschlossenen Topf unter Beigabe von Gemüsen, Kalbsfüßen und Schweineschwarten, kann man allerdings auch ältere Tiere »butterweich« bekommen. Gänse werden im allgemeinen mit einer Füllung zubereitet. Das verbessert zum einen den Geschmack, macht aber zum anderen auch – wenn man z. B. Salbei in die Füllung gibt und zum Würzen benutzt – das fette Fleisch leichter verdaulich.
Das Bratfett der Gans und das ausgelassene Flomenfett ergeben das köstliche Gänseschmalz. Es sollte jedoch mit etwas Schweineschmalz gemischt werden, weil es – selber sehr weich – dadurch gehärtet wird.

Der Puter
Die Azteken hatten ihn schon jahrhundertelang gezüchtet, ehe spanische Konquistadoren dieses Volk vernichteten. Immerhin haben die Spanier den wohlschmeckenden Vogel nach Europa gebracht, als »eine der besten Gaben der Neuen an die Alte Welt«, wie der berühmte französische Gastrosoph Brillat-Savarin notierte. Dennoch hatte der Puter oder Truthahn es nicht leicht, sich in Mittel- und Nordeuropa durchzusetzen. Erst der Trend zu eiweißreichem, fettarmem Fleisch der letzten Jahrzehnte ließ seinen Wert erkennen. Heute wird Putenfleisch – frisch und tiefgefroren – vorwiegend in Einzelstücken angeboten, als Ober- und Unterkeule, Rollbraten aus der Brust, Steaks und Schnitzeln aus dem Brustfleisch. Immerhin wird das ganze Tier bis zu 7,5 Kilo schwer, wenn es männlich ist. Weibliche Tiere erreichen »nur« etwa 3,5 Kilo. Wer ein ganzes Tier als Festtagsbraten servieren möchte, sollte einen männlichen Puter von etwa 5 Kilo wählen, dessen Fleisch in dieser Gewichtskategorie besonders schmackhaft ist.
Durch → *Bardieren* oder Garen in Folie bleibt das Fleisch schön saftig (Folie zum Bräunen öffnen).
Der Truthahn ist das traditionelle Festessen in angelsächsischen Ländern. Er wird in England mit einer leckeren Füllung als Weihnachtsbraten, in Amerika mit einer Preiselbeersauce zum Erntedankfest als Krönung der »Thanksgiving«-Tafel serviert.

Truthahn tranchieren

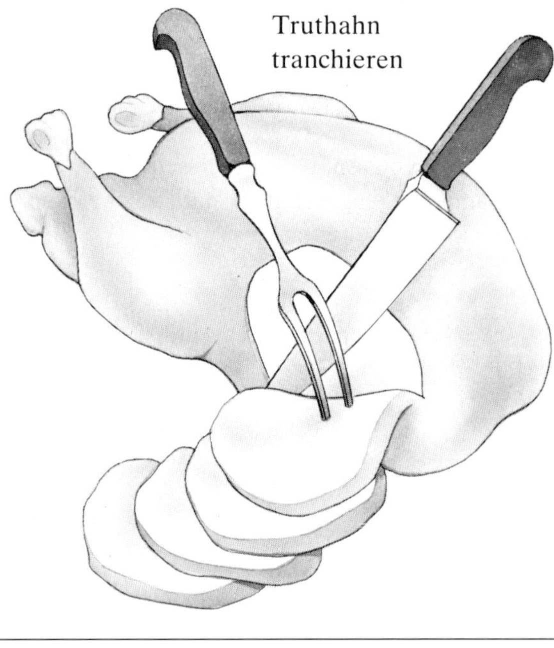

Ganze Puter oder Truthähne werden bei uns ebenfalls nur selten frisch angeboten. Tiefgekühlt gibt es aber auch kleinere Tiere, sogenannte Mini-Puter mit etwa 1800 g Gewicht.

Die Haustaube
Sie hat im Gegensatz zu ihren »wilden« Verwandten ein helles, zartes Fleisch, wobei natürlich junge Tauben am besten schmecken. Sie werden im Frühling, im zarten Alter von knapp 4 Wochen geschlachtet, wenn sie gerade flügge sind. Dann ist das Fleisch von besonderer Güte. So jung – und nicht ganz ausgeblutet – schmecken sie gebraten am besten. Ältere Tauben kann man mit oder ohne Füllung in kräftigem Fond schmoren.

Tiefgekühltes Geflügel
Es macht Handel und Verbraucher unabhängig von den optimalen Schlachtzeiten. Selbst Tiere, die im Januar geschlachtet wurden, kommen im Juli im (fast) vollen Aroma in den Bratentopf. Das darf jedoch nicht darüber hinwegtäuschen, daß frisch geschlachtete Tiere trotz modernster Schockfrostmethoden immer noch ein klein wenig besser schmekken. Das liegt aber zum Teil auch daran, daß »frisches« Geflügel meist Scharr-Tiere sind, während Tiefkühlware aus sogenannten Geflügelfarmen kommt, wo es mit einer zwar ausgewogenen, aber doch einheitlichen Nahrung versorgt wurde.
Der Vorteil des tiefgekühlten Geflügels liegt einmal darin, daß es eben wirklich zu jeder Jahreszeit erhältlich ist, zum anderen in seiner Preisgünstigkeit gegenüber frisch geschlachtetem.
Für die Qualität des Endergebnisses, des fertigen Gerichts also, sind zwei Faktoren besonders wichtig:
1. In der Packung darf sich kein rosa Eis und kein »Schnee« befinden. Beide sind ein sicheres Zeichen dafür, daß das Geflügel schon einmal angetaut war und dann wieder eingefroren wurde. Ebenso darf es keine strohig-trockenen Stellen aufweisen, sie bedeuten »Frostbrand«, der durch fehlerhafte Lagerung entsteht.
2. Das Auftauen soll so langsam wie möglich vor sich gehen. Am besten ist es, das Tier aus der Verpackung zu lösen und zugedeckt im Kühlschrank oder einem kühlen Keller auftauen zu lassen. Tiefgekühltes Geflügel sollte, entgegen oft propagierter Ratschläge, *niemals* in lauwarmem Wasser aufgetaut werden, allerhöchstens – und auch das nur in Notfällen – im mäßig warmen Backofen. Bei Heißluftherden sollte das Geflügel dabei gut bedeckt sein, damit der warme Luftstrom die Oberfläche nicht austrocknet.
Aufgetautes Tiefkühlgeflügel wird wie frisches behandelt, allerdings kann die Garzeit verkürzt werden, da das Tiefkühlen schon eine Art Garungsprozeß darstellt, d. h. durch das Einfrieren werden die Zellen schon etwas mürbe gemacht.
Wer von Rezepten für Frischgeflügel ausgeht, kann bei Tiefkühlgeflügel etwa 5% der Garzeit abrechnen.

Wildgeflügel
Die bei uns frisch oder tiefgekühlt angebotenen Wildgeflügelarten sind: Fasan, Wildente, Rebhuhn, Birkhuhn, Haselhuhn, Wildtaube und Wachtel. Wildgeflügelfleisch ist im allgemeinen fettärmer als das von Hausgeflügel, muß darum vor dem Braten → *bardiert* werden. Die meisten Wildgeflügel können mit deftigen Beilagen, wie z. B. Sauerkraut mit Riesling oder Champagner gekocht und/oder mit Weinbeeren gemischt, serviert werden. Nur junges Wildgeflügel sollte gebraten werden. Das Fleisch älterer Tiere ist oft zäh und manchmal auch tranig, was jedoch durch das Schmoren in einem kräftigen Fond ausgeglichen werden kann.

	Eiweiß in g	Fett in g	kcal	kJ
	je 100 g eßbarem Anteil			
Brathuhn	20,6	5,6	144	315
Brust	22,8	0,9	109	457
Keule	20,6	3,1	120	503
Suppenhuhn	18,4	20,3	274	1148
Ente	18,1	17,2	243	1018
Gans	15,7	31,0	364	1525
Puter	20,1	20,2	282	1182

Wie man Geflügel portioniert

Wenn Geflügel geschmort werden soll, ist es oft schon des Geschmacks wegen besser, es zuvor zu portionieren. Größere Geflügelarten, wie Gans und Puter, können in 10 Teile zerlegt werden (Zeichnung 1). Poularden und Enten hingegen teilt man nur in 5 Portionen (Zeichnung 2).

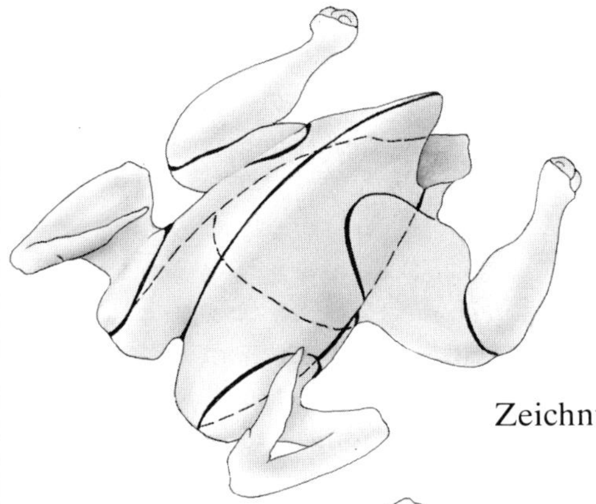

Zeichnung 1

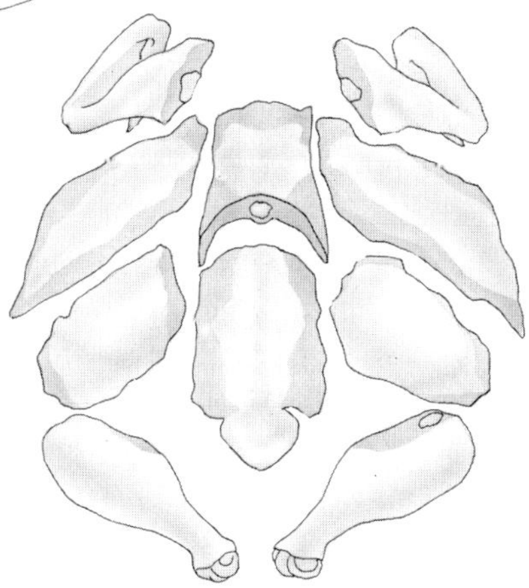

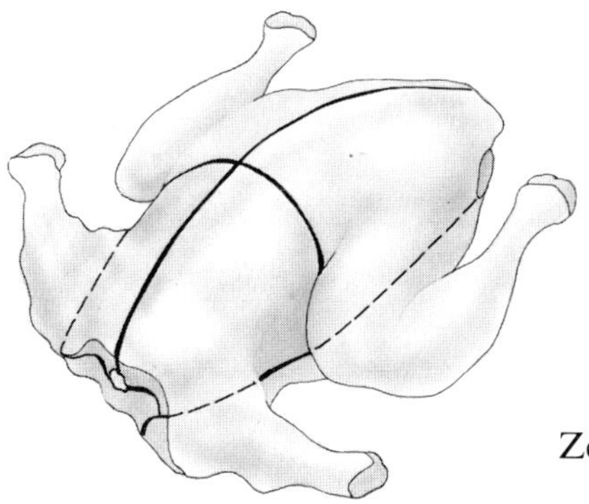

Zeichnung 2

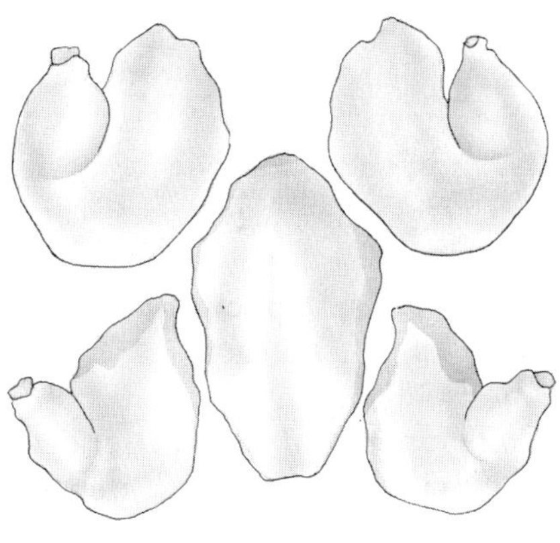

Füllungen für Geflügel

Füllung aus Innereien
Das von der dicken Haut abgezogene Fleisch des Magens, das Herz und die Leber würfeln oder fein hacken. In Butter oder Butterschmalz bei milder Hitze unter Rühren Farbe nehmen lassen. Dann beliebig mit gehackten Kräutern, Brotwürfeln oder Semmelbröseln, gehackter Zwiebel und Ei mischen und mit Salz und Pfeffer würzen.

Brotfüllung 1
Altbackenes Weißbrot entrinden und würfeln, in Butter oder Margarine anrösten, bis alles Fett von dem Brot aufgesogen ist. Dann mit gehackten Kräutern, Zwiebeln und (beliebig) Knoblauch mischen.

Brotfüllung 2
In Milch oder Wasser eingeweichtes, dann ausgedrücktes Brötchen zerpflücken und mit gehackter Zwiebel, gehackter Petersilie, Salbei und beliebigen anderen Kräutern, Ei, Salz und Pfeffer mischen.

Gemüsefüllung
Beliebiges Gemüse (z. B. blanchierter Spinat, gedünstete Zucchini, gedünsteter Broccoli, gedünstete Möhren) fein hacken und die Flüssigkeit herausdrükken. Dann mit Quark oder Frischkäse mischen und pikant würzen.

Quarkfüllung
Speise- oder Sahnequark in einem Mulltuch kräftig ausdrücken, dann durch ein Sieb streichen. Mit geschlagenem Eiweiß, Semmelbröseln und beliebigen Kräutern mischen. Kräftig mit Salz, Pfeffer und Paprika abschmecken. (Besonders gut für Poularden geeignet.)

Reisfüllung
Gekochten Reis entweder mit Dill, Pistazien oder Pinienkernen und gehackten Zwiebeln mischen. Oder eine Mischung aus Reis, Rosinen, gehackten Mandeln oder Walnußkernen zubereiten. Mit Salz und Curry würzen. (Besonders für Enten geeignet).

Apfelfüllung
Geschnetzelte Äpfel mit wenig gehackter Zwiebel, Semmelbröseln und Rosinen mischen. Nur schwach mit Salz, Pfeffer und Salbei würzen. (Besonders für Gänse geeignet.)

Kleines Küchenlexikon

Hinweis Gefülltes Geflügel muß grundsätzlich geschlossen werden, damit die Füllung während des Garens nicht herausläuft. Man kann es entweder zunähen (mit Rouladengarn) oder mit Zahnstochern zustecken. Die beste Methode ist jedoch die sogenannte »Schnürsenkelmethode« (siehe Zeichnung). Die Haut wird dabei beidseitig von Zahnstochern durchstochen, die dann kreuzweise mit Rouladengarn umwickelt werden.

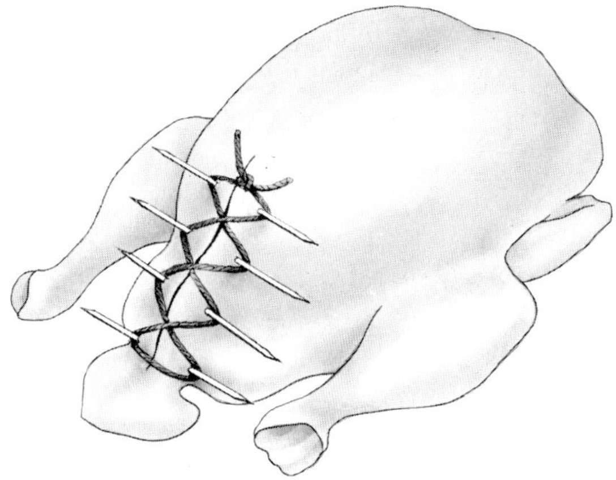

Kleines Eier-Brevier

- Ein gutes Legehuhn kann im Jahr etwa 241 Eier produzieren.
- Eier werden in 7 Gewichtsklassen angeboten:
  Klasse I: 70 g und darüber
  Klasse II: 65 bis 70 g
  Klasse III: 60 bis 65 g
  Klasse IV: 55 bis 60 g
  Klasse V: 50 bis 55 g
  Klasse VI: 45 bis 50 g
  Klasse VII: unter 45 g
- Eier sind kalorienarm. Ein Ei von etwa 65 g hat nur ca. 90 kcal, bzw. 377 kJ.
- Eier sind gehaltvoll. Sie enthalten:
  die Vitamine A, B_1, B_2 und E,
  die Mineralstoffe Calcium, Phosphor, Natrium und Eisen
  und die Nährstoffe Eiweiß (12,9%), Fett (11,2%) und Kohlenhydrate (0,7%).
- Eier haben eine poröse (luftdurchlässige) Schale; darum nicht zusammen mit starkriechenden anderen Lebensmitteln lagern.

Fische

Bei den Fischen gibt es viele, die seit eh und je als besondere Delikatesse geschätzt wurden, und andere, denen früher der Makel »Arme-Leute-Gericht« anhaftete. Letzteres betraf zum Beispiel den Hering ebenso wie den Flußkrebs, welche beide heute voll »rehabilitiert« sind. Hering wurde zum »Silber des Meeres« und bei Krebsen deutet schon der Preis auf die Zuordnung zu Delikatessen hin. Woher dieser Sinneswandel? Einmal, weil man sich auf den guten Geschmack besonnen hat, zum anderen auch wegen der immer fortschreitenden Verknappung. Vor allem der Hering wurde Opfer rücksichtsloser Raubfischerei. Andere Arten, wie eben die Krebse, aber auch viele Süßwasserfische, verloren ihren gewohnten Lebensraum durch starke Wasserverschmutzung.
Trotz des Rückganges etlicher, bei uns sehr beliebter Fische und anderer Wasserbewohner, wird das feuchte Element vermutlich der Hauptnahrungslieferant der Zukunft. Denn noch sind die Meere nicht leergefischt, im Gegenteil: Dort werden – bisher zum Teil noch unentdeckt – die größten Proteinreserven der Erde vermutet. Und eine größere Reinhaltung von Flüssen und Seen wird den »natürlichen Bewohnern« wieder neuen Lebensraum verschaffen.
Um die Versorgung mit Fisch braucht man sich also keine Gedanken zu machen – wohl aber darüber, daß unsere Enkel, vielleicht sogar schon unsere Kinder, ihre übernommenen Vorstellungen ändern müssen. Vermutlich gibt es dann auch für viele Fischgerichte andere Zubereitungsmöglichkeiten.
Auf einen einfachen Nenner gebracht, sind Fische »in Salz- oder Süßwasser lebende, durch Kiemen atmende Wirbeltiere«.
Diese Definition ist etwas genauer als die übliche Trennung in Süßwasser- und Salzwasserfische, denn einige Seefischarten wandern zum Laichen in Flüsse hinauf, während Flußfische im Meer ablaichen. Lachs und Aal sind solche »Grenzgänger«. Der Lachs ist in allen nördlichen Meeren zu Hause. Aber mit Beginn der Laichzeit steigen die Lachse die Flüsse hinauf, wobei sie erstaunliche Höhen überwinden können. Daß man den Lachs gerne den Süßwasserfischen zuordnet, mag daran liegen, daß er während der Wanderschaft gefangen wird, denn jetzt schmeckt sein Fleisch am besten. Korrekt wird der

»zu Berge« ziehende Lachs übrigens *Salm* genannt. Andersherum verläuft der Lebensweg des generell als Süßwasserfisch bezeichneten Aals. Er kommt im Meer zur Welt, die männlichen Tiere bleiben dort zurück, während die weiblichen in die Flüsse schwimmen, aus denen schon ihre Mütter kamen. Dort leben sie 10 bis 12 Jahre, um dann zur »Hochzeit« und zum Ablaichen an ihren Geburtsort zurückzukehren.

Meeresfische
Sie werden unterteilt in Rundfische und Plattfische.
Rundfische sind Hering, Sardelle, Sardine, Sprotte, Seewolf, Schellfisch, Seelachs, Kabeljau, Dorsch, Wittling, Lengfisch, Seehecht und Makrele.
Plattfische sind Heilbutt, Scholle, Flunder, Steinbutt, Kliesche, Seezunge und Rotzunge. Plattfische erkennt man daran, daß beide Augen auf einer Körperhälfte liegen.

Süßwasserfische
Die in unseren Gefilden am häufigsten vorkommenden Süßwasserfische sind: Forelle (unterteilt in Bachforelle, Regenbogenforelle, Lachsforelle), Äsche, Barbe, Barsch, Renke (auch Maräne oder Felchen genannt), Hecht, Stör, Karpfen, Waller oder Wels, Plötze, Schleie und Zander.

Das 3-S-System

Die drei S, die für eine vollendete Fischzubereitung notwendig sind, bedeuten ganz einfach:
S wie Säubern Damit sind sowohl das Ausnehmen, wie das (eventuell nötige) Schuppen und das Abspülen gemeint. Das Ausnehmen wird im Normalfall der Fischhändler übernehmen. Macht man es aber doch selber, muß der Fisch immer vom Schwanz zum Kopf hin aufgeschnitten werden. Die schwarze Innenbauchhaut kann mit Salz herausgerieben werden. Geschuppt wird der Fisch vom Schwanz zum Kopf hin, dabei liegt er am besten im Wasser, damit die Schuppen nicht herumfliegen. Die Haut jedoch wird vom Kopf zum Schwanz hin abgezogen. (Siehe auch Seite 323). Der Fisch läßt sich besser anfassen, wenn man vorher die leicht angefeuchteten Hände in Salz getaucht hat.
Bei Fischkoteletts, Tranchen oder Filets entfällt das erste »S«.

S wie Säuern Das ist notwendig bei Fischen, die gebraten oder in wenig Flüssigkeit gedünstet oder gedämpft werden. Kräftige Fischsorten säuert man mit Essig, feinere mit Zitronensaft. Das Säuern macht das Fischfleisch fester, so daß es beim Garen nicht zerfällt. Der gesäuerte Fisch sollte etwa 10 Minuten ziehen, ehe er gegart wird.
S wie Salzen Viele Fische können ihres delikaten Eigengeschmacks wegen auf Gewürze verzichten. Nur nicht auf das Salz, das eben diesen Geschmack erst zur vollen Entfaltung bringt. Aber: Gesalzen werden darf erst unmittelbar vor der Zubereitung, weil bei längerem Stehen das Salz Fischsaft herausziehen und somit wichtige Nähr- und Aromastoffe ausschwemmen würde.
Fische können im Ganzen, als Filets oder in Portionsstücken gebraten, gegrillt, von Panade oder Teig umhüllt in Fett ausgebacken, gedünstet, gedämpft oder gargezogen werden. Nur *gekocht* werden dürfen sie *nie*.

Käse ist mehr als nur ein Brotbelag

Käse sei die schönste Art, Milch zu genießen, behauptet der Volksmund. Aber von der Milch zum Käse ist es ein weiter Weg, vor allem eine mehr oder weniger lange Reifezeit. Käsesorten gibt es unzählige, und auch die Unterscheidungsmerkmale sind vielfältig. Unterscheidet man die Käsesorten nach ihrem »Härtegrad«, also der Weichheit der Käsemasse, dann bleiben sechs große Gruppen übrig:

Hartkäse
Sie haben eine Reifezeit von drei bis sechs Monaten. Sie schmecken um so intensiver, je älter sie sind. Sie sind im allgemeinen recht fettreich (45 Prozent i. Tr.). i. Tr. ist eine für alle Käsesorten übliche Bezeichnung und bedeutet, daß in der reinen Trokkensubstanz ohne Flüssigkeit eine bestimmte, eben in Prozenten angegebene, Fettmenge enthalten ist. Hartkäse sind, wenn man sie vor dem Austrocknen schützt, sehr lange lagerfähig. Man bewahrt sie entweder unter einer Käseglocke an einem kühlen Ort oder in ein feuchtes Tuch gewickelt auf. Nicht in Folie wickeln, dann können sie nicht »atmen« und neigen zu Schimmelbildung.
Die bekanntesten Hartkäse: Schweizer und Allgäuer Emmentaler, Sbrinz, Bergkäse, Chesterkäse, Greyerzer, Parmesan, Cantal.

Schnittkäse
Sie haben eine Reifezeit von vier bis sechs Wochen und werden in verschiedenen Fettstufen angeboten. Man unterscheidet »normalen« Schnittkäse mit einer Fettstufe bis zu 45 Prozent i. Tr. und halbfeste Schnittkäse mit bis zu 50 Prozent Fett i. Tr. Letztere sind oft so weich, daß sie mit der nächsten Gruppe, den → Weichkäsen, verwechselt werden können. Schnittkäse sind nicht so lange lagerfähig wie Hartkäse, wegen ihrer weichen, saftigen Masse aber als Dessertkäse sehr beliebt.
Die bekanntesten Schnittkäse: Gouda, Tilsiter, Edamer, Geheimratskäse, Pyrenäenkäse.
Die bekanntesten halbfesten Schnittkäse: Edelpilzkäse (die durch und durch von grün-blauem Edelschimmel durchzogen sind, wie Roquefort, Gorgonzola, Stilton, Bavaria blue), Butterkäse, Wilstermarschkäse, Steinbuscher, Weißlacker, Esrom-Käse.

Weichkäse
Sie haben eine Reifezeit von einer bis drei Wochen. Sie reifen nicht wie Hart- oder Schnittkäse gleichmäßig durch die ganze Masse, sondern von außen nach innen. Dadurch kann ein Weichkäse zwar außen schon weich sein, im Inneren aber noch einen halbfesten Kern haben. Weichkäse gibt es in der Dreiviertelfettstufe mit mindestens 30 Prozent Fett i. Tr. und in der Fettstufe mit mindestens 40 Prozent Fett i. Tr. Auch hier unterscheidet man zwei Arten: Käse, die eine weiße Schimmelbildung haben, und solche mit sogenannter Rotschmiere.
Die bekanntesten Weichkäse mit Schimmelbildung: Camembert, Brie, Carré de l'Est, Neufchâtel, Doppelrahmweichkäse, Ziegenkäse.
Die bekanntesten Weichkäse mit Rotschmiere: Romadour, Limburger, Munsterkäse (Munster Géromé).

Sauermilchkäse
Sie haben eine Reifezeit von oft nur wenigen Tagen, werden aus Sauermilchquark zubereitet und sind wohl die älteste Käseart, die der Menschheit bekannt ist. Früher waren Sauermilchkäse reine Bauernkäse, die für den eigenen Bedarf hergestellt wurden. Ihre Haltbarkeit ist begrenzt. Überreife Sauermilchkäse überziehen sich mit einer schmierigen Schicht, die einen sehr scharfen Duft verbreitet. Sauermilchkäse sind meist sehr fettarm, jedoch eiweißreich. Sie werden mit und ohne Weißschimmel angeboten und haben eine glatte Masse von goldgelber bis rötlichbrauner Färbung.
Die bekanntesten Sauermilchkäse: Harzer Roller, Mainzer Handkäse, Stangen- und Korbkäse. Aus Sauermilchkäse wird auch Kochkäse bereitet.

Frischkäse
Im Gegensatz zu allen bisher genannten Käsearten ist der Frischkäse ein ganz »junger« Käse, der keinerlei Reifeprozeß unterliegt, daher auch nur kurze Zeit haltbar ist. Frischkäse haben noch keinen ausgeprägten Eigengeschmack entwickelt und lassen sich darum hervorragend mit Kräutern oder Gewürzen verfeinern.
Die bekanntesten Frischkäse: Rahmfrischkäse (ca. 50% Fett i. Tr.) und Doppelrahmfrischkäse (mindestens 60% Fett i. Tr.) (Philadelphia, Buco), Tartar, Boursin und der in Weinblätter gehüllte Banon.

Schmelzkäse
Sie werden aus Hart- oder Schnittkäse unter Zusatz von Schmelzsalzen durch langsames Erhitzen geschmolzen und auf diese Weise für längere Zeit haltbar gemacht. Je besser der Grundkäse, um so delikater der Schmelzkäse, der in verschiedenen Formen angeboten wird: Als Block, in Portionen, Scheiben oder kleinen Würfeln. Wird Schmelzkäse mit Butter, gehackten Pilzen, Schinken oder Gemüse vermischt, nennt man das Ergebnis Schmelzkäse-Zubereitungen. Sehr feine Schmelzkäse-Zubereitungen werden mit Kräutern oder Kräuter-Sahne-Mischungen in Schichten hergestellt oder mit einer Lage Walnüssen gefüllt und belegt oder in eine dicke Kruste aus grob gestoßenem Pfeffer oder gepreßten Weinbeerenkernen gehüllt.

Käse als Dessert

In der klassischen Menüfolge ist die Käseplatte fester Bestandteil, und zwar wird sie nach dem letzten Fleischgang – meist mit einem vollmundigen Rotwein zusammen – aber vor der Süßspeise serviert. Vielfach geht man aber dazu über, das Dessert durch den Käse zu ersetzen, vor allem, wenn ein Menü mit nur drei bis vier Gängen gereicht wird. Eine große Käseplatte sollte aus mindestens 5 bis 6 verschiedenen Sorten in unterschiedlichen Geschmacksrichtungen bestehen. Beim Verzehr beginnt man grundsätzlich mit der mildesten Sorte und ißt die kräftigste zum Schluß. Auf diese Weise werden die Geschmacksnerven am besten eingestimmt. Bei der Zusammenstellung ist erlaubt, was schmeckt. Jedoch sollte man auf einfache Bauernkäse aus Sauermilch und einfache Schmelzkäse verzichten. Eine Käseplatte nach französischem Vorbild enthält mindestens einen Hartkäse (z. B. einen Cantal oder Greyerzer), einen Schnittkäse (z. B. Gouda oder Pyrenäenkäse), einen milden Weichkäse (z. B. Camembert, Brie oder Carré de l'Est), einen kräftigen Weichkäse (z. B. Munsterkäse oder Romadur), einen marmorierten Käse (z. B. Bleu de Bresse, Roquefort, Gorgonzola oder Fourme d'Ambert), einen Ziegenkäse und einen Frischkäse mit Knoblauch und Kräutern (z. B. Tartar oder Boursin). Zusätzlich kann noch ein guter Schmelzkäse (z. B. in gepreßte Weinbeerenkerne gehüllt) die Platte vervollständigen.

Bei einem »kleinen Menü« ist aber auch eine einzige Käsesorte vollauf genug. Dann muß es aber eine ganz besondere sein, wie zum Beispiel der berühmte englische Stilton, zu dem man trockenen Portwein oder trockenen dunklen Sherry trinkt. Dem marmorierten Stilton ähnlich ist der französische Fourme d'Ambert, zu dem aber besser ein kräftiger Côte du Rhône als Getränk paßt. Wird ein deftiger Munster Géromé gereicht, ist als Getränk ein trockener Elsässer Riesling oder Gewürztraminer zu empfehlen, der den reschen Geschmack dieses Käses besser ergänzt. Eine Kombination von Obst und Käse – z. B. mit Käsecreme gefüllte Birnen oder Pflaumen – wirkt sehr festlich.

Käse zum Kochen

Streng genommen ist das Wort Kochen bei Käse nicht angebracht. Man kann ihn nämlich nicht kochen und auch nicht braten. Wird Käse erhitzt, beginnt er zu schmelzen und verbindet sich dann mit den übrigen Zutaten eines Gerichtes.

- Hart- und Schnittkäse eignen sich besonders gut für Aufläufe, Gratins und pikante Kuchen. Da sie fettreich sind, schmelzen sie gut. Sie sollten jedoch stets geraffelt, gerieben, in kleine Würfel geschnitten oder in dünne Scheiben gehobelt werden. Dann bilden sie innen und oben eine cremig-sahnige Schicht. Je jünger der Käse, um so besser »läuft« er. Alte Käse werden nur gerieben und zum Überbacken verwendet. Sie ergeben eine knusprige Kruste.
- Sehr pikante, alte Hartkäse wie Parmesan oder Sbrinz müssen grundsätzlich gerieben werden. Zum Überbacken sollte man sie mit etwas Sahne oder Dosenmilch und verquirltem Ei mischen, dann verlieren sie ein wenig von ihrer Schärfe. Für eine besonders kräftig schmeckende, sehr knusprige Kruste mischt man sie mit Semmelbröseln und gibt etwas zerlassene Butter darüber.
- Schmelzkäse und Schmelzkäse-Zubereitungen sind dann ideal, wenn der Käse rasch zerlaufen soll, zum Beispiel (klein gewürfelt) in Saucen und Suppen oder (in Scheiben) beim »Überbacken« mit starker Hitze (für Toast u. ä.). Für Aufläufe und Gratins, die in Schichten eingefüllt werden, lassen sich die industriell vorgeschnittenen Scheiben besonders gut verwenden. Sie zerlaufen gleichmäßig und glatt.

Kleines Küchenlexikon

Gartechniken

Das Garen
Garen heißt, daß Lebensmittel durch eine bestimmte Wärmebehandlung genußfähig gemacht werden. Dabei sollen die Nährwerte soweit wie möglich erhalten bleiben, die zubereiteten Speisen appetitlich sein in Form, Aussehen, Geruch und Geschmack. Die »Wärmebehandlung« kann auf verschiedene Weise erfolgen: In Wasser (oder einer anderen Flüssigkeit), Dampf, Fett, feuchter oder trockener Luft oder mit Hilfe von Strahlen (Mikrowellenherd) oder Strahlungshitze (Grillen).

Wann ein Lebensmittel gar ist, wird nach drei Kriterien beurteilt:
- der Zellstruktur, bzw. Weichheit
- der Zartheit und Saftigkeit
- Geschmack und Aroma

Es gibt unterschiedliche Garmethoden, die zum einen von der Art der Nahrungsmittel, zum anderen von dem erwünschten Ergebnis bestimmt werden. Man unterscheidet – abgesehen von dem Garen mit Mikrowellen – grundsätzlich 12 Garmethoden:

Kochen oder Sieden Es bedeutet im engeren Sinne das Garen von Nahrungsmitteln aller Art in reichlich Flüssigkeit bei einer – möglichst konstant bleibenden – Temperatur von 100 Grad C.

Braten Gebraten wird zum einen in der Pfanne oder dem Brattopf, wobei das Nahrungsmittel in heißem Fett (in Spezialgeräten auch ohne Fettzugabe) gebräunt und gegart wird; zum anderen (ebenfalls mit oder ohne Fett) im Backofen auf dem Bratrost, in der Fettpfanne, in Folie oder einem Bratgeschirr (z. B. dem Tontopf). Gebraten wird in erster Linie Fleisch, aber auch Fisch, Kartoffeln, Eierspeisen u. ä. Beim Braten bildet sich auf der Oberfläche eine appetitliche braune Kruste aus verdauungsfördernden Röststoffen, die die Poren verschließen und das Austreten des aromatischen Fleischsaftes verhindern. Die Fasern des Bratgutes werden im eigenen Saft gegart und entwickeln dabei spezielle Aromastoffe (Seite 321 »arrosieren«).

Grillen Mit speziellen Grillgeräten wird das Gargut allein durch Strahlungs- oder Kontaktwärme bei extrem hohen Temperaturen gebräunt. Die Poren schließen sich rasch, die Garzeiten sind verhältnismäßig kurz. Da eine Fettzugabe nicht unbedingt notwendig ist, kann auf diese Weise eine schmackhafte Diätkost bereitet werden. Gegrillt werden vor allem flache Fleischstücke, Fischfilets und Fische.
Die ursprünglichste Form des Grillens, das »Rösten« über dem Holzkohlenfeuer, ist heute wieder ganz groß in Mode. Dabei verbindet sich das Gargut mit den von dem Heizmaterial ausgehenden Aromastoffen und erhält dadurch einen ganz besonders delikaten Geschmack.

Dämpfen Das Nahrungsmittel wird in einem speziellen Kochgeschirr mit Siebeinsatz in dem, von darunter kochendem Wasser aufsteigenden Dampf sehr schonend gegart. Der Dampf weicht Fasern und Zellwände auf, läßt die Eiweißstoffe gerinnen und die Stärke quellen. Nährstoffe, Aromen und Struktur bleiben in hohem Maße erhalten. Diese Methode eignet sich besonders für fettarme Fische, zarte Gemüse, Kartoffeln und diätetische Fleischgerichte (wenn Röststoffe unerwünscht sind).

Dünsten Dünsten heißt, das Gargut – insbesondere empfindliche Nahrungsmittel wie helles Fleisch, Fischfilets, feine Gemüse oder auch Obst – in ganz wenig Flüssigkeit (Wasser, Wein, Fond, Jus u. a.) und dem sich aus der Flüssigkeit entwickelnden Dampf zu garen. Um den Geschmack zu verbessern, wird meist (außer bei Obst) zuerst etwas Fett geschmolzen, das Gargut eingelegt und dann mit der Flüssigkeit, die nicht mehr als zweifingerhoch darüber stehen soll, aufgegossen.

Garziehen oder Pochieren Dabei wird das Gargut in die kochende Flüssigkeit gegeben und dann unter dem Siedepunkt (bei 75 bis 95 Grad C) »gargezogen«. Durch das rasche Eintauchen in die kochende Flüssigkeit schließen sich die Poren sofort. Damit aber das Innere weich bleibt, darf der Siedepunkt nicht wieder erreicht werden. Pochiert werden vor allem Fischfilets, ganze, zarte Fische, zarte Geflügelteile, Fleischklößchen, Muscheln ohne Schale, Eier und magere Fleischstücke (auch für die Diätküche).

Schmoren Schmoren ist ein Garvorgang, der sozusagen zwischen braten und kochen liegt: Das Gargut wird zuerst in sehr heißem Fett (wasserhaltige Fette wie Butter oder Margarine sind nicht geeignet) rundherum knusprig braun angebraten. Dann wird vom Rand her (wegen der Spritzgefahr) Flüssigkeit angegossen. Diese sollte recht heiß sein, um einen »Temperaturschock« des Gargutes zu vermeiden. Das Gargut sollte möglichst nur bis etwa zu einem Viertel bedeckt sein. Sobald die Schmorflüssigkeit kocht, wird bei niedriger milder Hitze und mit relativ langen Garzeiten »gekocht«. Durch Fett, Flüssigkeit und Dampf verbinden sich einmal die Aromastoffe des Schmorguts mit denen des Schmorfonds, zum anderen aber »würzt« der Fond wiederum das Gargut. Geschmort wird in erster Linie Fleisch – vor allem, wenn es vorher in einer Beize gelegen hat, welche dann den Schmorfond bildet –, aber auch kräftige Fischarten und deftige Gemüse (z. B. alle Kohlsorten außer Blumenkohl und Broccoli).

Rösten Mit Hilfe von trockener Heißluft (im Toaster, Backofen, Grill oder einer beschichteten Pfanne) wird das Gargut gebräunt.

Stocken Eier oder Eimassen werden in einer verschlossenen Form solange in einem eben siedenden Wasserbad gegart, bis sie fest sind. Das Gargut darf dabei nicht aufkochen, weil es dann ausflocken würde. Auch bei Rühreiern, die bei milder Hitze in der Pfanne fest werden, spricht man von stocken.

Druckgaren Das Garen mit Druck kann nur in besonderen Dampfdruckkochtöpfen, den sogenannten Schnellkochtöpfen, erfolgen. Die Nahrungsmittel können dabei sowohl im Wasserdampf, wie auch in Flüssigkeit gegart werden. In dem fest verschlossenen Topf entsteht bei Temperaturen zwischen 109 bis 123 Grad C ein Druck von 1,4 bis 2,2 bar (bar leitet sich von dem griechischen Wort barys = schwer ab). Da die Garzeiten extrem kurz sind, ist diese Methode sehr schonend für alle Nahrungsmittel. Es muß aber darauf geachtet werden, daß die Garzeiten exakt eingehalten werden. Ein Überschreiten führt leicht zum Zerfall der Zellstruktur.

Fritieren Das Gargut wird bei 160 bis 180 Grad C in reichlich Fett schwimmend braun gebraten. Es kann zuvor durch einen Teig gezogen werden. Das Fett muß genau temperiert sein. Ist es zu kühl, saugen sich die Nahrungsmittel zu sehr damit voll, ist es zu heiß, bräunt das Gargut außen zu rasch und ist innen noch roh. Zum Fritieren eignen sich Fleisch, Fisch, Krustentiere, Gemüse, Obst und bestimmte Teigwaren.

Quellen Diese Garmethode wird vor allem bei Getreideprodukten wie Maisgrieß, Reis oder Weizengrieß angewendet. Das jeweilige Nahrungsmittel wird mit der entsprechenden Flüssigkeit einmal kurz sprudelnd aufgekocht, dann zugedeckt bei ganz niedriger Temperatur (oder in einer warmen Umgebung) langsam ausgequollen, bis alle Flüssigkeit aufgesogen ist. Auf diese Weise bleiben alle Nährstoffe, die in das Kochwasser übergehen, erhalten.

Kleine Tips für die Küchenarbeit

Möglichst vorausplanen und fehlende Zutaten rechtzeitig beschaffen. Frischware nicht zu früh besorgen, z. B. Gemüse und Kräuter aus dem eigenen Garten möglichst erst am Tag der Zubereitung ernten.

Rezepte erst ganz durchlesen, dann den Arbeitsplatz vorbereiten; Zutaten und Geräte bereitstellen.

Lücken füllen, d. h. Arbeitsgänge ineinander verzahnen, z. B. während das eine (noch) kocht, das andere vorbereiten (oder fertigstellen).

Auf Übersichtlichkeit und Sauberkeit am Arbeitsplatz achten, z. B. Zutaten zum benötigten Gefäß bzw. Gerät stellen, Verschüttetes gleich wegwischen, Abfälle nach jedem Arbeitsgang beseitigen.

Benutzte Gefäße und Geräte gleich platzsparend ineinander und nahe der Spüle zusammenstellen, entweder vorher kurz ausspülen oder Geräte in Wasser stellen (Quirle, Löffel etc.), damit die Speisereste nicht antrocknen; das erleichtert später das Reinigen.

Übergekochtes und Vertropftes an Gefäßen, Töpfen oder dem Herd sofort abwischen, damit es nicht anbäckt oder festtrocknet; so sieht es in der Küche auch immer appetitlicher aus.

Wenn man Kräuter auf einem abgespülten, noch feuchten Brett hackt, bleibt ihr Aroma besser erhalten, denn der »Saft« der Kräuter wird von den gefüllten Poren des Holzes nicht mehr aufgesogen.

Will man gekochte Kartoffeln kurzfristig heiß halten, bedeckt man sie mit einem gefalteten (sauberen) Tuch, das den aufsteigenden Dampf aufsaugt; unter einem Deckel würde er kondensieren und die Kartoffeln »bewässern«.

Register

Register

Register

CIP-Kurztitelaufnahme der Deutschen Bibliothek

Müller, Veronika:
Spaß am Kochen, Freude beim Essen: d. neue Bild-Kochbuch mit über 500 Rezepten / Veronika Müller; Mechthild Piepenbrock; C. P. Fischer. – München, Wien, Zürich: BLV Verlagsgesellschaft, 1980.
ISBN 3-405-12256-2

NE: Piepenbrock, Mechthild:; Fischer, C. P.:

Fotos: C. P. Fischer unter Mitarbeit von Anneliese Kompatscher-Hoppe und Michael Henkelmann
Requisiten: R+B Bestecke, Flensburg,
Wohnform: Michael Behr, Baldham

Zeichnungen: Anina Westphalen, München
Einbandgestaltung: Graupner & Partner, München

Satz: Druckerei Ludwig Auer, Donauwörth
Farblithos: Ernst Wartelsteiner, Garching bei München, und Süddeutsche Klischee-Union, München
Druck: Mairs Graphische Betriebe, Ostfildern
Bindung: Großbuchbinderei Monheim

Printed in Germany · ISBN 3-405-12256-2